W0264742

E-Book inside.

Mit folgendem persönlichen Code können Sie die E-Book-Ausgabe dieses Buches downloaden.

a1nx6-p56r1-
01800-d2148

Registrieren Sie sich unter
www.hanser-fachbuch.de/ebookinside
und nutzen Sie das E-Book
auf Ihrem Rechner*, Tablet-PC
und E-Book-Reader.

Gloger

Scrum Think big

Wie auch Jeff und Kollegen mit „Scrum at Scale“, hinterfragt Boris die Sinnhaftigkeit vorgefertigter und stark vereinheitlichender Skalierungsblaupausen, die letztendlich die hohe technische und soziale Komplexität großer Produktorganisationen mit Hilfsmitteln wie „copy & paste“ aus dem offensichtlichen Bereich der Komplexitätstheorie zu beherrschen versuchen.

Stattdessen wirft Boris einen Blick hinter die Kulissen der skalierten Agilität, zerlegt sie in seinem erfrischenden Stil in verdaubare, gut nachvollziehbare Elemente und bietet diese als Baukasten an, aus dem sich der Anwender je nach Eignung in seinem jeweiligen Kontext bedienen kann – oder eben auch nicht.

Dr. Karsten Strehl, Corporate Agile Consultant, Robert Bosch GmbH

Ziel des Buchs ist es, einen Gegenpol zu aktuellen Rahmenwerken zur Skalierung von Scrum zu bieten und stattdessen eine Landkarte mit Wegmarkierungen zu entwerfen. Boris Gloger behandelt neben den Spannungsfeldern von Scrum in der Hardware, Architektur und Infrastruktur auch das umstrittene Thema der Rolle von Scrum in der digitalen Transformation, die Unternehmen vor neue Herausforderungen wie höhere Geschwindigkeit, vermehrte Remote-Arbeit, neue Geschäftsfelder und Scrum-auf-Distanz stellt. Besonders gefällt mir an diesem Buch, dass es sich auf spezifische Probleme des digitalen Zeitalters konzentriert und durch persönliche Erfahrungen des Autors und anschauliche Beispiele viele Lösungsansätze präsentiert werden. Das Buch empfiehlt sich für alle, die sich fragen: „Wie kann Scrum einem gewachsenen Traditionsunternehmen helfen?“

Dominic Lindner, IT-Consultant und Blogger

Für Manager klingen die Aussagen von Boris Gloger oft provokant. Doch die vorgestellten Methoden, Ideen und Bilder beschäftigen sich mit den aktuellen Herausforderungen unserer Organisationen. Sie geben Anregungen, wie diese in einer hoch dynamischen Welt gemeistert werden können.

Dr. Michael Berger, Head of Process Management Erste Bank Oesterreich

Boris Gloger

Scrum Think big

Scrum für wirklich große Projekte, viele Teams und viele Kulturen

HANSER

Boris Gloger, Geschäftsführer borisgloger consulting GmbH und borisgloger professionals gmbh, Wien – Baden-Baden
Kontakt: boris.gloger@borisgloger.com

FSC www.fsc.org
MIX
Papier aus verantwortungsvollen Quellen
FSC® C013736

Bibliografische Information der Deutschen Nationalbibliothek:

Die Deutsche Nationalbibliothek verzeichnet diese Publikation in der Deutschen Nationalbibliografie; detaillierte bibliografische Daten sind im Internet über *http://dnb.d-nb.de* abrufbar.

Lektorat: Brigitte Bauer-Schiewek
Redaktion: Dolores Omann, Wien
Copy editing: Petra Kienle, Fürstenfeldbruck
Herstellung: Irene Weilhart
Umschlagdesign: Marc Müller-Bremer, *www.rebranding.de*, München
Umschlagrealisation: Stephan Rönigk
Gesamtherstellung: Kösel, Krugzell
Ausstattung patentrechtlich geschützt. Kösel FD 351, Patent-Nr. 0748702
Printed in Germany

Print-ISBN: 978-3-446-44634-2
E-Book-ISBN: 978-3-446-44813-1

Inhalt

Vorwort

Ich habe dieses Buch für Sie geschrieben. Es wird Sie, so glaube ich, dabei unterstützen, jene Stellen in Ihrem Projekt zu finden, die Sie daran hindern, ein großes agiles Projekt erfolgreich durchzuführen. Lassen Sie mich Ihnen erklären, aus welchen Motiven ich dieses Buch geschrieben habe.

2005 hatte mich der Leiter eines großen Softwareprojekts für Mobiltelefone eingeladen. Er wollte dieses Projekt agil managen: 180 Entwickler, Projektmanager und Tester an drei Standorten. Er fragte mich, wie ich das machen würde. Ich war - und er wusste das - blank. Ich hatte keine Ahnung. Bis zu diesem Zeitpunkt hatte ich Projekte mit maximal 40 Entwicklern gemanagt, zwar an zwei Standorten, aber das war zu vernachlässigen. Ich druckste herum und dann provozierte er mich: Ich solle nicht um den heißen Brei herumreden, sondern klar sagen, wie das funktionieren könnte. Also ging ich zum Whiteboard und malte aus dem Stehgreif den ersten Skalierungsblueprint. Wir bekamen den Auftrag. Für einige Monate hatten wir die Chance, mit Menschen zu arbeiten, die noch nie Scrum gemacht hatten, sich gar nicht vorstellen konnten, was Agilität war und noch dazu alte Prozesse einhalten mussten. Und natürlich saßen Tester und Entwickler in verschiedenen Abteilungen. In diesem Projekt entstanden die ersten Ideen zu den Product Owner-Teams, zum kontinuierlichen Testen und später auch die Ideen zu gemeinsamen Retrospektiven. Wir spielten in diesem Projekt zum ersten Mal Planning Poker und entwickelten die ersten großen Release-Pläne. Damals wie heute war das Skalieren im Grunde einfach. Schwierig zu bewältigen waren die Widerstände gegen das agile Arbeiten, auf die wir in der Organisation immer wieder trafen.

Doch mit dieser Aussage lässt sich kein Geld verdienen. Der Scrum-Beratungsmarkt hat sich darauf verlegt, den Kunden Methoden und Produkte zu verkaufen, die zwar gut für die Berater, aber nicht für die Kunden sind. Es ist viel einfacher, Trainings und Zertifizierungen zu verkaufen. Modelle schießen wie Pilze aus dem Boden: LeSS, SAFe®, Nexus™ und wie sie alle heißen. Man trainiert in zwei Tagen ein neues Vokabular und in manchen Unternehmen wird dann auch über diese Modelle gesprochen. Die Modelle sind kompliziert, viel zu kompliziert. Sie sind nichts anderes als komprimierte Best Practices, so wie mein Bild damals auf dem Whiteboard. Allerdings tun diese Modelle eines nicht: Sie skalieren ein Projekt nicht.

Ich wollte da nicht mitmachen, zumal ich weiß, dass es nicht das Framework ist, das ein Projekt erfolgreich macht. Anders als das simple Scrum-Framework, das Anfängern den

Zugang zum agilen Denken eröffnet, sind diese Modelle nicht dazu geeignet, das agile Denken in einem Unternehmen zu fördern. Das hat mich lange daran gehindert, selbst etwas zum Thema Skalierung zu schreiben. Ich wollte nicht noch eine Blaupause liefern, die nicht funktioniert. Außerdem spürte ich zwar, was notwendig ist, um ein großes Projekt vernünftig durchführen zu können, ich konnte das außerhalb der Praxis aber nicht artikulieren. Dieses Wissen war noch implizit. Erst als ich mich dazu zwang, dieses Buch zu schreiben (und tatsächlich bin ich ein halbes Jahr lang immer wieder davor weggelaufen), ging mir irgendwann ein Licht auf. Da war es: ein einfaches pyramidales Modell. Doch es ist kein Framework, sondern vielmehr ein Reifemodell: Was muss man in einem Projekt beherrschen, damit Skalierung tatsächlich funktioniert? Worauf müssen Projektleiter, Manager oder CXOs achten, um sicherzustellen, dass ein großes agiles Projekt funktioniert?

Das Schreiben hat leider noch einmal ein ganzes Jahr gedauert. Viele Aspekte habe ich hin und her gedreht, ich habe überlegt, ob ich es an anderer Stelle schon einmal ähnlich beschrieben habe und überhaupt noch einmal einbringen soll. Ich habe mich dafür entschieden, weil es für die Darstellung des Gesamtbilds notwendig war. Und doch habe ich kein Buch für Anfänger geschrieben. Daher eine Warnung: Wenn Sie noch nie ein Scrum-Buch gelesen haben, wenn Sie noch nie ein agiles Projekt durchgeführt haben, werde ich Sie enttäuschen. Ich habe kein Kochbuch geschrieben. Es ist vielmehr eine Landkarte, auf der ich Wegmarkierungen hinterlassen habe und wichtige Stationen beschreibe – allerdings müssen Sie Ihren eigenen Weg beschreiten, immer die eigene Implementierung suchen. Legen Sie das Buch wieder weg, wenn Sie gerade erst mit Scrum anfangen. Sie werden mich verfluchen und ständig den Kopf schütteln. Sie finden hier keinerlei anwendbare Regeln, die Sie erfolgreich machen, sondern nur Anregungen, die Sie erst verstehen werden, wenn Sie sich vorstellen können, wie ein Scrum-Team arbeitet.

Es gibt eine Ausnahme: Sollten Sie ein CXO sein, dann wird Ihnen dieses Buch dabei helfen, zu verstehen, worauf Sie sich einlassen. Ich hätte es gerne schon vor Jahren meinen Kunden in die Hand gedrückt und gesagt: „Wenn du *das* willst, dann fangen wir an." Ich bin mir sicher, die meisten hätten mir nicht geglaubt oder wären so schockiert gewesen, dass sie die lange Reise zur agilen Organisation nie angetreten hätten. Doch alles, was zwischen den Deckeln dieses Buchs steht, wird auf Sie zukommen oder betrifft Ihre Organisation, wenn Sie Scrum wirklich skalieren wollen. Den Reiseführer habe ich geschrieben – losgehen müssen Sie selbst.

Wie meine anderen Bücher wäre auch dieses nicht ohne die vielen Stunden Arbeit von Dolores Omann geschrieben worden. Unermüdlich hinterfragt sie meine Gedankengänge, korrigiert meine Rechtschreibung und macht aus Bandwurmsätzen lesbare Texte. Sie kürzt und sagt mir immer wieder, wo ich noch deutlicher werden musste. Vielen Dank Dolores.

Vielen Dank an meinen besten Freund Andreas de Pretis, Geschäftsführer der 25th-floor GmbH, der etwas Technik in das Buch eingebracht hat. Danke auch an Vincent Tietz von Saxonia Systems AG, der mit seinem Beitrag zeigt, welche Veränderungen und Vorwärtsbewegungen für ein Unternehmen möglich werden, wenn das agile Arbeiten im Topmanagement ankommt.

Mein Dank geht aber vor allem an die Kolleginnen und Kollegen in unserem Unternehmen borisgloger consulting. Sie stehen jeden Tag ihre Frau und ihren Mann und sind mit all den Problemen und Widerständen konfrontiert, über die Sie auf den folgenden Seiten lesen werden. Sie meistern diese Herausforderungen jeden Tag ein Stück mehr und wissen, dass der

Weg weiterhin steinig bleiben wird. Ohne sie, ohne ihre Arbeit, wäre dieses Buch nichts weiter als eine nette Geschichte, unüberprüft und nicht real. Dank ihrer Arbeit ist es Realität.

Ich danke unseren Kunden, die sich mit uns auf eine abenteuerliche Reise gemacht haben. Ich danke Ihnen für Ihr Vertrauen in uns und für den Mut, oft mehr darauf zu vertrauen als zu wissen, dass die Reise erfolgreich sein wird. Ich danke Ihnen dafür, dass Sie Ihre Ängste uns gegenüber äußern und wir mit Ihnen gemeinsam immer wieder neue Erfahrungen machen dürfen. Denn ja: Jede Skalierung ist tatsächlich anders.

Ich danke meiner Frau Kathrin, die mich immer unterstützt. Sie sitzt mir gerade gegenüber und akzeptiert, dass ich in diesem Moment unseres Urlaubs nicht mit ihr rede, sondern dieses Vorwort schreibe.

Viel Spaß beim Lesen und viel Erfolg beim Selbst-Skalieren von Scrum!

Boris Gloger

Wien, Frühjahr 2017

Über den Autor

Boris Gloger führte 2002 sein erstes Scrum-Team beim österreichischen Mobilfunker ONE zum Erfolg. Als weltweit erster, von Ken Schwaber ausgebildeter Certified Scrum Trainer hat er wesentlich dazu beigetragen, dass sich Scrum in Europa, Südafrika und Brasilien als Standard der agilen Softwareentwicklung durchgesetzt hat. Bevor er 2008 die Managementberatung borisgloger consulting GmbH mit Sitz in Baden-Baden gründete, war der Unternehmer als Business Analyst, Team-Leader, Projektmanager und Scrum Consultant für globale Unternehmen (z. B. EDS, Nokia, BenQ) tätig. borisgloger consulting bietet Training und Consulting zur agilen Produkt- und Organisationsentwicklung mit Scrum sowie zum agilen Management für Fach- und Führungskräfte an. Boris Gloger gilt inzwischen als einer der progressivsten Denker im Bereich Management und Organisation und ist ein gefragter Vortragender auf Managementkonferenzen.

Folgende Bücher von Boris Gloger sind im Carl Hanser Verlag erschienen:

- Scrum. Produkte zuverlässig und schnell entwickeln. 5. Aufl. Carl Hanser Verlag, 2016.
- Selbstorganisation braucht Führung. Die einfachen Geheimnisse agilen Managements. Carl Hanser Verlag, 2014.
- Wie schätzt man in agilen Projekten – oder wieso Scrum-Projekte erfolgreicher sind. Carl Hanser Verlag, 2014.
- Der agile Festpreis. Leitfaden für wirklich erfolgreiche IT-Projekt-Verträge. 2. Aufl. Carl Hanser Verlag, 2014.
- Erfolgreich mit Scrum: Einflussfaktor Personalmanagement. Finden und Binden von Mitarbeitern in agilen Unternehmen. Carl Hanser Verlag, 2011.

Kontakt: *boris.gloger@borisgloger.com*

1 Die Umfeldbedingungen des Skalierens

„Funktioniert Scrum auch mit großen Projekten?", fragen mich die Teilnehmerinnen und Teilnehmer in Seminaren, unsere Kunden und so gut wie jeder Manager, den ich treffe. Sie alle wollen ihre großen, aus dem Ruder gelaufenen Projekte retten. Immer wieder muss ich dabei an den Chaos Report der Standish Group denken (vgl. Standish Group 2015): Mehr als 50 Prozent aller großen Projekte liefern nicht die geforderten Ergebnisse. Die Diagnose ist eindeutig: Je größer ein Projekt ist, desto wahrscheinlicher wird es – gemessen an den ursprünglichen Vorgaben – scheitern. Übrig bleibt das Fazit: Obwohl alle Beteiligten bestens im Projektmanagement ausgebildet sind, obwohl versucht wird, am Beginn eines Projekts an möglichst viel zu denken, steckt das traditionelle Management großer Projekte in einer Sackgasse.

In diesem Buch beschreibe ich einen Ausweg: Wie gelingen große Projekte in der Soft- und Hardwareentwicklung? Als großes Projekt bezeichne ich eines, das folgende Bedingungen erfüllt: Ein Budget von mehr als einer Million Euro, eine Dauer von mehr als sechs Monaten und mehr als sechs durchführende Beteiligte, die auch an verschiedenen Orten angesiedelt sein können. Wie solche Projekte gemanagt werden können, ist eine brennende Frage, denn es ist noch immer die größte Herausforderung für die meisten Unternehmen.

Großkonzerne und der deutsche Mittelstand führen Projekte in gigantischen Ausmaßen durch – zehn Millionen Euro sind schnell ausgegeben und Dutzende Personen leisten ihren Beitrag. Aber da gibt es noch einige Besonderheiten: Diese Projekte werden im Rahmen des normalen Tagesgeschäfts durchgeführt, sie stören den normalen Ablauf. Arbeiten mehrere Standorte am Projekt mit, ist die Projektsprache Englisch. Und als wäre das allein nicht schwierig genug, sind diese Unternehmen noch dazu in einem gigantischen Beschleunigungsrennen gefangen. „Digitalisierung" lautet das Stichwort, täglich entstehen neue Technologien. Neue Optionen, neue Geschäftsfelder entwickeln sich über Nacht. Unternehmen, die auf dem internationalen Parkett weiter bestehen wollen, müssen damit umgehen können. Fehlentscheidungen und Selbstzufriedenheit führen schnell zum Desaster.

Mit der Flut an Möglichkeiten, die neue Technologien mit sich bringen, rast eine Welle von Gesetzesänderungen auf die Unternehmen zu. Kontinuierlich müssen sie ihre Prozesse und damit oft ihre IT-Infrastruktur anpassen, und natürlich müssen auch Projekte neu bewertet und ihr Kurs unter Umständen korrigiert werden. Vieles bleibt lange im Ungewissen, denn manchmal wissen nicht einmal die Behörden selbst, wie eine neue Vorschrift aussehen soll. Man weiß, dass sie kommen wird, aber nicht, wann genau und in welcher Form. Werden die entwickelten Lösungen die richtigen sein?

In diesem Spiel kann nur mitmischen, wer seine Methoden den Umständen anpasst. Traditionelles Projektmanagement muss zwangsläufig scheitern, denn dessen Spielwiese wurde für einen anderen Kontext und andere Zeithorizonte entwickelt. Es leistete gute Dienste, viele Unternehmen haben gute Erfahrungen damit gemacht. Aber immer wieder ist zu beobachten, dass extrem kritische Projekte außerhalb der traditionellen Unternehmensstrukturen durchgeführt werden. Die Labs und Taskforces sind anderen Bedingungen unterworfen: Dort dürfen die Kollegen alles anders machen und werden nur daran gemessen, ob sie eine Lösung finden. Klassische Unternehmensprozesse werden ignoriert oder so geschickt ausgenutzt, dass sonst Undenkbares plötzlich möglich wird.

Die Softwareentwicklung war der erste Bereich, in dem in den 1990er-Jahren sichtbar wurde: Der traditionelle Weg der Projektdurchführung funktioniert nicht mehr. Also machten sich einige Manager auf den Weg, suchten eine Lösung für die beschriebenen Probleme und fanden die agile Softwareentwicklung. Von den unterschiedlichen Modellen setzte sich weltweit eine Vorgehensweise durch: Scrum. Dieses Managementframework wurde entwickelt, um in einem komplexen Umfeld möglichst schnell etwas liefern zu können, von dem man oft nicht weiß, wie es aussehen soll und erreicht werden kann. Zunächst ging man davon aus, dass man gut ausgebildete Softwarespezialisten zusammenbringen müsse, um aus ihnen ein Team mit einer klar definierten Aufgabe zu formen. Das funktionierte sehr gut. Heute arbeiten viele Unternehmen in ihren IT-Abteilungen erfolgreich mit diesen kleinen, sich selbst organisierenden Teams.

Scrum-Projekte wurden bald so erfolgreich, dass immer mehr Hardwareentwicklungsteams auf diese Arbeitsweise aufmerksam wurden. Die Softwareentwickler lieferten ihre Produkte immer schneller ab, nutzten andere Formen des Reportings und wirkten alles in allem zufriedener mit ihrer Arbeit. So hielt Scrum auch Einzug in das traditionelle Projektmanagement für Hardwareprodukte. Und die Verbreitung von Scrum ist noch nicht abgeschlossen: Inzwischen gibt es selbst verwaltungsnahe agile Teams, zum Beispiel in der Rechtsabteilung der Holtzbrinck Publishing Group (vgl. Gloger 2015).

Geht das auch groß?

Ein kleines, sich selbst überlassenes Team kann bei einer klar umrissenen Aufgabe alle paar Wochen etwas vorzeigen. Das kann man sich vorstellen und das ist auch mit klassischem Projektmanagement erfolgreich möglich. Scrum-Projektteams wurden aber schnell mit der Frage konfrontiert, wie sie denn große Projekte stemmen würden, denn genau das ist die Herausforderung.

Ich habe mich selbst lange immer wieder dagegen gesträubt, diese Frage zu beantworten. Meine Sicht der Dinge war einfach: Kleine Scrum-Teams aus gut ausgebildeten Mitarbeitern sind um einiges effektiver als große behäbige Projektteams. Also, weshalb sollte es den Bedarf geben, Projekte möglichst groß aufzuziehen? Die Antwort lag doch auf der Hand: Man musste einfach die Projektteams verkleinern. Ich hatte selbst gesehen, dass ein zehnköpfiges Team in kurzer Zeit Projekte ablieferte, an denen 150 Personen gescheitert waren. Alles sprach also dafür, dass man das große Projekt gar nicht brauchte.

Mir wurde erst klar, dass ich mich mit dem Thema noch einmal ganz anders auseinandersetzen musste, als die Anfragen zu Scrum in der Hardwareentwicklung immer häufiger wurden. Plötzlich waren völlig andere Problem zu lösen: In diesem Bereich arbeiten nicht zwangsläufig Menschen zusammen, die ähnlich denken. Manche „verstehen“ sich aufgrund ihrer Ausbildung überhaupt nicht. Chemiker denken anders als Biologen, die wiederum ganz anders an Probleme herangehen als Elektroingenieure, die natürlich alles ganz anders machen als die Maschinenbauer. Dazu kommt, dass diese unterschiedlichen Disziplinen oft gar nicht an einem Standort angesiedelt sind. Die wunderbare Idee, alle Kollegen in einem Raum zu versammeln, ist oft gar nicht umsetzbar, denn die Spezialisten sind in der ganzen Welt verteilt und mitunter gehören sie nicht einmal zum eigenen Unternehmen. Aber das Internet lässt die Welt auch in diesem Punkt schrumpfen: Die besten Köpfe lassen sich leichter finden als je zuvor und sind oft kurzfristig buchbar. Ein befreundetes kleines Zwei-Mann-Unternehmen mit einem stark eingegrenzten Spezialgebiet arbeitet für einen kalifornischen Giganten. Die zwei nehmen Aufträge an, liefern die Ergebnisse ab und es scheint hervorragend zu funktionieren. Längst haben „New Brokers of Work" daraus ein Geschäft gemacht: Sie vermitteln Aufgaben an Spezialisten, finden diese in weltweiten Netzwerken oder bauen selbst diese Netzwerke auf. Das ist auch Teil des sich abzeichnenden Trends zur Hyperspezialisierung: Arbeiten in Projekten werden kleinteilig auf diejenigen verteilt, die sich am besten für die Aufgabe eignen (vgl. Malone et al. 2011).

Wer genau hinsieht, macht eine erstaunliche Beobachtung: Wieder ist es die Softwareentwicklung, in der dieser Trend seinen Ausgang nimmt. Weltweit verteilte Softwareentwickler arbeiten gemeinsam an Projekten, obwohl sie sich oft noch nie persönlich gesehen haben und manchmal nicht einmal die Namen der anderen kennen. Unternehmen wie Automattic (Wordpress) oder 37signals (Basecamp) wurden bewusst so konzipiert. Sie wollen mit Menschen auf der ganzen Welt zusammenarbeiten, die das benötigte Wissen haben. Microsoft baut viele seiner neuen Produkte konsequent in die Cloud, damit Menschen in jedem Winkel der Erde daran arbeiten können, auch Adobe setzt auf das gleiche Prinzip.

Schwieriger Wandel im Projektmanagement

Obwohl heute alle vor den gleichen Problemen stehen wie seinerzeit die Softwareentwicklung, gehen viele Unternehmen nach wie vor den aus meiner Sicht traditionellen und damit ungeeigneten Weg:

- Projekte werden aus der Taufe gehoben und erst dann wird überlegt, wer die Aufgaben am besten erledigen kann.
- Man stellt Ressourcenmanager ein, die Projektmanager immer mit den richtigen Ressourcen versorgen sollen.

Doch leider zeigt die Realität: In Projekten werden immer wieder die gleichen Personen benötigt, die genau deswegen bereits in vielen Projekten gleichzeitig arbeiten. Die Gründe sind bekannt:

1. Es werden zu viele Projekte zur selben Zeit durchgeführt (siehe dazu später die Ausführungen zur Theory of Constraints) und
2. die Key Player im Unternehmen sind entscheidende Wissensträger. Bei ihnen, vielmehr „in" ihnen, konzentriert sich das Wissen und daher werden sie in mehr als einem Projekt gebraucht.

Intuitiv ist das allen Managern klar. Daher war der immer wieder entstehende Widerstand nachvollziehbar, wenn wir forderten, dass in einem Scrum-Projekt alle gemeinsam an *einem* Projekt/Produkt arbeiten sollten. Wie sollte das gehen? Denn gelebte Realität war und ist in vielen Organisationen, dass ein Kollege immer in mehr als einem Projekt arbeiten muss.

Kleine Erfolge waren dennoch möglich. Bei ganz großen Projekten brachte ich das Management oft dazu, alle Projektbeteiligten zusammenzurufen. Das eine oder andere Mal führten wir Sprint Plannings mit 180 Personen in Ballsälen durch oder wir konnten Entwickler, die auf einem Stockwerk verteilt saßen, durch geeignete Maßnahmen zu einer besseren Zusammenarbeit motivieren. Das waren Ausnahmen, die zwar bewiesen, dass viele meiner Ideen korrekt waren und vor allem schlingernde Projekte konnten wir so wieder auf Kurs bringen. In der Masse waren diese Projekte aber nur ein Tropfen auf den heißen Stein. Sie funktionierten und brachten großartige Erfolge, aber die Herangehensweise war für die meisten Unternehmen nicht wiederholbar. Für dieses eine Projekt war die Kraftanstrengung möglich, die ich forderte, in letzter Konsequenz hätte es aber eine Änderung der Organisation bedeutet. Viele Unternehmen verstehen das erst, nachdem sie die Erfolge von Scrum-Projekten gesehen haben.

Und doch geschieht es: Die großen Tanker ändern ihren Kurs. Die vielen kleinen erfolgreichen Scrum-Implementierungen am Rande der Organisationen haben den Verantwortlichen gezeigt, dass sich grundsätzlich etwas ändern muss, wenn ein Unternehmen erfolgreich bleiben soll. Sie stellen erste Überlegungen dazu an, wie die Struktur der gesamten Organisation umgestaltet werden muss (vgl. Gloger, Margetich 2014).

Änderungen der Organisation können gelingen und machen das Projektleben leichter, doch das ist heute noch nicht die Regel. Die meisten großen Projekte werden in nichtagilen Umgebungen durchgeführt. Ist damit die Chance auf ein agiles Projekt verspielt? Nein, es ist möglich, agile Projekte in einem nichtagilen Umfeld über die Ziellinie zu bringen. Dazu muss Zusammenarbeit neu definiert werden und es bedeutet, bisher bewährte, aber nun veraltete Paradigmen allmählich aufzugeben.

Ein erster Überblick

Dem großen Projekt müssen wir uns also noch einmal anders nähern. Nicht mit den naiven Ideen der Scrum-Evangelisten, zu denen auch ich gehört habe, sondern mit dem gesamten agilen Erfahrungsschatz der letzten 15 Jahre. Beim Skalieren eines großen Projekts geht es in Wahrheit immer um die Entwicklung von etwas Bleibendem. Das kann ein neuer Prozess, ein neues Gebäude, ein neues Software- oder Hardwareprodukt sein. Jedes Mal wird am Ende ein Resultat erwartet. Es reicht also nicht aus, sich lediglich mit dem Scrum-Prozess zu beschäftigen. Wir müssen ein größeres Bild zeichnen und uns mit den folgenden Themen auseinandersetzen:

Wissensmanagement. Ikujiro Nonaka und Hirotaka Takeuchi sowie Peter Drucker haben für das Verständnis der Wissensarbeit Großartiges geleistet. Ihre Forschung und ihre Überlegungen machten deutlich, warum gerade die Softwareentwicklung neue Impulse setzen konnte und musste.

Softwarearchitektur. Ausgehend vom Silicon Valley verbreitet sich das Denken in Netzwerken und kleinen Einheiten, und das begründet wiederum ein neues Verständnis für die Zusammenarbeit von Menschen.

Lean Management, Lean Production und Second Generation Lean Product Development. Wer große Projekte agil umsetzen will, kommt nicht umhin, sich ausführlich mit dem Toyota Production System, der Theory of Constraints und den Arbeiten von Don Reinertsen zu beschäftigen. Auf Grundlage dieser Ideen wird deutlich, warum der Wertstrom und nicht der Plan die relevante Kenngröße für das Steuern eines Projekts ist.

Design Thinking. Die Revolution der Produktentwicklung hat in den 1980er-Jahren in Kalifornien begonnen. Die Designagentur IDEO entwickelte damals ein Vorgehensmodell, das tatsächlich die Anwender (User) in den Mittelpunkt aller Überlegungen stellt. IDEO verabschiedete sich von dem Konzept, dass eine Person die Produktidee haben muss und die Umsetzung daher vorgibt. Design beschreibt in diesem Sinne nicht das Erscheinungsbild eines Produkts, sondern das Verständnis, wie ein Anwender ein Produkt in seinem Lebenskontext nutzt.

Führung. In großen Projekten sind die beteiligten Menschen oft überall auf der Erde verstreut und man bekommt sie so gut wie nie zu Gesicht. Die Frage, wie man Menschen führen soll, bekommt hier eine völlig neue Dimension. Wir werden sehen, dass klare Kommunikation und ausschließlich intrinsische Faktoren den Ausschlag geben.

Organisation. Wie verändert sich die Organisation rund um ein großes agiles Projekt? Natürlich kann nicht gleich ein ganzes Unternehmen plötzlich agil werden und trotzdem greifen solche Projekte die Abteilungssilos an.

Ich bin der Meinung: Mit agilem Projektmanagement für das große Projekt kann man sich nur befassen, wenn man die folgenden sechs Bausteine anders als bisher versteht:

- Produktarchitektur
- Infrastruktur
- Professionalität
- Produktentwicklungsprozesse
- Managementprozesse
- Den Begriff des Projekts

Diese sechs Bereiche werde ich in den kommenden Kapiteln genauer ausleuchten. Stecken wir aber zunächst den Rahmen ab. Sehen wir uns an, unter welchen Voraussetzungen heute Skalierung, also das verteilte, multidisziplinäre miteinander Arbeiten in großen Projekten passiert.

1.1 Hyperspezialisierung

Es ist der Ursprung vieler Probleme: die Spezialisierung bzw. das Arbeiten in Silos. Alle achten auf ihre eigenen kleinen Aufgabenbereiche, wichtig ist nur, ob es in der eigenen Abteilung richtig läuft. In den letzten Jahren hat sich diese Problematik noch verschärft, weil wir es inzwischen mit „Hyperspezialisierung“ zu tun haben. Die einzelnen Wissensdomains und Verantwortungsbereiche sind oft schon so klein, dass immer weniger Menschen immer mehr wissen.

Die Idee der Arbeitsteilung war in den Anfängen der Industrialisierung sehr nützlich. Sie hat zu immensen Produktivitätssteigerungen geführt und sie erfüllt nach wie vor in der Fertigung von Gütern ihren Zweck. Wie Malone, Laubacher und Johns im Artikel „The Big Idea: The Age of Hyperspecialisation“ schreiben, ist aber auch die Wissensarbeit zu einem Feld der Arbeitsteilung geworden und sie passiert hier in einem noch viel größeren Ausmaß als in der Produktion (vgl. Malone et al. 2011). Für den Boeing 787 Dreamliner gab es alleine 379 Hauptlieferanten und dementsprechend schwierig und fehlerreich war der Zusammenbau. Doch in diesem Fall kann man wenigstens sehen, wo das Problem liegt. Wissensarbeit bietet noch viel mehr Möglichkeiten, Arbeit in unzählige Stücke zu schneiden, denn die Arbeit ist nicht greifbar und kann mühelos und kostengünstig durch die ganze Welt transportiert werden. So wie Handwerksberufe in ihre Einzelschritte zerlegt wurden, wird jetzt die Arbeit der Ingenieure, Softwareentwickler, Marketingverantwortlichen etc. atomisiert und in ein weltweites Netz von Spezialisten verwandelt.

Der Hyperspezialisierung, wie Malone, Jones und Laubacher sie beschreiben, steht allerdings der Trend zum Generalisten gegenüber. Die Vertreter des Design Thinkings setzen auf „T-Shaped People“, also auf Mitarbeiter mit einem allgemeinen Wissen in mehreren Bereichen und tiefgreifendem Wissen in einem Spezialgebiet. In diesem Spannungsfeld bewegen sich die Teilnehmer in internationalen Projekten: Einerseits wird immer der beste Experte für eine Spezialaufgabe gebraucht und andererseits braucht man die Wendigkeit von Generalisten für Probleme, die sich von Tag zu Tag ändern. Immer den richtigen Spezialisten an Bord zu haben, ist unmöglich und trotzdem muss man wissen, dass und wann man einen Spezialisten braucht.

Fragmentierung. Wie Malone, Laubacher und Johns richtig anführen, ist die Fragmentierung, also die Spezialisierung in der Spezialisierung, inzwischen sehr hoch. An der Softwareentwicklung wird das sehr deutlich, denn innerhalb dieser Disziplin gibt es wiederum Spezialisierungen auf fachlicher Ebene (Programmiersprachen, Architekturkonzepte, Frameworks etc.), in den Prozessschritten (Analyse, Design, Implementierung, Testing, Betrieb) und in den Branchen. Dasselbe gilt auch für andere Disziplinen wie den Maschinenbau, den Fahrzeugbau, die Luft- und Raumfahrttechnik usw.

Intraorganisationale Hyperspezialisierung. Was in den Disziplinen anfängt, setzt sich auch in den Organisationen fort. Unternehmen strukturieren sich nach verschiedenen Disziplinen – HR, Entwicklung, Marketing etc. Innerhalb dieser Abteilungsdisziplinen entstehen durch die Prozesse wiederum Spezialisierungen. In großen Unternehmen ist das besonders deutlich zu beobachten: Fachabteilungen diskutieren ihre Ideen mit Organisationsabteilungen wie etwa der IT, deren Aufgabe es ist, die Anforderungen aufzunehmen. Diese bespricht die Anforderungen wiederum mit den Entwicklungsabteilungen, die ihrerseits wiederum in Prozessschritte unterteilt sind. So gibt es in der Softwareentwicklung Abteilungen, die sich nur um Anforderungen und die Planung kümmern, die nur entwickeln oder die nur testen.

Interorganisationale Hyperspezialisierung. Und schließlich wird Hyperspezialisierung auch im großen Verbund deutlich. Große Organisationen und ihre Dienstleister arbeiten oft in Clustern. Interne Abteilungen sind dann angehalten, ausschließlich mit Unternehmen zu arbeiten, die Teil des Clusters sind.

Die Idee hinter allen Erscheinungsformen der Hyperspezialisierung ist einleuchtend: Jeder macht, was er am besten kann, und garantiert damit das beste Ergebnis. Aber die Sache hat einen Haken: Hyperspezialisierung lässt viele Übergabepunkte entstehen, sogenannte Handover. Diese Punkte erfordern auf beiden Seiten, dass sich eine Schnittstellenfunktionalität – meist in der Person eines Projektmanagers – um das Verwalten und Sicherstellen einer korrekten Informationsübergabe kümmert. Projekte, die bereits durch ihre Rahmenbedingungen (z. B. Technologie und Regularien) komplex sind, werden dadurch auch organisatorisch extrem komplex. Mitarbeiter nehmen diese Komplexität auf mehrere Arten wahr:

- Hyperspezialisierung führt zu einer **Meetinginflation**. Jeder Handover lässt einen Kommunikationsoverhead entstehen, denn die Beteiligten müssen sich ständig abstimmen.
  - Das führt zu dem unangenehmen latenten Gefühl, möglicherweise jemanden vergessen zu haben.
  - Dieses Gefühl wiederum führt zu einer Unsicherheit, die man durch das Einbeziehen möglichst vieler Beteiligter zu reduzieren versucht.
  - Weil nun so viele Personen an den Meetings teilnehmen, muss das Besprochene genau dokumentiert werden, damit man sich auch noch in einigen Monaten daran erinnert.
- Die Spezialisierung des Wissens führt dazu, dass der Einzelne immer weniger über den **Gesamtzusammenhang des Projekts** weiß.
  - Der Überblick geht verloren.
  - Jeder Mitarbeiter, jeder Manager empfindet sich am Ende nur noch als kleines Rädchen in einer gigantischen Maschine.
  - Als Konsequenz wird immer unklarer, warum man morgens für dieses Projekt eigentlich aufsteht – der Sinn geht verloren.
- Die Masse an Menschen in diesen Projekten erzeugt ein Gefühl der **Heimatlosigkeit**.
  - Zu Menschen, mit denen man im Grunde nichts zu tun hat, entwickelt man keine echte Beziehung.
  - Das Gefühl der Gemeinschaft geht verloren.
  - Die für Unternehmen spürbarste Konsequenz: **Projekte werden langsamer abgewickelt.** Dadurch verringert sich der Return on Investment. Mitunter gelingt es sogar, Projekte trotz stetiger Planänderungen abzuwickeln. Der Projektplan zeigt dann nicht mehr, dass die eigentliche Planung unzureichend war. Es gibt kaum noch Baseline Planning und Projekte werden oft schon gar nicht mehr dagegen gemessen. Also werden die Durchlaufzeiten von Projekten länger und länger. Die Folgen:
    - Projektmitarbeiter identifizieren sich nicht mit dem Projekt, denn mit hoher Wahrscheinlichkeit werden sie das Ende des Projekts nicht erleben – voraussichtlich befinden sie sich dann bereits in einem anderen Projekt.
    - Projekte werden teurer, da sie zwischendurch gestoppt werden müssen. Die nötigen Ressourcen werden auch in anderen Projekten gebraucht. Die Kosten, die durch die Wiederaufnahme des Projekts entstehen, werden oft nicht gesehen oder sogar negiert.
    - Jede Verzögerung kostet Geld. Aus einem ganz einfachen Grund ist die Reduktion der Durchlaufzeiten oberstes Prinzip im Lean Management: Es bringt sehr viel Geld. Je schneller ein Stück geliefert werden kann, desto schneller kann damit Geld verdient werden. Das erhöht den Return on Investment.

Auf den Punkt gebracht: Ständige Handover stören den Arbeitsfluss eines Projekts (Bild 1.1). Sie führen zu Wartezeiten, Missverständnissen und politischen Spielchen.

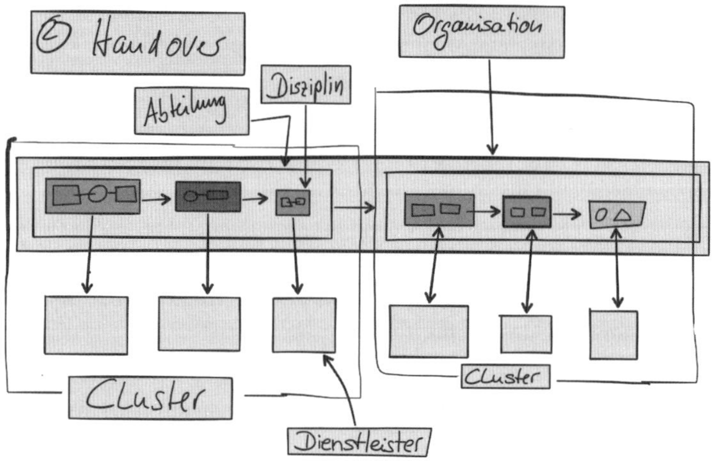

Bild 1.1 Handover bremsen das System aus

Das Traurige ist: Menschen *wollen* effektiv arbeiten. Sie mögen es nicht, auf andere warten zu müssen. Sie wollen nicht, dass ihnen andere etwas vorschreiben und sie ihre eigenen Ideen nicht einbringen können. Daher wird es jeder Einzelne in diesem System vermeiden, einen Handover zu bedienen. Es ist viel einfacher, lange vor sich hin zu arbeiten und so zu tun, als müsse man sich erst am Ende abstimmen. So versucht jeder in diesem Geflecht aus Abhängigkeiten, seine eigene Arbeitszeit und seine eigene Arbeit zu optimieren. Das führt zu einer Optimierung der Subsysteme: Jedes für sich ist ideal ausgestattet, aber das Ganze funktioniert nicht effektiv. Schlussendlich verlängert das insgesamt die Durchlaufzeit.

Ziel des agilen Arbeitens ist es, echte Resultate – also schnell – zu liefern. Das bedeutet, zugunsten des Gesamtsystems in Kauf zu nehmen, dass einzelne Subsysteme möglicherweise nicht optimal arbeiten können. Der Durchfluss durch das System steht an oberster Stelle.

Lean Management = agiles Management?

Wenn Sie die Entwicklung der Agile Community mitverfolgt haben, haben Sie sicher bemerkt, dass einige Autoren Lean Management und agiles Management gemeinsam denken und manchmal sogar synonym verwenden. Ich gehöre nicht zu diesen Autoren. Zwar spreche ich oft von Verfahren, die aus dem Lean Management bekannt sind, aber damit will ich nicht sagen, dass Lean und Agile dasselbe sind. Vielmehr kann das Lean Management vor allem auf prozessualer Ebene viele Wirkweisen des agilen Managements erklären.

Agile Verfahren sind aber nicht identisch mit Verfahren des Lean Managements. Man kann Lösungen des Lean Managements nicht unverändert auf den agilen Kontext übertragen, weil Lean zum Beispiel die Varianz und Variabilität aus einem Produktionssystem entfernen will. Alle Prozesse werden so lange optimiert, bis sie überall identisch sind. Es werden möglichst wenige Varianten entwickelt. So befinden sich zum Beispiel in vielen Autos die gleichen Motoren, lediglich die Steuerungssoftware sorgt für einen Unterschied.

In der Produktentwicklung stellt sich jedoch die Kraft des Faktischen dagegen: Anders als in Produktionsprozessen lässt sich hier weder die Varianz noch die Variabilität reduzieren. Weder der Zeitpunkt der Geburt einer neuen Idee noch das Ausmaß dieser Idee ist jedes Mal gleich, also stabil. Die Prozesse in der Entwicklung von Produkten müssen nicht nur auf ständige Änderungen reagieren können, sie müssen sogar damit arbeiten! Das agile Management hat für diesen Umstand Antworten entwickelt, indem es unter anderem mit einem Element arbeitet, das es in der klassischen Produktion nicht gibt: Kreativität. Kreativität ist die Kraft des Menschen, unter gegebenen Bedingungen, die auf den ersten Blick nur eine Lösung zulassen, einen weiteren Weg zu finden, der eine bessere Lösung bietet. Wir werden sehen, dass es genau diese Eigenschaft des agilen Arbeitens ist, die emergente Lösungen ermöglicht. ■

1.2 Digitalisierung

Wir nehmen das Smartphone im Schnitt alle 15 Minuten in die Hand und verbringen damit jeden Tag bis zu drei Stunden online. Automobilhersteller integrieren Hotspots in ihre Fahrzeuge und Tesla schickt Routineupdates an seine schnittigen Elektromobile, als wären es gewöhnliche Desktop-PCs. Während wir auf dem Weg nach Hause übers Smartphone schon mal die Heizung in unserer Wohnung aufdrehen, denken Unternehmen darüber nach, wie die Digitalisierung die Wertschöpfungskette verändern wird.

Die Digitalisierung führt zu völlig neuen Herausforderungen. Plötzlich wird jedes Unternehmen zum Softwareunternehmen (vgl. Kirkpatrick 2011). Das hat weitreichende Implikationen: Software und die Infrastruktur, auf der diese Software weltweit verteilt betrieben wird, wird zum essenziellen Element der Wertschöpfungskette. CTOs gewinnen an Bedeutung. Die weltweit wertvollsten Unternehmen werden von Menschen geleitet, die Technik wirklich verstehen. Angegriffen werden die Giganten der deutschen Wirtschaft derzeit von Unternehmen wie Tesla und Salesforce. Im Bereich Consumer Electronic hat der deutsche Mittelstand längst verloren. Noch dominiert Deutschland den Anlagenbau und Industrien, in denen Elektrotechnik bisher wichtiger war als Software (sehr gut zu sehen in der Medizintechnik), doch das wird sich ändern. Software durchzieht alles.

Softwareunternehmen zeigen aber nicht nur vor, wie die Digitalisierung von Produkten funktioniert, sie bestimmen auch die neue Art des Arbeitens. Die internen Arbeitsbeziehungen bei Unternehmen wie Cisco, Evernote, Atlassian oder GitHub sind völlig neu ausgerichtet. Ein Mitarbeiter von Cisco erzählte mir: „In unserem Unternehmen muss jeder zu jedem Zeitpunkt von jedem Ort der Welt aus arbeiten können." 2011 veröffentlichte Microsoft das „Manifest für neues Arbeiten". Es zeigt sehr deutlich, wie ein Unternehmen trotz aller Widerstände des Gesetzgebers die Digitalisierung nach innen verfolgt.

Manifest für ein neues Arbeiten

Sie nannten es Arbeit – für uns ist es unser Leben.

Warum wir uns jetzt zu Wort melden.

Wir haben keine Lust mehr auf Arbeiten von gestern. Wir lehnen starre, unflexible Arbeitsverhältnisse ab. Wir können nichts mit festen Hierarchien anfangen, die naturgegeben scheinen, aber mit natürlicher Autorität nichts zu tun haben. Und wir wollen auch nicht länger mit der Technik und den Werkzeugen von gestern arbeiten.

Wer wir sind.

Wir sind Wissensarbeiter – Spezialisten mit technischem, natur-, geisteswissenschaftlichem oder kaufmännischem Hintergrund. Wir sind zum Beispiel Maschinenbau-Ingenieure, Verfahrenstechniker oder IT-Spezialisten. Wir arbeiten als Experten für Rechnungswesen, Personalmanagement oder im Marketing. Und wir tragen mit unserem Wissen wesentlich zur Wertschöpfung der Unternehmen bei. Wir arbeiten gerne, motiviert und engagiert, stoßen aber täglich an Grenzen, die wir nicht länger akzeptieren.

Wie wir uns Arbeit vorstellen.

Wir beobachten, wie IT die Arbeitswelt revolutionieren kann. Wir halten die Werkzeuge dafür in der Hand. Wir haben diese Werkzeuge überhaupt erst mitgebracht zur Arbeit. Und wir sind es, die damit die Arbeitswelt revolutionieren werden.

Wir wollen nicht länger am Schreibtisch festgehalten werden, wenn wir doch alles, was wir zum Arbeiten brauchen, in der Hosen- oder Aktentasche mit uns rumtragen. Wir wollen in virtuellen Teams gleichzeitig an gemeinsamen Projekten arbeiten, egal, an welchem Ort und in welcher Zeitzone sich die Mitarbeiter und Kollegen gerade aufhalten.

Wir wollen, dass unsere Arbeit sinnvoll ist. Wir hinterfragen Aufgaben und Anweisungen, weil wir nichts tun möchten, was uns nutz- und sinnlos erscheint. Stattdessen suchen wir Arbeitgeber, die nachhaltig wirtschaften und uns die Sicherheit und das Vertrauen bieten, die wir für unseren Einsatz und unsere Ideen brauchen.

Wir wollen unsere Kollegen und Mitarbeiter treffen, auch wenn wir selber zuhause, mit unseren Kindern auf dem Spielplatz oder in der Pause auf der Wiese sitzen. Und wir wollen nicht mit festen Chefs zusammenarbeiten. Chef soll gerade sein, wer die Projekte betreut, in denen wir produktiv sind.

Wir wollen keine 9to5-Jobs machen, aber auch nicht solche, bei denen wir unsere Lebenspartner und Kinder nicht zu Gesicht bekommen. Was spricht dagegen, Arbeit und Freizeit, Freizeit und Arbeit miteinander zu mischen und dann produktiv, kreativ und rekreativ zu sein, wenn es möglich oder nötig ist? Es spricht alles dafür!

Wir fordern:

- ein Recht auf Arbeit, so wie wir sie wollen
- ein Recht auf selbstbestimmte Freizeit
- die Abschaffung von künstlichen Hierarchien
- Strukturen, in denen wir vertrauensvoll, frei und produktiv kommunizieren können
- Eine IT-Infrastruktur, die uns die notwendige Sicherheit für offene und vertrauensvolle Kommunikation gibt
- Verantwortung für uns selbst und für unsere Arbeit

Wir wollen nicht nur die Arbeit ändern. Wir wissen, dass wir uns auch selber ändern müssen. Nicht jeder von uns kann sofort mit allen Freiheiten umgehen, die neue Formen von Arbeit uns bieten. Ein ausgewogenes Verhältnis zwischen Arbeit und Leben gibt es auch nicht automatisch. Hierarchie- und angstfreies Arbeiten ist nicht selbstverständlich, wenn man über Jahre und Jahrzehnte in engen und fremdbestimmten Verhältnissen tätig war. Wir wissen auch, dass nicht jeder die Freiheit in unserem Sinne nutzen möchte. Zur Wahlfreiheit gehört daher selbstverständlich auch die Entscheidung, seinen Job am Schreibtisch im Unternehmen auszuüben.

Wir werden lernen, wie wir am besten mit modernen Werkzeugen, Arbeitsverhältnissen und Verantwortlichkeiten umgehen. Und wir freuen uns auf das, was uns erwartet, wenn wir Grenzen überschreiten, neue Räume schaffen und der Angst vor Unbekanntem mit Mut und Vertrauen in unsere eigenen Fähigkeiten begegnen.

Wir werden dabei kreativer und produktiver sein als unsere Eltern und Großeltern. Weil wir selbstbestimmt unsere persönlichen Produktivitätsphasen nutzen und mehr Eigenverantwortung übernehmen. Weil wir mit unseren Kollegen und Mitarbeitern kommunizieren, egal, wo wir uns gerade befinden. Weil wir uns Anregungen und Input von außen holen können. Weil wir abschalten können, wenn wir es brauchen, und mitarbeiten, wenn andere schon abgeschaltet haben.

Sie nannten es Arbeit – für uns ist es unser Leben.

#einfachmachen

In einer 2015 erschienenen Studie von Sopra Steria Consulting wird festgestellt, dass deutsche Unternehmen durchaus darüber nachdenken, die Digitalisierung voranzutreiben (vgl. Böhmann et al. 2015). Die Verantwortlichen erkennen, dass die Digitalisierung in Form von Produkten sowohl nach außen als auch nach innen wirkt, weil die Generation Y bereits mit dem Verständnis aufgewachsen ist: Jedes Unternehmen ist ein Softwareunternehmen. Kunden bestätigen das in Gesprächen, trotzdem wird in den meisten Unternehmen noch immer in Abteilungen gedacht und Entscheidungen werden ausschließlich vom Management getroffen. In deutschen Unternehmen passiert also das genaue Gegenteil von dem, was zum Beispiel Tony Hsieh bei Zappos macht: Er hat das aus der Softwareentwicklung stammende Managementmodell von Brian Robertson adaptiert und lässt sein Online-Handelsunternehmen zur Holacracy werden (vgl. Greenfield 2015). Es passiert auch das genaue Gegenteil von dem, was Gary Hamel sagt (Kirkpatrick 2011): „We can build organizations that are far more adaptable, far more inspiring places to work, far more innovative than anything we've seen so far. (...) But there's a huge ideological challenge in doing that, because inside most huge organizations is a bureaucratic caste that believes it's their role to make decisions." In dieses Horn stößt auch Scott Cook, Gründer und Vorstand des Finanz-Softwareunternehmens Intuit: „The kind of leadership my dad learned in World War II – where the leader makes all the decisions and tells everybody else what to do – that's the flaw in organizations."

Die Digitalisierung bringt aber noch eine weitere Revolution mit sich: Die Art und Weise wie Softwaresystem- und Produktarchitekturen entwickelt werden müssen. Schon seit einigen Jahren wird die Frage diskutiert, wie man solche Architekturen inkrementell und iterativ entwickeln und weiterentwickeln kann. Entstanden ist diese Diskussion durch die Notwendigkeit, kleine Apps schnell an viele Millionen Kunden verteilen zu müssen. Erinnern wir uns zum Beispiel an die Keynote von Apple CEO Tim Cook im Jahr 2014: Allen Kunden wurde das neue Album von U2 „geschenkt". Abgesehen davon, dass sich viele Nicht-U2-Fans durch den automatischen Download zwangsbeglückt fühlten und es ein Marketingdebakel gewesen sein soll: Überlegen Sie einmal, was das technologisch bedeutet. Fünf Jahre zuvor wäre so eine Aktion unmöglich gewesen. Die Apple-Website wäre tagelang nicht erreichbar gewesen, aber 2014 war es für Apple überhaupt kein Problem mehr. Fragen Sie einmal Ihre IT, was passieren würde, wenn in einem Konzern mit rund 400 000 Mitarbeitern alle mehr oder weniger zur gleichen Zeit 2,5 GB Daten von den internen Servern downloaden würden. Für die meisten Rechenzentren ist das ein Horrorszenario. Diese Entwicklung ist aber folgerichtig und notwendig. Skalieren funktioniert heute vollkommen anders, als wir in den agilen Anfängen vor zehn Jahren dachten. Es geht nicht um Prozesse oder noch mehr Meetings. Skalieren im großen Stil basiert auf anderen Vorstellungen darüber, wie Informationen verbreitet und gehalten werden.

Dieses Umdenken steckt in den IT- und Softwareentwicklungsabteilungen, in den Prozessmanagement- und Qualitätssicherungsabteilungen vieler Unternehmen aber erst in den Anfängen. Architekturen von heute sollen Redundanzen zulassen, es werden multilinguale Systeme gebraucht und es müssen Terabytes durch Leitungen geschickt werden, um dann in Hunderte Petabytes fassenden Datenspeichern zu landen – damit ist man überfordert, wenn man bisher zum Beispiel Kernbankensysteme mit einer Datenrate von 16 Bit/s zum Laufen bringen musste. Diese Beschleunigung macht aber auch vor der Hardwareentwicklung nicht halt. Bei „Extreme Manufacturing" wird u. a. darüber nachgedacht, wie man Testverfahren automatisieren kann, also wie man durch Simulationen Material sparen und doch ständig testen kann. Ideen der Modularisierung werden wiederentdeckt und es werden Bauteile entwickelt, die sich so lange neutral verhalten, wie sie von einer Software über das Grid (das Internet) angesteuert und konfiguriert werden. Die Bauteile sind dabei so günstig, dass bereits eine Maker-Szene entstanden ist. Diese Maker entwickeln auf Anfrage von Unternehmen schnell individualisierte Lösungen.

1.3 Arbeitsschutzgesetze

Die 40-Stunden-Woche war und ist eine großartige Errungenschaft. Unsere Urgroßeltern und Großeltern haben dafür gekämpft und sich in Gewerkschaften für die Rechte der Arbeiterinnen und Arbeiter engagiert, die unter teils unmenschlichen Bedingungen litten. Die Arbeitsschutzgesetze wurden für schwer schuftende Bergarbeiter und am Band stehende Industriearbeiter gemacht, für die vielen Sekretärinnen, für die Angestellten im Einzelhandel, und das ist gut und richtig. Für das Arbeiten in einer vernetzten, globalisierten und digitalisierten Welt sind sie aber ungeeignet. Wissensarbeit ist der entscheidende Teil der Wertschöpfungskette, der sich nicht in einen Achtstundentag pressen lässt. Grafiker, Designer, Softwareingenieure und Forscher stehen vor völlig anderen Herausforderungen als Industriearbeiter oder Maurer. Das menschliche Gehirn funktioniert nicht im Achtstundentakt. Nach stundenlangem Brüten und Starren an die Wand entwickelt das Gehirn in der Entspannungsphase die Ideen und Durchbrüche. Schriftsteller sitzen oft nur drei bis vier Stunden pro Tag am Schreibtisch. Den Rest des Tages verbringen sie mit langen Spaziergängen, im Kaffeehaus oder in der Bibliothek.

Wissensarbeiter sollten nicht länger im Büro sitzen, sondern kürzer. Mein Vorschlag: maximal vier Stunden am Tag, vielleicht mit einer Telefonkonferenz am Nachmittag. Aber Moment: Hören wir nicht ständig, dass in den Start-ups, Googles und Apples dieser Welt die Mitarbeiter oft mehrere Tage im Unternehmen verbringen? Nun ja, sie haben dort alles, was sie zum Leben brauchen, sie können dort ihre Freizeit verbringen, essen, sich unterhalten, feiern, Freundschaften schließen und pflegen. Nach deutschen Arbeitsschutzgesetzen wäre das gar nicht möglich, denn natürlich halten sich diese Menschen mehr als zehn Stunden ihres Tages im Unternehmen auf. Sie arbeiten in vernetzten Teams rund um die Uhr, aber eben nicht ständig. Sie bieten ihren Gehirnen nach einigen anstrengenden Stunden das, was sie effektiv macht: Sport, Spazierengehen, Chill-out mit Kollegen in der Lounge … und peng: Da ist die zündende Idee. Es ist nicht für jeden erstrebenswert, auf dem Campus zu leben, schon gar nicht, wenn man zuhause Familie hat. Aber das muss man ja auch nicht (siehe Microsofts Manifest zur neuen Arbeit). Es geht nicht darum, ständig präsent zu sein, sondern die Bedingungen für Wissensarbeiter grundlegend zu ändern und ihnen Möglichkeiten der Selbstbestimmung im Tagesablauf zu eröffnen.

Agilität braucht Flexibilität

Warum erzähle ich Ihnen das in einem Buch, in dem es um die Skalierung agiler Projekte geht? Was hat das alles damit zu tun? Alles! Denn eines ist klar: Wer in bürokratischen Strukturen arbeiten muss, die kreatives Arbeiten verhindern, ist nicht produktiv und kann sein Potenzial nicht ausleben. Er wird egalisiert, seiner Kräfte beraubt und in die Mittelmäßigkeit gezwungen. Wer für Ideen nach Büroschluss eine Sondergenehmigung braucht, verliert seine Begeisterung. Es gibt steuerrechtliche Erschwernisse für das Nutzen von Firmenhandys, weil man nicht flexibel erreichbar sein darf. Arbeitsschutzbestimmungen lassen nicht zu, dass Mitarbeiter auf engem Raum ihre Laptops zusammenstellen, weil jedem Mitarbeiter eine bestimmte Fläche zusteht. Die Bombe platzt, wenn man dann auch noch von den IT-Verantwortlichen ein ständig verfügbares WLAN verlangt. Das geht nicht. Erstens dauert das einige Wochen und zweitens widerspricht es den Statuten. Datensicherheit ist ein wichtiges Thema, aber internationales Arbeiten braucht Hochleistungsdatenleitungen. Verteilte Teams müssen sich in Videochats und Chaträumen ständig austauschen und große Datenmengen verschicken können. Dafür brauchen sie die nötige Infrastruktur. Solange das nur einige im Unternehmen machen, fällt es nicht auf, die Datenlast ist nicht so hoch. Aber wenn 10 000 Mitarbeiter ständig so arbeiten? Viele haben noch nicht verstanden, dass man nicht immer die ganze Datei, sondern einfach nur einen Link zur Datei verschicken muss, und so werden permanent Daten hundertfach repliziert und riesige Mengen an Fotos, Videonachrichten und digitalisierten Zeichnungen durch die Netze bewegt. Unternehmensinterne Richtlinien versuchen das zu unterbinden, aber die Realität der Arbeitswelt überholt diese Bestimmungen.

In einigen Unternehmen darf man wegen der Brandschutzbestimmungen keine Flipcharts an die Wände kleben, daher darf es nur elektronische Taskboards geben. Diese Verrücktheiten fallen bei einem kleinen Team nicht ins Gewicht. Wenn drei Menschen in einem Raum ein paar Bögen Papier an die Wand kleben, nimmt man das achselzuckend zur Kenntnis oder ermahnt sie vielleicht. Wenn das aber plötzlich 180 Personen in einem Stockwerk machen und jede Wand mit Zeichnungen, Fotos, Haftnotizen und Flipcharts beklebt ist, fällt das auf. Abgesehen davon gibt es tatsächlich immer noch Unternehmen, in deren Meetingräumen es keine Flipcharts gibt, geschweige denn ein Whiteboard. Das ist gelebte Realität. Warum? Weil Papier Geld kostet und nicht klar ist, wer in einem Projekt die Kosten für das Papier übernimmt. Ich übertreibe nicht! Teils habe ich das selbst erlebt, teils wurde es mir berichtet. Ich finde: Das ist Schwachsinn. Es macht skaliertes Arbeiten von Wissensarbeitern so gut wie unmöglich und extrem teuer für Unternehmen *und* Mitarbeiter. Schilda lässt grüßen.

Selbstorganisation braucht Selbstreferenz

Hat man es trotzdem geschafft, für ein Scrum-Team Papier zu organisieren, hat man das Schlimmste noch nicht überstanden. Scrum-Teams arbeiten mit Taskboards. Zur Fortschrittskontrolle werden auf diesen Taskboards Zettel von einer Spalte in die nächste verschoben. Auf jedem Zettel ist der Name der Person zu lesen, die gerade daran arbeitet. Das führt in deutschen und österreichischen Unternehmen regelmäßig zu einem Gespräch mit dem Betriebsrat. Man könne auf diese Weise ja die Leistung eines Kollegen messen. Ja, das könnte man und das muss man auch. Scheinbar ist es aber verboten, zu erfahren, ob jemand etwas leistet oder nicht. Wenn man in einem Team arbeitet, muss das Team wissen, wer Dinge fertigbekommt und wer nicht. Alle selbstorganisierenden Systeme funktionieren durch den Mechanismus der sogenannten Selbstreferenz, also durch Selbstbeobachtung. Anders ausgedrückt: Es muss den sozialen Gruppendruck geben und auch einmal den Hinweis vom Chef, wenn man mit einer Leistung nicht zufrieden ist, damit sich eine Gruppe ausrichten kann. Aber es ist verboten!

Dabei – und darin liegt die Absurdität dieses Verbots – wollen Menschen wissen, wo sie stehen. Sie wollen wissen, was sie leisten, in Bezug auf andere und in Bezug auf eine transparente Norm. Die Kriterien dieser Norm offenzulegen und sich an dieser Norm zu messen, führt zu einer gesunden Selbstwahrnehmung und der Sicherheit des Einzelnen in der Gruppe. Viele Wissensarbeiter landen im Burn-out, weil sie eben kein Feedback bekommen. Maurer haben hingegen selten Burn-outs. Sie sind erschöpft, ausgepowert und müde, manche werden durch die schwere Arbeit körperlich krank, aber sie haben keine Burn-out-

Symptome. Burn-out ist ein Phänomen der Wissensarbeit, denn die Betroffenen sehen nicht, was sie leisten. Sie sehen nicht, wo sie stehen. Aber unhinterfragt verteidigen Betriebsräte die Tatsache, dass man Leistung nicht messen darf. Gerade in hochskalierten Umgebungen ist es umso wichtiger zu wissen, wer was tut und wer wo steht. Dabei geht es nicht um Kontrolle durch das Management, sondern um Orientierung in den anderen Teams. Nur dann kann weltweit verteilte Arbeit gemanagt werden.

Diese infrastrukturellen Hindernisse verhindern effektives Arbeiten im skalierten Umfeld. Sie zermürben die Menschen in verteilten Projekten. Aus gut gemeinten Ideen ist ein Regulierungs- und Bürokratiewahn geworden, der skalierte Teams am Arbeiten hindert.

1.4 Professionalität und neue Skills

Aus den ersten Projekten, die wir agil durchgeführt hatten, wussten wir, dass schnelles Feedback und die Reaktionsfähigkeit auf die Bedürfnisse von Kunden und Anwendern entscheidend für den Erfolg unserer Arbeit war. Doch damals (etwa 2003) genügte es, wenn wir einfach den ganz normalen Job im Rahmen unserer Möglichkeiten etwas anders organisierten. Wenn man wusste, was zu tun war, reichte es aus, die Aufgaben einmal am Tag zu besprechen und dafür zu sorgen, dass am Tag des Reviews die zugesagten Lieferungen fertig waren. Das war machbar, ohne die eigentlichen Arbeitsweisen großartig zu ändern.

Erst im Laufe der Jahre wurde deutlich: Wer agil arbeiten will, muss neue Fertigkeiten entwickeln. In einem großen deutschen Start-up, in dem wir mit 60 Entwicklern Scrum einführten, wurde mir klar, dass es in diesen Teams das Know-how gab, das ich in Konzernen vergeblich gesucht hatte. Als ich zum damaligen CTO Jodok Batlogg sagte, dass wir eine Testinfrastruktur brauchten, auf der alle gemeinsam entwickeln können, war seine Antwort nur: „Klar. Wenn du in zwei Wochen anfängst, ist das fertig.“ Ich habe es ihm nicht geglaubt, aber es war alles fertig. Bei der Kaffeeküche hing der Monitor, der immer anzeigte, ob alle Builds integriert waren oder nicht. Leuchtete er rot, wussten alle, dass der letzte Build schiefgegangen war. In diesem Team Scrum einzuführen, war technisch gesehen einfach. Es gab viele Probleme zu lösen, aber das eigentliche Ziel, mit 60 Entwicklern nach zwei Wochen zuverlässig möglichst viel zu entwickeln und wieder vorhersagbar zu werden, war nach drei mal zwei Wochen erledigt. Diese Jungs hatten ihre Technik und ihre Arbeitsweise im Griff.

Skills des Individuums. Einige Zeit später erzählte mir ein Kollege, wie man auch in einem deutschen Konzern durch Trainings, Coaching on the Job und testgetriebene Entwicklung mit Scrum endlich erfolgreich geworden war. Die Entwickler hatten sich selbst dazu entschieden. Da verstand ich endlich, was ich bisher zwar oft gesehen hatte, aber nicht richtig einordnen konnte: **Die Weigerung, sich auf Scrum einzulassen, ist gar kein Widerstand gegen die Methode.** Jeder sagt, dass es logisch sei, so zu arbeiten und trotzdem geht es nicht. Dahinter steckt aber die Unfähigkeit, diese Erkenntnis auch umzusetzen. Das liegt letztendlich nur an den fehlenden Kompetenzen.

Weigern sich Entwickler zum Beispiel, beim Pair Programming mitzumachen, tun sie das selten, weil sie es wirklich schlecht finden. Viele können sich anfangs einfach nicht vorstellen, wie das funktionieren soll. Wer keine Unit Tests schreiben will, bevor er den Code schreibt, weiß schlichtweg nicht, wie es geht. Wer noch nie gesehen hat, wie man gemeinsam auf dem Trunk und nicht auf dem Branch arbeitet, erklärt andere für unfähig und unwissend. So geschehen vor einigen Jahren: Selbst der Leiter des agilen Coaching-Teams war davon überzeugt, dass diese Praktik vollkommen absurd sei. Erst als seine Entwickler ihm zeigten, dass es funktioniert und man sich drei Monate umsonst gequält hatte, sah er den Vorteil dieser neuen Entwicklungspraktik.

Skills der Organisation. Individuelle Kompetenzen sind eine Seite der Medaille. Wie sieht das aber bei der Organisation aus? Wir betreuten ein Team, das im Unternehmen mit dem Webauftritt betraut war und wollten für die Entwickler einige sinnvolle Erleichterungen in den Entwicklungsumgebungen schaffen. Das wurde von der Organisation strengstens untersagt – bis wir herausfanden, worin das Problem lag: Die Entwicklungsrechner lagen im gleichen LAN wie das SAP-Backend. Völlig klar, dass man in diesem Fall keine unsicheren Plug-ins installiert und die Befugnis dafür schon gar nicht an die Entwickler auslagert. Aber warum hielt uns dieses Problem wochenlang auf? Weil die IT-Abteilung nicht wusste, wie man Firewalls einrichtet und unabhängige Netze aufsetzt.

Dieses einfache Beispiel zeigt: In einem skalierten Umfeld muss die Organisation – also das Management – wissen, welche Voraussetzungen das agile Arbeiten in diesem Kontext braucht. Das Management eines Unternehmens ist das Gesicht der Organisation, die Organisation ist nur über das Management ansprechbar. Unternehmen, die sich auf den Weg machen, ohne formales Linienmanagement auszukommen, entwickeln in jedem Mitarbeiter die Kompetenz, zu managen. Auf diese Weise ist die Organisation an jeder Stelle handlungsfähig, nicht nur im Management. Wenn sich die Entscheider im Unternehmen aber gar nicht vorstellen können, wie verteilte, agile und skalierte Teams miteinander arbeiten können, wie sollen sie dann agile Arbeit zulassen? Solange das Management nicht versteht, wie die neue Professionalität aussieht, und nicht vorzeigen kann, wie man auf andere Art und Weise zusammenarbeiten kann, kann sie diese Professionalität auch nicht von den Kollegen verlangen.

Jede Disziplin muss eigene (agile) Entwicklungspraktiken ausbilden

Die angesprochene Hyperspezialisierung zwingt uns, in jedem Bereich anders zu denken und neue Verfahren der agilen Zusammenarbeit zu entwickeln. So mussten zum Beispiel für das ERP-Umfeld erst Wege gefunden werden, um gemeinsam kontinuierlich entwickeln zu können. Noch immer hören wir aber von Beratern und Entwicklern auf diesem Gebiet, man könne agile Entwicklungspraktiken auf ERP-Plattformen nicht anwenden. Ich fühle mich dann immer in die Diskussionen zwischen 2004 und 2010 zurückversetzt, in denen die .NET-Entwickler die gleiche Ansicht vertraten. Professionelle agile Arbeitsweisen setzen sich in manchen Bereichen nur langsam durch, weil die Vertreter der einzelnen Silos oft nichts voneinander übernehmen können oder wollen. Sie mussten und müssen die Prinzipien für ihr eigenes Anwendungsgebiet verstehen und ihre eigenen Best Practices und Tools entwickeln. Das gilt für jeden Bereich der spezialisierten Wissensarbeit. UX-Designer betonen, sie müssten erst alle Anforderungen kennen, bevor sie ein „Erlebnis" schaffen können. Ähnliche Argumentationen ziehen sich hin bis zu den Maschinenbauern. Auch diese sagen: Man muss das Teil zuerst zeichnen, dann in Auftrag geben, dann warten und dann geht der Prozess von vorne los.

Das muss nicht so sein. Zunächst muss man den Spezialisten zeigen, wie man ihre Probleme anders lösen kann. Oder, und das ist die eigentliche Schwierigkeit, Spezialisten lösen die Probleme anders und bringen es dann ihren Kollegen bei. Ein Softwareentwickler wird von einem Elektroingenieur nicht ernst genommen, denn natürlich ist in der Elektrotechnik alles ganz anders. Sicher, auf der Ebene der Durchführung ist alles anders, aber die Prinzipien sind dieselben. Die Umsetzung gemeinsam mit verschiedenen Disziplinen muss erlernt werden.

An dieser Stelle sei schon einmal hinzugefügt: *Es geht bei agilem Arbeiten darum, professionell zu arbeiten, und das bedeutet, den besten Standard einzuhalten, den es derzeit gibt.* Professionelles Arbeiten heißt nicht, es möglichst gut zu machen, den Kunden möglichst immer zufriedenzustellen oder sich extrem anzustrengen. Nein, es geht im Grunde um Meisterschaft in einer Disziplin. Meisterschaft bedeutet nicht, dass man es besser kann als alle anderen, sondern dass man es richtig macht, nach bestem Wissen und Gewissen. Wir leben in einer Welt der Relativierungen. Es ist politisch nicht korrekt, zu sagen, dass manche Dinge auf bestimmte Art und Weise gemacht werden sollen, weil es einfach richtig ist.

Diesem Umstand kann man aber beikommen, indem man Vereinbarungen trifft: innerhalb eines Teams, einer Abteilung oder einer Organisation. Man diskutiert so lange miteinander und lebt gemeinsam das Neue, bis es Teil der Kultur und somit zum Standard in der Organisation geworden ist. Wenn man sich daran ausrichtet, ist man auf dem Weg zur Meisterschaft. Haben Sie vielleicht einmal gesehen, wie akribisch die Damen bei Meissen das Porzellan bemalen? Klar, man kann es auch anders machen – aber nicht innerhalb der Wände von Meissen.

1.5 Produktentwicklungszyklen und Projektmanagement

Als ich 1998 bei Electronic Data System (EDS), dem damals zweitgrößten IT-Dienstleister der Welt, Business Analyst war, führten wir Capability Maturity Model Integration (CMMI) ein. Wir mussten Vorschriften und Prozessmodelle aus den USA einhalten, unser Kunde General Motors verlangte das. Daraufhin entwickelte EDS in den USA ein Framework, neue Templates und Ablaufpläne für das Projektmanagement, die man uns in Rüsselsheim vorstellte und die wir zu befolgen hatten. In sechs Monaten sollte es ein Audit geben, bei dem wir zeigen mussten, dass wir uns an das neue Modell hielten. Ich hatte die zweifelhafte Ehre, ein Pilotprojekt mit diesem neuen Modell abzuwickeln. Also schlug ich das dicke Handbuch auf und tat exakt das, was darin verlangt wurde.

Ziel war es, das Projektmanagement für Softwareentwicklungsprojekte weltweit zu vereinheitlichen. Es war lehrreich für mich, denn ich war gezwungen, alle Schubladen des traditionellen Projektmanagements zu öffnen. Für alles mussten Pläne entwickelt werden: Konfigurationspläne, Kommunikationspläne, eine Umfeldanalyse, eine Risikoanalyse und ein Risk Action Plan, Ablaufpläne, Testpläne, ein Baseline Project Schedule (wird häufig mit dem Projektplan synonym verwendet, ist aber an sich falsch) und viele Dokumente mehr. Es machte Spaß, das Projekt war überschaubar, ich entwickelte alle diese Pläne, schrieb die

Anforderungsdokumentation und die Testpläne und alles entwickelte sich positiv. Ich war ein Held! Ich wusste genau, wie man Projekte in hochkomplexen Umfeldern durchführte und war der Meinung: Das funktioniert. Es funktionierte auch. Aber nicht, weil ich diese Pläne geschrieben hatte, sondern weil es ein Projekt mit weniger als sechs Mitarbeitern war, die innerhalb von sechs Monaten liefern mussten.

Heute wissen wir dank der Untersuchungen der Standish Group, dass Projekte dieser Größenordnung so gut wie immer erfolgreich sind, weil sie überschaubar genug sind (vgl. Standish Group 2015). Aber das wusste ich damals nicht. Ernüchterung stellte sich bei mir erst ein, als wir erfuhren, dass diese Handbücher nicht für Projekte meiner Dimension entwickelt worden waren, sondern für Projekte mit mindestens 60 Beteiligten und einem Umfang von ca. zehn Millionen US-Dollar. Erst Jahre später habe ich verstanden, wo die Not der Projekte lag: Sie gingen schief, waren immer „over budget", nie „on time" und lieferten häufig nicht den „scope", der versprochen worden war. Was war anders? EDS war Spezialist für Projekte in der Dimension von 100 Millionen US-Dollar, viele Projekte waren sogar deutlich umfangreicher. Diese Projekte brauchten ein erfolgreiches Projektmanagement. So dachten wir damals alle. Die 1990er-Jahre waren die Blütezeit des Projektmanagements und der Qualitätssicherungsstandards in der Softwareentwicklung. Gleichzeitig entstanden aber Scrum und andere agile Softwareentwicklungsmethoden, weil sich herausstellte, dass diese großen Projekte trotz des professionellen Projektmanagements, der besten Pläne und der besten Mitarbeiter immer wieder schief gingen.

Die Änderungsrate ist zu hoch

Den Grund dafür erkannte ich erst Jahre später: Die Anforderungen an die Softwareentwicklung änderten sich viel zu schnell. Ständig wurden die Pläne umgeworfen, was zu Missverständnissen und schlechter Qualität führte. Der Versuch, mit starren Methoden zu stabilisieren, was sich laufend änderte, schlug immer wieder fehl. Als Mitte der 1990er-Jahre das kommerzielle Internet entstand und der Onlinehandel die ersten Gehversuche machte, wurde die Lage noch unübersichtlicher, denn nun wusste niemand mehr so genau, was eigentlich gebraucht wurde. Man kann eben keine Anforderungen für eine Welt schreiben, die noch völlig unbekannt ist und von der man nicht weiß, was darin funktioniert und was nicht. Macht man es doch, lässt es sich nicht verhindern, dass man die Anforderungen ständig überarbeiten muss.

Diese Entwicklung mündete in zwei entgegengesetzten Richtungen: Auf der einen Seite stand die agile Softwareentwicklung, deren Geburt man am Agile Manifesto (2001) und der ersten Agile Development Conference 2003 in Salt Lake City festmachen kann. Auf der anderen Seite verstärkte sich der Einsatz von CMMI, SPICE for Automotive, ISO 9001 und die Qualitätssicherung in den Softwareentwicklungsabteilungen großer Konzerne wurden ausgebaut. Es sah so aus, als wären Scrum & Co. nur Randerscheinungen, die nicht ernst genommen wurden. Zunächst setzten sich in Großunternehmen auch die traditionellen Prozessadepten durch, um 2008 wurde man aber auf die agilen Methoden aufmerksam. 2015 gab zum Beispiel Bosch bekannt, dass das Unternehmen voll und ganz auf agile Entwicklung setzt.

Was ist geschehen? Mittlerweile hat sich durch die Digitalisierung die Rate der Anforderungsänderungen in allen Bereichen der Wirtschaft derart erhöht, dass die traditionellen Maßnahmen zu langsam geworden sind. Klassisches Projektmanagement denkt zentralistisch, lässt Gremien entscheiden und verlagert die Entscheidungskompetenz damit immer zumindest eine Ebene über das eigentliche Geschehen. Das führt zwangsläufig zu verlangsamten Entscheidungen, Handover und zu Projektdurchlaufzeiten, die länger sind als sie sein müssten. Man kann das dem klassischen Projektmanagement nicht wirklich abgewöhnen, weil es von zwei identitätsstiftenden Annahmen getragen wird:

1. Man kann planen, wie etwas zu erreichen ist, wenn man weiß, was man erreichen will. Faszinierend an dieser Annahme ist, dass sie nicht hinterfragt werden darf. Würde diese Annahme fallen, müssten Unternehmen alle in der Vergangenheit mühsam entwickelten Prozesse wieder ändern.
2. Es gilt das Maximalprinzip: Wie schafft man es, möglichst nur ein einziges Mal über ein Problem oder eine Aufgabe nachdenken zu müssen? Auch hier gilt: Wenn man erkennen würde, dass man sich im Vorfeld gar nicht alles überlegen muss, müsste man viele Prozesse überdenken, Managementmethoden anpassen und ganze Businessbereiche schließen.

Diese beiden Glaubensätze des klassischen Projektmanagements sind aus gutem Grund entstanden und hatten einmal ihre Berechtigung. Heute werden sie aber nur noch künstlich am Leben erhalten. Diese beiden Annahmen kosten Unternehmen viele Milliarden Euro, sie hinterlassen Investitionsruinen, führen zu unnötigen Planungen und dennoch nicht abgeschlossenen Projekten. Diese Methoden werden künstlich am Leben gehalten, weil dahinter auch Machtstrukturen und ein ganzes Geschäftsfeld stecken. Unternehmen haben viel Geld in ihre Mitarbeiter investiert, um sie zu Projektmanagern nach den Standards des Project Management Institute (PMI) oder der International Project Management Association (IPMA) ausbilden zu lassen. Diesen Managern wurden Karrieren versprochen, HR-Abteilungen haben entsprechende Karrierepfade entworfen und es gibt sogar universitäre Ausbildungen für internationales Projektmanagement. Und trotzdem: Das klassische Projektmanagement frustriert die Mitarbeiter und lässt die Kreativität der Wissensarbeiter brachliegen. Diese Verluste darf man sich in einem globalen Wirtschaftsraum meiner Meinung nicht leisten.

Leider stellen uns die Bemühungen des klassischen Projektmanagements heute vor Probleme. Aus zwei einfachen Gründen:

1. **Parallelstrukturen.** Einige Unternehmen versuchen, neben der Linienorganisation und der Projektmanagement-Matrix (um Bestandsschutz zu treiben) noch eine dritte Machtstruktur aufzubauen: jene der agilen Teams. Das kann nur kontraproduktiv sein. Bereits die existierenden Strukturen kommen sich in Matrixorganisationen in die Quere und verursachen organisatorische Leerläufe. Eine weitere Struktur führt lediglich zu noch mehr Verwaltung und Bürokratie, noch mehr Management und noch weniger Führung. Da der Faktor Personal in wissensbasierten Unternehmen der kostenintensivste ist, entstehen wertmindernde, kostspielige Wasserköpfe, die noch dazu die Produktivität der Organisation drücken.
2. **Unsicherheit.** Die klassischen Annahmen haben dazu geführt, dass in Projekten ständig die gleichen Fragen gestellt werden:
   a) Was kostet das Projekt?
   b) Wann ist das Projekt fertig?
   c) Was werde ich dann bekommen haben?

Allerdings gibt niemand zu, dass diese Fragen bereits am Beginn definiert werden – obwohl man weiß, dass die Projekte scheitern werden. Weil es jemand so will, darf das Projekt nur soundsoviel kosten, es muss zu einem Zeitpunkt fertig sein, den sich jemand in den Kopf gesetzt hat und natürlich soll *alles* geliefert werden, denn warum sollte man sich einschränken. Dieses Machtspiel verursacht große, oft gar nicht ausgewiesene Planungsaufwände. Wir werden sehen, dass sich der Aufwand für das Planen bei Verfahren, die sich an der Lean Production orientieren, beinahe auf null reduzieren lässt.

Klassisches Projektmanagement ist kein Produktentwicklungszyklus

Ein Projekt ist nicht das Gleiche wie ein Produkt und Projekte sind nicht der einzige Weg, um Produkte liefern zu können. Oft werden Projekte durchgeführt, um Produkte zu entwickeln und beides wird mit „Entwicklungsprozessen" kombiniert. Es wird ein Projekt aufgesetzt, das gemäß Projektmanagementhandbuch grundsätzlich vier Phasen hat:

1. Start und Setup
2. Planungsphase
3. Entwicklungsphase
4. Endphase

Immer wird so getan, als müsse man ein Projekt aufsetzen, ein Team zusammenstellen, es arbeiten lassen und am Ende wieder auflösen. Würde man aber endlich den Begriff des Projekts aufgeben, könnte man schnell erkennen, dass diese vier Phasen wiederkehrende Aktivitäten der Produktentwicklung sind.

Hinzu kommt, dass viele Organisationen einen Produktentwicklungszyklus nutzen, der sich an überkommenen wasserfallartigen Modellen orientiert, sei es das V-Modell oder ein in Abläufen denkendes Produktentwicklungsmodell, für das jedes Unternehmen in der Regel eine eigene Variante ausgearbeitet hat. Auf den ersten Blick vereinfachen diese Modelle das Management von Projekten, aber es müsste jedem einleuchten, dass ein in sequenziellen Schritten denkendes Modell der Zusammenarbeit in wissensbasierten Bereichen nicht funktionieren kann. Jede Beschäftigung mit der Sache führt nämlich zu neuen Erkenntnissen.

Kurt Lewin hat das bereits in den 1940er-Jahren in seiner Aktionsforschung gezeigt. Soziale Verbände wie Familien, Gruppen und Organisationen verändern sich dann, wenn sie beobachtet werden. Die Fragestellung, mit der ein Forscher in diese sozialen Systeme hineinschaut, verändert das soziale System sofort. Das ist auch der Zugang, den die Change-Management-Methode „Appreciative Inquiry" wählt: Mit Hilfe wertschätzender Fragen werden bereits Veränderungen angeregt. Das Fragen selbst erzeugt neues Wissen der Organisation über sich selbst. Der deutsche Philosoph Hans-Georg Gadamer hat gezeigt, dass es einen „hermeneutischen Zirkel" gibt: Damit beschreibt er die Tatsache, dass man etwas wissen muss, um etwas erkennen zu können. Das Erkannte und damit Gewusste führt wiederum dazu, dass man mehr über das erkennt, was man bereits zu erkennen glaubte. Wer eine Blume sieht, sieht möglicherweise eine Blüte und freut sich an den Farben. Wer dem Betrachter aber erklärt, dass es unterschiedliche Blattformen, Pollen, Ständer, Früchte und Arten von Blüten gibt, ermöglicht es dem Betrachter, noch mehr zu „sehen" und damit zu erkennen. Laut Gadamer reicht aber schon das Fragen, um den Erkenntnisprozess zu starten. Die Frage „Welche Form hat die Blüte?" löst den Erkenntnisprozess aus und lässt uns anders sehen.

Produktentwicklung – ein Erkenntnisprozess

Wer sich dieser Tatsache bewusst wird, erkennt, dass mit jeder Aktion innerhalb eines Projekts das Wissen über das Produkt, die Beteiligten, die Technologie, die Risiken und natürlich über die Anforderungen steigt. Am Ende des Projekts wird daher immer ein Produkt stehen, das man am Beginn des Projekts so nicht gekannt oder geplant hat. Nimmt man diese Erkenntnis ernst, wird für die Entwicklung neuer und noch nie dagewesener Produkte einiges deutlich, das sich nicht vereinfachen lässt:

- Der Anwender kann nicht wissen, wie das Produkt aussehen soll, das seinen Bedürfnissen gerecht wird, sonst könnte er besser als der Designer formulieren, was er braucht. Damit wäre er selbst der Designer.
- Während der Produktentwicklung werden immer mehr Anforderungen entstehen als geliefert werden können, denn neue Ideen entstehen in dem Moment, in dem man sich mit einem Produkt befasst.
- Je länger es dauert, ein Produkt zu liefern, desto unwahrscheinlicher ist es, dass es den Bedarf des Anwenders trifft, weil sich das Umfeld für den Einsatz des Produkts ständig ändert.
- Anforderungen und neue Ideen treffen zu jedem Zeitpunkt ein – aber diese Zeitpunkte sind nicht vorhersehbar.
- Es ist vollkommen unvorhersehbar, welche Konsequenzen eine neue Idee auf die Produktentwicklung haben wird. Daher sind auch die Aufwände, die durch diese Idee entstehen werden, zum Projektstart nicht vorhersehbar.
- Weil nicht klar ist, welche Ideen auf das Projekt einströmen, kann man nicht schon am Anfang ein Projektteam zusammenstellen, das alle Eventualitäten berücksichtigen kann. Anders ausgedrückt: Möglicherweise muss sich die Teamzusammensetzung im Laufe der Produktentwicklung ändern.
- Am Anfang der Produktentwicklung ist auch nicht klar, ob die Projektmitglieder die richtigen Skills haben, um zu einer Lösung zu kommen.
- Wird auch die Technologie des Produkts mitentwickelt, kann zum Zeitpunkt der Produktentwicklung nicht gesagt werden, wann man etwas liefern kann. Es ist unmöglich vorherzusagen, ob man die notwendigen technologischen Durchbrüche erzielen wird. Selbst wenn die Wahrscheinlichkeit sehr hoch ist, weiß man nicht, wann diese Durchbrüche stattfinden werden.

Zusammenfassend kann man also sagen: Ein Produkt zu entwickeln, bedeutet, sich unter sich ständig verändernden Bedingungen durch die Zeit zu bewegen. Wir werden später sehen, dass genau deshalb agile Produktentwicklung so erfolgreich ist. Es wird in kleinen Zeiträumen geliefert und jede Iteration baut auf dem erworbenen Wissen auf, ohne dabei die Richtung zu verlieren.

Abschied vom Denken in Spezialisierungen

Hyperspezialisierung führt dazu, dass innerhalb der Produktentwicklung ein Spezialistentum für bestimmte Phasen und Aktivitäten entsteht, weil es eben genau diese Aktivitäten als einzelne Phasen gibt. In einem integrierten Produktentwicklungsprozess sind die Kompetenzen der Spezialisten selbstverständlich weiterhin notwendig, aber die strikte Aufteilung ist in der Produktentwicklung nicht nützlich. Design Thinking macht das als neuer Zugang zur Produktentwicklung sehr deutlich: Bei diesem Ansatz gibt es bei der Entwicklung des Produkts keine Spezialisierungen, obwohl die Beteiligten extreme Spezialisten sind (Juristen, Mediziner, Biologen, Physiker, Ökonomen, Designer). Als Produktentwicklungsprozess bricht Design Thinking mit den vorhin diskutierten Annahmen und führt neue, für Wissensarbeiter nützlichere Paradigmen ein:

- Wir, die Designer, lernen von den Experten, also von den Menschen, die täglich in den jeweiligen Situationen stecken, indem wir sie beobachten, dabei ihre Kompetenz erlernen und herausfinden, welche grundlegende Herausforderung zu lösen ist.
- Produktentwicklung ist ein kreativer und daher chaotischer Prozess, der sich immer weiter voranbewegt. Diesen Prozess muss man durch geeignete Rahmenbedingungen kanalisieren, sodass sich in unserem Fall die Teammitglieder selbst organisieren können. Ein Element dieser Beschränkung ist zum Beispiel ein klares und eindeutiges Timeboxing.
- Das Team wird ein komplexes Problem immer effektiver lösen als eine Einzelperson. Ein Team ist mehr als die Summe der Teammitglieder.
- Ideen zu entwickeln, ist billig. Daher werden immer viele Ideen entwickelt, viel mehr als man am Ende benötigt. Doch nur einige wenige werden basierend auf dem Feedback des Users weiterentwickelt. Der Anwender sollte im Idealfall ständig involviert werden. Sein Feedback entscheidet schlussendlich.

An dieser Stelle soll das zunächst für eine kurze Einführung in das Design Thinking ausreichen. Ich werde später noch ausführlich auf Design Thinking als Ausgangspunkt für das Entwickeln neuer Produkte eingehen.

Der Stage-Gate-Prozess: der Versuch, das Risiko zu minimieren

Das traditionelle Projektmanagement muss sich noch einer weiteren Herausforderung stellen, die erst durch das Denken in Projektmanagementkategorien entstanden ist. Wer in Projekten denkt, hat ein Bild von Start und Ende im Kopf. Ein Ende, von dem man möglichst früh wissen will, wie es aussehen wird. Da liegt die Frage nach den Kosten und notwendigen Aufwänden auf der Hand. Berücksichtigt man nun noch das ökonomische Faktum begrenzter Ressourcen in einem Unternehmen, landet man bei der Priorisierung von Projekten. Klassische Projektorganisationen starten neue Projekte daher erst dann, wenn ein Gremium festgestellt hat, dass es sich lohnt, dieses und kein anderes Projekt durchzuführen.

Um diese Entscheidung herbeizuführen, wird in den meisten Organisationen, die ich bisher erleben durfte, ein zweistufiges Entscheidungsmodell herangezogen. In der Theorie klingt dieses Modell sinnvoll:

1. In der ersten Stufe wird die Projektidee einem Gremium vorgestellt. Dieses Gremium soll entscheiden, ob sich ein Projektteam bilden soll, weil es sich lohnt, dieses Projekt genauer zu betrachten.
2. In der zweiten Stufe soll nun dieses Projektteam möglichst viele Informationen sammeln und absichern, dass sich eine Investition in das Projekt lohnt.

So logisch sich dieses Vorgehen auf den ersten Blick anfühlt: Es verzögert den Projektstart, erhöht die Kosten in der Abwicklung und führt zu geringeren Erträgen als ein Vorgehen, das ohne diese Prüfinstanzen auskommt. Warum? Wo liegt der Hund begraben?

In den meisten Organisationen gibt es zwei Glaubenssätze, die den Stage-Gate-Prozess stützen:

1. Der Glaube, es sei bis zum Gate noch keine signifikante Arbeit in das Projekt investiert worden. Man ist also der Meinung: Bevor es etwas zu kosten beginnt, kann man aus dem Blauen heraus entscheiden, ob man sich mit einer Idee befassen will.
2. Der Glaube, das Gremium (meist aus dem Senior Management bestehend) wisse besser als die Menschen, die das Projekt in Auftrag geben (durchführen) wollen, ob das Projekt sinnvoll ist.

Tatsächlich sind in der Regel aber bereits hohe Aufwände in ein Projekt geflossen:

1. Jeder, der sein Projekt einem Gremium vorstellen und sichergehen will, dass dieses Projekt genehmigt wird, investiert viel Zeit und Mühe, um diese Prüfung zu bestehen. Anstatt also an der Lösung oder den ersten Features zu arbeiten, fließt die Zeit in Überzeugungsarbeit und das Aufbereiten der Story. Wer es ganz geschickt macht, bringt bereits vor der Abstimmung die Entscheidungsträger auf seine Seite. Schon entsteht ein politisches Spiel, bei dem es meistens nicht darum geht, durch das Projekt ein Problem zu lösen, sondern um die Karrierepläne eines Mitarbeiters. Kommt sein Projekt nicht durch, geht es möglicherweise auch mit der Karriere nicht so schnell voran. Fazit: Es sind bereits viele Stunden (und damit Geld) in das Projekt geflossen, die vertan sind, wenn es das Projekt nicht durch das Gremium schafft.
2. Die Menschen (oft die Fachabteilungen), die den Bedarf sehen, eine Idee umzusetzen, haben in der Regel auch die notwendigen Informationen darüber, ob ein Projekt sinnvoll wäre oder nicht. Sie wollen ihre Arbeit vereinfachen und damit dem Unternehmen in der Regel einen Gewinn bescheren. Wie kann darüber ein Gremium aus High-Level-Managern entscheiden? Sie haben nicht die Informationen, um das entscheiden zu können. Um die Projektidee tatsächlich einschätzen zu können, müssten sie raus ins Feld und herausfinden, was dort wirklich vor sich geht. In der Regel tun sie das nicht, daher wird die Fachabteilung damit beauftragt, möglichst eingängig darzustellen, warum die Organisation dieses Projekt umsetzen sollte. Wieder wird viel Zeit darin investiert, andere, die von der Materie wenig bis keine Ahnung haben, darüber zu informieren. Auch das kostet Zeit und Geld und ist im Falle der Ablehnung des Projekts verloren. Wieder wird alles versucht, um diese Ablehnung zu verhindern, weil es politisch nicht klug ist, abgelehnt zu werden.

Noch mehr Aufwand

Wird das Projekt vom Gremium durchgewunken, schickt es den nun ernannten Projektmanager mit einem Auftrag los: Er soll bis zum nächsten Meilenstein möglichst alle notwendigen Informationen zusammentragen, um die Projektidee in ein Projekt umwandeln zu können. Wieder soll das als Entscheidungsgrundlage für das Managementgremium dienen: Ist das Projekt ein finanzieller Gewinn oder nicht? Dieses Vorgehen ist logisch, denn die Gremien, die nicht mehr in die tatsächliche Arbeit involviert sind, können Schlüsse nur anhand abstrakter Zahlen ziehen. Aber wieder verzögert es das Projekt und die Güte der Informationen ist in Relation zur investierten Arbeit nicht sehr hoch. Warum ist das so?

1. Wer genau wissen will, welche Kosten auf eine Produktentwicklung zukommen, muss sich die Anforderungen genau anschauen – so die gängige Lehrmeinung.

2. Im Anschluss daran kann man den Projektplan erstellen, die Arbeitspakete definieren und die benötigten Ressourcen einplanen.

Um alle diese Aufgaben, die für einen guten Projektstart notwendig sind, erledigen zu können, müssen daher in der Regel viele Menschen involviert werden.

- Man muss andere Abteilungen befragen, vor allem die Entwicklungsabteilungen. Ihr Leistungsanteil an der Lösung ist umso besser, je konkreter die notwendigen Maßnahmen besprochen werden. Das hat den Vorteil, dass sie sich später nicht gegen das Projekt stemmen können, weil sie an der Lösung schon mitgearbeitet haben.
- Also müssen Menschen in diesen Abteilungen Lösungen andenken und diese zumindest im Ansatz ausarbeiten. Das kostet Zeit und Geld.
- Doch das muss zu Kosten der bereits laufenden Projekte gehen. Denn die Zeit, die in die Planung der neuen Projekte investiert wird, fehlt bei den gerade laufenden.
- Dennoch wird so getan, als wären diese Projekte, die da geplant werden, ohne Rücksicht auf die anderen, ebenfalls bereits in Planung befindlichen Projekte durchführbar. Neue Projekte kann man aber nur einplanen, wenn auch die entsprechenden Ressourcen frei sind.

Die Planungen im Vorfeld sind damit eben keine groben Schätzungen mehr, sondern hieb- und stichfeste Unterlagen, die Erfolgswahrscheinlichkeit suggerieren sollen. In dieses Planungsspiel fließt ungeheuer viel Aufwand, der die Produktivität der anderen, bereits laufenden Projekte stört.

Mit dem Auftrag der absichernden Informationssammlung verlängert das Gremium also unweigerlich die Lieferzeit der bereits in Arbeit befindlichen, mit einem Termin versehenen Projekte. Denken wir kurz an die Cone of Uncertainty: Die Unsicherheit nimmt im Verlauf eines Projekts ab und das bedeutet umgekehrt, dass sie am Anfang am höchsten ist. Schätzungen können nie mehr als grobe Anhaltspunkte sein. Und nun wird bereits unverhältnismäßig viel Arbeit in eine möglichst genaue Planung gesteckt, für ein Projekt, das überhaupt erst genehmigt werden soll. Das ganze Spektakel findet nur statt, um das Gremium ein zweites Mal zu überzeugen und das Okay für das Projekt zu bekommen.

Wie gesagt: Auf den ersten Blick sieht das gut und richtig aus! Aber der Effekt ist nicht gut und richtig. Die Organisation wird in ihrer Gesamtheit gebremst und alle Projekte werden kostspieliger, weil sich die Durchlaufzeit der einzelnen, schon in Arbeit befindlichen Projekte erhöht.

Für das in Planung befindliche Projekt sieht es noch schlimmer aus. Da es noch in der Planung ist, kann sich in der Regel niemand zu 100 Prozent um diese Planung kümmern. Notwendige Informationen kommen nicht zeitnah, weil die Kollegen anderes zu tun haben, die Planung zieht sich unweigerlich in die Länge. Diese Verzögerungen werden nicht gemanagt und so kommt es vor, dass Projekte von der Idee bis zum Start schon mal zwei Jahre brauchen. Die Marktchancen des zu erzeugenden Produkts werden dadurch kleiner, die Chance auf hohe Gewinne sinkt. Leider kann man die Zeit, die am Anfang aufgewendet wurde, auch durch eine verkürzte Entwicklungszeit (wozu eine 100 Prozent korrekte Projektplanung notwendig wäre) so gut wie nicht mehr aufholen. Gelingt es doch, dann durch extremen Mitteleinsatz, zum Beispiel durch die Umgestaltung von Produktionsprozessen – eine kostspielige Angelegenheit.

Und trotzdem nimmt der Markt das Produkt nicht an

Aber angenommen, das Projekt wird gestartet und läuft nun an. In den meisten Unternehmen plätschert der Wasserfall zunächst gemächlich vor sich hin: Die Anforderungen müssen aufgenommen, die ersten Design-Ideen entwickelt und klare Spezifikationen erstellt werden, die dann von Entwicklern gebaut werden und von Testern abgenommen werden können.

Auch das funktioniert nur auf dem Papier, wie Winston W. Royce, der Urheber dieses Modells, selbst betont hat (vgl. Royce 1970). An dieser Stelle seien dazu nur drei Konsequenzen verdeutlicht, die Sie sicher kennen:

1. In dem Moment, in dem das Projekt gestartet wird, hat sich das Umfeld bereits geändert. Andere Anbieter haben Projekte erfolgreich auf den Markt gebracht, daraus ergeben sich neue Anforderungen an das Produkt. Die ursprüngliche Planung muss also überarbeitet werden. Oder es ergeben sich neue Ideen, während man die Anforderungen finalisiert. Möglicherweise würden diese Ideen das Produkt um vieles besser machen. Wieder muss sich die Planung verändern.
2. In der Zwischenzeit hat das Unternehmen in der Regel nicht nur *ein* neues Projekt ausgearbeitet. Es gibt konkurrierende Projekte, die sich gegenseitig die Ressourcen streitig machen. Die ursprüngliche Planung muss angepasst werden: Aus einem komplizierten Projekt ist nun ein komplexes Projekt geworden.
3. Haben Projekte lange Laufzeiten, ergeben sich zwangsläufig Änderungen in der Teamzusammenstellung. Menschen ziehen weg, werden krank, finden spannendere Aufgaben usw. Die Voraussetzungen, unter denen das Produkt einmal geplant wurde, sind einfach nicht mehr gegeben.

Bisher haben wir nur ein Projekt betrachtet und noch gar nicht darüber nachgedacht, was es für ein großes, verteiltes Projekt bedeutet, wenn alle genannten Faktoren eintreffen. Es wird um Potenzen komplizierter. Die Problematik, den Produktentwicklungszyklus über verteilte Standorte aufrechtzuerhalten, wird schier unermesslich.

Wie viel einfacher wäre es, wenn man sich diese anfänglichen Prozesse einfach sparen könnte? Wie viel effektiver und kostensparender wäre es, wenn man diese Diskussionen abkürzen und gleichzeitig Entscheidungsgrundlagen schaffen könnte, die ein Gespür dafür geben, ob das Produkt den angestrebten Erfolg haben wird? Doch abgesehen von den Prozessen, die hier verändert werden können, um dieses Ziel zu erreichen, brauchen Menschen wieder eine Fähigkeit, die sie in vielen Unternehmen verloren haben: den Mut, ein Risiko einzugehen. Den Mut, sich einzugestehen, dass eine Idee möglicherweise Verluste gebracht hat. Den Mut, etwas zu beginnen, obwohl nicht klar ist, ob die Idee Gewinn abwerfen wird.

Mut, das klingt so pathetisch. Wenn wir genauer hinsehen, braucht es diesen Mut nur in einer sehr einfachen Form. Es geht darum, ein wenig Geld einzusetzen, um reale Daten zu generieren. Nur mit realen, validen und zuverlässigen Zahlen können Entscheidungen für oder gegen ein Produkt getroffen werden. Die Produktidee muss anhand des Markterfolgs und nicht an den Kosten des Projekts gemessen werden. Wenn das Produkt einen angemessenen Profit erwirtschaftet, sind die Kosten für die Entwicklung nebensächlich. Kosten sind aber nicht egal, wenn man das Produkt nicht wirklich kapitalisieren kann – also noch nichts hat. Das wurde in der Lean-Start-up-Szene hinreichend diskutiert und zusammengefasst lautet das Ergebnis: Learn – build something – create data – learn something – build something.

Dieser Zyklus ist so einfach, wie er in der Praxis schwierig sein kann, denn den klassischen Managementansätzen fehlen dazu die notwendigen Werkzeuge. Ein Framework, das diese schnellen Zyklen umsetzen kann, ist Scrum.

1.6 Bürokratie und Kontrolle

Unser Audit der Managementpraktiken förderte es zutage: Die Manager, Abteilungs-, Gruppen- und Teamleiter beschäftigten sich in erster Linie mit sich selbst. Sie hetzten von einem Meeting zum anderen, erstatteten per E-Mail und Videokonferenzen ständig Bericht. Dabei nahmen sie gar nicht wahr, dass viele ihrer Mitarbeiter vollkommen überfordert waren. Nicht, weil sie nicht arbeiten wollten oder zu lange arbeiten mussten – sie konnten ihren Job nicht machen. Sie wussten einfach nicht wie.

Dieses Problem habe ich nicht nur in diesem einen Fall erlebt. Vielmehr ist es epidemisch: In vielen Unternehmen herrscht der Glaube, dass man über etwas entscheiden kann, in das man selbst gar nicht mehr involviert ist. Es ist eine Kaste aus Managern entstanden, deren Zweck es ist, sich gegenseitig ständig darüber zu informieren, was andere gerade tun. Sie selbst sind an diesem Tun gar nicht mehr aktiv beteiligt. Diese Kaste (re)agiert aufgrund dessen, was ihre Steuerungsinstrumente anzeigen, und befindet sich dabei im Blindflug. Manager wissen nicht, ob die erhaltenen Daten korrekt sind oder genau das nicht zeigen, was sie sehen wollen: die Realität. Sie sind zu weit weg vom Geschehen und daher sind Zahlen aus Excel-Listen, Dashboards und anderen Tools für sie die einzigen Anhaltspunkte. Zusätzlich werden Workflows etabliert, die in Software-Applikationen hart verdrahtet sind und die eigene Flexibilität gegen null gehen lassen. Reagiert wird auf das, was die Maschine verlangt, und nicht auf das, was der Manager selbst erlebt. Die Folge: Die Abstraktion greift weiter um sich. Das merkt jeder, wenn wieder einmal eine Vorschrift erlassen wird, die auf dem Papier sinnvoll, aber völlig lebensfremd ist. Letztens erzählte mir eine Freundin aus einem Beratungsunternehmen, dass es inzwischen so viele Berichtslinien gebe, dass sie den ganzen Tag damit zubringe, ihre Chefs auf dem Laufenden zu halten. 80 Prozent ihrer Zeit sei sie mit Verwaltungsarbeiten beschäftigt. Sie komme nicht mehr dazu, mit ihren Kunden oder Projektmitarbeitern zu sprechen.

Auf dem Management wurde lange herumgehackt. Zu Recht oder zu Unrecht wurde es für die Missstände in Unternehmen verantwortlich gemacht. Immer wieder wurde der Unterschied zwischen Leadership und Management hervorgehoben und der Manager kurzerhand zum Sündenbock gestempelt. Aus heutiger Sicht greift diese Analyse aber zu kurz. Vielmehr muss man das Management einmal in Schutz nehmen und herausarbeiten, wodurch diese Managementkaste tatsächlich entstanden ist: Bürokratische Zwänge haben Unternehmen so kräftig in der Zange, dass sie sich so gut wie nicht mehr bewegen können.

Am Kunden vorbei

Manager machen ihren Job, sind besser ausgebildet als je zuvor, verbringen ihre Zeit in endlosen Meetings und versuchen ihr Bestes, um die Probleme der Organisation zu lösen. Dennoch wird ihre Position von Tag zu Tag schwächer und irgendwann geben sie – zu

Recht – auf. Die gewachsenen Prozesse zwingen die Manager in ein Dilemma. In Gesprächen haben mir viele CTOs erzählt, dass sie selbst keine Entscheidungen treffen dürfen, das müsse der CEO machen. Spricht man mit den CEOs, bemerkt man, dass auch sie sich abzusichern versuchen und die Verantwortung auf die Aufsichtsräte und Gesellschafter abschieben. Angesichts der überbordenden Bürokratie bleibt Managerinnen und Managern auf allen Ebenen nur noch ein hoffnungsloses Schulterzucken. Das ist im wahrsten Sinne des Wortes tragisch. Vor allem die mittleren Manager leiden darunter, denn sie wollen gar nicht in endlosen Meetings alles zerreden. Sie wollen etwas leisten und bewirken. Sie wollen Probleme pragmatisch angehen, aber sie wissen nicht wie, weil ihnen die Bürokratie keinen Spielraum lässt. Die Manager haben gelernt, sich in der Organisation nach den Regeln der Bürokratie zu bewegen, und haben verlernt, neue Wege zu gehen. Das Know-how guten Managements wird durch starre Prozesse ersetzt, die zu befolgen sind. Führung wird verordnet, HR-Prozesse werden oft von Juristen bestimmt. Also von Menschen, die keine Ahnung davon haben, wie man Lösungen entwickelt, die dem Unternehmen Geld bringen. In letzter Konsequenz entsteht eine gut funktionierende Organisation, in der von den Reisekosten bis zur Länge der Kaffeepause alles geregelt ist. Aber es entsteht kein Arbeitsklima, in dem man schnell auf Kundenwünsche reagieren kann.

Gleichzeitig wird aber genau das eingefordert. Überall ist das Mantra zu hören: Man solle auf den Kunden eingehen und ihn glücklich machen. Jeder kennt diese Marketingphrasen und sie werden unhinterfragt übernommen, weil sie ja von Spezialisten geprägt wurden. Aber wie geht man als mittlerer Manager auf den Kunden ein, wenn man gar keinen Zugang zu ihm hat? Bei Projekten steht schlussendlich nicht der Projektmanager für alles gerade, sondern doch wieder der Linienmanager, der entweder eingreifen muss oder will.

In diesem Wahnsinn bleibt kaum noch Raum, um den Kunden und den eigentlichen User kennenzulernen, um das zu entwickeln, was diese wirklich gerne hätten und brauchen würden. Ständig schieben sich Schichten von Managern dazwischen, die alle mitreden und sich in irgendeiner Form einbringen müssen. Das wäre vollkommen in Ordnung, wenn das Management die Problemlage wirklich kennen würde und sich Zeit für die Produktentwicklung nehmen könnte. Aber selbst wenn sie es wollten, könnten sie es nicht. Es wäre zu viel. Unternehmen führen so viele Projekte gleichzeitig durch, dass es gar nicht mehr möglich ist, zum Beispiel als verantwortlicher Gruppenleiter mitzureden. Dennoch soll dieser Gruppenleiter in den Gremien mitentscheiden und die Auswahl der Projekte beeinflussen. Wie soll das gehen? Denn immer sind alle Projekte extrem wichtig und müssen die vereinbarten Ziele erreichen – die manchmal Jahre zuvor von einem anderen Management gesetzt wurden und die man nur geerbt hat.

Kontrollwahn

Die Ziele der Projektleiter und Linienmanager, die Prozessziele, die unterschiedlichen Vorgaben aus allen Ecken des Unternehmens – sie alle stehen in ständiger Konkurrenz miteinander und führen zum Stillstand. Aus dem Kontrollwahn entsteht wiederum der Wunsch nach Transparenz, also werden die Prozesse überwacht und auditiert. Ganze Abteilungen sind mit der Kontrolle beschäftigt, damit auch ja so gearbeitet wird, wie es in den Dokumenten vorgeschrieben wird. Controller kontrollieren das Einfachste: den Geldfluss. Qualitätssicherungsbeauftragte machen nicht viel mehr, als die Prozesstreue zu überwachen und natürlich werden auch die entwickelten Produkte getestet. Das wiederum machen andere

Unternehmen, weil man im Haus weder die Testkompetenz noch die Mitarbeiter hat, die fachlich mitarbeiten könnten. Die müssen nämlich das wachsende Tagesgeschäft irgendwie bewältigen, weil ständig die Kosten reduziert werden müssen.

In den ersten Jahren meines Berufslebens kam mir das alles mehr als unnötig vor. Ich war der Meinung, dass man doch einfach den gesunden Menschenverstand walten lassen und einfach arbeiten könne. Erst auf den zweiten Blick wurde mir klar, warum sich Unternehmen so entwickeln mussten, und bei noch genauerem Hinsehen wird sogar klar, dass es folgerichtig ist, so zu handeln. Das Management ist dafür verantwortlich, dass die notwendigen Maßnahmen umgesetzt werden. Es ist verantwortlich dafür, dass Gewinne gemacht werden und dass sich alle im vorgegebenen Rahmen bewegen. Gleichzeitig soll alles mess- und nachvollziehbar sein. Von 1990 bis zur Wirtschaftskrise 2008 war es auch nicht notwendig, innovativ zu sein. Dokumentation und Standardisierung waren daher die Mittel, mit denen die Unternehmensführungen den Shareholder Value hochhalten und ihre Macht ausbauen konnten. Das hatte zur Folge, dass Manager aktiv immer weniger tun, denn auch das obere Management wird durch die Prozesse gezwungen, in den eingefahrenen Schienen zu denken und zu handeln. Sie fokussieren sich auf das Innere des Unternehmens, statt nach draußen zu schauen. Im Inneren können sie die Performance der Mitarbeiter messen, denn es gibt keine Anhaltspunkte im Außen, wie erfolgreich ein Projekt, ein Team oder ein Mitarbeiter ist. Also braucht man interne Messkriterien, an denen sich ablesen lässt, ob die Mitarbeiter ihr Geld wert sind. In allen diesen Maßnahmen wirkt das alte Management-Paradigma: Der Einzelne soll etwas leisten und man muss wissen, ob der Einzelne etwas leistet.

Was wirklich gemessen werden müsste: Hat das Unternehmen die Erfolge, die es für sein Wachstum, für das Überleben und für die gewünschte Position am Markt braucht? Diese Logik kommt aber nicht zur Anwendung, weil vor allem das mittlere Management die Lage am Markt gar nicht kennt. Die Informationen von außen werden den Mitarbeitern nicht tagesaktuell zur Verfügung gestellt. Erst allmählich, vor allem in bereits agilen Organisationen, wird darüber nachgedacht, wie man den Mitarbeitern die notwendigen Informationen transparent und interpretationsfrei in Echtzeit zur Verfügung stellen kann. Ricardo Semler gehört in diesem Punkt zu den Vorreitern: Er zeigt immer wieder aufs Neue, dass man auch einen Konzern auf diese Weise führen kann.

Nur wer gestresst ist, arbeitet wirklich?

Gemäß der Logik der Leistungsmessung ist ein guter Mitarbeiter einer, der sichtbar arbeitet. Anwesenheit ist der Gradmesser für Produktivität. Sogar der Gesetzgeber zwingt Unternehmen über die Arbeitszeiterfassung dazu, in dieser Kategorie zu denken. Diskussionen über Lohndumping und klare Zeitaufzeichnungen sind aber nicht mehr zeitgemäß in einer Arbeitswelt, in der Menschen auch von zu Hause arbeiten oder – wie es Microsoft zeigt – jeder jederzeit für sich entscheiden kann, von wo aus er arbeitet und wie lange er arbeitet. Bei Netflix dürfen Mitarbeiter so viel Urlaub machen, wie sie es für richtig halten.

Diese Ideen sind nichts für nach innen gewandte Unternehmen, die sich nicht auf Experimente einlassen können. Die festgefahrene Denkweise führt nämlich sofort wieder zum Problem: Wie misst man die Produktivität des Mitarbeiters, wenn seine Ergebnisse nicht greifbar sind? Dr. Spencer Silver von 3M sollte eigentlich einen gut haftenden Kleber entwickeln, landete mit seinen Versuchen aber bei einem haftenden und trotzdem gut ablösbaren

Kleber. 20 Jahre hat er nach einer Anwendung dafür gesucht und schlussendlich entstand durch Zufall das Post-it® (*http://bit.ly/29LbbdM*). Wie wertvoll ist so eine Idee, von der man zuerst gar nicht weiß, wofür sie gut sein könnte? Wie lassen sich Ideen, neues Wissen oder neue Produkt(teil)e bewerten, bevor sie draußen am Markt sind?

Meine Antwort dazu: gar nicht. Jedem Lean Start-up ist das klar, während das klassische Management weiter um Messbarkeit ringt. Was liegt also näher, als die Denkarbeit dokumentieren zu lassen? Damit lässt sich immerhin der Aufwand, nicht aber der Wert oder die Güte der Leistung quantifizieren. Wenigstens kann man beweisen, dass gearbeitet wurde. In der Praxis provoziert das unter Wissensarbeitern ungünstige Verhaltensweisen:

- **Berichtswahn.** Sie schreiben Bericht um Bericht, füllen Excel-Listen aus und produzieren seitenweise Informationen, die niemand liest.
- **Überforderung.** Die Arbeitszeiten von Wissensarbeitern werden länger und länger, obwohl zahlreiche Studien zeigen, dass Wissensarbeiter gar nicht ständig produktiv denken können – ja nicht einmal sollten. Wissensarbeiter brauchen Ruhephasen, sollen viel schlafen und lange Spaziergänge machen. Es ist mittlerweile ein offenes Geheimnis, dass die eigentlichen Ideen erst dann kommen, wenn man sich entspannt.
- **Meetingflut.** Die Kalender quellen über. Wissensarbeiter haben ein Meeting nach dem anderen. Ein nicht voller Kalender wird als Zeichen interpretiert, dass der Wissensarbeiter noch Zeit hat. Meetings bedeuten aber nicht zwangsläufig, dass auch Entscheidungen getroffen werden.
- **Besitzdenken.** Sein Wissen ist das Kapital des Wissensarbeiters. Weil seine Leistung nicht bewertbar, aber offensichtlich wertvoll ist, teilt er sein Wissen nicht. Aber das ist eine Fehleinschätzung: Wissen ist an sich wertlos. Erst wenn es angewendet und genutzt wird, erzeugt es einen Wert. Ungenutzte Patente bringen nichts, sie zu verwalten, ist kostspielig. Der einzelne Wissensarbeiter kann daher gar nicht die Freude und Lust erfahren, die das Teilen des Wissens im Team bereiten kann. Er erlebt nicht die Wertschätzung und versäumt es, in den Diskussionen auch vom Wissen der anderen zu profitieren.
- **Heldenmythos.** Da der Wissensarbeiter an sich wertvoll ist, wird seine Einzelleistung höher angesehen als die Teamleistung. Vor allem deutsche Unternehmen werden noch immer vom Mythos des Genies beherrscht. Der Einzelne muss zeigen, was er leistet – eine Art Heldentum des Geistes.
- **Multitasking.** Der Wissensarbeiter arbeitet vielleicht nicht gerne an vielen Dingen gleichzeitig, aber er ist oft dazu gezwungen. Wer beschäftigt aussieht und viel zu tun hat, wer in vielen Dingen seine Finger drin hat und überall mitredet, der ist wichtig. Die Folgen sind bekannt:
  - Wissensarbeiter werden ständig gestört, manchmal alle paar Minuten.
  - Die Konzentrationsfähigkeit des Gehirns nimmt ab und die Fähigkeit zum schnellen Umschalten wird reduziert. Multitasking zerstört die Fähigkeit, viele Dinge gleichzeitig zu tun.
  - Die Qualität der Arbeit wird schlechter, weil sie lustloser gemacht wird. Sich in eine Sache vertiefen zu können, ist lustvoll. Dieser Flow ist befriedigend und löst Glücksgefühle aus.

Das sind keine Probleme, die man einfach hinnehmen muss. Jeder Wissensarbeiter kann seine Produktivität steigern: Entweder schafft er sich selbst ein Umfeld, in dem er ungestört und fokussiert arbeiten kann, oder das Unternehmen macht es möglich, Teams in einem weitgehend störungsfreien Umfeld arbeiten zu lassen (siehe Kasten zu Swarming und Mob Programming). Man muss nur in die Biografien von Schriftstellern und Wissenschaftlern schauen, um zu erkennen, was Denkleistende brauchen: viel Zeit, um auch mal nichts zu tun, weil genau dann das Hirn seine Arbeit tut. Physiker denken den ganzen Tag und können am Ende nicht viel mehr als eine Formel an die Tafel schreiben. Wie beschäftigt ist er dann eigentlich? Autoren schreiben oft nur wenige Stunden am Tag und machen dann vieles, was mit dem Schreiben vordergründig nichts zu tun hat. In der Regel sind sie auch Einzelkämpfer, die sich zwar vielleicht in Zirkeln zum Ideenaustausch treffen, aber letzten Endes schreiben sie *allein*.

Produkte, die von Wissensarbeitern entwickelt werden, lassen sich inzwischen aber nicht mehr alleine entwickeln. Softwareprodukte wie Adobe Photoshop, Microsoft Word oder ein Betriebssystem können nicht mehr von vereinzelten Protagonisten entworfen und programmiert werden, darin sind Teams mit Hunderten Beteiligten involviert. Anders als Bücher werden diese Produkte ständig weiterentwickelt, kaum dass sie im Einsatz sind. Dabei kommt es zu Problemen, die Wissensarbeiter früher nicht hatten:

- Eine schnelle und störungsfreie Kommunikation zwischen den Teammitgliedern ist extrem wichtig und Kern der gemeinsamen Arbeit.
- Die Änderungen am Produkt müssen für alle immer verfügbar und bekannt sein.
- Je mehr Menschen zusammenarbeiten, desto mehr Fehler werden gemacht, die schnell wieder ausgemerzt werden müssen.
- Das allein wäre schon genug, um die Arbeit dieser Teams schwierig bis unmöglich zu machen. Zusätzlich ändern sich die Anforderungen an Produkte heutzutage laufend und die Technologie entwickelt sich so rasant, dass ständig auf neue Umgebungsvariablen reagiert werden muss.

Diese Komplexität hat zunächst die Softwareentwickler in den 1990er-Jahren dazu gezwungen, sich neue Managementmethoden zu überlegen. Die Website von Ken Schwaber, einem der Mitbegründer von Scrum, hieß bezeichnenderweise *www.controlchaos.com*. Damit signalisierte er schon sehr früh, worum es geht: Ein Managementframework muss die Komplexität der neuen Bedingungen beherrschen können. Ken Schwaber und Jeff Sutherland, die das Konzept von Scrum erarbeitet haben, waren nicht die einzigen, die sich dieser Aufgabe stellten, sie waren rückblickend aber am erfolgreichsten. In den USA, aber auch in Europa ist Scrum zur anerkannten Alternative im Management von Softwareentwicklungsprojekten geworden und wird von Unternehmen nun auch für die Entwicklung von Hardware und ganzer Systeme eingesetzt (vgl. Gloger 2016).

Bereits 1986 hatten Ikujiro Nonaka und Hirotaka Takeuchi gezeigt, dass Produktentwicklung dann erfolgreich ist, wenn Teams aus Vertretern verschiedener Disziplinen eigenständig und selbstverantwortlich an der Lieferung arbeiten können (vgl. Nonaka, Takeuchi 1986). Heute ist daraus ein hochgradig effektiver Arbeitsprozess für teambasierte Organisationen geworden, in dem Wissensarbeiter gemeinsam arbeiten können. „Swarming“ und „Mob Programming“ sind – zumindest in der Softwareentwicklung – erste Indizien für einen völligen Paradigmenwechsel in der Arbeitsweise von Wissensarbeitern, die komplexe Probleme lösen sollen.

Swarming und Mob Programming

Die Begriffe Swarming und Mob Programming werden oft synonym verwendet. Dahinter steckt die Idee, dass die Mitglieder eines crossfunktionalen Teams aus Softwareentwicklern (Tester, Architekten, Datenbankspezialisten) *gemeinsam* und *gleichzeitig* jede Aufgabe durchführen.

Mob Programming wurde von Hunter Industries ausgearbeitet. Von einem Mob spricht man bei einer Gruppe ab drei Personen, die gemeinsam an einem Rechner an einer Aufgabe arbeiten. Alle zehn Minuten sitzt ein anderes Mob-Mitglied an der Tastatur und übersetzt die Denkleistung der anderen in Code. Die Person, die gerade an der Tastatur sitzt, darf in diesen zehn Minuten keine eigenen Ideen eintippen. Er oder sie teilt seine Idee der Gruppe mit und stellt sie zur Diskussion. Es gibt einige Variationen des Mob Programming. So haben mir die Mitarbeiter von Hunter Industries erzählt, dass sie ab einer Gruppengröße von acht Personen zwei Mobs bilden.

Swarming ist der passendere Begriff für Teams, die nicht programmieren – also zum Beispiel Designer oder auch Planungsteams. Auch in diesem Fall wird gemeinsam an *einer* Aufgabe gearbeitet und es wird eine Aufgabe nach der anderen abgearbeitet. Das Interessante daran ist der Paradigmenwechsel: Natürlich muss nicht jeder ständig etwas sagen, man kann sich zwischendurch auch mal ausklinken – aber dann macht man wieder mit. Auf diese Weise sind alle involviert und es zeigt sich, dass Swarming-Teams sehr erfolgreich sind.

In den meisten Organisationen ist dieses neue Arbeiten – teambasiert, fokussiert, selbstbestimmt und selbstorganisiert, mit dem Blick nach außen – aber noch nicht etabliert. Ideen wie Swarming, Mob und Pair Programming haben dort keinen Platz, ja es wird nicht einmal gewagt oder sogar als unmöglich betrachtet, die Leistungsfähigkeit eines Teams aufzuzeigen. Die traditionellen Managementsysteme greifen solche Strömungen sofort an. Meine Kollegen und ich sprachen zum Beispiel mit einem Manager, der mit seinem Latein einfach am Ende war. Sein Team war für ein wichtiges Projekt verantwortlich, konnte aber nicht liefern. Der Druck, der auf diesem Team lastete, war enorm. Als wir uns die Situation genauer ansahen, wurde mehr als deutlich, dass der mangelnde Fokus das Problem war. Sofort wurde beteuert, dass man den Fokus nun halten werde. Aber immer wieder mussten zwei meiner Kollegen beim Manager Überzeugungsarbeit leisten, damit das Team den Fokus tatsächlich halten konnte. Das sollte jetzt keine Schelte sein. Auch Manager sind von ihrem Umfeld getrieben. Sie stehen genauso unter großem Druck. Wir werden in Kapitel 6 sehen, wie Managementprozesse (nicht Führungsprozesse) aussehen müssen, damit Wissensarbeiter hochproduktiv arbeiten können.

1.7 Die Netzwerkorganisation

Der Vorteil einer Organisation gegenüber einzelnen Gruppen ist, dass es ökonomisch meistens sinnvoller ist, in großen Einheiten zu denken. Im Rahmen einer Organisation können die Kommunikationsbeziehungen vereinfacht werden und dadurch kann die Organisation schneller agieren als lose zusammengewürfelte Gruppen. Theoretisch kann ein A380 auch von Freiberuflern entwickelt und gebaut werden, aber die Abstimmung zwischen den vielen Beteiligten könnte man einfach nicht gut genug koordinieren – es gäbe extreme Verzögerungen und Unklarheiten. Es würden Jahre ins Land ziehen, bis man sich auf eine Architektur geeinigt hätte. Zumindest ist das meine Vermutung.

Die einfachere Kommunikation wird aber mit einem entscheidenden Nachteil erkauft: Der Einzelne in diesem Verbund gibt seine Verantwortung an die nächsthöhere Stelle ab. Dort, wo vermeintlich die meisten Informationen liegen, werden die Entscheidungen getroffen. Das sind in der Regel die oberen Ebenen einer Organisation – dort konzentriert sich die Macht. Das ist nicht zwangsläufig etwas Schlechtes. Es gibt sehr gut „von oben" gesteuerte Organisationen, in denen dennoch partizipatorisch geführt und gearbeitet wird. Doch je größer eine solche Organisation wird und je mehr Produkte sie entwickelt, desto komplexer werden die Informationsströme, die koordiniert werden müssen. Als Konsequenz verbringen Manager immer mehr Zeit in Meetings und es entstehen automatisierte Abläufe, um das Arbeiten über die einzelnen Instanzen hinweg koordinier- und planbar zu machen. Auf den ersten Blick kreiert das eine stabile und vorhersagbare Organisation, die wie ein Uhrwerk funktioniert. Aber sie kann ihre Aufgaben nur erfüllen, wenn sie ständig das Gleiche liefert.

Wie ergeht es dieser Organisation aber, wenn sich das Umfeld verändert? Die Antwort darauf kennen wir: Sie muss umstrukturiert und den neuen Bedingungen angepasst werden. Abteilungen werden aufgebaut und wieder abgebaut, Teams gebildet und wieder aufgelöst, Unternehmensbereiche gekauft und wieder verkauft, Geschäftsfelder erschlossen und wieder verlassen. Das geschieht in jeder größeren Organisation tagtäglich und es gibt genügend Beispiele für Organisationen, die dadurch in Krisen schlittern. Jede größere Veränderung trifft diese Organisationen ins Mark, weil sie auf dem Paradigma der Stabilität basieren. Die Strukturen sollen genauso fest stehen wie die Machtverhältnisse – es geht um die Wahrung des Status quo. Die Mächtigen denken dabei mehr an ihre eigene Position als an das gesamte Unternehmen. Wer erinnert sich nicht an den Machtkampf von Piëch gegen Winterkorn bei VW im Jahr 2015? Auch wenn man den Kopf schütteln mag, so sind diese Verhaltensweisen doch menschlich. Aber die Organisation als ganzes System leidet darunter. Sie kann ihre Kräfte nicht für den Kampf am Markt nutzen, sondern ist mit ihren internen Problemen beschäftigt. Das kostet Zeit und Geld und ist meistens ein Zeichen dafür, dass es einem Unternehmen bereits zu gut geht.

Netzwerk in Netzwerken

Mittlerweile wissen wir aber: Starre Strukturen eignen sich nicht dazu, Organisationen in Zeiten zu steuern, in denen sich politische, legislative und wirtschaftliche Verhältnisse in einem Höllentempo ändern. Geschäftsführer, Vorstände und Aufsichtsräte, die das noch immer glauben, sehen sich überfordert. Nur netzwerkartige Strukturen, die auf einem

Medium basieren, können Informationen schnell genug verteilen. Inzwischen werden wir über Facebook und Twitter schneller über das Weltgeschehen informiert als über die klassischen Medien. E-Mail können wir heute bereits zu den veralteten Systemen zählen. Mitarbeiter in Unternehmen, die das auch zulassen, kommunizieren über Chatsysteme wie Slack *(www.slack.com)* oder Hipchat *(www.hipchat.com)*.

General Stanley A. McChrystal war unter anderem „Commander of Joint Operations Task Force“ im Irak. Er sagt in einem Interview mit Timothy Ferris, Autor des Bestsellers „The 4-Hour Workweek“, dass man einem Terrornetzwerk nur mit einem Netzwerk begegnen könne (vgl. Ferris 2009). Klassische Strukturen seien für diesen Kampf nicht schnell genug. Seine Erfahrung ist die Basis für sein Beratungsunternehmen CrossLead. Auch in seinem Beratungsansatz betont McChrystal, dass Resilienz und Anpassung an immer wieder neue Gegebenheiten die Fähigkeiten sind, die ein Unternehmen überleben lassen. Sein Unternehmen versucht, die Anpassungsfähigkeit kleiner Teams auf Unternehmensebene zu skalieren und ein Team aus Teams zu schaffen (vgl. *www.crosslead.com*).

Auch in Organisationen, die einem traditionellen Managementansatz folgen, wurden „Small World Networks“ inoffiziell immer wieder anerkannt – also die Tatsache, dass Menschen in Organisationen auch über die Grenzen von Abteilungen hinaus Informationen austauschen. Solche Small World Networks lassen sich am besten als Gitter beschreiben (auch die Neuronen unseres Hirns sind ein gutes Beispiel): Es gibt spezialisierte Knotenpunkte, die über kurze Distanzen wiederum mit allen anderen Knotenpunkten verbunden sind. Diese Knotenpunkte arbeiten autonom und dennoch im Verbund, dank eines sehr effizienten Informationstransfers (vgl. Telesford et al. 2011). Die neue Organisation steht also vor der Herausforderung, diese Idee in die Tat umzusetzen. Informelle Strukturen werden zu formellen Strukturen, die aber so flexibel sind, dass sich die (in)formellen Strukturen, die Teams, ständig neu komponieren können. Nicht beliebig, sondern geregelt.

Unter anderem mit Scrum wurde bereits ein Managementframework entwickelt, mit dem sich Small World Networks koordinieren und produktiv steuern lassen. Dennoch laufen Scrum und andere Modelle und Methoden quer zum herrschenden Aufbau der Organisation. Sie sind eine Bedrohung für den erarbeiteten Status der Manager. Daher verteidigen sie den (ihren) Status quo, statt in kleinen, unabhängigen Einheiten zu denken, die autark voneinander arbeiten können. Solche Ideen sind in einer ablaufoptimierten Organisation nicht vorgesehen.

Small World Networks und effektive Teamkonstellationen sind hingegen nicht auf Effizienz optimiert, sondern auf Effektivität. Das bedeutet: Redundanz. Wer schnell und vor allem in Krisenzeiten anders als der Rest reagieren will, braucht Manövriermasse. In lean gemanagten Organisationen geht das kaum, weil man nicht genutzte Budgets wieder zurückgeben muss und alles so knapp kalkuliert ist, dass man nicht einmal problemlos ein Flipchart bestellen kann. Innerhalb ihrer Grenzen erzeugt die Organisation auf diese Weise ein Mindset, in dem das Denken in großen Dimensionen nicht mehr möglich ist. Wer ständig aufs Geld aufpassen muss, übersieht, dass er auch mal investieren muss: In die eigene Leistungsfähigkeit, in die besten Tools, in die beste Ausbildung und in ein Umfeld, in dem Menschen Lust aufs Arbeiten haben. Stattdessen wird nur das optimiert, was man bereits hat, und nicht nach neuen Lösungen gesucht. Denken und Kreativität brauchen Raum. Dieser Raum darf klein sein, aber man muss sich darin bewegen dürfen. Wenn es keinen Raum gibt, ist das genauso fatal wie Verprassen und Verschwenden.

Für die notwendige Redundanz gibt es keine Messwerte. Wie hoch muss der Anteil des Kaffeetrinkens sein, damit sich Menschen austauschen? Wie viele Mitarbeiter braucht man wirklich? Wie wichtig ist ein Mitarbeiter, der vielleicht nicht die brillantesten Ideen hat, aber das Team emotional zusammenhält? Auf diese Fragen hat die traditionelle Organisation keine Antwort. Am Wissen darüber, wie es gehen kann, mangelt es nicht – Studien gibt es genug. Es braucht mutige Manager, die in der Lage sind, die existierenden Organisationen umzubauen – im Vertrauen darauf, dass sie zwar ihre Position verlieren werden, aber dafür durch die Anerkennung ihrer Kollegen an Status gewinnen werden. Wenn man das noch nicht erlebt hat, fällt man in die alten Muster zurück und bleibt im zwar bekannten, aber einengenden Korsett stecken, das schlussendlich krank macht.

1.8 Kapitelausblick

In meinen Augen stehen die Chancen, große Projekte erfolgreich zu managen 1:99 gegen die klassischen Methoden. Auch diverse Studien, wie zum Beispiel jene von Bent Flyvbjerg und Alexander Budzier, belegen, dass IT-Großprojekte die Kosten im Schnitt um ein Viertel überschreiten. Eines von sechs Projekten wird zu einem „Black Swan“, also zur Katastrophe, mit Kostenüberschreitungen von 200 Prozent und einem um 70 Prozent überzogenen Zeitrahmen (vgl. Flyvbjerg, Budzier 2011). In einer neuen Studie haben sie mehr als 2000 Infrastrukturprojekte in 104 Ländern untersucht und kommen zu einem noch verheerenderen Ergebnis: Nicht einmal ein Viertel dieser Vorhaben lief nach Plan, die Kosten wurden systematisch unter- und der wirtschaftliche Nutzen überschätzt (vgl. Decker 2015).

In den folgenden Kapiteln werde ich darauf eingehen, wie man große Projekte agil managen kann. Dabei behaupte ich nicht, dass auf diese Weise immer alles nach Plan gehen wird. Aber das Versagen von Projektbemühungen, wie wir sie am Berliner Flughafen sehen, kann mit agilen Methoden vollkommen ausgeschlossen werden. Der Projektmanager bekommt mit agilen Skalierungsmethoden vollkommen andere Mittel in die Hand, um seine Projekte zu steuern. Diese sind erwiesenermaßen erfolgreicher, aber natürlich auch nicht unfehlbar.

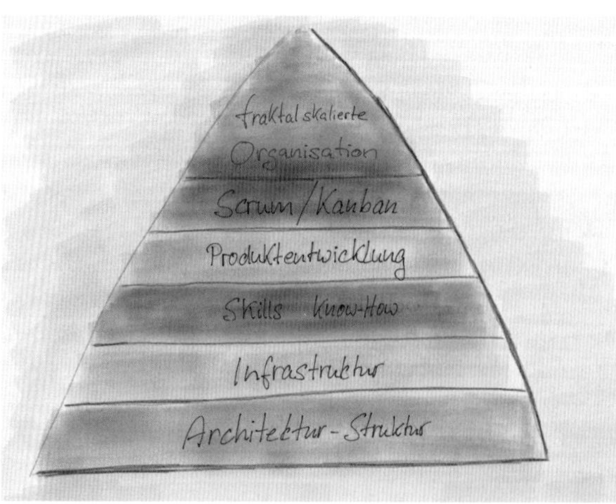

Bild 1.2
Die Bausteine der agilen Skalierung

Zunächst sehen wir uns im Kapitel **„Die Umfeldbedingungen des Skalierens"** an, unter welchen Voraussetzungen heute Skalierung, also das verteilte, multidisziplinäre Arbeiten in großen Projekten stattfindet.

Im Kapitel **„Architektur"** zeige ich, dass die Architektur (gemeint ist die Informationsarchitektur) entscheidend in der Frage ist, ob ein Projekt skalieren kann oder nicht. Die Gestaltung der Architektur wirkt sich auf alle Bereiche eines Projekts aus. Dabei ist aber ein grundlegendes Problem zu lösen: Wie entsteht eine Architektur, wenn die Funktionen, die ein Produkt haben soll, noch gar nicht bekannt sind?

Um diese Frage zu lösen und zu verstehen, wie die Rahmenbedingungen in großen Projekten verändert werden sollten, betrachte ich im Kapitel **„Infrastruktur"** zunächst die Umgebung, die schnelle Lieferungen möglich macht: Räumlichkeiten, Tools, aber auch Lieferanten. Das Schlagwort lautet hier „Continuous Delivery".

Das Netzwerk des Team of Teams kann nur dann eine sinnvolle architektonische Lösung für die Produktentwicklung sein, wenn die Mitarbeiter die passenden Skills haben und ihre Fähigkeiten auch einbringen können. Darum geht es im Kapitel **„Skills und Professionalität".**

Wer die entsprechenden Voraussetzungen mitbringt, braucht aber auch Entwicklungsprozesse, in denen er sie effizient einsetzen kann. Im Kapitel **„Produktentwicklung neu gedacht"** spreche ich darüber, wie große Produkte nicht konzipiert werden, sondern sich emergent entwickeln.

Allerdings findet das skalierte agile Projekt nicht zwangsläufig in einer bereits agilen Gesamtorganisation statt. Das Kapitel **„Good Practices für das skalierte Scrum-Projekt"** zeigt auf, wie man unter diesen Umständen Projekte dennoch agil abwickeln kann.

Alle Maßnahmen werden nur dann zu Erfolgen führen, wenn das Zusammenwirken unabhängiger Zellen in einem großen skalierten Projekt durch gemeinsame Werte und Interessen eine Richtung bekommt. Die Führung hat die Aufgabe, **„Die fraktal skalierte Organisation"** entstehen zu lassen.

2 Architektur

Die Architektur eines Produkts ist die erste und wichtigste Voraussetzung für eine gelungene Skalierung. Es ist die Architektur, durch die sich ein Produkt vergrößern und erweitern lässt, genau so kann sie das Wachstum des Produkts oder Projekts behindern. Teams können durch die Architektur zu Bottlenecks werden oder sie kann Teams dazu bringen, unabhängig voneinander zu arbeiten. Die Skalierung eines Projekts wird also vom Rahmen bestimmt, den die Architektur vorgibt. Architektur ist immer auch Projektstruktur und beeinflusst dadurch die Kommunikation und Interaktion. Ich werde Ihnen in diesem Kapitel nicht sagen, wie eine skalierbare Architektur aussehen muss. Ich liefere Ihnen also keine Blaupausen, sondern architektonische Muster, die Sie in jedem Projekt anwenden können – auch in nichtagilen Projekten.

Mein erster Job nach dem Studium führte mich zu Electronic Data System (EDS). Auf einem Mainframe entwickelten mein Entwicklungsteam und ich unter Cobol eine Applikation, mit der Gut- und Lastschriften für die Fahrzeuge eines Automobilkonzerns erstellt werden konnten. Die erfahrenen Entwickler erzählten mir vom Frontend, vom Backend und einer sogenannten „Three Tier Architecture“. Ich lernte, logische und physische Datenmodelle zu unterscheiden, und ich erfuhr, dass man auch objektorientiert statt prozedural programmieren kann. Mein damaliges Entwicklungsteam machte mich mit Business Modelling vertraut und kurz darauf begann der große Hype: Internet. Ich lernte etwas Wesentliches: Das eigene System sollte modular entwickelt werden und über Interfaces mit anderen Systemen arbeiten. Die Module mussten so geschrieben werden, dass sie vollkommen autark von allen anderen Systemen funktionieren konnten. Und das alles noch auf einem Mainframe. Später sprachen wir auf den ersten agilen Entwicklerkonferenzen von emergenten Software- und Systemarchitekturen, also von Architekturen, die erst im Laufe der Zeit entstehen. Eigentlich wächst ein System also, aber wie sollte das gehen: Ich selbst hatte noch gelernt, dass man ein Datenbankmodell nicht einfach ändern kann, es wäre ein zu großer Aufwand. Diese Annahme war auch korrekt. Zumindest in der Toollandschaft der 1990er-Jahre.

Ende 1999 war Extreme Programming noch weitgehend unbekannt und auch fünf Jahre später hatte noch immer kaum jemand verstanden, wie man das machen sollte, was sich Kent Beck da ausgedacht hatte. Doch die Ideen klangen verlockend und vor allem klangen sie logisch. Es war *das* Thema auf Konferenzen und einige Softwareentwickler schrieben begeistert Tests. Aber es flammten auch die ersten Glaubenskriege auf: Braucht man nun eine Architektur oder entwickelt sie sich emergent? Und dann hörten wir von Conway's Law (Conway 1968): *„Organizations which design systems [...] are constrained to produce designs which are copies of the communication structures of these organizations."*

2.1 Architektur als Ergebnis der Kommunikationsstruktur

In den Entwürfen von Systemen spiegelt sich laut Melvin Conway also die Kommunikationsstruktur einer Organisation wider. Wenn man sich genauer damit auseinandersetzt, was Conway geschrieben hatte, wird klar, warum viele Softwaresysteme so komplex sind, wie sie es eben sind. Zunächst bauen einzelne Abteilungen jeweils ihr System, danach werden die Einzelsysteme miteinander verbunden. Allerdings passiert das oft nicht so, wie ich es in meinem ersten Team gelernt habe: über klar definierte Schnittstellen und nach genauen Absprachen zwischen den Abteilungen. Vielmehr gibt sich jede Abteilung einfach mit dem zufrieden, was sie bekommen kann und strickt ihre eigene Applikation um. Ein Beispiel: Ein Unternehmen baute ein System, das man als Middleware bezeichnen kann. Bei vielen großen Kunden ist dieses System seit mehr als einem Jahrzehnt im Einsatz. Heute hat es aber nicht alle Funktionalitäten, die von den Kunden benötigt werden, weil die Entwickler vor zehn Jahren noch gar nicht wissen konnten, was in den Systemen der Zukunft wichtig sein würde - die Kunden wussten es ja selbst nicht. Als sich der Bedarf der Kunden allmählich änderte, war das Unternehmen zunächst einfach zu langsam und konnte nicht für jeden Kunden sofort die passende Lösung entwickeln. Also bauten die Kunden ihre eigenen Behelfslösungen um die existierende Applikation herum, die sogenannten „Workarounds". Als das Softwareunternehmen sein Produkt an die Erfordernisse der Kunden anpasste und damit die eigene Architektur änderte, verursachte genau diese Anpassung ein neues Problem: Nun funktionierten die Workarounds nicht mehr. So verrückt es klingt: Der Softwareanbieter baute seine „richtige" Architektur wieder zurück.

Ein Manager jenes österreichischen Telekommunikationsunternehmens, bei dem ich nach EDS arbeitete, bezeichnete diese Art, Softwaresysteme zu entwickeln, als „Mushroom-Architektur". Überall schießen Systeme und Applikationen aus dem Boden. Sie sind nicht so elegant miteinander verbunden, dass man leicht weiterentwickeln kann, meistens weiß niemand mehr, wie diese Systeme miteinander verbunden sind. Konsequenterweise beginnen die verschiedenen Systeme irgendwann, völlig unkontrolliert und unerwartet aufeinander zu reagieren. Entwickelt ein Team an einer Applikation weiter, funktioniert plötzlich in einer anderen Applikation etwas nicht mehr, das bisher keine Probleme gemacht hat. Bei diesem Telekommunikationsunternehmen erlebte ich, wie man sich zunächst mit Release-Management behelfen wollte, nur um wenig später zu merken, dass man auch mit dieser Maßnahme dem Komplexitätsproblem nicht beikommen konnte. Ganz im Gegenteil: Alle Prozesse in der Entwicklung wurden noch langsamer. Viele Telekom-Unternehmen starteten daher in den frühen 2000er-Jahren kostspielige Infrastrukturprojekte und versuchten, mit Middleware die Lage wieder in den Griff zu bekommen. Als Middleware bezeichnet man in der IT-Systemlandschaft jene Systeme oder Programme, die als Datendrehscheibe für alle

Applikationen dienen. Gut vergleichbar mit dem Kabelbaum eines Autos, nur viel komplizierter.

Diese Middleware sollte es also richten. Sie sollte das Chaos der Applikationen und Programme, der Datengräber und Fehlplanungen entwirren. Aber sie tat es nicht. Die Systeme wurden immer nur komplexer und die Projekte teurer und teurer. Aus meiner heutigen Sicht wurde dabei die wichtigste Voraussetzung des Aufräumens nicht erfüllt: **Wer aufräumt, muss auch wegwerfen.** Wer alles Alte aufhebt, kann nicht umbauen oder renovieren und schon gar nicht für die Zukunft planen. Der Ballast, den man mit sich herumschleppt, wird ständig größer, schwerer und unübersichtlicher. Genau das passiert bei vielen Softwareprogrammen in Unternehmen: Anstatt alles, was nicht mehr verstanden wird, einfach auszumisten, werden Applikationen am Leben erhalten – weil man nicht mehr weiß, was sie genau tun.

Aufräumen, wegwerfen und dann: miteinander reden

Aber ich will die aufräumenden Softwareentwickler in Schutz nehmen. Niemand will für das Aufräumen bezahlen, denn Projekte sind Investitionen. Wie soll man den Aktionären klarmachen, dass ständig aufgeräumt werden muss? Das Aufräumen als eine Investition in die Zukunft zu verstehen, fällt vielen schwer. Man bekommt auf den ersten Blick ja nichts dafür, außer einem aufgeräumten System, das eigentlich schon aufgeräumt sein sollte. Aufräumen kostet Arbeit, Zeit und meist auch ein wenig Geld.

In vielen Unternehmen sind die Architekturen der Systeme und Programme so miteinander verwachsen, dass es so gut wie unmöglich scheint, sie wieder aufzulösen und zu entwirren. Sieht man sich Conway's Law noch einmal genauer an, wird deutlich, warum das passieren muss: Die Informationsstrukturen in einem Unternehmen ändern sich schneller, als man sie mit Hilfe von Software nachbilden kann. Ändert sich nun die Informationsstruktur der Realität (des Business) und werden zum Beispiel dezentrale Abteilungen und Prozesse zentralisiert, müsste sich das unterstützende Softwaresystem sofort mitändern. Genau das kostet aber sehr viel Geld, das man nicht jedes Mal ausgeben will, wenn sich innerhalb der Organisation etwas ändert.

Das gilt nicht nur für Software. Auch Hardwareprodukte werden nicht unabhängig von den Informationsstrukturen entworfen, entwickelt und gebaut – in diesem Fall sind es die Lieferantenstrukturen. Aus meinen Beobachtungen ziehe ich den Schluss, dass die Abhängigkeiten im Hardwarebereich sogar noch stärker sind. Deshalb ist es so wichtig, mit den richtigen Lieferanten zu arbeiten und Schnittstellen nicht nur am Anfang der Zusammenarbeit, sondern regelmäßig abzustimmen und gegebenenfalls zu testen, um Änderungen zu erlauben. Wird etwas gemeinsam entwickelt, das beide Seiten der Lieferkette gut beherrschen, ist das meistens kein Problem. Doch wehe, wenn die Lieferkette dysfunktional aufgesetzt wurde und nicht über Dinge geredet wird (manchmal aus seltsamen Gründen auch nicht geredet werden darf), über die unbedingt miteinander geredet werden müsste. Ich habe auch schon erlebt, dass Kunden die fehlende Kommunikation zwischen den Herstellern und ihren Lieferanten ausbaden müssen.

Abgesehen davon, dass solche Setups an sich dysfunktional sind, ist vollkommen klar, warum so ein Projekt nicht erfolgreich sein kann:

- Niemand kennt die Architektur des Gesamtprodukts.
- Niemand hat ein ähnliches Produkt bereits gebaut, aber die Budgets und Deadlines stehen fest.
- Bei Fehlern kann man sich nicht gemeinsam auf die Suche nach der Ursache machen, denn das wäre eine Grenzüberschreitung. Die Folge: Verzögerungen.
- Nicht die Teammitglieder, die täglich am Produkt arbeiten, treffen die Entscheidungen, sondern Manager – und die verstehen nicht, warum die Entwicklung so schwierig ist.

Kann man solche Projekte kostengünstiger und schneller entwickeln? Ja. Lockheed Martin macht das schon seit 1943 mit Skunk Works, der Abteilung für Spezialprojekte. Die Idee: Alle für das Produkt notwendigen Personen finden sich an einem Ort zusammen und entwickeln gemeinsam. Innerhalb des Projektteams gibt es keine Grenzen oder Sprechverbote.

Produktivitätssteigerungen durch agile Entwicklung

Es wird immer wieder gefragt, ob agiles Arbeiten zu Produktivitätssteigerungen führt. Die vergangenen Jahre haben genau das immer wieder gezeigt, zunächst vor allem im Webbusiness. Als sich der agile Gedanke in andere Industrien verbreitet hat, wurden die Auswirkungen auf die Produktivität aber immer wieder aufs Neue in Frage gestellt. Diese Diskussionen habe ich zuletzt im Banken- und Automotive-Sektor geführt. Mittlerweile bestätigen aber selbst deutsche Großkonzerne öffentlich, dass die neue Art des Arbeitens und vor allem die neue Art, mit Lieferanten umzugehen, tatsächlich großen Einfluss auf die Produktivität hat. Zum Beispiel Bosch (Denner 2015):

„Agility at Bosch: mission impossible?

Agile development also helped in our collaboration with Tesla. We supply chassis and safety systems for its electric vehicles. Many of these hardware and software components can be precisely matched to the requirements of the respective vehicle and adjusted to the desired handling characteristics. This application was successfully completed with Tesla within a short period of time, and the project proved to be well suited to the use of agile engineering methods. In recognition of our successful collaboration, Tesla presented us with the Excellent Development Partner award in 2014. This shows once again that Bosch is able to meet a diverse array of customer requirements, including those of new market entrants. **Altogether, only half the usual development time was needed for calibration work with Tesla.“**

Der klassische Weg, im Vorfeld der Produktentwicklung eine Architektur zu entwerfen und entsprechend zu planen, kann *prinzipiell* nicht funktionieren: Weder zum Zeitpunkt der Planung noch zu einem späteren Zeitpunkt weiß man, was eine Applikation wirklich können muss. Diese Anforderungen zeigen sich erst während der Arbeit am Produkt. Bekannt ist auch, dass es sich bei großen Projekten immer um überkomplexe Probleme, also um „Wicked Problems“ handelt, die sich nicht auf derselben logischen Ebene lösen lassen, auf der das Problem existiert. Das geht nur auf einer logischen Ebene darüber.

Für große Systeme ist daher eine emergente (wachsende) Architektur notwendig, die

1. von den Entwicklungsteams selbst entwickelt wird;
2. diese Entwicklungsteams dazu befähigt, an vielen Standorten gleichzeitig zu entwickeln;
3. sich verbessert und weiterentwickelt, weil die Anforderungen an das System erst im Laufe der Zeit entstehen und deutlich werden.

Gebraucht wird also eine Architektur, die agile Entwicklungsmannschaften zu schnellen Lieferungen befähigt. Wie muss die Architektur eines Produkts nun beschaffen sein, damit sie diesen drei Forderungen standhält und es ermöglicht, ein Projekt skalieren zu können? Im Wesentlichen muss sie zwei Maximen gerecht werden:

1. Schneller ist besser
2. Entkopplung

2.1.1 Schneller ist besser

Inzwischen hat sich herumgesprochen, dass schnelles Feedback jede andere Form der Qualitätssicherung schlägt. Es geht nicht darum, Fehler zu vermeiden, sondern sie schnell zu entdecken, daraus zu lernen und sie dadurch auszumerzen. Scrum-Teams wollen ihre Ergebnisse daher schnell zeigen können und die gewonnenen Erkenntnisse in die nächste Version der Applikation integrieren. Eine agile Architektur muss das möglich machen. Für Software geschriebene oder für Hardware gebaute Tests müssen schnell und kostengünstig immer wieder neu durchführbar sein. Wer Ergebnisse erst liefern kann, wenn große Teile des Systems bereits stehen, hat mit dieser Anforderung seine liebe Not. Doch besonders schwierig ist diese Forderung bei monolithischen Systemen umzusetzen, in denen es starke Abhängigkeiten zwischen den einzelnen Produktteilen gibt. Wird an vielen Punkten gleichzeitig gearbeitet, muss jeder auf den anderen warten, um überprüfen zu können, ob die eigene Funktionalität funktioniert. **Hier greifen die Forderung nach Geschwindigkeit und die Maxime der Entkopplung ineinander:** Es ist sinnvoll, dass einzelne Teile unabhängig von den anderen getestet werden können, dann kann der Produktentwickler nämlich einfacher entscheiden, an welchem Punkt etwas verändert werden muss.

Wieder einmal hilft ein Blick in die Natur: Dort wird so gut wie immer nach dem Prinzip des eigenständigen kleinsten Teils gebaut. Jedes Element eines biologischen Systems - Zelle, Organismus, Mehrzeller, Pflanze, Organ - ist in sich vollständig und funktionsfähig. Die Natur folgt aber noch einem weiteren Prinzip: Verschwendung. Das klingt so negativ, daher wird es auch gerne mit dem Wort „Redundanz" umschrieben. Fällt ein System aus, werden andere Systeme oder Körperteile entsprechend umfunktioniert. Redundanz bietet also die Möglichkeit, schnell auf Veränderungen reagieren zu können und Reserven für eine plötzliche Veränderung zur Verfügung zu haben.

Diese beiden Beobachtungen führen zu der Erkenntnis, dass eine flexible, resiliente und leicht veränderbare Architektur aus vielen kleinen Einheiten aufgebaut werden muss, die lose miteinander gekoppelt sind und in der es Redundanzen gibt. Warum zielen wir darauf ab? Weil Geschwindigkeit die Produktentwicklung treibt. Ihr wird alles andere untergeordnet.

> **Regel:** Eine resiliente und flexible Architektur bildet sich aus vielen kleinen Einheiten, die lose miteinander gekoppelt sind und in der Reserven (Redundanzen) eingebaut sind.

Schnellere Beschleunigung durch Kraftreserven

Aber was ist Geschwindigkeit? Werfen wir einfach einen Blick in die Physik. Will man eine bestimmte Geschwindigkeit (das Ergebnis) explosionsartig entwickeln, ist ein gutes Verhältnis von Kraft zu Masse notwendig. Ein Sportwagen lässt die anderen an der Ampel stehen, weil sein Motor bezogen auf die Masse des Fahrzeugs wesentlich mehr Leistung erzeugen kann als der Motor der Familienkutsche, die bei gleicher PS-Zahl viel schwerer ist. Ein Sprinter hat wesentlich dickere Oberschenkel (hohe Masse) als ein Marathonläufer, weil er ein anderes Kraft-zu-Masse-Verhältnis braucht. Innerhalb von Hundertstelsekunden muss der Sprinter auf Höchstgeschwindigkeit beschleunigen.

Und nun übertragen wir das auf die Produktentwicklung: Wer schnell entwickeln will, braucht eine hohe Anfangsbeschleunigung und muss dann in der Lage sein, die Geschwindigkeit zu halten. Um diese hohe Anfangsbeschleunigung zu erreichen, hat man in der Produktentwicklung zwei Optionen:

1. **Fokus.** Alle im Unternehmen fokussieren auf das Wichtigste. Von Anfang an wird wirklich nur das entwickelt, was tatsächlich *minimal* gebraucht wird.
2. **Mit einem Vorsprung starten.** Wenn man auf etwas Vorhandenem aufbauen und es nutzen kann, hat man – wie bei einem dicken Muskel – gewissermaßen einen hohen Grad an vorgehaltener Kraft zur Verfügung (vgl. Ward 2014). In der Entwicklung wäre die Entsprechung ein Team mit viel Know-how, geeigneten Frameworks und frei verfügbarem Kapital, um allfällig Benötigtes schnell zukaufen zu können.

Das ist einleuchtend, aber die Realität sieht anders aus. In vielen Unternehmen wird die Weiterentwicklung von Produkten nicht behindert, weil das Geld fehlt, sondern weil es falsch verteilt ist. Am Jahresbeginn wird ein Budget ausgegeben, das in der Regel ein halbes Jahr zuvor geplant wurde. Oft fehlen in dieser Planung die notwendigen Reserven für schnelles Reagieren, also für das Umplanen von Budgets. Das Geld ist im Unternehmen vorhanden, es ist nur nicht richtig zugeordnet.

Es gibt somit einen einfachen Anhaltspunkt, an dem sich erkennen lässt, ob ein Unternehmen zum schnellen Entwickeln in der Lage ist: freies Kapital. Als meine Kollegen und ich in einem Projekt sehr schnell Fahrt aufnehmen wollten (Beschleunigung), war das Problem nicht, dass die Entwickler nicht wollten oder dass unklar gewesen wäre, was wir erreichen wollten. Der begrenzende Faktor war die fehlende Bereitschaft des Managements, die entsprechenden Geldbeträge in die Hand zu nehmen, um die fehlenden Kenntnisse des Teams, die mangelhafte Infrastruktur und die fehlenden zusätzlichen Mitarbeiter auszugleichen. Ständig mussten wir darum kämpfen, das notwendige Geld zu bekommen. Deshalb hat von Anfang die Beschleunigung gefehlt und erst sehr spät hat das Projekt die notwendige Geschwindigkeit erreicht.

„Geschwindigkeit schlägt alles“ wird nach wie vor von vielen Managern in der Produktentwicklung am wenigsten akzeptiert. Noch immer will man gleich zu Beginn das Fundament für ein Megaprodukt legen. Wenn man doch schon mehr wüsste, könnte man doch schon so viel vorsehen. Das mache es, so der Glaube, am Ende einfacher. Aber leider ist das nicht so: Die am Anfang wegen der fehlenden Beschleunigung nicht erreichte Geschwindigkeit lässt sich angesichts der Kürze heutiger Produktentwicklungszyklen nicht mehr aufholen. Ich möchte hier festhalten: Es geht nicht darum, am Anfang nicht nachzudenken oder einen falsch verstandenen Trial-and-Error-Ansatz zu verfolgen. Es geht lediglich darum, bei gleichzeitigem Nachdenken schnell Daten zu erzielen. Eine Versicherung, dass ein Entwicklungsteam nicht in der Sackgasse landet, gibt es: Alles, was bereits entwickelt wurde, muss sehr einfach wieder verändert werden können.

Hier kommt ein weiteres physikalisches Gesetz zum Tragen: In einem reibungsfreien Umfeld bleibt die Geschwindigkeit erhalten. Anders ausgedrückt: Gibt es keinen Widerstand (Impediments) zu überwinden, setzt ein Körper oder ein System seine Bewegung in der immer gleichen Geschwindigkeit fort. In einem nicht reibungsfreien Umfeld ist es daher notwendig, ständig zu beschleunigen oder den Widerstand aus dem Weg zu räumen. Es ist wie beim Curling: Bei diesem Sport wird der Widerstand, den die Eisfläche dem Curl entgegenbringt, verringert, indem die Eisfläche mit einem Besen verflüssigt wird. Der Curl bewegt sich in die Richtung weiter, in der man wischt, wo also der Widerstand geringer ist.

Geschwindigkeit zu halten, ist genauso wichtig, wie schnell beschleunigen zu können. Das gelingt, indem man Unnötiges loswird oder den Widerstand verringert. Dafür gibt es drei Wege:

1. Altes einreißen
2. Ballast loswerden
3. Bremsen vermeiden

Altes einreißen

Um etwas schnell einreißen zu können, muss man zunächst gefahrlos entscheiden können, dass etwas eingerissen werden kann. Das setzt voraus, dass die Kosten des Einreißens gering sind, das Vernichtete nicht übermäßig teuer in der Herstellung war und das möglicherweise irrtümliche Einreißen nicht hohe Werte vernichtet.

Natürlich ist man immer darauf bedacht, Investitionen zu schützen, das ist ganz normal. In der agilen Entwicklung gilt daher: Es wird immer nur wenig, aber dafür immer wieder (iterativ) investiert. So kann man nach jeder Iteration entscheiden, ob in die richtige Richtung entwickelt und damit sinnvoll investiert wurde. Hat man falsch investiert, fällt es bei kleinen Beträgen leichter, die Investition wieder loszulassen, um einen anderen Weg einzuschlagen.

Ballast loswerden

Auf der MedConf 2015 kam eine Dame zu unserem Stand und erzählte mir, dass man in ihrem Unternehmen mit Scrum begonnen hatte. Nun schlug sie sich als Leiterin der Anforderungsabteilung mit der Frage herum, ob sie alle Anforderungen ihres Projekts in User Storys umschreiben müsse – wissend, dass die meisten Entwickler die Anforderungen nicht lesen und das Dokument erst für die späteren Audits fertig sein muss. Zunächst fragte ich sie, ob das 1000 Anforderungen umfassende Dokument tatsächlich aus a) funktionalen Anforderungen oder b) aus nichtfunktionalen Anforderungen bestand. Sie sagte, dass maximal 20 Prozent davon funktionale Anforderungen seien. „Dann können wir doch schon mal

800 Anforderungen als Constraints definieren und müssen noch maximal 200 User Storys schreiben.“ Den Prozess entlastet – in einer einzigen Sekunde. Natürlich heißt das nicht, dass die Constraints nicht berücksichtigt werden. Es ist allerdings einfacher, ein 200 User Storys umfassendes Backlog zu pflegen als ein 1000 Einträge großes. Die Constraints werden an anderer Stelle verwaltet und anders behandelt.

Dieses Beispiel soll deutlich machen: Wer zu viel auf einmal will, trägt zu viel mit sich herum. So kann er auch nie Geschwindigkeit aufnehmen und nie auf Veränderungen reagieren. Das gesamte Dokument müsste jedes Mal umgearbeitet werden und es müsste herausgefunden werden, ob die Anforderung schon irgendwo steht. Ein leichtgewichtiges Anforderungsdokument, im Idealfall als Backlog geschrieben, macht die Verwaltung einfacher und lässt alle Beteiligten schneller erkennen, worum es eigentlich geht. Ein anderes Beispiel für Ballast sind überkommene Richtlinien, Legacy-Systeme oder die Forderung nach ständiger Abwärtskompatibilität. Es ist nur bedingt richtig, dass es für alle Produkte auf dem Markt auch noch nach Jahren geeignete Ersatzteile geben muss. Wer ohne Legacy startet und sich nicht um diesen Ballast kümmern muss, kann mit modernen Methoden schneller erfolgreich sein.

Bremsen vermeiden

Geschwindigkeit kann nur produktiv sein, wenn sie sich in die richtige Richtung bewegt. Wer auf der falschen Bahn den Weltrekord läuft, hat dennoch den Wettkampf verloren. Es ist also wichtig zu wissen, ob man in die richtige Richtung läuft: Man braucht Feedback. So wollte zum Beispiel ein Unternehmen im Zuge der Digitalisierung wissen, wie man mit Hilfe von Frameworks die eigene alte Infrastruktur an die tollen neuen Applikationen anbinden könne. Welche Frameworks eingekauft werden mussten, wurde aber erst klar, als man verstanden hatte: Zuerst muss man wissen, welche Applikationen für die Kunden überhaupt entwickelt werden sollen.

Daher müssen gewählte Architekturkonzepte so schnell wie möglich überprüft werden – in einer realen Umgebung, mit den Anwendern. Schon diese Anforderung verhindert, dass man sich zu lange auf theoretischer Ebene mit der Korrektheit des gewählten Ansatzes auseinandersetzt. Wenn man etwas nicht schon einmal erfolgreich gemacht hat, gilt: So schnell wie möglich Ergebnisse erzielen und lernen.

Zusammengefasst führt das Paradigma „Schneller ist besser“ also dazu, dass

- nur das entwickelt wird, was gebraucht wird;
- möglichst kleinteilig entwickelt wird, damit es auch schnell wieder verändert werden kann oder etwas sogar ganz aufgegeben wird;
- so entwickelt wird, dass möglichst schnell getestet, also ausprobiert werden kann.

2.1.2 Entkopplung

Aus dem Paradigma „Schneller ist besser“ entwickelt sich ein sehr einfaches Prinzip: **Entkopple alles!**

Abhängigkeiten zwischen Teams führen dazu, dass ein Team immer wieder auf das andere warten muss. Dadurch wird das Gesamtsystem aller Teams langsamer. In der Theory of

Constraints heißt es, dass der Durchsatz eines Systems ausschließlich vom langsamsten Prozessschritt abhängt. Ein System kann also immer nur so schnell liefern, wie es die Geschwindigkeit des langsamsten Elements zulässt. Ausnahmen davon gibt es nur, wenn es gelingt, um dieses Element herum zu arbeiten, also den Stau zu umgehen.

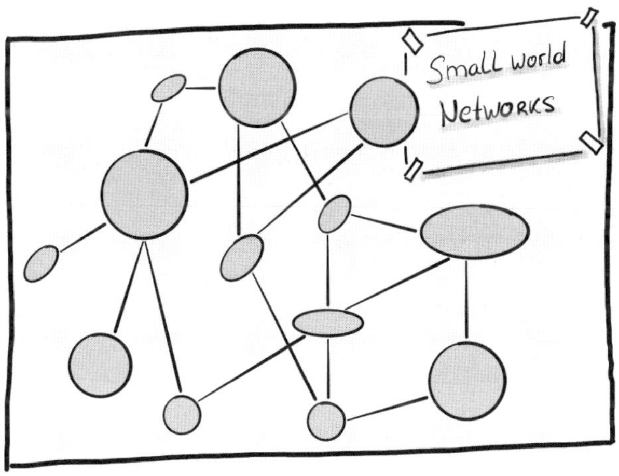

Bild 2.1 Selbstständig und doch verbunden: entkoppelte Subsysteme eines Gesamtsystems

Das gelingt, indem Teams in ihren Arbeitsschritten voneinander unabhängig arbeiten können (und vor allem voneinander unabhängig Entscheidungen treffen können) oder indem man Teams zu Gruppen zusammenschließt. Möglicherweise gibt es dann innerhalb der Gruppe Abhängigkeiten, aber nicht zwischen den Gruppen. Mathematiker nennen diese Systeme „Small World Networks". Das Small World Network beschreibt dieses Entkoppeln am besten: Elemente sind in einer kleinen Gruppe stark miteinander vernetzt. Innerhalb dieser Gruppe entsteht also eine Redundanz, da auf mehreren Wegen zum Ziel gelangt werden kann. Diese Gruppe bildet ein System. Ist ein kleines System an einem Element mit dem Element eines anderen Systems gekoppelt, werden aus diesen beiden Elementen „Knoten". Die anderen Teile eines kleinen Systems sind nur über diese Knoten mit einem anderen System verknüpft. Werden mehrere kleine Systeme auf diese Weise miteinander gekoppelt, spricht man von einem Small World Network. Nicht jedes Element des Small World Network ist mit jedem Element verknüpft, aber dennoch gelangen alle Informationen zu jedem Element.

Jedes Small World Network von der Minimalgröße „Eins" steht für sich und agiert oder funktioniert eigenständig. In einem System, das auf diese Weise aus entkoppelten Elementen aufgebaut ist, kann jedes Teil (Subsystem) unabhängig von den anderen Teilen ausgetauscht werden. Aber dennoch gilt, dass das Gesamtsystem (das Produkt) nur dann alle Funktionen beinhaltet, wenn alle Teile zuverlässig arbeiten. Dennoch: Jedes Subsystem steht und funktioniert für sich selbst und hat nur wenige Schnittstellen (Abhängigkeiten) nach außen.

Small World Networks sind nur dann lebensfähig, wenn sie in einem Medium, in einer spezifischen Umwelt existieren. Dieses Medium wird oft auch als Plattform bezeichnet oder in der heutigen Applikationslandschaft als Cloud. Jedes einzelne System muss wissen, wie es Verbindung mit den anderen Systemen aufnehmen kann. Gibt es keine Möglichkeit der

Kontaktaufnahme, dann gibt es auch keinen Austausch – es ist also kein Netzwerk möglich. Die einzelnen Elemente innerhalb eines Systems müssen sich darauf einigen, wie sie miteinander kommunizieren, aber das müssen auch einzelne kleinere Systeme, die sich zu kleineren Netzwerken innerhalb des gesamten Small World Network zusammenfinden.

Small World Networks sind einerseits extrem stabil, weil Subsysteme die Aufgaben von anderen Subsystemen übernehmen können, andererseits sind ihre einzelnen Elemente oft austauschbar oder sogar unnötig und verschwinden dann.

Beispiele für Small World Networks

Marktplätze. Ein Markt – zum Beispiel der Wiener Naschmarkt – hat gewisse Regeln, an die sich jeder Standbetreiber halten muss. Innerhalb des Naschmarkts gibt es lose und auch enger gekoppelte Stände. So gibt es Restaurants, die Geschäfts- und Verwandtschaftsbeziehungen zu anderen Restaurants und Ständen haben, man hilft sich gegenseitig aus und doch ist jeder Stand autark. Die Besucher besuchen den Naschmarkt als Gesamtsystem und gehen innerhalb des Naschmarkts wieder zu einzelnen Ständen oder Restaurants. Der einzelne Stand profitiert von der Nähe zu den anderen Ständen, der Besucher des Naschmarkts profitiert davon, dass auf diese Weise eine einzigartige Atmosphäre entsteht.

Das Internet. In diesem wohl größten Netzwerk gibt es Subnetzwerke, die durch Links zwischen Websites entstehen. Google hat zwar den Zugriff auf viele Seiten vereinfacht, aber dennoch findet man im Internet viele Informationen auch deshalb nicht, weil sich einige Sites nicht exponieren und nur innerhalb des eigenen Netzwerks gefunden werden können.

Facebook. Durch die Möglichkeit, Gruppen zu gründen, gibt es Abermillionen von Sub-Facebook-Netzwerken. Darin diskutieren Freunde ihre Themen, während andere nie Zugang zu diesen Netzwerken finden.

Eine Gemeinde. Jedes Dorf, jede Stadt besteht aus einer Vielzahl von Subsystemen, die wiederum viele, auch überlappende Small World Networks bilden. Die freiwillige Feuerwehr, der Gesangsverein, die Kirchengemeinde, die Unternehmen, sind vernetzt.

Ein skaliertes Scrum-Team. Nicht zuletzt ist jedes Scrum-Team ein System. Entwickeln mehrere Scrum-Teams ein Produkt, dann sind sie gemeinsam für das Entstehen verantwortlich. Es bilden sich zwangsläufig Kommunikationsbeziehungen zwischen den Teams aus, es entsteht das Small World Network. Es wird aber von vielen weiteren Networks überlappt, die in einem Unternehmen existieren. Kollegen gehen miteinander zum Sport, gehen gemeinsam aus, kennen sich aus früheren Projekten und sehen sich in der Kantine. Informationen werden gerade in Unternehmen auf diese Weise extrem schnell ausgetauscht. ■

2.2 Was ist eine agile Produktarchitektur?

Der Architekt Louis H. Sullivan sagt in einem Aufsatz aus dem Jahr 1896, dass die Architektur eines Produkts oder eines Gegenstands immer seiner Funktion folgt, und er zieht dafür Vergleiche aus der Natur heran (Sullivan 1896): „*Whether it be the sweeping eagle in his flight, or the open apple-blossom, the toiling work-horse, the blithe swan, the branching oak, the winding stream at its base, the drifting clouds, over all the coursing sun, form ever follows function, and this is the law. Where function does not change form does not change.*" Wo sich die Funktion nicht ändert, ändert sich auch die Form nicht. „Form follows function" war auch das Gestaltungsprinzip der Kunstschule „Staatliches Bauhaus". Die Idee, dass sich die Gestalt eines Produkts nach seiner Funktion, nach seinem Zweck richtet, ist also alles andere als neu. Folgerichtig stellte Melvin Conway fest, dass dieses Prinzip genauso für die Informationsbeziehungen in einer Organisation gilt und damit deren Strukturen bestimmt.

Für statische Architekturen hat dieses Prinzip nach wie vor seine Gültigkeit, es muss heute aber erweitert werden. Sullivan, die Vertreter des Bauhaus und Conway sahen die Architektur als Gerüst, als ein Skelett, das Stabilität verleiht und sich nie ändert. Aber diese Einschränkung gilt heute nicht mehr, wenn man sich die Produktlebenszyklen ansieht. Verglichen mit der Lebensdauer eines Hochhauses oder eines Jumbo-Jets sind die Zeiträume, in denen sich kleinere Produkte verändern müssen, nur in Augenblicken zu messen. Kaum ist das Produkt auf dem Markt, muss es auch schon wieder anders sein, anders aussehen, es soll verbesserte Funktionalitäten haben und noch mehr Nutzen bieten.

Der Begriff der Architektur muss für Produkte von heute diese Veränderung und Dynamik ausdrücken. „Architektur" wäre dann ein Begriff der dynamischen Gestaltung und somit ein systemischer Begriff. Einerseits ist Architektur die Gestalt (Form) eines Produkts, um dessen Funktion zu erfüllen, und gleichzeitig umfasst Architektur auch alle Mittel, um diese Form zu erlangen, also die Bewegung und Veränderung, um aus dieser Form wieder eine neue Form mit einem veränderten Zweck zu machen.

Softwareprodukte bestehen aus wenigen bis zu einigen Millionen Zeilen von Programmcode. Als Software zu einem der bestimmenden Faktoren in sämtlichen Branchen aufstieg, musste immer wieder folgendes Problem gelöst werden: Wie kann man ein Produkt bauen, das sich ständig ändert? Die Menschen, die es entwickeln, wissen zum einen nach kurzer Zeit nicht mehr genau, wie das gesamte Produkt aufgebaut ist und zum anderen verändert sich das Produkt mit der Organisation mit. Ja, es muss sich sogar verändern, weil sich zum Beispiel das Geschäftsmodell des Unternehmens ständig weiterentwickelt.

Amazon hat bei der Beantwortung dieser Frage Maßstäbe gesetzt. Es ist eine Organisation, die selbst das Produkt ist und sich selbst ständig ändert. Damit veränderte sich bei Amazon auch langsam und stetig die Art und Weise, wie Softwarearchitekturen entwickelt wurden. Die Architektur hat sich von einem monolithischen System zu einer verteilten, dezentralisierten Service-Plattform entwickelt, die viele unterschiedliche Applikationen unterstützt. Diese Art der cloudbasierten Softwarearchitektur nennt man Microservices.

2.2.1 Microservices – Grundlage flexibler Architektur

Einfach ausgedrückt bilden Microservices immer genau eine Funktion, einen Zweck ab. Das kann der Produktkatalog eines Online-Portals sein, die Geschwindigkeitsmessung einer Verkehrskamera oder der Bilder-Upload bei einem Service wie Facebook. Ein Microservice soll so klein wie möglich, aber so groß wie nötig sein.[1]

Eine genauere Definition gibt es nicht, aber interessante Hinweise von Martin Fowler (vgl. Fowler 2014). Auch er bezieht sich auf Amazon, wo ein Team immer nur so groß ist, dass es von zwei Pizzen satt werden kann. Ein Two-Pizza-Team umfasst nicht mehr als ein Dutzend Leute. Fowler sagt, er habe aber auch Umgebungen gesehen, in denen ein sechsköpfiges Team sechs Services bedient hat. Fowler bezieht die Größe einer Funktionalität (ein Service = eine Funktionalität) also nicht auf den Funktionsumfang, sondern auf die Größe einer Organisationseinheit: ein Service = ein Team. Ein Team kann aber auch mehr als ein Service betreuen.

Warum ist das wichtig? Dadurch wird klar, dass Microservices eng an die Organisation gekoppelt sind und die Struktur der Teams und das Netzwerk aus Teams abbilden. Allerdings können wir hier nicht mehr sagen, ob die Erfordernisse des Produkts (eigentlich des Markts) die Anzahl der Teams steuern oder ob die Anzahl und Kopplung der Teams das Produkt definieren. Das Produkt selbst wirkt auf die Umwelt ein und verändert die Realität, die wiederum auf das Produkt wirkt.

Ein Team, eine Funktionalität – neue Funktionalität, neues Team

Ein Microservice ist also ein Service, das von einem Team erstellt wird und einen vollen Funktionsumfang umfassend abdeckt und das so, dass dieses Team diese Funktionalität vollständig unter Kontrolle halten kann. Wenn nun die Anforderungen an dieses Service die Kapazität eines Teams übersteigt, muss ein zweites Team mit dem Erstellen weiterer Funktionen betraut werden. Die Voraussetzung für Elemente in einem Netzwerk ist, dass die einzelnen Services unabhängig voneinander entwickelt und betrieben werden sollen, daher können diese Services nur über klar definierte Schnittstellen miteinander kommunizieren. Diese Schnittstellen sind so offen zu gestalten, dass gegebenenfalls weitere Services diese Services ebenfalls nutzen können.

Sie denken nun vielleicht: „Gut, das mag für Softwareapplikationen, für Amazon und Co. umsetzbar sein. Aber was ist mit Hardware, zum Beispiel mit medizintechnischen Produkten oder Kaffeemaschinen? Was soll uns das bringen?“ Nun, zunächst muss sich das Entwicklungsteam – egal, ob Software oder Hardware – darüber klar werden, wie groß das Problemfeld ist. Kann die Kaffeemaschine von einem Team entwickelt werden? Braucht man dazu mehr als acht bis zwölf Personen? Wenn ja, dann ist es wichtig, sich mit der Idee einer Netzwerkarchitektur auseinanderzusetzen, für die wieder das Prinzip gilt: Jedes Team (auch ein kleines) ist für das, was es liefert, immer vollständig selbst verantwortlich. Aber dazu später mehr.

Plattform. Wenn man erkannt hat, dass kleinteilig zu denken sinnvoll ist, damit sich daraus das große Ganze entwickeln kann, ist Folgendes zu bedenken: Netzwerkarchitekturen benö-

---

[1] Eberhard Wolff bietet in seinem Buch „Microservices. Grundlagen flexibler Softwarearchitekturen“ einen genaueren Einblick (Wolff 2015).

tigen eine Plattform, eine Substanz, auf der sie ihr Netzwerk entwickeln können. Das können auch Normen sein: Die DIN-Normen bieten zum Beispiel Standards für Schrauben. Diese Standards sind hilfreich für die Hersteller von Schrauben, aber auch für die Hersteller von Akkuschraubern, für die Hersteller von Bits und für die Konstrukteure – ja selbst für Softwareentwickler, die Simulationsprogramme für Konstrukteure schreiben. Jeder weiß ganz genau, wie er sich in Beziehung zu den anderen Werkzeugen und Unternehmen aufstellen muss, wie er erreicht, dass er in einem Markt etwas verkaufen kann u. v. m. All das, weil der erste Teil der Rahmenbedingungen, die Standards, festgehalten ist. (Anmerkung: In Scrum heißen diese Standards „Constraints".) Aber auch ganze Systeme können Plattformen sein. Im Enterprise Ressource Planning haben sich einige wenige Systeme durchgesetzt, SAP und Microsoft Dynamics sind allgegenwärtig. In der Hotellerie gibt es im Wesentlichen zwei Buchungssysteme, Amadeus und SABRE, und in der Steuerberatung ist es in Deutschland DATEV. Die Produktentwicklung nutzt schon immer solche Plattformen und Netzwerke. So muss in den gigantischen Liefernetzwerken der Automobilindustrie jeder Lieferant immer wieder die Standards des Herstellers erfüllen.

Schnittstellen. Neben diesen Standards und Plattformen werden klar definierte Schnittstellen benötigt. Die Standards definieren, was ein Bauteil können muss und wie es mit der Umgebung interagiert. Oft ist es aber über die Standards hinaus notwendig, Interaktionen zwischen den Systemen zu ermöglichen. Apple ist ein Unternehmen, das seine User immer wieder verärgert, weil es die Schnittstellen zu seinen Systemen ständig ändert. Anscheinend hat das Paradigma der Vereinfachung größeren Wert als die Wiederverwertbarkeit. Die Folge: Ich musste mir einen anderen Monitor besorgen, weil es unmöglich war, den tollen Laptop, den ich mir zum Schreiben dieses Buchs gekauft hatte, an meinen acht Jahre alten Bildschirm anzuschließen. Das ist die Konsequenz der klaren Ansage: „Ich ändere lieber die Architektur, als mich an die Resultate von gestern zu halten." Das ist eine Entscheidung für Modernität, nicht für Werterhalt. Am Ende ist das aber sogar für den Kunden besser, denn er ist auf diese Weise gezwungen, auf dem neuesten Stand der Technik zu bleiben. Klar, das kostet Geld. Die Kosten sind aber geringer, wenn man sie immer wieder in kleinen Abständen hat, als wenn sich die Infrastruktur nach Jahren zwangsläufig und in einem großen Wurf ändern muss. Das führt zu einer Entwicklungspraxis, die man in der Softwareentwicklung „Refactoring" (eine Verbesserung der Struktur) nennt, die sich aber mit einer etwas geringeren Geschwindigkeit auch in der Hardwareentwicklung wiederfindet und sich in der Modebranche sogar noch rasanter vollzieht. Die Farben und Schnitte des letzten Jahres passen einfach nicht mehr zur Mode in diesem Jahr.

Auch für die Hardwareentwicklung gilt: Module, Programmteile, Bauteile etc. sollten eine eigenständige abgeschlossene Funktion haben und für sich selbst stehen können. Es kann sein, dass eines der Bauteile ohne das Bauteil „Stromversorgung" nicht funktioniert, doch es könnte mit jeder anderen Stromversorgung in Betrieb genommen werden, wenn die Anschlüsse passen. Wir erleben das als Beraterinnen und Berater jeden Tag, wenn wir auf Reisen unseren Fön in die Steckdose stecken und uns darüber ärgern, wenn wir den Reiseadapter vergessen haben.

Immer gilt: Eine Kopplung der Funktionalitäten soll vermieden werden. Jedes Bauteil, jedes Produktteil muss für sich funktionieren und geeignete Schnittstellen nach außen aufweisen. ■

2.2.2 Redundanz und Durchfluss gewährleisten

Eine Architektur, wie ich sie beschrieben habe, ist nicht auf Effizienz getrimmt. Sie ist auf Ausfallsicherheit und Kombinationsmöglichkeiten ausgelegt. Das hat einen Preis: Redundanz oder „Bewegungsspielraum". Dieser Raum wird natürlich erkauft – mit Material, Zeit, Geld etc. Doch erinnern wir uns noch einmal, warum man diese Form der Architektur wählt: Menschen an verschiedenen Orten sollen möglichst unabhängig voneinander agieren und doch ein gemeinsames Produkt liefern können. Soll ein kleines System entwickelt werden, bei dem es um extreme Performance unter Ausnutzung aller Reserven geht, empfehle ich ein kleines, an einem Ort platziertes Team – alle Betrachtungen in diesem Buch gelten für diesen Fall nicht oder wären kontraindiziert.

Ich habe vorhin davon gesprochen, dass man für hohe Beschleunigung gewisse Reserven vorhalten muss, um kurzfristig eine hohe Leistung abrufen zu können. In agilen Systemen bzw. Produkten gibt es aber noch einen zweiten bedeutenden Faktor: die Bereitschaft, Reserven oder Überkapazitäten bereitzustellen. Das Wort „Überkapazitäten" ist aber nur bedingt korrekt: Man stellt eine Kapazität bereit, die im Normalfall nicht abgerufen werden muss, die aber notwendig ist, wenn sich etwas verändern soll. Wer aufräumen will, braucht Platz. Ist ein Kleiderkasten erst einmal bis zum Platzen voll, kann man ihn nur noch aufräumen, indem man die Sachen zunächst rausnimmt. Wer jemals eine Festplatte aufräumen wollte, die nur noch ein Prozent Kapazität hatte, weiß, dass es nur möglich ist, wenn man etwas wegwirft oder auf eine andere Platte bewegen kann.

Bei der Entwicklung von Produkten ist das nicht anders. Wer ein Netzwerk aufbauen will, durch das sich Informationen möglichst schnell bewegen können, darf die Leitungen dieses Netzwerks nicht überlasten. Ist eine Leitung zu 100 Prozent ausgelastet, ist der Durchfluss durch diese Leitung gleich null. Treffen in einem Knoten so viele Informationen aufeinander, dass er zu 100 Prozent ausgelastet ist, blockiert dieser Knoten und kann nicht mehr leiten. Also dürfen auch die einzelnen Knoten nicht voll ausgelastet sein. Das ist bei einem offensichtlichen Netzwerk wie dem Straßenverkehr noch vorstellbar, aber was bedeutet das für die Produktentwicklung?

Entwicklungskomponenten, die eigenständig funktionsfähig sein sollen, müssen möglicherweise Merkmale aufweisen, die im Gesamtprodukt doppelt und dreifach entwickelt oder vorgehalten werden. Statt in einem Gerät den Strom durch Kabel und Lötstellen zu verteilen, muss nun jede Komponente einen Stecker anbieten, damit die einzelnen Bauteile effektiv miteinander kombiniert werden können. Oder noch deutlicher: Will man in einem Projekt erst später entscheiden, wie die Bauteile in einem Gehäuse angeordnet werden sollen, muss man im Gehäuse Platz für Änderungen einplanen. Auf den ersten Blick ist das Verschwendung von Material. Doch genau dieser Platz lässt Raum für neue Ideen, die erst während des Projekts entstehen.

Denken wir noch einmal an Conway's Law: Wer netzwerkartig aufgebaute Produkte entwickeln will, braucht auch eine Organisation, in der es Raum fürs Manövrieren gibt. Er braucht Überkapazitäten in den Teams. Was bedeutet das? Die Menschen müssen Zeit haben, um über das Produkt ganz anders nachdenken zu können. Wenn sie nicht ständig am Limit sind, können sie Ideen entwickeln.

Das führt uns zu den Prinzipien der agilen Organisationsarchitektur. Wer eine Architektur gestalten will, die viele Teams unterstützt, entwirft nicht zuerst die Architektur, sondern die Organisation, und diese folgt einigen Prinzipien:

- Es gibt mehr Teamspieler als nötig.
- Es ist mehr Wissen vorhanden, als für die Arbeit gebraucht wird.
- Es gibt mehr Teams als nötig.
- Es gibt mehr Platz als nötig.
- Mehrere Teammitglieder arbeiten an der gleichen Aufgabe.

Es gibt mehr Teamspieler als notwendig

Wenn meine Kollegen und ich für ein Projekt einen ScrumMaster zur Gänze für ein Team abstellen wollen, hören wir von Kunden oft die entsetzte Antwort: „Aber dafür haben wir doch nicht die Kapazitäten! Wir brauchen jede Ressource im Team!“ Warum? Warum werden Teams so zusammengestellt, dass jede Person zählt? Wie soll ein Team, das bis zum Rand mit Arbeit vollgepackt ist, produktiv sein? Geht denn nie jemand in Urlaub? Was passiert, wenn jemand krank wird? Es muss auch Raum fürs Nichtstun geben. Selbst in der Produktion, in der keine Wissensarbeit nötig ist, kann man nicht jeden immer zu 100 Prozent auslasten, sondern muss Pausen und Reserven einplanen. Gelingt das nicht, werden Überstunden gemacht, die nicht abbaubar sind.

Allerdings: Auch zu viel des Guten ist schädlich, es sollte also nicht zu viele Teammitglieder geben. Die Zahl der Kommunikationsbeziehungen wächst dann nämlich rasant, bei zehn Teammitgliedern sind es bereits 45 Kommunikationsbeziehungen (das lässt sich mit der Formel $n(n-1)/2$ berechnen). Teams sollten so klein wie möglich bleiben. Das impliziert wiederum, dass die Überkapazitäten anders aufgebaut werden müssen: Der und die Einzelne muss mehr können.

Es ist mehr Wissen vorhanden, als für die Arbeit gebraucht wird

Gelingt es, aus einem zehn- ein neunköpfiges Team zu machen, weil die übrigen neun Personen das Wissen und die Fähigkeiten des zehnten Mitglieds ebenfalls haben, reduziert sich die Menge der Kommunikationsbeziehungen von 45 auf 36. Das entspricht einem Produktivitätswachstum von 20 Prozent und das macht das gesamte Team leistungsfähiger und schneller. Doch wie erreicht man das? Indem man den Teammitgliedern die Chance gibt, ständig voneinander zu lernen und ihr Wissen untereinander auszutauschen. Eine andere Möglichkeit: Die Teammitglieder können mehr, als gerade von ihnen verlangt wird. Das ist einleuchtend und trotzdem ist es in der Realität selten der Fall. Sprachlos war ich, als ich zum ersten Mal eine – aus dem Jahr 1999 stammende – mittlerweile sehr bekannte Reportage des Fernsehsenders ABC über die Arbeit von IDEO sah (das Video ist unter *http://bit.ly/29mzywp* zu finden). Darin sind Menschen zu sehen, die gemeinsam an der Entwicklung eines Einkaufswagens arbeiten und ganz offensichtlich sind alle diese Menschen für das Projekt vollkommen überqualifiziert. Jeder der hochqualifizierten Spezialisten verschiedenster Disziplinen scheint in jeweils mehr als nur dem eigenen Wissensgebiet mitreden zu können.

Die meisten Unternehmen, in die wir gerufen werden, gehen die Produktentwicklung jedoch völlig anders an. Sie setzen die Mitarbeiter unter Druck und geben ihnen Projekte, in denen sie nicht glänzen können, weil ihnen die nötigen Fähigkeiten dafür fehlen. In viele Themen müssen sie sich erst einarbeiten. Dazu zwei Beispiele:

Beispiel 1: In einem kritischen Projekt hatte das Entwicklungsteam selbst entschieden, dass es mit einer Technologie arbeiten wollte, die das Produkt und die Organisation zukunftsfähig machen würde. Allerdings hatte niemand Erfahrung mit dieser Technologie. Das Management wurde zwar davon in Kenntnis gesetzt, aber es wurde nicht kommuniziert, welchen Einfluss das auf das Projekt haben würde. Von einem Team, das noch nie mit dieser Technologie gearbeitet hatte, konnte man keine Aussagen darüber erwarten, wann das Projekt fertig sein würde. Das sagte das Team auch.

Beispiel 2: In einem anderen Unternehmen wurde festgelegt, wann das Projektergebnis geliefert werden sollte. Die Anforderungen waren unklar und das Team hatte mit der neuen Technologie noch nie ein ähnliches Produkt entwickelt. Darüber hinaus waren die Product Owner völlig unerfahren und weder die Product Owner noch die Teammitglieder hatten das nötige Know-how für die Umsetzung der Produktidee. ■

In beiden Beispielen gibt es keinen Spielraum für gute Ideen, weil die Teammitglieder bereits mit der eigentlichen Aufgabe überfordert sind. Wo soll da noch Raum für Innovation oder für Ideen sein, um Probleme anders zu lösen?

Während ich dieses Buch schreibe, läuft in den Kinos gerade der Film „Der Marsianer“. Der Expeditionsteilnehmer Mark Watney wird von seinem Team in der Annahme, er sei tot, auf dem Mars zurückgelassen. Er hat jedoch überlebt und muss nun mit der Nahrung, die ursprünglich für wenige Wochen berechnet worden war, einige Jahre überleben. Er ist Botaniker und es gelingt ihm, Kartoffeln anzubauen. Eines wird in diesem Film aber überdeutlich: Dieser Botaniker ist nicht nur Botaniker. Er hat Kenntnisse in Informatik, Physik, Chemie, Elektronik und er ist mit höherer Mathematik vertraut. Er kann die Aufgaben aller anderen Teammitglieder ausführen, wenn auch nicht so gut, und im späteren Verlauf des Films unterstützt ihn noch sein Team aus Wissenschaftlern, das bereits die Heimreise zur Erde angetreten hatte, über den einzig verfügbaren Kommunikationskanal. Wäre er nicht von seinem Team getrennt worden, hätte er diese Unterstützung und sein grundlegendes Wissen auf mehreren Gebieten nie gebraucht. Er hätte den anderen zur Seite stehen können und umgekehrt wären für ihn viele Aufgaben einfacher gewesen, aber das war sicher nicht geplant. Ein Nur-Botaniker hätte in dieser lebensbedrohlichen Situation keine Chance gehabt.

Sie werden jetzt sicher sagen: „Schön, aber meine Produktentwickler sind keine fiktiven NASA-Ingenieure und Astronauten.“ Vielleicht nicht, aber das will ich damit ja gar nicht sagen. Es geht um Crossfunktionalität, um Teams, die aus Spezialisten zusammengesetzt sind. Diese Teammitglieder kennen sich nicht nur in ihrer Spezialdisziplin aus, sondern können genauso auf andere Wissensgebiete zurückgreifen. Das impliziert, dass sich diese Menschen für andere Dinge interessieren müssen und nicht nur in ihrer eigentlichen Kompetenz, sondern auch in anderen Disziplinen ausgebildet werden. Alle müssen die Grundlagen beherrschen. Wir führen immer wieder die gleichen Diskussionen: „Ich bin ein Tester, ich kann nicht programmieren.“ Warum? Lern es halt. Niemand erwartet, dass ein Tester tiefgreifende Kenntnisse im Schreiben von Programmcode hat. Aber was hindert ihn daran, eine Entwicklungsumgebung aufzusetzen und ein kleineres Programm zu schreiben? Das kann man sich heute mit Hilfe des Internets sogar selbst beibringen.

Es gibt mehr Teams als nötig

Das führt uns zur nächsten sinnvollen Überkapazität: Es gibt mehrere Teams, die das Gleiche entwickeln oder gewissermaßen in Bereitschaft sind. Das kann unterschiedlich gehandhabt werden: Manche Unternehmen lasten ihre Teams nicht zur Gänze aus, damit sie auch an anderen Projekten mitarbeiten können. Andere Unternehmen wiederum finanzieren parallele Entwicklungsarbeit, um auf diesem Weg herauszufinden, welche Lösung die beste ist. Mir selbst ist es nur einmal gelungen, einen Kunden von dieser Idee zu überzeugen. Dieser Kunde schickte für die ersten drei Sprints tatsächlich drei Entwicklungspartner ins Rennen. Danach wussten die Projektmanager, dass sie das Produkt in der angedachten Form gar nicht brauchen konnten und die Idee wurde ad acta gelegt.

Vor allem Banken gehen heute einen ähnlichen Weg. Sie brauchen dringend neue Ideen und haben erkannt, dass diese Ideen nicht mehr im eigenen Haus entstehen, also veranstalten sie Hackathons und Appathons. Zu diesen Wettbewerben werden Teams eingeladen[2]: Jedes Team bekommt die gleiche Aufgabe und am Schluss werden die besten Ideen prämiert. Auch die Open-Source-Bewegung hat ähnlich begonnen. Immer mehr Entwickler beteiligten sich an den Projekten und so entstanden wichtige Produkte wie UNIX oder der Apache Webserver. Heute bezahlen Unternehmen ihre Entwickler, damit sie an diesen Open-Source-Projekten weiterarbeiten. Das alles ist Überkapazität.

Es gibt mehr Platz als nötig

Mein Besuch bei Menlo Innovations, einem Softwareunternehmen in der Nähe von Detroit, hat mich beeindruckt. Gründer Richard Sheridan beschreibt in „Joy, Inc.“ sehr schön, wie in seinem Unternehmen gearbeitet wird (vgl. Sheridan 2015). Viele agile Elemente wurden umgesetzt, aber er betont immer wieder, dass er sich und sein Unternehmen nicht als „agil“ bezeichnet. Das kann ich bestätigen. Menlo Innovations befindet sich im Kellergeschoss eines kleinen Einkaufszentrums. Völlig unscheinbar, aber sobald man eintritt, eröffnet sich ein riesiger Raum. Viel zu viel Platz für die 80 bis 90 Menschen, die hier arbeiten. Es gibt so viel Platz, dass die Mitarbeiter ihr Daily locker in einem Kreis aus 60 Menschen abhalten können. Warum braucht das Unternehmen diese Überkapazität?

[2] Die Bedeutung der Einladung ist nicht zu unterschätzen. Sie bewirkt, dass sich Teams für die Sache einsetzen und liefern (siehe dazu Gloger, Rösner 2015).

Bild 2.2 Ein Daily bei Menlo Innovations (Copyright: Boris Gloger)

Weil sich die Teams ständig neu zusammensetzen. Mal arbeiten die Teammitglieder im vorderen Teil des Büros, in der nächsten Woche im hinteren Teil. Sie stellen die Tische um, lassen Arbeitsinseln entstehen und wieder verschwinden. Hier können Hunde herumlaufen und die Mitarbeiterinnen und Mitarbeiter können sogar ihre Kinder mitnehmen, weil es genügend Platz für Babywiegen gibt. Bild 2.3 zeigt zum Beispiel eine Mitarbeiterin, die sich den halben Tag um das Baby einer Kollegin gekümmert hat, weil sie an diesem Tag einfach Lust dazu hatte. Ich habe es nicht abgemessen, aber auf geschätzten 100 korktapezierten Metern reiht sich Scrum-Board an Scrum-Board. Zusätzliche Display-Fläche wird geschaffen, indem Informationen auf Künstlerkarton gepinnt und auf Rollwägen herumgefahren werden.

Bild 2.3 Kinder sind bei Menlo Innovations willkommen (Copyright: Boris Gloger)

Bild 2.4 Platz, Platz und noch mal Platz (Copyright: Boris Gloger)

Bild 2.5 Arbeitsinseln (Copyright: Menlo Innovations)

Weil es so viel Platz gibt, sieht es beinahe so aus, als wäre niemand da. Gleichzeitig ist es in diesem riesigen Büro sehr leise. Das liegt an den schalldämpfenden Teppichen, die Wände sind mit entsprechenden Materialien bespannt, die Decke ist abgehängt - jeder kann in Ruhe arbeiten. Wenn Kollegen etwas besprechen wollen, müssen sie nicht erst nach einem Platz suchen oder einen Meetingraum buchen. Sie suchen sich einfach eine ruhige Ecke und die gibt es bei diesem Platzangebot immer.

Auf den ersten Blick ergibt das keinen Sinn. Zahlt Menlo Innovations hier nicht mehr Miete als nötig? Möglicherweise, aber na und? Die Räume sind es wert und im Vergleich zu den Lohnkosten sind die Mietkosten lächerlich. Bevor ich das geschrieben habe, war ich bei einem Kunden. Er erzählte mir, dass man zwar umziehen wolle, aber das Budget sei so bemessen, dass man sich räumlich schon wieder einschränken müsse. Richard Sheridan macht unmissverständlich klar: Verschwendung hat keinen Platz. Die Tische kosten 60 Dollar pro Stück, die Rechner sind günstige Standardware und selbst beim Künstlerkarton achtet man auf günstige Lieferanten. Und jede Minute, wirklich jede Minute wird verrechnet. Sogar das Schreiben einer Rechnung wird in Rechnung gestellt.

Mehrere Teammitglieder arbeiten an der gleichen Aufgabe

Pair und Mob Programming sind ein Ausdruck von Überkapazitäten. Wer mehrere Gehirne gleichzeitig auf ein Problem ansetzt, agiert aus dem Vollen. Auch in diesem Punkt hat mich Menlo Innovations tief beeindruckt. Die Konsequenz, mit der dort immer und überall Pairing als Arbeitsform gelebt wird, hatte ich bis zu diesem Zeitpunkt noch nirgends gesehen. Ich kenne kein anderes Team, das so konsequent ist. Bei Menlo Innovations lautet die Regel Nr. 1: Jede Zeile Entwicklungscode, die in Produktion geht, muss von zwei Leuten geschrieben worden sein, also im Pair Programming. Dieses Prinzip kann man immer anwenden und das zeigt Menlo Innovations, indem mittlerweile im Duett nicht nur programmiert wird - *jede* Aufgabe wird im Pairing erledigt. Ob ein Dokument geschrieben wird, User Storys erstellt werden, geplant wird, Skizzen entstehen oder E-Mails an einen Kunden verfasst werden: Alles entsteht in Zusammenarbeit. Dass man sogar Verträge im Pair Writing erstellen kann, hat mir Dr. Sascha Theißen erzählt, Senior Vice President Legal/General Counsel der Holtzbrinck Publishing Group (vgl. Gloger 2015). Er hat mit dieser Idee experimentiert, um neue Kollegen einzuarbeiten. Im Laufe der Zeit stellte sich heraus, dass diese Methode sinnvoll für die Zusammenarbeit und den Wissenstransfer zwischen allen Juristinnen und Juristen seiner Abteilung war. Hunter Innovations geht mit Mob Programming noch einen Schritt weiter. Dort setzen sich in der Regel drei bis sechs Personen an eine Aufgabe und erledigen diese gemeinsam (siehe Kapitel 1). Diese Form des Miteinanderarbeitens hat viele Vorteile, die aus meiner Sicht die wenigen Nachteile überwiegen.

Wie funktioniert Pairing?

Beim Pairing gibt es zwei Regeln, die bei der Umsetzung unbedingt berücksichtigt werden müssen:

1. Es gibt nur einen Rechner (oder ein Flipchart) und nur einen Stift. Immer nur eine Person hat die Möglichkeit, etwas einzutippen oder zu Papier zu bringen.

2. Die Person, die gerade die Tastatur oder den Stift hat, „übersetzt“ lediglich das Gesagte in die schriftliche Form. Sie bringt keine eigenen Gedanken zu Papier, es sei denn, sie hat diesen Gedanken zuvor mit dem Pairing-Partner geteilt.

Diese beiden Regeln sind wichtig, weil sonst der Kollege oder die Kollegin an der Tastatur ganz alleine „spielt“ und den Partner zum Zuschauen verdammt. Die Folge des *gemeinsamen* Arbeitens ist offensichtlich: Beide sind für die Qualität des Ergebnisses zuständig und beide verstehen die erarbeitete Lösung. Das Wissen wurde geteilt und dadurch vermehrt. ■

Viele lehnen Pairing ab, weil es auf den ersten Blick nicht produktiv erscheint. Das Gegenteil ist der Fall, allerdings muss eine wichtige Voraussetzung angesprochen werden: Die Pairing-Partner müssen die gleichen Fähigkeiten haben, sonst wird das Zusammenarbeiten mühsam. Das fängt nicht erst bei den Programmierfähigkeiten an, sondern bereits bei viel banaleren Kompetenzen.

Stellen Sie sich vor, Sie würden mit einem Kollegen einen Artikel schreiben oder eine Präsentation erstellen. Sie sind fit in MS Word, können mit der Tastatur umgehen und die Short Cuts sind in Ihren Fingern gespeichert. Ihr Kollege hat sich bis jetzt immer mit der Maus beholfen, kennt MS Word nicht wirklich und das Zehn-Finger-System beherrscht er auch nicht. Wie lange können Sie zuschauen, ohne nervös zu werden? Müssen Sie es überhaupt aushalten? In unserer manchmal an übermäßiger politischer Korrektheit leidenden Gesellschaft würde die Antwort wahrscheinlich lauten: Wir müssen uns nach der Person richten, die es nicht kann. Also es aushalten. Diese Antwort ist in einem Scrum-Umfeld falsch! Wir sind leistungsorientiert! Wir wollen das Spiel gewinnen. Daher kann die Antwort nur lauten: Nein, man muss es nicht aushalten und man kann dem Kollegen oder der Kollegin sagen, dass es an der Zeit ist, die notwendigen Kenntnisse zu erwerben. Natürlich, in jedem gut funktionierenden Team hilft man einander für einen begrenzten Zeitraum. Teamfähigkeit bedeutet aber auch, offensichtliche Lücken, die das Zusammenarbeiten erschweren, aus eigenem Antrieb zu schließen. Wenn ein Kollege das nicht will, ist die Konsequenz absehbar: Der Kollege wird gehen. Das passiert übrigens von selbst, wenn der Gruppendruck groß genug wird. Wichtig ist: Es muss fair bleiben. Aufgabe des Managements ist es, für diese Fairness und einen respektvollen Umgang zu sorgen.

Aber zurück zum Produkt. Ich glaube schon die nächste Frage zu hören: Wer sorgt bei so viel Dezentralisierung für die Einheitlichkeit der Architektur?

2.2.3 Die Einheitlichkeit der Produktarchitektur

Zwischen den wohlwollenden Architekten und dem Entwicklungsteam brach eine heftige Diskussion aus. Die Architekten wollten vorausarbeiten. Sie wollten die richtigen Diagramme zeichnen, sie wollten den Entwicklern zeigen, was wie zusammengehörte – getragen vom Willen zur Zusammenarbeit und mit dem gemeinsamen Ziel vor Augen. Sie waren sehr respektvoll. Die Antwort der Entwickler darauf lautete sinngemäß: „Wir brauchen euch, aber bitte entwerft für uns nur einen Überblick, den Rest machen wir selbst." Das wäre im Grunde in Ordnung gewesen, aber dann kam das Totschlagargument um die Ecke. Die Architekten antworteten: „Mittlerweile ist doch bekannt, dass auch unter agilen Voraussetzungen die Architektur nicht dynamisch entsteht." Ich versuchte, mich rauszuhalten. In dieser Situation stand Meinung gegen Meinung. Das eigentliche Problem war aber gar nicht adressiert worden: Wie gelingt es, für alle am Projekt Beteiligten ein einheitliches Bild über die Architektur aufzubauen? Jeder muss eine Vorstellung davon haben, was geliefert werden soll. ■

Ich habe dazu eine – wie viele meinen – naive Haltung, im Sinne von gutgläubig und voll Vertrauen. Mir ist klar, dass ein Bauplan für das große Ganze absolut notwendig ist. Dieser Bauplan ist jedoch nur ein notwendiges *Kommunikationsmedium*, mehr nicht. Es muss entschieden werden, welche Module, Komponenten oder Microservices benötigt werden und wie deren Aufgaben aussehen werden. Dafür braucht man eine initiale Idee und die wird oft als Architektur bezeichnet. Lassen Sie mich das an einem einfachen Beispiel illustrieren.

Bild 2.6 Wie funktioniert eine Bibliothek?

Bild 2.6 stellt die wesentlichen Punkte dar, die man wissen sollte, wenn man eine Applikation für eine Bibliotheksverwaltung entwickeln will. Braucht ein Entwicklungsteam noch mehr zu wissen? Muss man dem Team wirklich noch mehr sagen, als dass es zwischen dem Buch und seinem Stellplatz eine 1:n-Beziehung gibt und zwischen dem Ausweis und der Liste der ausgeliehenen Bücher ebenfalls eine 1:n-Beziehung? Dass es zwischen der Liste und den Büchern eine n:1-Beziehung gibt? Muss man dem Entwicklungsteam auch noch erklären, zu welchem Zeitpunkt welche Aktion erfolgen muss? Dass man im Stellplatz notieren sollte, dass das Buch ausgeliehen wurde, wenn man wissen will, ob man noch genug

Platz für die nächsten Bücher hat? Kann man das dem Entwicklungsteam nicht selbst überlassen? Ich denke schon. Das würde aber bedeuten, dass wichtige Entscheidungen zur Architektur in die Teams gezogen werden. Das wiederum hätte zur Folge, dass die Teammitglieder die Funktionsweise – das Business – einer Bibliothek in- und auswendig verstehen. Sie müssen sich mit dem Business auseinandersetzen dürfen, denn nur dann können sie selbst entscheiden, wie die entsprechenden Programmteile entwickelt werden müssen. Solange man sie im Dunkeln lässt und ihnen nicht erklärt, wie die Fachlichkeit in einem Betrieb funktioniert, muss man ihnen auch vorschreiben, wie sie etwas implementieren sollen.

Wichtig ist, zu unterscheiden, was vorgegeben – also definiert – werden sollte und was den Teams überlassen werden kann. Die Struktur der Organisation bestimmt die Aufgaben der Teams, daher ist es hilfreich, das Big Picture festzulegen. Es kann sinnvoll sein, dass sich eine Person zunächst überlegt, wie dieses Big Picture tatsächlich aussieht. Wir wissen, dass es nicht immer funktioniert, eine Gruppe über die Struktur eines großen Systems bestimmen zu lassen. Es *kann* funktionieren, allerdings um den Preis eines hohen kommunikativen Aufwands. Hat sich jemand zu Beginn die Struktur der Applikation überlegt und werden die Teams entlang dieser Struktur aufgestellt, ist diese Startaufstellung in der Regel vorteilhaft. **Achtung:** Ich schreibe „in der Regel"! Startaufstellungen können auch unsinnig sein, wenn sie von jemandem getroffen wurden, der noch nie auf diese Weise entwickelt hat.

Also: Es hilft sehr, wenn eine Darstellung wie in Bild 2.6 von jemandem erstellt wird, der die Funktionsweise einer Bibliothek kennt. Gibt es diese Person nicht, muss die Architektur nach einigen Jahren vielleicht wieder geändert werden, weil man in der Zwischenzeit dazugelernt hat. Auch in diesem Fall können die Weichen aber von Anfang an nützlicher gestellt werden. Dazu ist es notwendig zu wissen, *worum* es bei einem Produkt geht. Wer ein medizintechnisches Produkt entwickelt, wird andere Rahmenbedingungen vorfinden als eine Organisation, die Kreditanträge verwalten will. In beiden Fällen wird man den Teams Freiheitsgrade für ihre Entscheidungen lassen, sie werden jedoch stark voneinander abweichen. Immer gilt aber die einfache Wahrheit: **Die Komplexität muss ins Team.** Wer eine Applikation bauen will, muss sich im Themengebiet dieser Applikation auskennen. Oft ist es daher notwendig, alle Beteiligten zum Team hinzuzuziehen und mit ihnen gemeinsam die ersten Schritte zu gehen. Das ist aufwendig, weil in großen Meetingrunden erst einmal ein Bild geschaffen werden muss, das von allen Beteiligten akzeptiert wird. Das Problemfeld wird besprochen, um dann zusammen eine Architektur zu entwickeln.

Dieser Ansatz hat einen entscheidenden Vorteil: Die Mitglieder dieser Gruppe wissen anschließend selbst, welche Teamzusammensetzung am besten geeignet ist. Sie haben die „Architektur" entwickelt und können die Organisation entsprechend gestalten. Läuft die Entwicklung an und hat man es mit einem Produkt zu tun, das es längere Zeit geben wird, ist es sinnvoll, eine teamübergreifende Struktur zu entwickeln, die es ermöglicht, die Entscheidungen der einzelnen Teams immer wieder zu verstehen und von ihnen zu lernen. Es entstehen die sogenannten Gilden. In den Gilden werden teamübergreifende Vereinbarungen getroffen, doch dazu in Kapitel 7 mehr.

Um es zusammenzufassen: Die Einheitlichkeit der Architektur wird nicht durch Bilder oder Dokumente gewährleistet. Sie entsteht durch den Dialog zwischen den Teams und eine Art der Produktentwicklung, bei der die Architektur des Produkts immer sichtbar oder leicht eingängig ist.

2.2.4 Technologien und Architektur

Unter der Architektur eines Produkts wird oft auch die Technologie verstanden, in der entwickelt werden soll oder wird. In der Softwareentwicklung ist es essentiell, die geeignete Programmiersprache, die geeignete Basistechnologie oder die entsprechenden Frameworks zu kennen und zu nutzen. In anderen Industrien ist das ebenfalls so. Nehmen wir die Produktion von Sportbekleidung als Beispiel: Es macht einen Unterschied, ob man Outdoor-Bekleidung aus Natur- oder aus Kunstfasern herstellen will. Nicht jeder Hersteller kann jede Art von Bekleidung anbieten, denn nicht nur die Produkteigenschaften, sondern auch die Herstellungsarten variieren und damit die Wahl der Technologie. Wer Merino-Funktionsunterwäsche verkaufen will, muss sich mit Schafzüchtern in Australien auseinandersetzen und wer Gore-Tex® anbieten will, wird sich an Gore wenden. Die Auswirkungen auf die Gestalt der Produkte und deren Eigenschaften können zu gigantischen Veränderungen führen: Vielleicht erinnern Sie sich an die Diskussion, ob die Deutsche Bahn in die Technologie Transrapid oder ICE investieren solle. Gewonnen hat der ICE und heute fahren durch Deutschland ICEs der dritten Generation. Diese Entscheidung hatte Konsequenzen: ewig lange Tunnelanlagen im Rhein-Main-Gebiet, das Durchbuddeln des Taunus und den Umbau vieler Bahnhöfe. Hätte man sich für den Transrapid entschieden, wären in ganz Deutschland Hochbahnen entstanden.

Beim Thema Technologie beobachte ich bei vielen Produktentwicklungsteams immer wieder die folgenden drei Situationen:

1. **Die Organisation bestimmt die Technologie.** Meistens geschieht das aus einem einfachen Grund: Die Organisation als System und Teil eines Liefernetzwerks kennt sich mit gewissen Technologien aus. Die Lieferanten sind bekannt, die Mitarbeiter sind in diesen Technologien geschult und auch die Kunden erwarten Entsprechendes. Will die Organisation ihre Produkte mit einer neuen Technologie entwickeln, führt das unweigerlich zu extremen Aufwänden. Um den i8 und den i3 entwickeln zu können, musste BMW erst einmal lernen, wie Batterien gebaut werden und wie Karbon hergestellt wird. Ein Stück weit musste die Organisation die klassische Entwicklung von Autos verlernen. Tesla hingegen musste nichts verlernen: Es wurde einfach ein neues Lieferantennetzwerk aufgebaut. Lieferanten aus dem klassischen Autobau mussten lernen, was Tesla will und braucht, wenn sie mit Tesla arbeiten wollten.
2. **Neues wollen, Altes denken.** Viele Fotografen versuchten mit den ersten Digitalkameras genauso zu arbeiten wie mit analogen Kameras. Nur wenige Künstler verstanden, dass die neue Technologie völlig neue Möglichkeiten bot. Als dann die ersten digitalen Spiegelreflexkameras mit Videofunktion auf den Markt kamen, war es plötzlich möglich, zu einem Bruchteil der Kosten der alten Videokameras Filme zu machen, die wie mit einer klassischen Kinokamera gedreht wirkten. Oft waren es aber nicht die Spezialisten, die diese Möglichkeiten entdeckten. Die alten Hasen dachten weiter in ihren Kategorien. Auch in der Softwareentwicklung kann man das sehr schön beobachten: Einige Gurus entwickeln eine neue Programmiersprache, um ein Problem anders zu lösen, und dann wird diese Sprache von anderen Entwicklern entdeckt. Diese denken aber nach wie vor in den Konstrukten ihrer alten Sprachen und setzen die neue Sprache genau nach diesen Schemata ein. Das ist verständlich. Wer als Deutscher Französisch lernt, spricht nicht sofort wie ein Franzose, sondern eben wie ein Deutscher, der Französisch spricht – selbst wenn er es akzentfrei beherrscht.

3. **Der Spieltrieb.** Es macht einfach Spaß, etwas Neues zu machen, etwas auszuprobieren und herauszufinden, wie ein Problem mit einem neuen Tool gelöst werden kann. Dieses neue Tool (die neue Technologie) erfordert aber oft ein hohes Investment und trotzdem sind die Resultate schlecht. In der agilen Community konnten wir das deutlich beobachten, als elektronische Aufgabenverwaltungswerkzeuge das Taskboard aus Packpapier und Haftnotizen ersetzen sollten. So gut wie nie führten diese Tools zu einer Produktivitätssteigerung, ganz im Gegenteil: Bis sie einigermaßen nützlich wurden, dauerte es sehr lange. Ein Taskboard aus Papier steigert die Produktivität sofort und kostet so gut wie nichts. Der Punkt ist aber: Man kann sich endlos damit auseinandersetzen, ein Tool zum Laufen zu bringen, statt die eigentliche Arbeit zu erledigen. Das erlebe ich immer wieder: Ein Team entscheidet sich zu Recht für eine Technologie, die es noch nicht beherrscht. Der Aufwand, um diese neue Technologie zu erlernen, ist so hoch, dass das Projekt wochenlang nicht vorankommt und die Termine nicht eingehalten werden. Dieser Effekt verstärkt sich noch, weil vom Management oft nicht die nötige Unterstützung kommt. Es fehlen die Coaches für die neue Technologie, oder der Coach sitzt mit dem Team in einem Raum, aber die Teammitglieder fragen ihn nicht, weil sie sich keine Blöße geben wollen.

2.2.5 Betrieb und Architektur

Die Systemarchitektur eines Produkts richtet sich auch danach, wie es betrieben werden soll. Warum gibt es eigentlich keine wartungsfreien Fahrzeuge? Sicher, wir sind dicht dran, aber das könnte sicher noch besser gehen. Schuld am nicht wartungsfreien Auto ist Henry Ford: Er verkaufte mit dem Ford Modell T gleichzeitig einen Werkzeugkasten. Seine Logik war: Der Fahrer sollte das Auto reparieren können. In 100 Jahren ist aus dem Gedanken, dass ein Auto nie wirklich fertig ist, eine gigantische Aftersales-Industrie entstanden. Autohäuser, Werkstätten - sie alle gehören zur Wertschöpfungskette der Automobilhersteller. Sie finanzieren diese Unternehmen, um die eigenen Fahrzeuge in der eigenen Qualität liefern zu können und oft kauft man ja auch ein Auto, weil der Händler und die Werkstatt gleich um die Ecke sind. Für andere Produkte gilt das Gleiche: Nespresso ohne Nespresso-Shops wäre nicht Nespresso, sondern nur Kaffee in Kapseln. Der Shop ist nicht einfach nur ein Ort, an dem man ein Produkt kauft, sondern er macht das Produkt erst aus. Steve Jobs wusste das, als er tempelartige Apple Stores bauen ließ. Wer also eine Architektur plant, muss sich auch überlegen, wie er das Produkt später be- und vertreiben will. Wenn man vermeiden will, dass der Kunde direkt mit jemandem in einem Call Center sprechen muss, wird man so wie Amazon alles dafür tun, um die Website so kundenfreundlich wie möglich zu machen, und die Telefonnummer einfach verstecken. Wer das Prinzip Service über alles stellt, macht es wie Zappos und lädt förmlich zum Anrufen ein. Das hat Einfluss auf die Architektur.

Wer den Betrieb seines Systems oder Produkts auslagert, braucht eine „Auslieferungsarchitektur". Wie bringt man die Produktneuerungen zum Kunden? Will man Handover zwischen den einzelnen Schritten? Arbeitet man mit Lieferanten, die auf den gleichen Systemen arbeiten, oder müssen die Lieferanten „umpacken"? Wieder richtet sich die Architektur des hier entstehenden Netzwerks nach den organisatorischen Entscheidungen. Eine Bank, die eine 100-prozentige Ausfallsicherheit ihrer Systeme anstrebt, wird vom Live-Betrieb unabhängige Testsysteme einsetzen. Schon haben wir eine Architekturkomplikation und müssen darauf reagieren.

Fazit

Das skalierte Projekt benötigt viel mehr als nur das Scrum-Framework, um die gestellten Anforderungen bewältigen zu können. Das Framework zeigt nur, wie die einzelnen, hoffentlich lose gekoppelten Teams gemanagt werden können. Erfolgreich wird es erst, wenn das entsprechende Verständnis für Architektur und am Ende sogar für Betriebskonzepte entstanden ist und dieses Verständnis technologisch und prozessual umgesetzt werden kann.

3 Infrastruktur

Wir haben gesehen, dass die Organisationsstruktur eines Projekts immer auch die Architektur des Produkts bestimmt. Gelingt es, eine Projektorganisation mit möglichst wenigen Abhängigkeiten aufzubauen, sinkt der Aufwand für die Synchronisation und man gewinnt an Geschwindigkeit, unter anderem bei der Entscheidungsfindung. Das ist aber nicht die einzige Voraussetzung, die für die gelungene Kommunikation in einem skalierten Projekt erfüllt sein sollte. Entscheidend ist, welche Kommunikationsmittel, Entwicklungsumgebungen und Technologien zur Verfügung stehen, damit die einzelnen Teams gemeinsam arbeiten können. Ein großes Projekt braucht also eine adäquate Infrastruktur.

3.1 Integration ist alles

Agile Projekte zeichnen sich dadurch aus, dass spätestens am Ende eines Sprints oder einer Iteration (das gilt für Scrum – für Kanban ist das die Fertigstellung einer User Story) das entstandene Produktinkrement vollständig lauffähig, verfügbar und für den User nutzbar ist. Folglich benötigt ein Team, egal welcher Größe, die Möglichkeit, im Falle von Hardware die von verschiedenen Teams gelieferten Funktionalitäten zusammenzusetzen oder – im Falle von Software – in die gemeinsame Codebasis zu integrieren. Das bedeutet: Alles muss zusammen funktionieren, es muss also gemeinsam getestet worden sein.

Gelingt dieses ständige Integrieren, dann ist die agile Produktentwicklung im Grunde einfach. Aber beinahe jede Organisation ist am Anfang damit überfordert, die dazu nötige Infrastruktur (die notwendigen Fähigkeiten) aufzubauen. Erst recht, wenn das Team auf mehr als einen Standort verteilt ist.

Warum ist Integrieren so schmerzhaft?

Traditionelle Entwicklungsmodelle unterscheiden zwischen Entwicklung und Betrieb. Innerhalb der Entwicklung wird noch einmal zwischen Implementierung (also der eigentlichen Entwicklung), dem Testen und dem Ausliefern an die Fertigung bzw. in der Softwareentwicklung an den Betrieb differenziert. Jede Einheit kann nur etwas Fertiges liefern, wenn alle anderen Einheiten mit ihrer Arbeit fertig sind. Das eigentliche Zusammenbauen

(Integrieren) ist immer schmerzhaft, denn die gegenseitigen Abhängigkeiten zwingen dazu, sich noch einmal mit einer Arbeit zu befassen, die in der eigenen Wahrnehmung bereits abgeschlossen war. Die Integration entwertet auf diese Weise die bereits geleistete Arbeit.

Daher findet im klassischen Projektverständnis der Zusammenbau (den ich hier immer als Integrieren oder Integration bezeichne) nach der Entwicklung statt. Ich habe bereits im ersten Kapitel erwähnt, dass bei schmerzhaften Integrationen immer das eigene Verhalten optimiert wird. Das schmerzhafte Integrieren wird so lange wie möglich hinausgezögert. Mehrere Entwicklungsteams müssen zwar miteinander liefern, aber sie integrieren ihr gemeinsames Produkt erst am Ende der Entwicklung. Sie arbeiten aufgrund der Spezifikation und testen zu spät, ob die Schnittstellen auch zusammenpassen. Das ist bekannt und gängige Praxis. Sie wird immer wieder mit den Worten „Es geht nicht anders" verteidigt und das klassische Projektmanagement versucht, darauf zu reagieren. In ständigen Meetings wird immer und immer wieder synchronisiert. Kleine Änderungen, die von einem Team umgesetzt wurden, weil die ursprünglich angedachte Lösung nicht ganz funktioniert hat, werden sogar korrekt und zeitgerecht an die übrigen Teams weitergeleitet. Oft aber ohne Wirkung: Die anderen Teams korrigieren ihre eigene Implementierung nicht sofort, denn zuerst wollen sie ihre Aufgaben abschließen.

Viele Projektmanagementmethoden fordern in der Theorie das ständige Umplanen und die rasche Reaktion auf Veränderungen. In der Praxis lässt sich diese Forderung aber kaum umsetzen, denn die Änderungsraten sind zu hoch. Immer wieder auf das zu reagieren, was die anderen verändert haben, ist undenkbar – die Entwickler würden nichts anderes mehr tun und gar nicht mehr fertig werden. In „gut gemanagten" Projekten, in denen ständig auf Änderungen reagiert wird, passiert genau das: Die Projekte dauern immer länger, weil ständig alles in Frage gestellt wird. Gleichzeitig werden die Änderungen nicht schnell genug an die übrigen Teams kommuniziert. Die Prozesse im klassischen Projektmanagement sind zu langsam, jede Änderung führt zu einem erheblichen Aufwand. Also ignorieren die meisten Teams die Änderungen einfach und warten so lange, bis tatsächlich integriert wird. Man setzt darauf, dass die Fehler dann ohnehin auffallen. Immerhin kann man sich dann anhand der beobachteten Fehler austauschen und gemeinsam die Probleme beheben. Haben Sie es in Ihren eigenen Projekten auch schon bemerkt? Entwicklungsprojekte mit mehr als einem Projektteam, egal welcher Art, werden immer anhand der Ergebnisse in den Testphasen fertiggestellt. In der Integration passiert das Wunder, hier entsteht das fertige Produkt. Jetzt könnte man sagen: „Alles ist gut. Am Ende kommt ja doch das Produkt dabei raus!"

Ja, nur diese Integrationsphasen sind für alle die Hölle. Der Druck ist extrem, denn der Liefertermin ist festgesetzt und selbstverständlich dauert die Integration länger als erwartet. Aufgrund der längeren Entwicklungszeit ist man zu spät dran. Abgesehen davon wird diese überaus wichtige Arbeit emotional entwertet: Man bezeichnet sie als Bugfixing, Fehlerbehebung oder Nachbesserung. **Die wichtigste Phase des Projekts wird als notwendiges Übel und nicht als der wertbringende Schritt betrachtet.**

Dadurch wird den Projektteilnehmern ständig suggeriert, sie hätten zuvor schlecht gearbeitet. Die Folge: Alle wollen diese Schmach so lange wie möglich hinauszögern. Also wird erst integriert, wenn es sich nicht mehr vermeiden lässt. Dieses Phänomen lässt sich leider nicht nur bei großen Projekten oder bei der Kommunikation zwischen den Teams beobachten. Auch innerhalb eines Teams wollen die Mitglieder zuerst *ihre* Sache fertig machen, bevor sie es den anderen im Team zeigen. Deshalb zeigen sie ihre Arbeit so gut wie nie und es wird so selten wie möglich innerhalb des Teams integriert. Das setzt sich auf der Ebene der Teams oder Teilprojekte fort. Vor nicht allzu langer Zeit habe ich wieder einmal erlebt, dass in acht Teilprojekten selbst nach neun Monaten des Nebeneinanderarbeitens nichts fertig war, was man hätte integrieren können.

Ein Henne-Ei-Problem

Aber warum verlegt man die Integrationsphase eigentlich ans Ende? Alle wissen doch, dass es schmerzhaft wird. Vielleicht wären die Beteiligten sogar froh, wenn die Integration früher stattfinden würde. Der banale Grund dafür lautet oft: **weil die Infrastruktur, auf der integriert werden soll, noch gar nicht existiert.** Das Projektmanagement hält sich an das Wasserfallmodell und das sagt: Das Integrieren findet erst später im Projekt statt. Also sehen die Projektpläne den Aufwand für das Aufsetzen der Integrationssysteme oder den Zusammenbau am Ende der Entwicklungsphase vor. Vor diesem Zeitpunkt werden keine Testlabors, keine Testsysteme, keine Testkapazitäten im Fachbereich, keine Betriebsmitarbeiter, keine Räume, kein Budget für Lizenzen oder die notwendigen Baumaßnahmen zur Verfügung gestellt. Kurz gesagt: Es geht einfach nicht. Noch dazu ist das Ganze ein Teufelskreis: Die Projektleiter sehen für die Integration nichts vor, weil ja erst einmal etwas da sein muss. Dieses Etwas soll bereits möglichst fehlerfrei sein, also wird lange entwickelt und lange gewartet und … so geht es ewig weiter.

In vielen Organisationen ist es bereits für ein einzelnes kleines Scrum-Team oft schwierig, die Integrationsinfrastruktur so aufzubauen, dass es nach spätestens zwei Wochen fertige Produktteile liefern kann. Will man das mit zwei bis drei Scrum-Teams machen, ist es bereits eine Kunst, weil eine ganz andere Infrastruktur benötigt wird. Trotzdem ist das noch vergleichsweise einfach zu lösen. Wirklich schwierig wird es, wenn man wirklich große Projekte mit Scrum oder Kanban durchführen will. Von einem Moment auf den anderen werden von der Organisation Dinge gefordert, die so nie eingeplant waren.

Den meisten leuchtet es ein, dass früher oder später in eine gute Infrastruktur investiert werden muss, sollen die Forderungen der agilen Entwicklung umgesetzt werden. Dennoch wird diese Investition möglichst lange hinausgezögert und die Argumente dafür klingen immer sehr ähnlich:

- Wir können uns das nicht leisten.
- Es gibt zu wenige Tester.
- Die notwendigen Server sind zu teuer.
- Es ist nicht möglich, die IT-Netze zusammenzulegen.
- Der Fachbereich ist damit überfordert, sich ständig etwas anschauen zu müssen.
- Es ist zu aufwendig, die Hardware immer wieder zusammenzubauen.
- Wir brauchen die Techniker aus anderen Abteilungen.

Die Liste der vielen kleinen Dinge, die eine frühe Integration einfach unmöglich machen, ist außerordentlich lang. Vom wirtschaftlichen Standpunkt aus betrachtet ist es verständlich, denn in den meisten Organisationen wird das Integrieren und Testen der Produkte am Ende der Projektlaufzeit als extrem aufwendig erlebt – sowohl was Zeit, Geld als auch Material anbelangt. Viele Probleme treten auf, der Rollout wird immer wieder verschoben und die Kosten für das Produkt wachsen mit jedem Monat.

Jetzt könnte ich achselzuckend sagen: „Da müsst ihr durch!" Damit ist es aber leider nicht getan. Meine Erfahrung ist: Die Projekt- und Produktentwicklungsbeteiligten müssen selbst erkennen, dass häufigeres Integrieren zwar eine etwas andere und teurere Infrastruktur benötigt, aber genau betrachtet in Zeitersparnis und Materialschonung investiert wird. Am Ende muss ständiges Integrieren sogar billiger und einfacher werden als das Integrieren am Ende des Projekts.

Aber was heißt das: Die Beteiligten müssen es *selbst* erkennen? Meine Kollegen und ich haben in den letzten Jahren beobachtet, dass diese Veränderung immer nur durch das Setzen kleiner Schritte erfolgreich war. Immer wieder wird ein wenig an der Infrastruktur verändert, um ein Team schneller zu machen. Plötzlich erkennt das Team selbst, dass es hilft, die Kommunikationsinfrastruktur zu verbessern und schon kann man das nächste Infrastrukturthema anpacken. Nach und nach wird die Infrastruktur angepasst, weil sich auch die Erfolge einstellen. Erst wenn diese Erfolge sichtbar sind, wird weiter in die Infrastruktur investiert.

Integrieren und Testen müssen billig sein

Laufendes Integrieren und Testen ist dann nützlich, wenn etwas begonnen wird, das schnell sichtbare Erfolge bringt. Lassen Sie mich das an einem einfachen Beispiel erklären. In der Softwareentwicklung hat Kent Beck zu Beginn der 2000er-Jahre im Rahmen von Extreme Programming (XP) die Idee des Test Driven Development (TDD) eingebracht.

Extreme Programming nach Kent Beck

„That's the whole XP development cycle. Notice that:

- Pairs of programmers program together.
- Development is driven by tests. You test first, then code. Until all the tests run, you aren't done. When all the tests run, and you can't think of any more tests that would break, you are done adding functionality.
- Pairs don't just make test cases run. They also evolve the design of the system. Changes aren't restricted to any particular area. Pairs add value to the analysis, design, implementation, and testing of the system. They add that value wherever the system needs it.
- Integration immediately follows development, including integration testing."

(Beck 2004, S. 9)

Kents Ansatz war, zuerst den Test zu schreiben und dann den entsprechenden Programmcode, der sofort getestet wird. Um das möglich zu machen, muss aber eine Voraussetzung erfüllt sein: Der Test muss automatisch ausgeführt werden können.

Der Entwickler schreibt also zunächst den Test (1), der überprüft, ob der Code, den der Entwickler schreiben wird, korrekt ist. Dann schreibt der Entwickler den Code selbst (2) und arbeitet so lange an diesem Code, bis der Test durch den Code korrekt gelöst ist. Wenn das gelungen ist, nimmt sich der Entwickler noch die Zeit, um den Code zu vereinfachen (3), also ihn lesbarer oder leistungsfähiger zu machen.

Beim Test Driven Development überprüft der Entwickler alle zwei bis fünf Minuten, ob seine Idee funktioniert. Die beschriebene Schleife soll so schnell wie möglich immer wieder durchlaufen werden. Wir haben es hier also mit einem Zyklus im Minuten- und nicht im Stundentakt zu tun. Das lässt sich auf Dauer nur erreichen, wenn die Testausführung automatisiert wird.

Praktiken wie TDD sind nicht über Nacht entstanden. Es hat einige Jahre gedauert, bis sich in großen Teilen der Entwicklerszene die Erkenntnis durchgesetzt hat, dass TDD zum professionellen Entwickeln gehört. Beschleunigt wurde diese Erkenntnis dadurch, dass immer mehr Test-Frameworks für die unterschiedlichen Programmiersprachen geschrieben wurden. Mit Hilfe dieser Frameworks wurde das Testen (in Arbeits- und Durchlaufzeit bemessen) so billig, dass es nicht ins Gewicht fällt, wenn ständig getestet wird. Das ändert nichts daran, dass einige Entwickler und ihre Vorgesetzten noch immer genügend Argumente gegen TDD finden. Meistens sind es Ausreden, damit alles beim Alten bleibt. Umgekehrt erlebe ich aber Teams, in denen über die Frage des ständigen Testens nicht mehr diskutiert wird. In diesen Teams gilt einfach die Regel: Wir entwickeln testgetrieben, wir programmieren zu zweit und wir integrieren laufend. Und damit sind sie in ihren Ergebnissen wesentlich erfolgreicher als andere Teams.

Ein Beispiel dafür, wie erfolgreich man damit werden kann, ist die belgische Cegeka Group. Wie viele andere Unternehmen in der Softwareentwicklung hat auch Cegeka vor rund zehn Jahren mit agiler Entwicklung experimentiert. Man setzte vollständig darauf, Scrum und XP zu vereinen. Für die Entwickler von Cegeka ist TDD eine Selbstverständlichkeit. In der Zwischenzeit hat Cegeka bereits andere Unternehmen wie Brain Force und DanubeIT aufgekauft. Wachstum ist das erklärte Ziel und das wird mit der klaren Ansage verbunden: Wir setzen auf agile Softwareentwicklung und moderne Methoden wie DevOps, wie mir Johan Lybaert, Director of Applications und zuständig für die agile Entwicklung, bei meinem Besuch erklärte. ■

Auch in der Hardwareentwicklung ist ein Trend zu einer analogen Art des Test Driven Development zu erkennen. Natürlich gehen auch hier die Meinungen auseinander: Einige sind davon überzeugt, dass es unmöglich sei, in der Hardwareentwicklung nach Ansätzen des TDD zu arbeiten. Die Lieferzeiten seien zu lange und es sei zu kostspielig. Allerdings sind diese Argumente nicht korrekt:

- Es gibt Ingenieurbüros, die in weniger als 24 Stunden Platinen herstellen.
- Es gibt Modellbauer, die on-the-fly Modelle für Hardwarekomponenten bauen.
- Es ist oft gar keine Frage der Technik, sondern des Einkaufsprozesses, wenn man Bestandteile plötzlich doch in Stunden statt in Wochen integrieren kann. Das wohl provokativste Beispiel für diese Art des ständigen Zusammenbauens und Veränderns ist die Stadt Shenzhen. Dort wird Hardware in Tagen, statt in Monaten zusammengebaut. Man hat sich darauf spezialisiert, für jeden Kunden alles zu entwickeln. Auf YouTube gibt es dazu eine interessante Dokumentation: „Shenzhen: The Silicon Valley of Hardware“ *(https://www.youtube.com/watch?v=SGJ5cZnoodY)*.

Die Infrastruktur zu verbessern, kann zum Beispiel bedeuten, eine ausgediente CNC-Maschine zu reaktivieren, damit die eigenen Ingenieure einfache Teile für die Entwicklung selbst herstellen können. Auch eine bessere Internetverbindung zum Lieferanten gehört dazu, damit Daten nicht stundenlang hochladen, sondern bereits nach wenigen Minuten verfügbar sind. Ja, auch das habe ich schon erlebt: Wir mussten Konstruktionsdaten auf dem USB-Stick verschicken, weil die veraltete ISDN-Leitung unter der Datenmenge zusammengebrochen wäre.

3.2 Räume – bauliche Infrastruktur

Wir müssen manchmal lange darum kämpfen und lange diskutieren, bis verstanden wird: Die Raumsituation trägt einen wesentlichen Teil dazu bei, ob Produkte schnell und zuverlässig entwickelt werden können. Es kann sehr einfach sein, crossfunktionale Teams miteinander arbeiten zu lassen, wenn man den Platz dafür schafft. Die folgenden zwei Beispiele sollen unterschiedliche Sichtweisen auf diesen Platzbedarf demonstrieren – man sieht daran deutlich den Unterschied zwischen effektiver und ineffektiver Bauweise.

Beispiel 1: Ein deutscher Großkonzern beherbergt seine IT (ca. 2000 Mitarbeiter) in einem eigenen Gebäude. In jedem Stockwerk sitzen rund 40 Personen in Großraumbüros. Jedem Mitarbeiter stehen etwa $12m^2$ der Grundfläche zur Verfügung. Das klingt ideal, allerdings arbeiten diese Menschen nicht wirklich miteinander – sie sitzen nur zusammen in einem Raum, jeder Mitarbeiter hat seinen eigenen Aufgabenbereich. Es gibt viel Platz für Flure, Aufzüge, Kaffeeküchen und Nasszellen. Pro 100 Mitarbeiter wird hier eine Grundfläche von der Größe eines Fußballfelds verbaut.

Beispiel 2: Ich habe von Menlo Innovations bereits in Kapitel 2 erzählt. Dort sitzen etwa 100 Personen auf einer Fläche von zwei Handballfeldern, also rund 1600 m^2. Es gibt eine Kaffeeküche und eine Nasszelle. Die Mitarbeiter von Menlo Innovations arbeiten prinzipiell in Pairs, aber es gibt wesentlich mehr Tische als Pairs. Es gibt genügend Platz für ruhige Meetingecken und andere Aktivitäten. Übrigens kann man Menlo Innovations (kostenpflichtig) besuchen und sich von Gründer Richard Sheridan alles erklären lassen *(www.menloinnovations.com/by-visiting)*.

Im ersten Beispiel sind die Meetingräume so gut wie ständig besetzt. Sie haben es sicher schon selbst erlebt: Die nächste Gruppe wartet schon ungeduldig auf den Raum, den Sie gerade nutzen. Die Zeit ist abgelaufen. Weil es wenig informelle Kommunikation und wenig Zusammenarbeit gibt, besteht eben der Bedarf nach Meetings. Bei Menlo Innovations gibt es hingegen kaum Bedarf für Meetings außerhalb der wöchentlichen Groomings und Planning Sessions. Diese beiden Beispiele zeigen, wie wichtig es ist, sich mit den Rahmenbedingungen für Teams auseinanderzusetzen. Natürlich kann man agile Projekte über den gesamten Globus verteilen, wie es Großkonzerne zum Teil auch tun müssen. Das gelingt aber nur ohne Effektivitätsverlust, wenn ein Unternehmen die entsprechenden – oft sehr teuren – Infrastrukturen zur Verfügung stellt.

3.2.1 Das große Projekt in einem Raum

Wenn es Platz genug gibt, kann ein großes Projekt in einem großen Raum abgewickelt werden. So konnte ich zum Beispiel drei Projekte mit rund 180 Entwicklern in über 12 Teams und mit einem Budget von mehr als 100 Millionen Euro managen, weil es gelang, alle Beteiligten so nahe beieinander wie möglich in einem Stockwerk unterzubringen. Es ist oft nicht möglich, so wie bei Menlo Innovations 100 Leute in einem einzigen Raum zu sammeln, aber ein Stockwerk ist machbar. Zwar hat es bei einem dieser Projekte über zwei Monate gebraucht, bis wir die Räumlichkeiten gefunden hatten, der Mietvertrag unterschrieben und das Stockwerk möbliert war, aber es war möglich. Ich bin heute noch dem Leiter des Projekts dankbar dafür, dass er in einem Kraftakt alle Beteiligten davon überzeugt hat, wie wichtig dieser Ansatz war. Damals konnten wir sogar externe Berater und Entwickler dazu bewegen, in diesem Umfeld zu arbeiten, die meisten Projektteilnehmer flogen jeden Montagmorgen ein. Das Facility Management leistete Überstunden und die Vertreterinnen und Vertreter des Fachbereichs mussten öfter als gewollt in dieses Gebäude kommen, weil das Projekt eben dort stattfand.

In einem anderen Fall waren die Projektbeteiligten auf mehr als zwei Stockwerke verteilt. Ein Team bestand aus 24 Personen, viele andere Teams hatten zwischen acht und zehn Mitglieder und alle Teams waren in jeweils eigenen Räumen untergebracht. Es gab mehr als zehn Product Owner und nicht genügend ScrumMaster. Die Sprint Plannings fanden einmal pro Monat im großen Ballsaal des angrenzenden Hotels statt - so haben wir die Teams zum Beginn des Sprints synchronisiert. Aus unserer damaligen Sicht war das notwendig, weil die Teams voneinander abhängig waren und während des Sprints einander zuarbeiten mussten. Auch das gelang, weil das Management die räumliche Infrastruktur bereitstellte. Das Management dieser Organisation hatte eben kein Problem damit, einmal pro Monat den Ballsaal anzumieten.

Bei einem weiteren Kunden fanden die ScrumMaster der Organisation eine andere Lösung. Die Sprint Plannings aller Teams konnten nicht, wie von mir ursprünglich initiiert, gleichzeitig durchgeführt werden. Es gab einfach nicht genügend Meetingräume. Allmählich wurde aber deutlich, dass zwischen manchen Teams gar keine Abhängigkeiten bestanden. Daher bildeten sich Team-Cluster, in denen sich jene Teams gruppierten und synchronisierten, die miteinander arbeiten mussten. Für diese großen Teams fanden die Sprint Plannings wieder in einem Raum oder in angrenzenden Meetingräumen statt.

Ist es mit 100 Menschen in einem Raum nicht viel zu laut? Kann man sich überhaupt konzentrieren? Nun, das kommt auf die Gestaltung der Räume an. Obwohl dort Babys schreien, Hunde herumlaufen, Meetings stattfinden und alle im Pair arbeiten, ist es bei Menlo Innovations sehr leise. So leise wie in einer Universitätsbibliothek. Das Geheimnis sind die Teppichböden, die stoffbespannten Wände und die schallschluckenden Decken. Es gibt keine Telefone und jeder spricht leise, weil niemand den anderen übertrumpfen muss. In anderen Unternehmen habe ich oft das Gegenteil gesehen: Räume, die mit nur fünf Mitarbeitern besetzt waren und in denen es unerträglich laut war. Parkettböden, Betonwände, keine Pflanzen, Lederabsätze - die Räume sind schick, aber laut. Die Projektbeteiligten mussten dort extralaut sprechen, um gehört zu werden und die Telefone an der Rezeption zu übertönen. Unerträglich. Statt einfach einen Raumausstatter das Problem beheben zu lassen, stößt die Frage nach Schallisolierung auf Widerstand - kein Budget, kein Interesse, keine Zeit.

Wie sollten also die Räume für große Teams gestaltet sein?

Platz. Meine Meinung dazu: Platz ist gut, viel Platz ist besser. Es sollte möglich sein, dass sich eine Gruppe einfach in eine Ecke stellen und dort miteinander reden kann, ohne die anderen zu stören. Bei Menlo Innovations gibt es so viel Platz, dass sich das gesamte Unternehmen ein bis zweimal pro Monat komplett umsetzen kann – und das wird auch gemacht. Mal sitzt die Mannschaft im vorderen Teil des riesigen Raums, mal im hinteren Teil. Mal sitzen sie in Clustern, mal im Halbkreis. Sie verteilen sich einfach so, wie es gerade sinnvoll ist.

Material. Wie viele Tische brauchen Sie? Agiles Arbeiten findet heute in Pairs statt. Also braucht man nur einen Rechner pro Pair, einen Tisch und viel Platz für Visualisierungen. Flipcharts und Wände, an denen man etwas aufhängen darf, und viele, sehr viele Pinnwände. In einigen Videos von IDEO sieht man zum Beispiel immer wieder, wie sich die Teams mit transportablen Holzwänden behelfen, wenn sie noch mehr Raum für Visualisierungen brauchen *(www.ideo.com)*, zum Beispiel um Fotos, Zeichnungen, Entwürfe und Texte aufzukleben. Menlo verwendet dafür Präsentationskartons, die man in jedem Geschäft für Künstlerbedarf bekommt. Es geht dabei immer um das Gleiche: Sichtbarkeit erzeugen.

Licht und Klima. 20 bis 50 Leute in einem Raum erzeugen viel Wärme. Gut gemeinte Büroräume von heute werden von den Architekten oft mit vielen Außenflächen aus Glas ausgestattet. Fenster sind toll, wirklich. Aber wenn man die Fenster im Sommer nicht ordentlich abschatten kann und man trotz Klimaanlage in der prallen Sonne sitzt, sind diese Räume für das gemeinsame Arbeiten ungeeignet. Auch Räume ohne Klimaanlage, vielleicht noch mit der Fensterseite zur Straße ausgerichtet, sind keine gute Wahl. In diesen Räumen wird Produktivität vernichtet. Es ist okay, wenn man bei 35 Grad mit einem guten Buch oder einem Glas Wein zuhause auf der Terrasse im Schatten sitzt und den Sommer genießt. Aber im Unternehmen soll gearbeitet werden, und zwar intensiv und optimal.

Technik. Aus unerfindlichen Gründen wird immer wieder an der Technik gespart. Inzwischen lautet die Devise einiger Unternehmen: „Bring your own device!" Nicht weil sie damit Geld für Rechner und Telefone sparen, sondern weil die Mitarbeiter so mit ihrer eigenen Infrastruktur arbeiten können. Mit ihrem Rechner, mit ihrem Telefon, den und das sie so eingerichtet haben, wie sie es brauchen. Dieses Phänomen ist mir zum ersten Mal vor vielen Jahren in einem meiner eigenen Teams begegnet: Die Entwickler brachten ihre privaten Rechner mit, natürlich ohne jemanden darüber zu informieren. Der Grund: Ihre Rechner waren zehnmal schneller als jene, die ihnen das Unternehmen zur Verfügung gestellt hatte. Also haben wir einen Kollegen aus der Netzwerkabteilung an den Regeln des Unternehmens vorbei gefragt und bekamen für diese Geräte einen Zugang. War das in Ordnung? Sicher nicht. Wurde es geduldet? Natürlich.

Kaufen Sie das beste Equipment, das Sie sich leisten können. Sparen Sie nicht bei den Bildschirmen oder Tastaturen, sparen Sie lieber bei den Tischen und Stühlen. Das Arbeitsgerät eines Wissensarbeiters muss einfach top sein. Auch gute Handwerker kaufen sich nicht irgendwelche billigen Werkzeuge, es gibt Unterschiede zwischen Bohrmaschinen und es gibt Unterschiede zwischen Rechnern. Es ergibt überhaupt keinen Sinn, diese Tools nach Status zu vergeben. Wieso hat der Chef den besten Rechner, den größten Bildschirm und vielleicht noch einen Monitor mit 180 cm Bildschirmdiagonale an der Wand? Um die E-Mails zu lesen? In der wissensbasierten Arbeitswelt brauchen jene Menschen, die ständig an den Dingen arbeiten, die Geld bringen, auch die schnellsten und zuverlässigsten Geräte. Wenn eine kreative Mannschaft nicht arbeiten kann, weil die Rechner lahme Krücken sind, das

Internet ausfällt und der Server abstürzt, sind die Kollegen frustriert und die Ideen sind weg. Autoren schleppen ständig Notizbücher mit, um Ideen zu notieren, wenn sie auftauchen. Ein Team im kreativen Arbeitsmodus braucht *jetzt* Zugang zum großen Bildschirm, wenn es *jetzt* einen Einfall hat. Wird der Bildschirm gerade vom Management für eine Videokonferenz blockiert – puff, da geht die vielleicht beste Idee des Jahres durch den Schornstein. Weil man ein paar tausend Euro sparen wollte. Der Schaden ist oft viel höher, aber wie will man den beziffern?

In meinem eigenen Unternehmen verfolge ich seit Jahren kompromisslos die Philosophie: Wir kaufen nur das beste Equipment! Oft genug wird mir von meinen eigenen Kollegen vorgehalten, das sei Verschwendung. Alle Rechner werden vor ihrem eigentlichen Ablaufdatum ausgetauscht und wer meckert, dass er einen neuen Laptop braucht, bekommt sofort einen. Wir leisten uns sogar einen teuren 24-Stunden-IT-Service. Unsere IT-Kosten sind enorm, weil wir jederzeit auf unsere Geräte und Daten zugreifen können wollen. Aber: Wir werden oft durch die nicht vorhandene Infrastruktur bei Kunden ausgebremst. Ironischerweise sind die Mitarbeiter unserer Kunden oft Technikfreaks, die ihre Smart Homes mit dem Smartphone steuern. Aber im Unternehmen müssen sie mit alten Computern und schlechten Netzwerken arbeiten. Absurd.

Man kann es noch ertragen, wenn man es als Projektmanager mit zwei oder drei Leuten zu tun hat. Dann ist eben alles sehr langsam, was soll's. Das Projekt ist sicher nicht so wichtig. Aber unser Thema sind die großen Projekte. Wenn Sie bei 100 oder mehr Personen jeden Tag 20 Minuten pro Mitarbeiter an die Infrastruktur verlieren – so teuer kann die Hardware gar nicht sein, als dass sich diese Investition nicht rechnen würde.

Hardware, schnelle Server und State of the Art WLAN- oder LAN-Verbindungen sind aber nicht alles. Auch veraltete Software findet man oft genug. Lizenzkosten nerven, das stimmt, aber auch in diesem Punkt gilt: Die neueste Version einer Software ist einfach besser. Sie mag Funktionalitäten haben, die kein Mensch braucht, meistens ist sie aber schneller, kann mehr und ist auf das neueste Betriebssystem abgestimmt. Zögern Sie nicht, sprechen Sie mit der IT-Abteilung und beschaffen Sie für Ihr Team immer das aktuellste Update. Oder noch besser: Lassen Sie es Ihre Kollegen selbst machen. Wenn sie es nicht selbst können – sehr gut! Wieder eine Chance, das Unternehmen insgesamt effektiver zu machen: Lassen Sie es jeden und jede im Team lernen. Jeder soll wissen, wie man ein neues Patch einspielt. Der eine oder andere Kollege wird dadurch am Anfang vielleicht langsamer, aber nach einiger Zeit wird das System insgesamt schneller. Sollten sich die Kollegen hartnäckig weigern, Updates selbst zu machen, dann stehen Sie nicht vor einer Technologie-, sondern vor einer Führungsaufgabe.

Meetingräume. Man kann nie genug davon haben, denkt man sich in Großkonzernen. Meistens sind die Räume nämlich auf Monate ausgebucht. In einem agilen Unternehmen sind Meetingräume aber fast überflüssig. Die Teams sitzen in ihren Räumen und können dort ad hoc Meetings einberufen. Arbeitet das Team im Mob-Modus, sammelt es sich ohnehin vor *einem* Rechner – ein weiterer Raum ist also nicht nötig. Aber natürlich, es müssen auch traditionelle Meetingräume zur Verfügung gestellt werden. Sie dienen aber in erster Linie dazu, um in Ruhe ein persönliches Gespräch führen zu können, ohne die anderen zu stören, oder um eine Videokonferenz durchzuführen (z. B. für Sprint Plannings oder Reviews). Halten Sie ein paar Räume vor – verhindern Sie, dass diese Räume gebucht werden können. Die meisten Meetings sollten aber in den Teamräumen stattfinden.

3.2.2 Flipcharts, Stifte und Haftnotizen

In vielen Unternehmen erleben wir immer wieder das Gleiche: alte, hässliche, wackelige Flipcharts, vertrocknete Stifte, die billigsten Haftnotizen und das schlechteste Flipchart-Papier, das man für Geld kaufen kann. An den Wänden hängen manchmal vergilbte Whiteboards aus den 1990er-Jahren, die aussehen, als hätte man sie aus dem Sperrmüll geholt.

Sehen Sie sich auch so gerne in Papierwarengeschäften um? Selbst zwischen der vielen Fliegerei liebe ich es, in den Geschäften in den Wartebereichen von Flughäfen zu stöbern, zum Beispiel in Stuttgart. Stifte der besten Marken, Haftnotizen vom Erfinder und Notizbücher der feinsten Sorte. Klar, die Stifte sind teurer als die üblichen Wegwerfstifte. Na und? Es ist Arbeitsmaterial. Das Ergebnis ist einfach ein anderes. Es macht einen Unterschied, ob man mit dem Mercedes der Flipchart-Marker (Neuland) arbeitet oder mit einem No-Name-Produkt, dessen einziger Vorteil der Preis ist. Wirkliche Connaisseure gehen in Geschäfte für Künstlerbedarf und kaufen dort die besten Marker. Diese Materialien machen Lust, sie vermitteln Sinnlichkeit, sie fühlen sich gut an. Damit eine Linie zu ziehen, macht einfach Freude. An dieser Stelle zu sparen, ist falsch! Wissensarbeit ist immer auch sinnlich, und ob Sie es glauben oder nicht: körperlich.

> Robert Schmidt, Professor am Institut für Soziologie der FAU Erlangen-Nürnberg, hat gezeigt, dass auch Softwareentwickler körperlich arbeiten (Schmidt 2008, S. 290): „In diesem inneren Raum entfaltet sich der Code zu einer räumlich-figurativen Gestalt. Er wird zu einer Landschaft, die von einem Rechenkern durchwandert werden kann. Die möglichen Wege des Rechenkernes werden durch Bewegungen erschlossen. Die von der rechten Hand geführte Spitze des Kugelschreibers fährt die gezeichneten Linien nach, hält an Markierungen inne, kehrt wieder zum Ausgangspunkt der Bewegung zurück, springt von einer horizontalen Linie zu anderen usw. Diese Bewegungen sind entscheidend an der Ermittlung des besten Weges, d.h. an der Entwicklung des Algorithmus beteiligt. Durch die Bewegungen der Hand wird der Algorithmus als ein motorisches Ablaufschema in der Zeit artikuliert: als eine Vorwärtsbewegung durch eine Abfolge von Operationen, als ein Bewegungsmodell. Der Programmierer bewegt sich im Code; er geht mit dem Code eine über vorgestellte und ausgeführte Körperbewegungen erzeugte Verbindung ein. Die Arbeit am Code zeigt sich in dieser mikroanalytischen Perspektive also nicht als kognitive Analyse- und Konstruktionsleistung, sondern als ein praktischer Vollzug, in dem ausgeführte und vorgestellte Körperbewegungen eine wichtige Rolle spielen."

Meine Kollegen und ich werden immer wieder ausgelacht, wenn wir darauf hinweisen, dass es sinnvoller, billiger und schneller ist, wenn man ein Scrum-Team mit Papier, Whiteboards und Haftnotizen arbeiten lässt statt mit elektronischen Tools. Ich gebe darauf immer dieselbe Antwort: Natürlich sieht es auf den ersten Blick unprofessionell aus, die Wände zu bekleben und alles mit der Hand – wie archaisch! – auf Zettel zu schreiben. Aber diese Infrastruktur hat für Teams mit bis zu 180 Entwicklern gut funktioniert und war innerhalb weniger Tage verfügbar.

Sparen Sie bitte nicht an den Flipchart-Ständern. Gutes Material hält länger und es macht einfach mehr Spaß, damit zu arbeiten. Wenn etwas nicht verwendet wird, weil man sich damit nicht wohlfühlt, kommt das billige Produkt unterm Strich teurer. Gutes Material bekommen Sie ab 300 Euro aufwärts, alles darunter ist Schrott. Das Gleiche gilt für Whiteboards: Es gibt gravierende Qualitätsunterschiede - greifen Sie lieber etwas tiefer in die Tasche. Es lohnt sich. Rechnen Sie mit mindestens zwei Flipcharts und drei Whiteboards pro Scrum-Team, hier ist das Scrumboard nicht mitgerechnet. Whiteboards und Flipcharts sind die wichtigsten Arbeitsmittel jedes agilen Teams!

3.3 Kommunikationstools

Klassische Videokonferenzen werden überbewertet, heute spielen Chatsysteme und Desktop-Sharing die größere Rolle. Trotzdem sind Videokonferenzen für bestimmte Themen hin und wieder sinnvoll. Meine Kollegen und ich haben mit vielen Tools experimentiert, jedes davon hat seine Vor- und Nachteile. Das beste Preis-Leistungs-Verhältnis für Meetings mit bis zu zehn Personen bietet Google Hangout. Arbeitet ein Unternehmen mit einer Microsoft-Infrastruktur, ist auch Skype for Business eine gute Wahl - für Konferenzen zwischen Einzelpersonen absolut geeignet. Es kommt aber nicht so sehr darauf an, dass Sie diese Tools haben, sondern dass sie auch genutzt werden. Da gilt immer das Gleiche: **Wenn die Bedienung einfach ist, werden Tools gerne genutzt und erleichtern dadurch die Kommunikation.**

Chaträume

Softwareentwickler nutzen Chaträume schon seit Langem für die Kommunikation. Es sind persistente Räume, in denen sich die Mitglieder einer Gruppe zu einem Thema austauschen können. Grundsätzlich gibt es zwei Konzepte: Das erste Konzept erzeugt einen Gruppen-Chat durch das Hinzufügen von Mitgliedern zu einer gemeinsamen Gruppe. WhatsApp und Google Hangout fallen in diese Kategorie. Ohne die Mitglieder dieser Gruppe gibt es auch keinen Chatraum. Das ist auf den ersten Blick super und funktioniert für viele Anwendungsbereiche gut. Doch das zweite Konzept ist weit einfacher und dem ersten überlegen: Man legt einen persistenten Chatraum an, bei einigen Anbietern Channel genannt. Man kann sich diesen Channel wie einen freien Meetingraum vorstellen: Er ist leer. Kollegen können in diesen Raum eingeladen werden oder sie können ihn selbst betreten. Der Vorteil an diesem Konzept ist, dass man die Mitglieder dieses Raums nicht administrieren muss - es liegt in der Verantwortung der einzelnen Personen, ob sie teilnehmen wollen oder nicht. Anbieter wie Slack oder HipChat (Atlassian) gehen diesen Weg sehr erfolgreich. Ich kenne ein Unternehmen, in dem sich 150 Mitarbeiter in 500 Channels tummeln und auch in unserem eigenen Team gibt es mittlerweile mehr als 50 Channels. Das Interessante an diesen Channels ist, dass sie die Interessen der Mitarbeiter widerspiegeln. Es geht um die Projekte, aber auch um Katzen, Pferde, im Falle meines eigenen Unternehmens um das Leben auf Achse, um Tipps zum Schreiben und um vieles mehr.

Gerade für Gilden, die für das Setup großer Projekte extrem wichtig sind, sind Chaträume wichtig. Hier werden Informationen ausgetauscht. In meinem eigenen Unternehmen hatte dank dieses Systems das Suchen nach Informationen ein Ende. Statt selbst endlos zu suchen, werden die Kollegen über diese Channels einfach nach einer Information gefragt. Irgendjemand weiß immer, wo sich das Gesuchte befindet. Wir haben daher die nicht ausgesprochene, aber gelebte Praxis „Don't search – ask!" etabliert. Das macht die Arbeit insgesamt wieder schneller. Diese kontinuierliche Kommunikation beschleunigt einige Prozesse, weil das Wissen, das ein Teammitglied *jetzt* braucht, sofort zur Verfügung gestellt werden kann. Das Daily Scrum klassischer Scrum-Implementierungen wird dadurch ein wenig in den Hintergrund gedrängt, denn im Chatraum findet die Zusammenarbeit ohnehin ständig statt – der Informationsfluss verzögert sich nicht.

Software

In großen Projekten ist – wie es auch das klassische Projektmanagement vorschreibt – das Konfigurationsmanagement extrem wichtig. Hier ist jedoch nicht das Konfigurationsmanagement der Softwareentwicklung gemeint. Nötig ist ein Equipment, mit dem alle arbeiten können und mit dessen Hilfe jeder mit jedem arbeiten kann. Das fängt damit an, dass alle Kollegen

- die gleiche Version einer Software auf dem Rechner haben.
- wissen, dass zum Beispiel mit Word und nicht mit Open Office gearbeitet wird.
- die gleichen Schriften auf ihren Rechnern installiert haben.
- einen PDF Reader installiert haben.
- die Programme für Videokonferenzen installiert haben.
- usw.

Immer, wenn etwas nicht mehr zusammenpasst, geht Produktivität verloren. Die klassische Lösung: Man schreibt vor, welche Tools im Einsatz sein dürfen, und ein Administrator verhindert, dass Mitarbeiter andere Programme installieren. Die agile Variante: Jeder bekommt den Administratorenzugriff auf seinen User-Account und wenn etwas fehlt, kann jeder Mitarbeiter selbst die nötige Software installieren. Der Vorteil davon ist, dass nicht mehr alles zentral verwaltet werden muss. Gleichzeitig sind die Probleme schneller gelöst, wenn etwas fehlen sollte.

In einem klassischen Produktionsbetrieb wäre dieses Vorgehen natürlich undenkbar. Außer bei wenigen Ausnahmen wie dem Lebensmittelhersteller Morning Star, wo jeder Mitarbeiter über seine Arbeitsmittel selbst bestimmen kann, können Mitarbeiter nicht einfach das Werkzeug kaufen, das sie haben wollen. Auch für die Wissensarbeit gilt in der Regel, dass das Arbeitsmittel nicht entscheidend für das Ergebnis ist. Ob eine Präsentation mit Keynote oder PowerPoint erstellt wird, ob ich dieses Buch mit Word oder Pages schreibe, ob man die Datenbank X oder Y nutzt, ist vollkommen egal, solange auch alle anderen, mit denen man arbeitet, das Gleiche verwenden. Man muss sich lediglich einigen und aufeinander zugehen können. Es sollte also nicht vorkommen, dass jemand etwas nicht installieren darf, das ihm fehlt.

Kollaborationstools

Sind es wirklich die Tools, die das Arbeiten vereinfachen? Nein, es ist die Haltung dahinter. Sie können Kollaborationstools wie JIRA, MS Sharepoint, Trello, VersionOne, RalleyDev und viele andere einkaufen – wenn Sie aber die Zugangsrechte zu diesen Tools und zu den Projekten und Daten in diesen Tools beschränken, nützen die besten Tools nichts mehr. So hat mir eine Vizedirektorin erzählt, dass in ihrem Unternehmen auf jedem Reiseantrag fünf Unterschriften stehen müssen. Am wichtigsten ist natürlich jene des Geschäftsführers, nachdem bereits die Gruppenleiterin, die Abteilungsleiterin HR und die Reisestelle unterschrieben haben. Online-Tools helfen in solchen Fällen vielleicht, den Ablauf zu beschleunigen, aber mit Zusammenarbeit hat das wenig zu tun. Diese Werkzeuge vereinfachen die Kommunikation nur dann, wenn auch die Regeln für die Zusammenarbeit vereinfacht werden. Geschieht das nicht, wird die Arbeit mit diesen Tools aufwendiger und teurer, denn alle bisher informellen Ausnahmen müssen darin abgebildet werden.

Große Projekte von heute kommen dennoch nicht ohne Kollaborationstools und ohne integrierte Entwicklungsumgebungen aus. Wichtig ist, dass Teams ihre Kollaborationstools selbst wählen. Es kann vorkommen, dass dann jedes Team sein eigenes Tool nutzt und es zum Beispiel mehrere Chatsysteme in einem Unternehmen gibt. Johann-Peter Hartmann von Mayflower hat mir zum Beispiel erzählt, dass in seinem Unternehmen sieben verschiedene Chatsysteme genutzt werden. Saxonia Systems ist einen anderen Weg gegangen: Kurzerhand wurde ein eigenes Kollaborationstool, das eteoBoard entwickelt. Damit können Aktivitäten standortübergreifend synchronisiert werden (siehe dazu den Beitrag von Vincent Tietz).

Reporting als Hol- und Bringschuld. Bei der Nutzung dieser Tools geht es immer darum, die Kommunikation zwischen den Beteiligten zu beschleunigen und die Informationsbeschaffung umzukehren. Von agilen Teams wird erwartet, dass Informationen wie der Aufgabenstatus, die Budgetzahlen, die Anzahl der Defects, die Velocity, der Return on Investment usw. für jeden ständig einsehbar sind – sie müssen auf einer Plattform zur Verfügung gestellt werden. Wer eine Information haben will, muss also nicht fragen, sondern kann sich einfach ansehen, was es gibt. Aber man hat auch nicht das Recht, weitere Reports anzufragen. Anders ausgedrückt: **Das Management muss sich die Information holen, sie wird nicht angeliefert.**

Je einfacher diese Anlieferung gestaltet wird, desto schneller können Entscheidungen gefällt werden. In meinem eigenen Unternehmen wird zum Beispiel einmal im Monat der Controlling-Report veröffentlicht, der die wichtigsten Kennzahlen für alle Mitarbeiterinnen und Mitarbeiter offenlegt. Sich zu informieren, bleibt dann in der Verantwortung jedes Einzelnen. Die Informationen für andere bereitzustellen, wird allerdings auch zur Verantwortung jedes Einzelnen.

Ich möchte das am Beispiel des Daily Scrum deutlich machen. Aus meiner Sicht sind Kollaborationstools nichts anderes als der Versuch, das Daily Scrum für große Teams über Standorte hinweg effektiv werden zu lassen. Im Daily Scrum hat jeder die Verantwortung, zu berichten, woran er gerade arbeitet, welche Informationen er braucht und für die anderen alle Informationen bereitzustellen, die sie brauchen, um gut arbeiten zu können. Man stellt sich in einem Kreis auf und geht so schnell wie möglich alle wichtigen Punkte durch. Das geschieht in der Regel anhand von drei bis vier Fragen:

1. Was ist mir gestern gelungen, was habe ich fertiggestellt?
2. Was mache ich heute und was will ich bis morgen fertigstellen?

3. Wobei brauche ich Unterstützung? Wo gibt es eine Blockade, die ich nicht selbst aus dem Weg räumen kann?
4. In welcher Stimmung bin ich und was will ich heute zum gemeinsamen Teamerfolg beitragen, das nichts mit meinen eigentlichen Aufgaben zu tun hat?

Für Daily Scrums gelten die folgenden Regeln:

1. Ein Teammitglied, das nicht anwesend ist, muss sich vertreten lassen, damit seine Informationen untergebracht werden können.
2. Wer nicht anwesend war, muss sich selbst um die vorgebrachten Informationen kümmern. Es gilt das Pull-Prinzip: Wer sich dafür interessiert, wird die Informationen einholen. Wer die Informationen nicht braucht, wird sie auch nicht einholen.

Nimmt man diese Struktur als Basis, wird schnell klar, welchen Nutzen Kollaborationstools stiften können: Genau diese Fragen können ad hoc über Chatsysteme, Foren oder Tools wie „I Done This" beantwortet werden *(www.idonethis.com)*. In diesem Tool trägt einfach jedes Teammitglied jeden Tag seine Updates ein. Man hält sozusagen ein „E-Mail Stand-up" ab. Das Argument von I Done This ist, dass auf diesem Weg wieder Zeit eingespart werde: E-Mail Stand-ups seien einfacher als persönliche Meetings. Man fokussiere sich auf die wesentliche Information, verteile sie rasch und habe dadurch weniger Stress mit Meetings. Mit Hilfe digitaler Archive, auf die man im Büro oder von unterwegs zugreifen kann, bekomme das Team einen Blick auf das Ganze – so das Versprechen (es lohnt sich, hier nachzulesen: *http://blog.idonethis.com/ultimate-guide-email-standups/*).

Die gemeinsame Idee dieser Tools lautet: „Saving time and reducing the stress of meetings" – alles, um sich noch stärker auf die Arbeit fokussieren zu können. Eigentlich ist es grotesk: Ausgerechnet die prototypischen Wissensarbeiter – Softwareentwickler im Silicon Valley, in New York oder Boulder – arbeiten ständig weiter daran, noch produktiver zu werden. Sie wollen so schnell wie möglich und so ungestört wie möglich am laufenden Band so viel wie möglich entwickeln. Also entwickeln sie auch gleich die entsprechenden Tools dafür. Eines nach dem anderen, weil die Anforderungen in ihren Unternehmen ständig wachsen und gleichzeitig müssen sie mit Teamstrukturen umgehen, ohne in die übliche Falle des Organisationsdesigns tappen zu wollen – mehr Management und noch mehr Meetings.

Transparenz und Synchronisation mit ETEO und eteoBoard

Vincent Tietz ist Senior Consultant und ScrumMaster bei der Saxonia Systems AG. In seinem Beitrag erzählt er, wie man elektronische Tools und das Prinzip der Informationsweitergabe auch auf strategischer Ebene einsetzen kann und wie aus einer problematischen Situation ein Produkt wurde.

Anfang 2010 standen wir, die Saxonia Systems AG, vor einer großen Herausforderung. Durch die 2008 beginnende Halbleiterkrise verloren wir als IT-Dienstleister bis Ende 2010 ein ganzes Kundensegment und ca. 40 Prozent des regelmäßigen Auftragsbestands. Die parallel ausbrechende Finanzkrise erhöhte den Druck, schnellstmöglich Maßnahmen zu ergreifen, die das Unternehmen stabilisieren und ihm eine langfristige Perspektive geben konnten. Zur gleichen Zeit machten wir positive Erfahrungen mit agilen Projektmanagementmethoden. In unseren Softwareentwicklungsprojekten, sowohl Inhouse als auch in Kundenprojekten, setzten wir zunehmend auf Scrum und wir begannen darüber nachzudenken, ob sich die Prinzipien von Scrum nicht auch auf das Management und dessen Strategieplanung und -umsetzung übertragen ließen.

Im Oktober 2010 begann das Management damit, strategische Ziele zu identifizieren und diese wiederum in mehrere strategische Initiativen zu zergliedern, die mit Product Backlog Items vergleichbar sind. Sie wurden entsprechend priorisiert und für mindestens einen der viermonatigen Strategiesprints (unterjähriger Tripel-Turnus) eingeplant. Das gesamte Unternehmen sollte Klarheit darüber erhalten, welche strategischen Ziele verfolgt werden und wer diese umsetzt. Neben der flexiblen Planung und der Fokussierung der Ressourcen erhoffte man sich die Einbeziehung aller Mitarbeiter, die gleichermaßen an der Umsetzung mitwirken konnten. Wie Scrum in der Softwareentwicklung lebt auch der agile Strategieprozess von Transparenz und Synchronisation. Wertschätzung und Sichtbarkeit der eigenen Arbeit sind genauso wichtige Antreiber wie Freiwilligkeit und Pull-Prinzip.

Wie erreicht man Transparenz und Synchronisation? Scrum-Teams nutzen eine Zettelwand, die im aktuellen Sprint die Aufgaben bereithält und deren Bearbeitungsstand visualisiert. Das Daily Stand-up nutzen die Teammitglieder, um sich über die getane und geplante Arbeit auszutauschen. Nicht zuletzt entstehen dabei Synergien, die dabei helfen, Hindernisse aus dem Weg zu räumen. Alle im Team achten gemeinsam darauf, dass die Arbeit fokussiert und zielgerichtet verläuft. In Analogie dazu haben wir im Strategieprozess ein Stand-up etabliert, das jede zweite Woche mit allen unseren Mitarbeitern stattfindet. Wir tauschen uns dabei über die gerade anliegenden strategischen Initiativen aus. Verdeckte Projekte sind damit kaum mehr möglich und Synergien sowie weiterführende Ideen entstehen oft ganz nebenbei.

Aus der Not wird ein Produkt

Die Saxonia Systems AG war damals ein Unternehmen mit den fünf Standorten Dresden, Leipzig, Görlitz, München und Hamburg. Heute sind es mit Berlin insgesamt sechs Standorte. Weil unsere Consultants viel reisen und es standortübergreifende Teams gibt, begannen wir uns Ende 2010 Gedanken darüber zu machen, wie wir – trotz gegenteiliger Empfehlungen der agilen Community – die verteilte und agile Zusammenarbeit verbessern konnten. Unseren Ansatz nannten wir „Ein Team Ein Office“ (ETEO). Der ausschlaggebende Punkt schien uns die fehlende Interaktion von Angesicht zu Angesicht zu sein. Daher statteten wir zu Beginn ein Team mit einer Videokonferenzanlage aus, die permanent und in Lebensgröße Teilteams miteinander verband. Für unsere Teams war das ein riesiger Schritt, trotzdem kam das Daily Stand-up nicht richtig in Schwung.

Es war mühselig, mehrere Zettelwände an mehreren Standorten zu synchronisieren, ebenso das Navigieren durch Aufgabenmanagementsysteme an einem PC. Deshalb entwickelten wir ab Januar 2012 auf eigene Initiative unserer Softwareentwickler das digitale und touchbasierte eteoBoard. Wichtig für uns waren die Visualisierung und der Flow-Effekt während der täglichen Stand-up-

Meetings - Features, die wir zu diesem Zeitpunkt bei vergleichbaren Lösungen vermissten. Gleichzeitig machte das eteoBoard den Projektfortschritt als einen integralen Bestandteil des Projektraums permanent sichtbar. Heute ist es somit unser Werkzeug für Transparenz und Synchronisation sowohl in unseren Softwareteams als auch bei der Umsetzung des agilen Strategiesprints.

Das eteoBoard synchronisiert jede Interaktion mit allen Standorten, die untereinander verbunden sind. Dabei ist es gleich, ob ein Zettel bewegt, ein Bild eingeblendet oder ein Bearbeiter zugewiesen wird. Jeder Schritt wird durch effiziente Datenübertragung an allen Boards identisch in Echtzeit dargestellt. Es liefert damit einen enormen Mehrwert für verteilte Teams, die bisher entweder mit Zettelwänden oder mit anderen Task-Managementsystemen zu kämpfen hatten. Für uns ist das Tool so wichtig geworden, dass wir es in allen unseren Projekten einsetzen und unseren Kunden in gemeinsamen Projekten ebenfalls zur Verfügung stellen. Unsere Kunden wissen die Transparenz zu schätzen und können damit eher auf den Erfolg vertrauen. Gleichzeitig dient das eteoBoard als Kommunikationstool für verteilte Teams - als Mittel zur täglichen Synchronisation.

Bild 3.1 Synchronisation mit dem ETEO-Board (Copyright: Jan Huss)

Vom Tool zur strategischen Initiative

Was in den verteilten Scrum-Teams funktionierte, übertrugen wir auf unseren Strategieprozess. Dabei erfüllt das eteoBoard zwei wichtige Funktionen: Einerseits dient es als Visualisierung der aktuellen strategischen Initiativen. An jedem Standort gibt es mindestens eine Instanz des eteoBoards zur Visualisierung aller aktuellen strategischen Initiativen. Die Nutzer des eteoBoards können den Detailgrad der Darstellung verändern und die Inhalte der einzelnen Aufgaben einsehen, ohne die Inhalte, den Status oder die Zuteilung zu Bearbeitern verändern zu können. Andererseits dient es uns während der Stand-ups mit allen Mitarbeitern als interaktives Aufgabenboard. Jeden zweiten Freitag versammeln sich die Mitarbeiter zum traditionellen Pizzaessen. Anschließend berichten die Bearbeiter der strategischen Initiativen über den Stand der Arbeiten und die aktuellen Herausforderungen. Da jeder Standort ein eteoBoard mit Videokonferenzanbindung besitzt, können diese das Meeting auf freiwilliger Basis direkt verfolgen oder aktiv werden. Zusätzlich ist es für alle 230 Mitarbeiterinnen und Mitarbeiter möglich, zum Beispiel auf Reisen oder aus dem Home Office via Skype for Business teilzunehmen. Der bisherige Rekord liegt bei 85 Teilnehmerinnen und Teilnehmern. So schaffen wir es, alle Mitarbeiter in einem verteilten Unternehmen zu synchronisieren und gemeinsam an strategischen Aufgaben zu arbeiten.

Bild 3.2 Videokonferenzanbindung (Copyright: Tobias Ritz)

Nachdem wir die Tragweite der verteilten und agilen Zusammenarbeit erkannt hatten, hielten wir es für richtig, unser Konzept ETEO ebenfalls zu einer strategischen Initiative zu erheben und ab Anfang 2015 inhaltlich mit Unterstützung eines externen Team-Coaches weiter zu verfolgen. In Interviews mit unseren Kollegen sammelten wir die Erfahrungen aus unseren bisherigen Projekten, um zu erfahren, welche Probleme und Chancen sie in der verteilten Teamarbeit sahen und welche Maßnahmen sie in ihren Projekten ergriffen hatten. Dabei stellten wir fest, dass erfolgreiche verteilte und agile Teamarbeit von mehreren Faktoren abhängt als nur von einer Videokonferenzanlage und einem digitalen Scrum-Board. Wir sammelten Best Practices für die Gestaltung des verteilten Projektraums, sammelten Werkzeugideen und Empfehlungen für die Gestaltung der verteilten Rollen und Prozesse in agilen Projekten: Wer unterstützt den ScrumMaster in einem Team, das über mehrere Standorte verteilt ist? Von welchem Standort aus agiert der Product Owner? Können beide ihren Rollen vollends gerecht werden oder braucht man gegebenenfalls einen Stellvertreter? Besteht das Team ausschließlich aus internen Mitarbeitern oder bilden wir ein Team mit unserem Kunden? Verstehen die Führungskräfte die Implikationen der Verteilung?

Darüber hinaus stellten die Teams fest, dass es schwieriger ist, eine vertrauensvolle Atmosphäre, eine Identität und den Teamzusammenhalt aufzubauen und zu erhalten. Daher entwickelten wir gemeinsam mit einem Team-Coach eine Toolbox, die vom ScrumMaster und vom gesamten Team genutzt werden kann, um ein Team in der verteilten und agilen Softwareentwicklung zu stärken. Grundlage ist ein Wertekompass, der auf den fünf Scrum-Werten Fokus, Offenheit, Verpflichtung, Respekt und Mut aufbaut. Wir ergänzen die Werte Identität, Empathie, Kollaboration, Vertrauen und Einfachheit. Gerade die letzten beiden Werte sind häufig eine Herausforderung in verteilten Teams. In Retrospektiven kann der Wertekompass einem Team dabei helfen, die Werte zu diskutieren, zu bewerten und darauf aufbauend Maßnahmen zur Verbesserung abzuleiten.

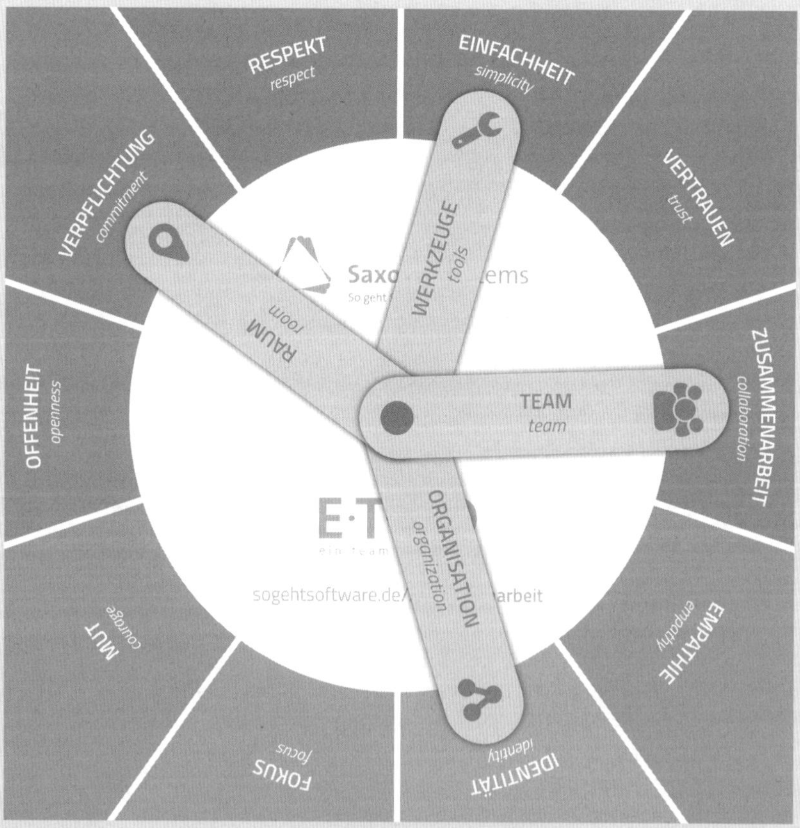

Bild 3.3 Der Wertekompass (Copyright: Christian Chalupka)

Das Wissen verteilen

Nach unserem Empfinden ist der Aufbau einer guten Umgebung für verteilte und agile Teamarbeit recht anspruchsvoll. Daher begleiten wir die Projekte von Beginn an, unterstützen den Aufbau des Projektraums, helfen bei der Werkzeugwahl und beraten hinsichtlich der Rollen und Organisation eines verteilten Projekts. Bei unseren Kunden schaffen wir mit Management- und Team-Workshops die nötigen Voraussetzungen für ein erfolgreiches verteiltes Team. Während des Projekts unterstützen wir die ScrumMaster und setzen bei Bedarf abgestimmte Workshops an, um die Teams zum Beispiel im Rahmen der Ausbildung ihrer Fähigkeiten zu motivieren und zu synchronisieren. Bei Projektende werten wir die Erfahrungen aus und geben sie an neue Projektteams weiter. Es erstaunt uns noch heute, was im Rahmen einer strategischen Initiative entstehen kann, wenn man den Ideen Raum gibt, sich zu entfalten. Die Früchte der agilen Strategieentwicklung, des ETEO-Konzepts und des eteoBoards ernten unsere Teams und unsere Kunden.

Verschiedene Quellen berichten, dass ein Großteil (bis zu 40 %) aller Entwicklungsprojekte weltweit gezwungenermaßen verteilt realisiert wird (vgl. Ambler 2012). Agilität und Verteilung sind kein Widerspruch, sondern eine Chance. Eine gelungene Kombination agiler Methoden und moderner Kollaborationswerkzeuge macht selbst verteilte Projekte und Organisationen gut beherrschbar. Die Transparenz und Synchronisation sowie die kontinuierliche Verbesserung ermöglichen es uns, den Herausforderungen erfolgreich zu begegnen. Bereits im Frühjahr 2012, nach dem sechsten Sprint, waren die wichtigsten strategischen Initiativen umgesetzt. Unsere Scrum-Teams konnten ihre Reisetätigkeit reduzieren und weiterhin gute Software abliefern. Darüber hinaus sprechen uns Kunden an, um mit uns gemeinsam auch verteilte IT-Projekte zu realisieren. Wir haben aus der Krise gelernt und mit einem agilen Ansatz auf allen Ebenen unserer Organisation einen spannenden Weg in die Zukunft gefunden. Sie hat bisher ungeahnte Ressourcen und Ideen freigesetzt. Wohin uns das führen wird, wissen wir heute noch nicht. Aber es wird gut werden. ■

3.4 Entwicklungstools

Wissensarbeiter in Werbe- und Kommunikationsagenturen haben neben den bereits beschriebenen Produktivitätstools viele weitere Tools, mit denen die Zusammenarbeit zwischen Kollegen beschleunigt werden kann, die nicht im gleichen Raum sitzen. Es gibt Zeichenprogramme wie Lucidchart *(www.lucidchart.com)*, Whiteboardtools wie RealtimeBoard *(realtimeboard.com)* oder Kreativitätswerkzeuge wie Adobe Illustrator, Photoshop und viele mehr. Alle diese Werkzeuge dienen dazu, eine weltweit verteilte Workforce aus Individuen zusammenarbeiten zu lassen. Das lässt sich aber auch für große Teams nutzen, die in nächster Nähe zusammensitzen. Es ist einfacher, gemeinsam an einem Flowchart zu arbeiten, wenn mehrere dasselbe Dokument gleichzeitig öffnen können oder wenn man einfach den gleichen Workspace wie der Kollege verwenden kann, um Änderungen vorzunehmen. Probieren Sie es einmal selbst aus, zum Beispiel mit einem Account für Office 365 oder Google Docs. Bearbeiten Sie mit einem Kollegen dasselbe Dokument, vielleicht eine Präsentation oder einen Vertrag – es sollte nicht länger als 15 Minuten dauern, bis Sie das erste Dokument erstellen können. Bereits diese Kleinigkeit macht Sie produktiver. Ich höre oft den Einwand: „Das geht in unserem Unternehmen nicht. Solche Tools dürfen wir nicht verwenden."

An diesem Punkt stellt sich wieder die Frage nach der richtigen Infrastruktur. Lizenzen kosten Geld, nicht jedes Unternehmen will die eigenen Daten in der Cloud haben. Selbstverständlich gibt es auch dafür Lösungen, denn diese Tools sind On Premise verfügbar. Es ist keine große technische Herausforderung. Oft liegt es nur an der Organisation, weil die etablierten Prozesse solche Neuerungen nicht zulassen. Wie eine Entwicklungsstruktur für große Teams aussehen kann, beschreibt Andreas de Pretis auf den nächsten Seiten.

Entwicklungs- und Deployment-Infrastruktur

Andreas de Pretis ist Softwareentwickler, war einer der ersten zertifizierten ScrumMaster Österreichs und ist Gründer und Geschäftsführer von 25th-floor. Seit 2004 arbeitet er in seinem Unternehmen nach agilen Prinzipien, wobei ihm immer das Zusammenspiel von technischer Exzellenz und der Weiterentwicklung von Teams wichtig ist. Eines seiner Spezialgebiete ist DevOps.

Agile Methoden sind in der Softwareentwicklung heute weitgehend akzeptiert und State-of-the-Art. Durch diesen Erfolg sehen sich Operating-Teams, CTOs und CIOs vor gänzlich neue Herausforderungen gestellt. Neue Technologien, neue Architekturkonzepte, zunehmende Automatisierung der Infrastruktur und die Cloud (auch private Cloud-Systeme und hybride Modelle zählen dazu) sind unumgänglich, will man die Brücke zum Anwender schlagen und das volle Potenzial agiler Produktentwicklung ausschöpfen.

Eine Infrastruktur für die agile Softwareentwicklung, auf die sich große Teams verlassen können, muss unterstützen, beschleunigen, vereinfachen und darf nicht zum Engpass bei der Lieferung an den Kunden werden. Was die verwendeten Technologien betrifft, muss die Infrastruktur nicht homogen sein, sich auf einen oder einige wenige (kommerzielle) Hersteller und Tools verlassen, sondern darf und soll den Teams die besten Entwicklungs-, Test-, Integrations- und Deployment-Werkzeuge in die Hand geben, um gemeinsam effektiv arbeiten zu können. Das Ziel ist klar: ständige Integration (CI) und eine Infrastruktur, die eine hohe Deployment-Frequenz erlaubt.

Im Grunde sprechen wir von einer DevOps-Kultur und einer hochgradig automatisierten Continuous Delivery Pipeline, die nicht nur Entwicklung und Operations näher zusammenrücken lässt, sondern den gesamten Weg, über viele Abteilungen und Kompetenzen hinweg einschließt. Auf technischer Ebene betrachtet, bedeutet das:

- Infrastruktur-Plattformen
- Build-Automatisierung und Continuous Integration
- Testautomatisierung

- Deployment-Automatisierung, Provisioning und Orchestration
- Monitoring & Metriken

Jede Code-Änderung, jedes neue Feature wandert automatisiert die Pipeline entlang, an deren Ende idealerweise das Produktionssystem und die User stehen - zumindest aber ein Pre-Production/Staging-System.

Developer Experience

Wie bauen Sie mit Ihrem Team eine geeignete Infrastruktur auf? Beginnen Sie damit, Ihren Teams zu erlauben, die Mittel und Plattformen einzusetzen, mit denen sich die Mitarbeiterinnen und Mitarbeiter am wohlsten fühlen. In vielen Unternehmen ist genau das nicht möglich. Eines der gängigsten Beispiele: Das Integrated Development Environment (IDE) und das Betriebssystem am Arbeitsrechner werden von der internen IT vorgegeben - sie dürfen nicht von den Entwicklern definiert und angepasst werden. Problematisch daran ist, dass diese IT-Abteilungen die Arbeitsweise der Entwickler nicht gut genug kennen oder es dauert zu lange, bis notwendige Änderungen ausgerollt werden. So kann dann der Fall eintreten, dass die Eclipse IDE vorgeschrieben wird, obwohl diese zum Beispiel den Lösungen von JetBrains (IntelliJ, WebStorm, CLion, ...) um einiges nachsteht. Oft nur, weil Eclipse vor langer Zeit intern „zertifiziert" wurde und auf einer Whitelist steht. Ähnliches gilt für die Wahl des Betriebssystems - in vielen Fällen natürlich Windows. Wieso aber sollte man Entwicklerinnen und Entwickler einbremsen, wenn diese unter MacOS oder einem Linux Desktop System wesentlich effektiver arbeiten können?

Mehr Freiraum für die Menschen, die tatsächlich die Entwicklungsarbeit leisten, bedeutet nicht, dass am Ende ein heterogenes Monster heranwächst und die Entwicklung auf Dutzenden Plattformen stattfindet. Lediglich die Umgebung ist auf die Developer Experience abgestimmt - die Entwicklung selbst, der lokal lauffähige Entwicklungsstand, lokale Tests usw. laufen weiterhin in einer einheitlichen, kontrollierten und den Produktionssystemen entsprechenden Umgebung (Dev/prod parity). Infrastructure as Code (programmierbare Infrastruktur) mit virtuellen Maschinen (VM), Containern, Konfigurationsmanagement, Orchestrierung u. v. m. ermöglichen genau das seit geraumer Zeit.

Ich kann Ihnen an dieser Stelle leider keine Standardlösung empfehlen, da die technischen Details stark von der Art Ihrer Applikation(en), Ihrer Architektur, den verwendeten Betriebssystemen u. v. m. abhängen. Deshalb beziehen sich die folgenden Denkanstöße der Einfachheit halber auf ein komplexes, browserbasiertes Softwareprodukt, das in einer Linux/Unix-Umgebung betrieben wird.

Virtuelle Maschinen, Container & Configuration Management

Egal, ob Sie bei der Wahl der Virtual Machine auf VMWare (Fusion, ESXi), Microsoft (Hyper-V), Oracle (VirtualBox), Parallels (Parallels Desktop) oder andere Anbieter und Technologien setzen: Das im VM-Guest laufende Environment ist für alle Entwickler gleich und entspricht möglichst den Bedingungen in der Produktionsumgebung.

Alles, was man für die Entwicklung und den Betrieb der Applikation im Kern benötigt, finden Ihre Entwickler in diesen virtualisierten Server-Umgebungen bzw. in Docker-Containern: Webserver, Compiler, den kompletten Source-Code, Assets, verschiedene Development-Tools und Scripts zur Automatisierung. Bei großen, komplexen Applikationen oder in Microservice-Umgebungen ist es natürlich illusorisch, das Gesamtsystem auf dem Arbeitsplatz einer Person unterbringen zu wollen. Hierfür lagern Sie ressourcenhungrige Services wie zum Beispiel Datenbanken in zentrale Umgebungen aus. Ob Sie auf zentraler Hardware, ebenfalls virtualisiert, jedem Entwickler einen vollständigen Datenbankstand zur Verfügung stellen oder sich ein bzw. mehrere Teams eine Datenbank teilen, hängt dabei von der Größe und dem konkreten Anwendungsfall ab. Ermöglichen Sie es Ihren Teams jedenfalls, auf Knopfdruck die Entwicklungsumgebungen (neu), einzelne Datenbanken und dergleichen (neu) zu erstellen und auch auf den Datenbestand der Produktionssysteme – gegebenenfalls um sensible Daten bereinigt – tagesaktuell und sicher zugreifen zu können.

Wie verwaltet man all diese Umgebungen und Technologien? Das bedeutet jetzt nicht, dass Sie Horden von Operations-Mitarbeitern und IT-Support brauchen, um diese Umgebungen aufzusetzen, zu verteilen, zu aktualisieren und am Leben zu erhalten. Greifen Sie auf Tools wie Vagrant *(www.vagrantup.com)* zurück, um die virtuellen Maschinen Ihrer Entwickler zu verwalten. Setzen Sie Configuration-Management- Systeme (am bekanntesten sind Puppet, Chef und Ansible) ein, um jedem nach nur wenigen Minuten die exakt gleiche Laufzeitumgebung zur Verfügung zu stellen. Noch besser sind Container wie zum Beispiel Docker *(www.docker.com)*, die wahlweise in einer solchen expliziten VM gestartet oder transparent im Betriebssystem des Entwickler-Desktops integriert werden können (Docker for Mac, Docker for Windows). Vor allem beim Onboarding neuer Mitarbeiter werden Sie merken, welchen Effizienzgewinn Sie dadurch erreichen.

Infrastruktur-Setups werden heutzutage auf allen Ebenen automatisiert, gescriptet und können dementsprechend auch automatisiert getestet werden. Puppet-Module können zum Beispiel durch BDD-Szenarios umfassend getestet werden, dementsprechend auch über ein CI-System integriert und nur bei fehlerfreiem Durchlauf ausgerollt werden.

Dev-Prod-Vergleichbarkeit (Dev/prod parity)

Parallel zur Entwicklung einer einheitlichen Entwicklungsumgebung nutzen Sie die gleichen Configuration Management und Orchestration Tools, um auch Ihre Test-, Stage- und Produktionsumgebungen zu managen. Wenn Entwickler in ihrer Umgebung die exakt gleichen Versionen und möglichst auch Konfigurationen vorfinden, nehmen Sie Ihren Deployments vieles an Fehlerpotenzial. Mit Hilfe von Docker-Containern verwendet Ihr Microservice-Team für den Verrechnungsservice in der Entwicklung das gleiche Tomcat-Environment, die gleiche Java-Version, die gleichen System-Libraries wie das CI-System, das dann die Container automatisiert mit dem Source-Code bündelt (Build) und an das Stage- oder Produktionssystem weitergibt (Ship & Run).

Selbst wenn Sie (noch) nicht auf Container setzen, können Sie die gleichen Puppet Manifests oder Chef Recipes verwenden, um alle Environments hinsichtlich der Konfiguration möglichst ident zu halten – natürlich dürfen vor allem Tuning-Einstellungen zwischen Entwicklungs- und Produktionsumgebung abweichen.

Genauso schnell, wie es Ihnen ein solches Setup erlaubt, die Umgebung(en) aufzusetzen, ist es auch möglich, Änderungen an allen beteiligten Systemen auszuspielen. Die Produktionssysteme werden von RedHat Enterprise 6 auf 7 aktualisiert, eine neue Tomcat-Version kommt zum Einsatz, Security- oder Performance-Updates von System-Libraries werden aktualisiert – kein Problem. Sie verändern die Konfiguration zentral und rollen diese auf Knopfdruck an alle Mitspieler aus.

Testumgebungen

Ein weiterer Vorteil von vollständig lokalen Laufzeitumgebungen ist die Möglichkeit, die komplette Test-Suite durchlaufen zu lassen, und das in einer Umgebung, die – siehe Dev-Prod-Vergleichbarkeit – dem Produktionssystem entspricht.

Mit zunehmender Größe und Komplexität des Gesamtsystems, speziellen Schnittstellen etc. ist das allerdings nicht immer oder nur teilweise möglich. Hier kommen wir zu dem Punkt, an dem weitere Investitionen in eine vernünftige Testumgebung nötig sind – planen Sie diese aber von Anfang an ein. Bei dieser Größenordnung darf es kein Problem darstellen, den einzelnen Teams alles zur Seite zu stellen, was diese für ein hochqualitatives Ergebnis benötigen.

Wenn zum Beispiel ein großes Datawarehouse oder eine Oracle-Datenbank involviert sind, stellen Sie jedem Team ein vollständiges Setup derselben zur Verfügung und ermöglichen Sie es, diese Team-Datenbanken mit echten Produktionsdaten zu bespielen – auch hier wieder automatisiert. Sei es auf Knopfdruck oder durch einen täglichen bzw. regelmäßigen Datenabgleich über Nacht.

Deployments

Am Ende der Continuous Delivery Pipeline steht natürlich das Deployment. Auch hier sollte alles möglichst automatisiert ablaufen und idealerweise, ohne dass die Zuständigen sich komplexen Checklisten oder Dutzenden manuellen Schritten unterwerfen müssen. Die Infrastruktur und das Zusammenspiel der einzelnen Komponenten können komplex sein, durch Automatisierung, Configuration Management und Container nehmen Sie dem Ganzen aber den Schrecken und erlauben dementsprechend schnelle Änderungen. Eine Microservice-Architektur kann hier noch weitere Vereinfachungen und Geschwindigkeit mit sich bringen.

Nutzen Sie das Blue-Green-Deployment Pattern (Details siehe *martinfowler.com/bliki/BlueGreenDeployment.html*). Dabei kommen zwei idente Produktionsumgebungen zum Einsatz, jede übernimmt abwechselnd die Rolle für den Live-Betrieb und den Stage-Betrieb. Deployments werden nur auf der Stage-Umgebung durchgeführt, dort erfolgen ggfs. die letzten Abnahmeschritte, und auf Hardwareebene (Router, LoadBalancer, Firewall, ...) erfolgt letztendlich der Switch. Stage wird zu Live und Live zu Stage für die neue Version.

Vor allem in puncto Datenbanken (Größe und Schema-Migrations) und ggfs. Shared Storage sind dazu einige Überlegungen nötig, aber auch dafür existieren schon entsprechende Lösungen und Best Practices. Zuletzt bringt dieses Pattern auch noch weitere Vorteile hinsichtlich A/B-Testing und leichteren Rollbacks mit sich.

Logging & Monitoring

Um der schieren Menge an Logs einer großen Applikation bzw. Dutzender Microservices Herr zu werden, sollten Sie Logs jeglicher Art als Streams betrachten. Verwenden Sie Lösungen wie Splunk oder den sogenannten ELK-Stack (Elasticsearch, Logstash, Kibana), um alle Logs in Echtzeit systemübergreifend durchsuchbar zu machen, zu visualisieren, um zum Debuggen darin zu recherchieren und „Fragen" an Ihre Logs zu stellen. Ergänzend empfiehlt sich noch der Einsatz von Sentry oder NewRelic für das Exception Tracking oder tiefergehendes Application Level Monitoring – hier gibt es viele Lösungen für alle möglichen Einsatzzwecke.

Lassen Sie Ihre Teams ein Rapid Feedback Dashboard aufbauen, auf dem alle relevanten KPIs aus den diversen Build-, Deployment-, Monitoring- und Log-Systemen sowie Businessdaten zusammengefasst sind, und stellen Sie den Teams den Zugriff auf alle Monitoring- und Log-Daten zur Verfügung. Wenn diese Dashboards auf ausreichend großen Displays in den Gängen oder Teamräumen sichtbar sind, erkennt jeder auf einen Blick die konkreten Auswirkungen seiner Arbeit – zum Beispiel:

- Conversions, Conversion-Rate, Umsatzzahlen
- Application Performance Indikatoren
- Fehlerraten
- CI Buildstatus
- Support-Issues
- Diverse Applikationsmetriken (Page Impressions, Cache Hitrate, etc.)
- Deployment-Statistiken
- u. v. m.

Conclusio

Der Weg dahin ist kein leichter, es braucht einiges an Wissen und Einsatz. Aber machen Sie es sich einfacher, indem Sie jedem Ihrer Teams eine Operations-Kompetenz zur Seite stellen, um gemeinsame Lösungen und Verständnis dafür zu erarbeiten. Ihre Teams werden in Zukunft einfacher, zufriedener, schneller und flexibler arbeiten und liefern können. ■

Was die Infrastruktur für Entwicklung und Deployment anbelangt: Diese beiden Themen sind in der Softwareentwicklung weitestgehend gelöst. Wie sieht es aber im Bereich Hardware aus? So wie kleine Scrum-Projekte sollen auch große Scrum-Projekte in regelmäßigen Abständen etwas liefern. Bei der Entwicklung von Hardware scheint das auf den ersten Blick nicht möglich zu sein. Es dauert oft zu lange, bis die Anforderungen erhoben sind, oder der Lieferant braucht zu lange. Wie sollen da kurze Release-Zyklen entstehen?

Schnell und günstig Hardwareprototypen entwickeln

Ein Hinweis dazu kommt aus der genannten Maker-Szene, die ihren Ursprung in der Do-it-yourself-Bewegung in den USA hat. Inzwischen ist die Welle nach Europa übergeschwappt und es gibt auch in München und Wien erste Maker Spaces. In diesen Werkstätten entwickeln oder reparieren Menschen in ihrer Freizeit, aber auch als Teil ihrer Arbeit, diverse Dinge. Das Prinzip ist einfach: Im Maker Space gibt es die neuesten Maschinen wie 3D-Drucker oder Laser Cutter und vieles mehr, um Ideen auszuprobieren. Diese Szene ist sogar für die Industrie interessant (Nutz 2015): „Ein Vorbild für den Wiener Maker Space ist die ‚UnternehmerTUM Maker Space' *(http://www.unternehmertum.com/makerspace.xhtml)* in München. ‚Sie haben die neuesten Geräte und eine ausgezeichnete Vernetzung mit den Universitäten', sagt Aumayer. Kein Wunder, steckt doch hinter der Betriebsgesellschaft die Finanzkraft des Autokonzerns BMW. Diese Tatsache zeigt, dass sich längst die Industrie für die Maker-Bewegung interessiert. Verständlich, finden sich dort doch einerseits verdichtet solche Fachkräfte, die bekanntlich am Arbeitsmarkt rar sind. Andererseits sorgt der Austausch mit der jungen Szene auch bei etablierten Konzernentwicklern für das ein oder andere Aha-Erlebnis. BMW schickt darum mittlerweile seine Ingenieure vermehrt in den Münchener Maker Space zur Arbeit." Selbst große Unternehmen haben also erkannt, dass sie durch ihre eigenen Netzwerke und Arbeitsweisen eingeschränkt werden. Ähnliches passierte in den 1990er-Jahren in der Softwareentwicklung, als die Open-Source-Bewegung boomte und Betriebssysteme wie Linux, Webserver wie Apache oder Internetbrowser wie Firefox entstanden. Sie alle basierten auf einer Idee und dem freiwilligen Zusammenschluss von Entwicklern, die diese Ideen umsetzen wollten.

Wie kann also die Maker-Szene in der Hardwareentwicklung helfen? Wichtig ist den Makern das Ausprobieren, jedes Modell ist immer im Entwicklungsstadium. Es geht um das Fehlermachen und das Lernen aus diesen Fehlern. Auf den ersten Blick ist das in den Labors eines Unternehmens nicht möglich, oder doch? Doch, es geht. Es gibt bereits Bereiche, in denen heute schon so gearbeitet wird. Die „Fahrer" der Versuche, die Wissenschaftler, haben dabei sofortigen Zugriff auf die Ingenieure: Diese erproben die neuen Ideen sofort und bauen ein, was funktioniert. Im Rennsport, vor allem in der Formel 1, wird zum Beispiel so gearbeitet. Der Rennfahrer (der User) testet das Auto ständig und bespricht mit den Ingenieuren nach jeder Fahrt, was ihm aufgefallen ist. Je genauer der Fahrer dem Ingenieur erklären kann, was geändert werden sollte, desto schneller werden bessere Ergebnisse erzielt.

In vielen Großunternehmen fehlt diese Nähe zum Produkt, die Ingenieure sind zu weit weg von den Resultaten und den Reaktionen darauf. Bis Versuchsergebnisse dort landen, wo sie gebraucht werden (nämlich in der Produktentwicklung), dauert es oft eine Ewigkeit. Das geht zu Lasten der Geschwindigkeit.

Dass es auch anders geht, beweist zum Beispiel Tesla. Ashlee Vance schreibt in seiner Biografie über Elon Musk (Vance 2016, S. 164): „Quite often, the Tesla engineers brought their Silicon Valley attitude to the automakers' traditional stomping grounds. There's a break and traction testing track in northern Sweden near the Arctic Circle where cars get tuned on large plains of ice. It would be standard to run the car for three days or so, get the data, and return to company headquarters for many weeks of meetings about how to adjust the car. The whole process of tuning a car can take the entire winter. Tesla, by contrast, sent its engineers along with the Roadsters being tested and had them analyze the data on the spot. When something needed to be tweaked, the engineers would rewrite some code and send the car back on the ice. ‚BMW would need to have a confab between three or four companies that would all blame each other for the problem', Tarpenning said. ‚We just fixed it ourselves.' Another testing procedure required that the Roadsters go into a special cooling chamber to check how they would respond to frigid temperatures. Not wanting to pay the exorbitant costs to use one of these chambers, the Tesla engineers opted to rent an ice cream delivery truck with a large refrigerated trailer. Someone would drive a Roadster into the truck, and the engineers would don parkas and work on the car."

Die Maker-Szene zeigt vor, was geändert werden müsste: Ingenieure sollten wieder selbst in den Labors bauen und ja, vielleicht basteln. Weg von den Schreibtischen und ran an die CNC-Fräsen, Laser Cutter und 3D-Drucker. Selbst machen, sich intensiv mit neuen Techniken auseinandersetzen.

Was hat das mit der Infrastruktur zu tun? Ingenieure sitzen oft in Gebäuden, die weit weg von den Werkstätten liegen. Sie arbeiten also weitab von jenen Orten, an denen Ideen ausprobiert werden. Sie bauen auch nicht mehr selbst. Bei einem kleinen Maschinenbauer habe ich erlebt, dass nicht einmal die drei Entwicklungsingenieure und die Handvoll Mechaniker gemeinsam arbeiteten. Die Entwicklung und die Ausführung von Ideen waren gründlich voneinander getrennt. Warum? Auch ein Entwicklungsingenieur kann Teile zusammenschrauben und zusammenschweißen. Nur so kann er ein Gefühl dafür entwickeln, was funktionieren kann. Das macht die Maker-Szene aus: Wer auch seinen Körper mitdenken lässt, kommt zu anderen Ergebnissen.

3.5 Zusammenarbeit mit Lieferanten

Natürlich lässt sich in der Entwicklung von Hardware nicht alles selbst machen. Hier entsteht die nächste infrastrukturelle Bruchstelle. Wenn es um Lieferanten und ihre Beteiligung in den Projekten geht, treffen wir immer wieder auf folgende Schwierigkeiten:

- Die Lieferanten von Hardwarekomponenten haben in der Regel ebenfalls nichtagile Arbeitsprozesse. Sie verlangen genaue Spezifikationen, nach denen sie die geforderten Teile liefern sollen.

- Lieferanten stehen unter einem enormen Kostendruck und lagern ihrerseits Arbeiten aus, um Kosten zu sparen.
- Lieferanten wollen mit den gelieferten Bauteilen für die Prototypen bereits Geld verdienen und müssen das auch.
- In der Angebotsphase arbeiten die Lieferanten nicht direkt mit den Fachabteilungen, sondern mit dem Einkauf des Produktentwicklers. Dadurch entsteht ein weiterer Handover und die Entwicklung wird langsamer.

Für die Herstellung von Produktkomponenten ist es natürlich richtig und wichtig, genau zu wissen, wie das zu fertigende Teil aussehen soll – so werden die Kosten der Produktion optimiert. Allerdings wirkt es sich negativ auf die Produktentwicklung aus. Der Entwickelnde weiß ja noch nicht, ob seine Idee auf diese Weise tatsächlich funktionieren wird. Oft entsteht die zündende Idee für eine Funktion, für ein Designelement, eine Baugruppe oder überhaupt für eine andere Einsatzmöglichkeit eines Geräts erst in der intensiven Auseinandersetzung mit dem Greifbaren. Dann braucht man Entwicklungspartner, die schnell reagieren und es erlauben, günstig und zeitnah den neuen Ansatz auszuprobieren. In der gelebten (Konzern-)Realität beginnt der lange und mühsame Weg an dieser Stelle wieder von vorn. Von der Idee bis zur Entscheidung, ob die Idee ausprobiert werden kann, vergehen Wochen und dann noch einmal einige Wochen, bis man die Idee mit den Lieferanten testen kann. Gute Ideen erblicken daher oft nie das Licht der Welt.

Ich wage zu behaupten, dass dieser Umstand der eigentliche Grund dafür ist, warum Entwicklungsingenieure und Entwicklungsteams so gut wie nie mit einer einmal gefundenen Idee oder Konstruktionsweise brechen. In der Medizintechnik werden neue Produkte daher oft nur als Varianten des bereits Existierenden entwickelt. Der Grund für dieses Verhalten liegt in diesem Bereich sicher auch in den strengen Regularien, die fordern, dass ein neues Produkt signifikant besser als ein bereits existierendes Produkt sein muss. Ich habe einmal gewagt, im Gespräch mit einem Ingenieur anzuregen, die Steuerung des Systems nicht zu zentralisieren, sondern zu verteilen. Die einzelnen Elemente hätten sich so selbst steuern können, ohne mit einem zentralen System kommunizieren zu müssen. Das hätte Verzögerungen vermieden, die Wartung vereinfacht, die Ausfallsicherheit des gesamten Systems verbessert und vieles mehr. Mein Vorschlag wurde nicht einmal in Ruhe angehört, sondern sofort als zu teuer verworfen. Es hätte das bestehende Designparadigma verändert und die bereits investierte Arbeit, die vielen Überlegungen und Stunden der Entwicklung obsolet gemacht.

Es ist aber auch der Ausdruck eines grundsätzlichen Dilemmas in der Infrastruktur: die intensiven und komplizierten Abhängigkeiten zu den Lieferanten von Komponenten. Um iterativ entwickeln zu können, müsste man über die Lieferkette

1. günstig verfügbare Bauteile bekommen, die man selbst modifizieren kann, oder
2. Lieferanten liefern die modifizierten Bauteile so schnell und günstig wie möglich.

In beiden Fällen wollen und müssen die Lieferanten für ihre Leistung aber natürlich Geld bekommen. Am Beginn der Produktentwicklung Massen von modifizierten Bauteilen zu kaufen, ergibt keinen Sinn, umgekehrt ist es nicht sinnvoll, alles so uniform wie möglich werden zu lassen.

Für die Industrie könnte die Lösung dieses Dilemmas in einem anderen Incentive-System liegen: Mit einem schnell gelieferten Bauteil, das vielleicht nur einmal gebraucht wird, kann ein Lieferant in der Regel zunächst kein Geld verdienen. Es sei denn, er wird nach Aufwand bezahlt, also für die eigentliche Arbeitsleistung, nicht aber für die kreative Idee. Aber auch das ist nicht ganz problemlos: Wenn Lieferanten zur verlängerten Werkbank werden, will der Gesetzgeber die Arbeitsverhältnisse genau untersuchen. Handelt es sich tatsächlich noch um ein Auftragsverhältnis oder ist der Entwicklungsingenieur des Lieferanten möglicherweise schon zum „Leiharbeiter" geworden? Das Dilemma ließe sich dadurch auflösen, dass man alle Aktivitäten ins eigene Haus holt, aber das ist leichter gesagt als getan. Das bedeutet, nicht nur die Infrastruktur, sondern auch die passenden Mitarbeiter vorzuhalten – in kapitalintensiven Industrien eine teure Lösung.

> Clayton Christensen zeigt in seinem Buch „The Innovator's Dilemma", wie sehr der Erfolg von Unternehmen davon abhängt, in welchen Lieferantennetzwerken sie stecken (vgl. Christensen 2011). Diese Netzwerke sind darauf optimiert, mit jedem Schritt möglichst viel Geld zu verdienen. Wer etwas Neues ausprobieren will, erreicht am Anfang aber nicht die hohen Margen, er muss möglicherweise investieren und dabei das Risiko eingehen, dass eine Idee nicht funktioniert. Soll der Lieferant vereinzelt Teile bereitstellen, darf er es nicht günstig anbieten, weil er sonst keinen Return on Investment generiert. Also kann das existierende Netzwerk bei einer völligen Neuentwicklung nicht kostengünstig und damit fehlertolerant agieren.

Eine erste Annäherung: DevOps für Entwicklung und Einkauf

Ist die Lage also hoffnungslos? Lassen sich die Abhängigkeiten zu Lieferanten überhaupt nicht auflösen? Doch, natürlich gibt es Wege, aber keine eindeutige, immer funktionierende und für jedes Unternehmen passende Strategie. In den Projekten mit unseren Kunden gehen wir einen Schritt nach dem anderen.

Wir fangen gerne mit dem Einkauf an, denn er ist eine der wichtigsten Schnittstellen eines Unternehmens nach außen. In der agilen Welt ist Geschwindigkeit das wichtigste Ziel. Daher muss der Einkauf von Leistungen jeglicher Art – Software, Hardware, Lizenzen, Flipcharts, Chemikalien, Bauteile etc. – schnell über die Bühne gehen. Die Herausforderung: Es werden oft kleine Mengen von nur vage definierten Dingen gebraucht. Agil zu arbeiten, bedeutet also, nicht genau zu wissen, was man braucht, und nicht auf die optimale Lösung warten zu wollen. Die Lösung: Man lässt das Entwicklungsteam die Entscheidungen treffen und bringt die Teams und den Einkauf zusammen. Es ist also eine Lösung auf zwei Ebenen: auf jener der Infrastruktur und jener der Organisation.

Konkret bedeutet das, Einkaufsabteilungen aufzulösen und die Mitarbeiter direkt zu den Entwicklungsteams zu setzen. Unternehmen wie Morning Star oder Semco praktizieren das und sind der klaren Meinung, dass eine eigene Einkaufsabteilung nicht nötig ist (siehe dazu auch Gloger, Margetich 2014). Die Menschen in einer Organisation sind durchaus in der Lage, die benötigten Dinge selbst zu beschaffen. Meistens schneller und effektiver, als wenn sie den Umweg über eine eigene Abteilung gehen müssen. Diese Idee haben wir in einigen Projekten erfolgreich umgesetzt. Entweder arbeitete ein Einkäufer direkt im Team oder das Team bekam das Recht, selbst einzukaufen. Beide Varianten funktionieren und beide führen dazu, dass die Grenzen zwischen Abteilungen verschwimmen.

Sofern ein Unternehmen nicht alles selbst machen kann, lässt sich Geschwindigkeit durch die Veränderung der organisationalen Schnittstellen erzielen. Man löst Abteilungsgrenzen auf und lässt die Kollegen in diesen Abteilungen schneller, weil direkter, miteinander kommunizieren. Uns kommt es in den Projekten nicht so sehr auf die Verbesserung der Kommunikation an, sondern vor allem darauf, dass alle am gleichen Strang ziehen. Die Ziele von Entwicklungsteams und Einkaufsabteilungen unterscheiden sich oft und das führt mitunter dazu, dass Geschäftsprozesse zwar für die eine oder andere Abteilung sinnvoll und effizient umgesetzt sind, aber nicht für die Gesamtorganisation.

Neue Verbindungen. In den letzten Jahren hat sich eine neue Disziplin etabliert: DevOps. DevOps (zusammengesetzt aus den Wörtern „Development" und „Operations") ist dabei nicht, wie viele meinen, auf die Softwareentwicklung beschränkt. Vielmehr ist es eine Richtung, die ihren Anfang zwar in der Zusammenarbeit von Softwareentwicklern genommen hat, aber heute als eine Disziplin verstanden wird, die unterschiedliche Kulturen, unterschiedliche Teams mit unterschiedlichen Vorstellungen über das Arbeiten und unterschiedlichen Haltungen zur Frage, was wichtig ist, zusammenbringt und ihre Zusammenarbeit fördert (vgl. Davis, Daniels 2016). Als Disziplin will DevOps Barrieren aller Art zwischen den Abteilungen minimieren und möglichst auflösen. In dieser Diktion betreibt jeder DevOps, der zwei getrennte Einheiten wieder vereint.

Was hat das mit dem Thema Infrastruktur zu tun? Wenn Sie die Mitarbeiter ursprünglich getrennter Abteilungen – in diesem Fall Einkäufer, Verkäufer und Entwickler – gemeinsam in einem Raum miteinander arbeiten lassen oder wenn Sie weit voneinander entfernte Kollegen miteinander arbeiten lassen wollen, müssen Sie neben den technischen Voraussetzungen (Infrastruktur) auch das Verständnis für die jeweils andere Kultur schaffen. Hard- und Softwareentwickler, Ingenieure, Biologen, Juristen – sie alle haben nicht nur unterschiedliche Ausbildungen durchlaufen, sondern nehmen die Welt auch anders wahr. Infrastruktur alleine schafft dieses Verständnis nicht, sondern macht es nur möglich, dass dieses gegenseitige Verständnis entstehen kann.

Lassen Sie mich das an einem Beispiel aus meinem eigenen Unternehmen deutlich machen. Wir haben vor einiger Zeit an der Ausschreibung für ein Projekt teilgenommen. Zunächst mussten wir intern dafür sorgen, dass wir in unseren IT-Systemen die Daten des Kunden speichern durften. Das war noch relativ einfach zu bewerkstelligen. Aber dann ging es los: Wir sind von Natur aus ein verteiltes Unternehmen, die Kolleginnen und Kollegen in der Beratung sind ständig unterwegs. In der Vorbereitung war das eine Herausforderung, denn wir brauchten eine IT-Infrastruktur, mit deren Hilfe wir von mehreren Standorten aus miteinander arbeiten konnten. Dann fand die eigentliche Auktion auf der Plattform des Kunden statt. Dafür mussten wir sicherstellen, dass wir Zugriff auf die Plattform hatten und gleichzeitig unsere Sales-Verantwortlichen während der Auktion unterstützen konnten. Dank Desktop-Sharing und Smartphones konnten wir an dieser Auktion bei einem deutschen Unternehmen teilnehmen, obwohl unsere Verkaufskollegin in Frankreich saß und ich in einem Wiener Kaffeehaus. Im Einsatz waren:

- 2 MacBooks
- 2 iPhones
- Google Chrome
- Google Hangout für das Screen-Sharing
- MS Outlook und Apple Mail für E-Mails

- Slack für die Koordination zwischen meiner Kollegin und mir
- Wireless LAN im Kaffeehaus
- Netzwerkinfrastruktur im Home Office meiner Kollegin
- MS Cloud Services für die Dokumentenablage
- MS Office 365, Acrobat Reader, Apple Preview für das Öffnen und Lesen der Dokumente des Kunden

Alle Beteiligten mussten diese Systeme beherrschen, meine Kollegin und ich mussten uns beide mit dieser Infrastruktur wohlfühlen. Eine Auktion verursacht extrem viel Stress - wenn die Werkzeuge nicht funktionieren, wird daraus schnell ein Fiasko. Das Gespräch selbst hätten wir über Google Hangout erledigen können, aber wir wollten auf Nummer sicher gehen und nutzten die traditionellen Telekoms. Dadurch entstanden für uns Kosten in Höhe von 50 Euro. Warum erwähne ich die Telefonkosten: weil es egal ist. Infrastruktur kostet Geld. In diese Infrastruktur zu investieren, ist buchhalterisch ein Investment und strategisch eine Investition in den Erfolg des Unternehmens. Wer in großen, verteilten Projekten die Infrastruktur als unerlässlichen Teil der Wertschöpfung begreift, gibt das Geld dafür leichter aus.

3.6 Richtlinien und Policies

Die Entwickler, die für den neuen Internetauftritt eines Unternehmens verantwortlich waren, wollten auf ihren Rechnern die neuesten Tools dafür installieren. Ihre Arbeit wäre dadurch einfacher geworden und sie hätten in vielen Arbeitsschritten Zeit gespart. Aber die IT-Sicherheitsabteilung verbot ihnen, diese Tools einzusetzen. Zunächst verstanden wir dieses Verbot nicht. Wir bekamen lediglich die Antwort, dass diese Tools bestimmten Standards nicht genügten und daher sei der Einsatz unzulässig. In mehreren Diskussionen versuchten wir, den Einwand zu verstehen und einen Weg zu finden, auf dem wir diese Vorschrift umgehen konnten - ohne Erfolg. Die Frustration wuchs. Erst als wir mehr durch Zufall als durch logische Deduktion auf einen wichtigen sicherheitskritischen Aspekt aufmerksam wurden, wurde klar, dass das Einhalten der Richtlinie gar nicht das Problem war. Die IT-Infrastruktur des Unternehmens war nicht auf dem neuesten Stand! Die Richtlinie verhinderte ein mögliches Desaster, sie verhinderte aber auch Produktivitätssteigerungen. Tatsächlich war die Sicherheitsfrage einfach zu lösen: Es musste nur neue Hardware beschafft werden.

Ich erzähle diese Geschichte, da Infrastrukturen oft deswegen nicht geändert werden, weil es dazu Richtlinien gibt. Einige davon verhindern, dass neue Ideen ausprobiert werden können. Leider tun sie das aufgrund von Ursachen, die in der Vergangenheit liegen. Es gab einmal einen Grund für die Richtlinien. Inzwischen haben sich aber die Bedingungen geändert und die Richtlinie ist obsolet. Bei agilen Transitionen oder bei der Durchführung großer agiler Projekte verhindern solche Richtlinien, dass Menschen anders als bisher zusammenarbeiten können. Oft verhindern sie neue Formen des Zusammenarbeitens völlig.

Lassen Sie mich das am Beispiel von DevOps verdeutlichen. In vielen Unternehmen lag der Betrieb von Softwareapplikationen traditionellerweise in den Händen der Betriebsabteilung. Ende der 1990er-Jahre konnte ich die Betriebsräume von Electronic Data Systems besuchen. Dort saßen Administratoren, die einzig und alleine die Aufgabe hatten, alle Anwendungen zur Steuerung der Systeme am Laufen zu halten. Ähnlich wie Maschinenführer in der Produktion überwachten sie Tausende „Jobs“ und setzten sie nach Problemen neu auf. Um zu wissen, was sie in welchen Fällen tun sollten, brauchten diese Administratoren Handbücher. Die Entwicklungsabteilungen mussten also genau aufschreiben, was in welchem Fall zu geschehen hatte. In diesen Dokumenten wurde unter anderem beschrieben, wie man ein System wieder aufsetzen konnte, welche Fehlerklassen es gab und was in jeder Fehlerklasse jeweils zu tun war oder wie man ein Programm (einen Job) startete, wie man es abbrechen und wie man es überwachen konnte.

Dieses Dokument zu schreiben und die *Verantwortung* für den Betrieb der Applikation an die Administratoren zu übergeben, war sehr aufwendig und die Übergabe (Handover) war oft mühsam und zäh. Je komplizierter nun die Applikationen wurden, desto umfangreicher wurden die Dokumente und umso länger dauerte das Einarbeiten mit den Kollegen aus der Betriebsabteilung. In erster Linie Telekommunikationsunternehmen begannen damit, die Betriebsabteilungen bereits zu einem früheren Zeitpunkt in die Projekte zu involvieren. Als Konsequenz wurden die Projektteams immer umfangreicher.

Übergabefehler ließen sich in dieser Konstellation natürlich nicht vermeiden, die Betriebsabteilungen wurden nicht auf alle Eventualitäten vorbereitet. Was in den 1980er-Jahren noch leidlich funktionierte, war Ende der 1990er-Jahre nicht mehr zu bewältigen. Doch im Mindset dieser Systematik musste einfach die Übergabe besser vorbereitet werden und es wurden Richtlinien geschrieben, die Übergabefehler verhindern sollten. Aus Sicht vieler Unternehmen war das sinnvoll, weil damit Systemausfälle verhindert werden sollten. Gerade die Services von Telekommunikationsunternehmen müssen immer verfügbar sein – nicht gelieferte SMS sind ein Fiasko. Die Konsequenz dieser auf den ersten Blick sinnvollen Richtlinien war, dass der Rollout neuer Produkte komplizierter und langsamer wurde und die Handover immer länger dauerten.

In einem meiner ersten Projekte, die ich noch völlig unagil durchführte, entstand eine seltsame Situation: Wir Entwickler führten mehr als ein Jahr lang gemeinsam mit dem Betrieb die Wartung durch. Es war einfach nicht möglich, die Übergabe anders zu organisieren. Unsere Technik war dem Betrieb völlig fremd. Nicht nur wir machten diese Erfahrung, auch andere Unternehmen begannen damit, die Entwickler selbst die Roll-outs machen zu lassen. Entwicklung und Betrieb verwuchsen miteinander und daraus entstand nach und nach die Disziplin DevOps.

Damals wie heute reagiert man in manchen Unternehmen aber mit Unverständnis. Es gab und gibt ein ungeschriebenes Gesetz: Entwickler dürfen nicht an die operativen Systeme gelassen werden, denn sie könnten dort etwas zerstören. Entstanden ist dieses Gesetz aus der Tatsache, dass bei der Entwicklung von Software häufig „Defects“ auftreten – in operativen Systemen darf das nicht passieren. Also verhindert man, dass die potenzielle Fehlerquelle „Entwickler“ direkt auf dem operativen System arbeitet. In einer Branche wie der Telekommunikation, in der sich wöchentlich die Tarife ändern und in der jeden Tag neue Ideen geboren werden, erreichte dieses System schnell seine Grenzen. Die einfache Lösung wäre gewesen, die Richtlinie zu kippen, die einmal funktioniert hatte, aber nun extreme Aufwände produzierte.

Den Durchbruch brachte erst die agile Softwareentwicklung bei webbasierten Unternehmen wie Amazon. Diese Unternehmen fanden Verfahren, mit denen die Trennung von Entwicklung und Betrieb in vielen Punkten der Systemadministration obsolet wurde. Mit den entsprechenden Applikationen, Tools und Systemen brachten sie den Software-Code *sofort* in die Produktion, damit die Entwickler *sofort* sehen konnten, ob alles wie gefordert funktionierte. Bei dieser Herangehensweise erledigen sich viele Aufgaben des klassischen Betriebs von selbst. Wieder waren es Start-ups, die eine disruptive Technologie entwickelt hatten und damit zeigten, dass sich Richtlinien überlebt hatten.

Warum halten sich diese Richtlinien dennoch? Richtlinien und Regeln sind mächtig. Der englische Begriff dafür drückt es ganz gut aus: „Policy" und Politik sind eng miteinander verbunden.

Policy

1. Politics: (1) The basic principles by which a government is guided.
2. (2) The declared objectives that a government or party seeks to achieve and preserve in the interest of national community. See also public policy.
3. Insurance: The formal contract issued by an insurer that contains terms and conditions of the insurance cover and serves as its legal evidence.
4. Management: The set of basic principles and associated guidelines, formulated and enforced by the governing body of an organization, to direct and limit its actions in pursuit of long-term goals. See also corporate policy.

BusinessDictionary – *http://bit.ly/2dbfS0l*

Der deutsche Begriff „Richtlinie" macht es nicht so transparent wie der englische Begriff „Policy": Bei Richtlinien geht es einerseits um Einfluss und damit Macht, andererseits um Angst. Wenn es eine klare Regel dafür gibt, welche Position, welche Rechte und welche Verantwortungen eine Abteilung hat, dann entsteht dort ein „Gebiet". Innerhalb dieses Gebiets entstehen Arbeitsweisen, Vorschriften und ein bestimmtes Wissen. Nach außen bietet das dieser Abteilung einen gewissen Schutz und eine Berechtigung im Unternehmen. Für die Mitglieder der Abteilung erzeugt das Sicherheit. In dem Moment, in dem sich aber die Technologie so verändert, dass Aufgaben von den „anderen" übernommen werden können, fallen Gegenargumentationen schwer. Die eigene Rolle im Unternehmen wird zwar nicht gänzlich unwichtig, zumindest aber weniger bedeutend. Wer über Policies streitet, streitet daher immer über den Verlust von Macht und Einfluss. Die Lösung wäre einfach, tatsächlich ist sie aber mühsam. Die „Unterlegenen", in meinem Beispiel die Systemadministratoren, müssten sich neues Wissen aneignen: Sie müssten zu Entwicklern werden. Warum? Weil Entwickler, als sie den Betrieb automatisierten, gleichzeitig lernen mussten, wie der Betrieb funktioniert. Aus einigen Entwicklern wurden auf diese Weise Meister in DevOps.

Der Sonderfall: gesetzliche Regularien

Der Gesetzgeber eines Landes gestaltet das Marktumfeld entscheidend mit. Seine Regeln sind nicht zu ändern. Im Bereich des Glücksspiels muss die Software zum Beispiel von unabhängigen Instanzen überprüft werden. In stark regulierten Bereichen wird es also immer zu Übergaben kommen und die Entwickler können im Betrieb nicht einfach etwas ändern – der Gesetzgeber verbietet es. Solche Regularien gibt es im Bank- und Versicherungswesen, in der Medizintechnik, in der Automobilindustrie und in vielen anderen Branchen. Das ist gut so, weil es verhindert, dass sich Unternehmen auf unlautere Art bereichern oder Produkte entwickeln, die den Menschen schaden.

Für agile Projekte werden diese Regeln allerdings oft zur Hürde. Jetzt höre ich schon den Einwand: „Wusste ich es doch! Agilität für mein großes Projekt im Bankensektor geht nicht." Achtung! Das habe ich nicht gemeint. In ganz wenigen Fällen schreiben die Gesetze tatsächlich vor, *wie* gearbeitet werden muss. Sehr häufig wird vorgeschrieben, was sichergestellt sein muss. Allerdings beobachte ich, dass gesetzliche Vorschriften, die das „Was" regeln, in einem Unternehmen uminterpretiert werden. Das „Was", von dem der Gesetzgeber spricht, wird im Unternehmen in ein „Wie" übersetzt. Wieder definieren dann die Richtlinien des Unternehmens, wie gearbeitet werden soll, um das „Was" umsetzen zu können. Im Grunde ist das eine sehr gute Idee: Das erzeugt Klarheit und jeder weiß, was er zu tun hat. Und wenn es nun ein neues „Wie" gibt, das zwar die Prozesse und Regeln des Unternehmens, nicht aber das „Was" des Gesetzgebers verletzt?

Mit diesem Problem kämpfen viele agile Großprojekte: Die Anforderungen des Gesetzgebers können sie leicht erfüllen – manchmal sogar leichter als mit den traditionellen Arbeitsweisen. Doch die Abteilungen, die mit der Einhaltung der internen Regularien betraut sind, lassen das nicht zu. Wieder ist es ein politisches Thema: Meistens gibt es gar kein Wissen darüber, was agile Verfahren tatsächlich erfordern und wie sie funktionieren. Also wird auf die Einhaltung des alten „Wie" gepocht, obwohl das neue „Wie" größere Erfolge bringen würde.

Ein Beispiel: In der Medizintechnik wurde lange darüber diskutiert, ob agile Methoden die Auflagen der Behörden erfüllen. Die Association for the Advancement of Medical Instrumentation stellt in ihrem Technical Information Report TIR 45:2012 dezidiert fest, dass neben anderen Lebenszyklusmodellen auf jeden Fall auch agile Methoden dafür geeignet sind, medizintechnische Software zu entwickeln (vgl. AAMI 2012). Die Autoren machen sehr deutlich, dass agile Methoden die Voraussetzung erfüllen und lediglich die hohen Ansprüche an die Qualitätssicherung gewährleistet sein müssen. Also auch hier wieder: Wenn die vorhandenen Qualitätsmanagementsysteme in einem Unternehmen die entsprechende Veränderung mitvollziehen, spricht nichts gegen agile Entwicklung. So heißt es zum Beispiel:

1. „AGILE and regulatory perspectives both value high-quality software." (S. 15)
2. „When AGILE is used in the context of an established quality management system, apply AGILE practices in a way that is does not disrupt the established system." (S.20)
3. „When AGILE is used to improve an existing quality system, demonstrate that AGILE practices bring improvements without undue concern among regulators." (S. 20)

Dieser Bericht weist darauf hin, dass es lediglich um ein Umdenken in den Unternehmen selbst geht (S.20): „If the organization's high-level process documentation was written to allow or encourage an incremental-evolutionary lifecycle, that documentation might need little or no change to align with the principle and practices of AGILE. If that documentation mandate or assumed a more linear, WATERFALL lifecycle, some changes will be necessary to accomodate AGILE'S INCREMENTAL-EVOLUTIONARY lifecycle. More detailed process documentation that exists in project plans will likely change to address the detailed practices of AGILE."

Fremdarbeitskräfteregelung

In der Softwareentwicklung wie in anderen Branchen und Sektoren müssen Großunternehmen ihre Produkte immer öfter gemeinsam mit Lieferanten entwickeln. Beim Dienstleister arbeiten die größeren Talente, dort kennt man sich mit neuen Technologien und Verfahren aus, mit der sich bessere Ergebnisse in kürzerer Zeit erzielen lassen. Das kann dazu führen, dass Mitarbeiter eines Dienstleisters über Monate, manchmal sogar Jahre am Standort des Auftraggebers arbeiten, weil dort das Projektteam sitzt. Da agile Projekte auf crossfunktionale, multidisziplinäre Teams setzen, ist das sinnvoll – aus der Sicht des Arbeitsrechts ist es eine zwiespältige Sache.

Das deutsche Arbeits- und Sozialrecht versucht unter dem weitreichenden Begriff der Scheinselbstständigkeit zu vermeiden, dass prekäre Arbeitsverhältnisse entstehen und Arbeitnehmer in einem Unternehmen angestellt sind, obwohl sie eigentlich in einem anderen Unternehmen arbeiten. Für große Unternehmen gab es oft problematische Auslegungen des Gesetzes, also versuchen nun die Unternehmensjuristen, Prozesse zu schaffen, die Kollisionen mit dem Arbeitsrecht verhindern. Dadurch entsteht allerdings eine große Unsicherheit: Wie kann man mit den Dienstleistern in gemeinsamen Projekten arbeiten, wenn man zum Beispiel das Know-how eines Softwareentwicklers oder Testers für die gesamte Zeitspanne eines Projekts braucht? Viele dieser Unternehmen behelfen sich mit folgenden „Lösungen“:

- Die Mitarbeiter des Dienstleisters dürfen nicht im gleichen Büro sitzen wie die Angestellten des Unternehmens.
- Sie dürfen nur Mailadressen bekommen, die explizit ausweisen, dass es sich um eine externe Person handelt.
- Die Mitarbeiter des Dienstleisters dürfen nicht auf die Laufwerke des Unternehmens zugreifen.
- Die Mitarbeiter des Dienstleisters dürfen auf Firmenfesten nicht einmal zu einem Bier eingeladen werden. Das ist mir selbst passiert: Nach einem Vortrag habe ich die Teilnehmerinnen und Teilnehmer der Veranstaltung auf eine Brezel und ein Bier eingeladen. Ich musste es selbst bezahlen, denn es war mir sogar untersagt worden, schriftlich zu dieser Feier einzuladen.
- In manchen Fällen müssen Vertreter der externen Mitarbeiter bestimmt werden. Nur sie dürfen mit Vertretern des Auftraggebers sprechen.
- Regeltermine wie zum Beispiel Reviews dürfen nicht abgehalten werden, weil es eine gemeinsame Arbeit implizieren könnte.

Ich kann in diesem Buch keine Rechtsberatung geben, ich bin auch kein Jurist. Trotzdem will ich darauf hinweisen, dass diese Vorschriften die gemeinsame Arbeit so gut wie unmöglich machen. Und das nur, weil eine Vorschrift das Unternehmen schützen soll, gleichzeitig die Produktivität aber völlig ausbremst. Mehr als auf diesen Umstand hinzuweisen, kann ich an dieser Stelle nicht tun. Es liegt am einzelnen Unternehmen, sich andere Formen des Umgangs zu überlegen. Das Verhindern von Zusammenarbeit richtet lediglich großen Schaden an.

4 Skills und Professionalität

Agilität lebt nicht von Frameworks, die einen Prozess beschreiben. Hinter tatsächlicher Agilität liegt das Bemühen der Beteiligten auf allen Ebenen, sich selbstständig weiterzuentwickeln, sich mit modernen Technologien und Vorgehensweisen zu beschäftigen und sich auf neue Formen der Zusammenarbeit (oder überhaupt Zusammenarbeit) einzulassen. Das funktioniert in den seltensten Fällen friktionsfrei und wird sich bei Ihren ersten agilen Projekten in unterschiedlichen Formen des Widerstands äußern.

Als ich begann, mich mit agiler Softwareentwicklung zu befassen, hatte ich durch reinen Zufall die besten Voraussetzungen dafür mitgebracht. Ich war bereits infiziert: Als Jugendlicher hatte ich selbst ein wenig programmiert und verstand daher, wie Software funktionierte. An der Universität hatte ich mich mit LaTeX beschäftigt und dadurch gelernt, wie man einen Text in die Form bringt, die er haben sollte. Dank meines Studiums der Soziologie hatte ich viel über Total Quality Management gelernt und mich mit den Ideen des Lean Managements auseinandergesetzt. Zwei Autoren haben in mir die Begeisterung angefacht: Gregory Bateson und Niklas Luhmann. Diese beiden großartigen Denker erklärten, was Systeme sind, wie systemisches Denken funktioniert und welchen Gesetzen diese Systeme unterliegen. Später, bei Electronic Data Systems, lernte ich, wie Softwareentwicklung funktioniert, wie man Daten modelliert, was Qualitätsmanagement ist und wie man Projekte mit Hilfe einfacher Risikomanagement-Frameworks (ABCD-Methode) steuert. Mehr oder weniger zufällig war ich während meines Studiums auch noch mit den Themen Coaching und Training in Berührung gekommen. Ich lernte, wie man Gruppen moderiert, wie man mit Techniken wie Mind Mapping oder der 6-Hüte-Methode von Edward de Bono zu neuen Ideen kommt, wie man durch die Erkenntnisse der Neurolinguistischen Programmierung die Sprache und damit die Denkmuster des Gegenübers versteht und dank eines Praktikums bei Dieter Rösner lernte ich, wie man Change-Management-Projekte durchführt. Die Arbeit an lebenden Projekten bei Electronic Data Systems und später in einem österreichischen Telekommunikationsunternehmen, die vielen Veränderungen durch das Internet, der Aufstieg von Google – das alles hatte ich bereits verstanden, als ich zum ersten Mal von Scrum hörte.

Ich las die Texte von Ken Schwaber und Jeff Sutherland über agile Softwareentwicklung und wusste einfach, dass es funktionierte. Ich wusste, dass es alle Probleme des klassischen Projektmanagements lösen konnte. Ich musste nicht erst überzeugt werden und es brauchte mir auch niemand zu erklären, wie ich die Ideen von Ken und Jeff umsetzen musste. Das Wissen, das ich mir in den zehn Jahren zuvor angeeignet hatte, bekam durch Scrum eine Richtung. In diesem Flussbett konnte mein Wissen gerichtet fließen. Aus heutiger Sicht war Scrum die konsequente Erweiterung und Anwendung der Thesen und Ideen, die ich bereits aus meiner Zeit an der Universität mitgebracht hatte. Was ich von meinem Freund Dieter Rösner über Moderation gelernt hatte, führte zur Entwicklung der Scrum-Boards. Kurz: Ich wusste, wie man die Ansätze von Scrum umsetzen konnte. Vieles hat gleich sehr gut funktioniert, viele andere Umsetzungsideen habe ich im Laufe der Zeit durch Versuch und Irrtum entwickelt. Ich fühlte in mir also nie einen Widerstand gegen Scrum oder agiles Entwickeln. Es war mir einfach klar.

Bei meinen ersten Engagements als Scrum-Coach war ich aber plötzlich damit konfrontiert, dass andere Menschen sich überhaupt nicht vorstellen konnten, was für mich auf der Hand lag. In meiner Arroganz war ich ständig der Meinung, dass es für alle anderen doch auch so offensichtlich sein müsse wie für mich. Ich überforderte die Coachees, die Manager und später sogar meine eigenen Mitarbeiter mit meinem: „Das liegt doch auf der Hand!" oder „Das ist doch ganz einfach!" Für mich war es das ja, in meiner Vorstellung hatte ich es schon gesehen. Ich wunderte mich über den Widerstand der anderen und bewertete ihn oftmals als persönlichen Angriff. Ich dachte, sie wollten nicht. Nie kam ich auf die Idee: „Sie können es gar nicht."

Erst sehr spät, während der Kämpfe in meinem eigenen Unternehmen, beim Streiten, wurde mir klar, dass der Widerstand gegen neue Arbeitsweisen nicht daher rührte, dass man es einfach nicht machen wollte. Der Widerstand rührte daher, dass die Menschen nicht wussten, wie sie solche Dinge wie Pair Programming umsetzen sollten. Der Widerstand nährte sich aus zwei Richtungen: Einerseits sollten meine Kollegen oder die Mitarbeiter in den Unternehmen meiner Kunden jene Praktiken aufgeben, die sie bereits beherrschten und verstanden. Gleichzeitig sollten sie sich auf völlig unbekanntes Gebiet begeben, neue Fertigkeiten und neues Verhalten erlernen. Der Widerstand war also in der Regel nicht die Ursache eines Widerwillens, sondern der Widerwille war das Gesicht eines faktischen Widerstands, der aus dem Nichtkönnen entstand.

Widerstand wegen Nichtkönnens ist mir selbst natürlich auch nicht fremd. Ich gehöre zum Beispiel zu den Menschen, die der Meinung sind, nicht zeichnen zu können. Wenn man solchen Menschen sagt, sie sollen einfach zeichnen, sagen sie sofort: „Das kann ich nicht." Einige Menschen verlassen sogar den Raum oder sind verärgert, wenn man sie dazu bringen will, etwas zu Papier zu bringen. Zeichnen kann jeder. Niemand fordert Kunstwerke à la Dürer, aber der Widerstand ist da und er resultiert aus einem empfundenen Unvermögen. Wer sich mit Scrum-Implementierungen befasst, kann das am laufenden Meter beobachten. Da kommen zum Beispiel solche Argumente:

- Wir können uns nicht zum Taskboard stellen, weil wir keinen Platz haben.
- Testgetriebene Entwicklung kann nicht funktionieren.
- Pair Programming kann nicht funktionieren, man muss ja seinen Code selbst verstehen.
- Man kann sich nicht jeden Tag darüber unterhalten, was man fertiggestellt hat, weil man muss doch arbeiten.

Die Liste der Gründe, weshalb man auf keinen Fall so arbeiten kann, wie es agile Entwicklungspraktiken fordern, ist lang, sehr lang. Wer jedes dieser Argumente entkräften will, sieht sich einer Sisyphos-Aufgabe ausgesetzt. Ich habe es oft genug versucht und bin immer gescheitert. **Mein Tipp: Lassen Sie sich nie auf diese Argumente ein. Fangen Sie nie eine Diskussion mit den Vertretern der Gegenseite an.** Es ist die Mühe nicht wert. Warum?

Ein Abstecher in die Lerntheorie

Erwachsene lernen anders als Kinder bis zum Alter von etwa sieben Jahren. Kinder lernen aus Neugierde, ihr Gehirn ist noch nicht „geimpft". Sie nehmen die Dinge so hin, wie sie sind. Fremdsprachen zu lernen, fällt Kindern in diesem Alter so leicht, weil sie nicht darüber nachdenken, was eine Sprache von der anderen unterscheidet. Daher wäre es auch so wichtig, dass Kinder im Kindergarten und in der Schule so früh wie möglich mit anderen Sprachen in Berührung kommen - sie saugen sie einfach auf, ohne Vergleiche zu ziehen. Erwachsenes Lernen funktioniert leider - und ich meine leider, weil es das Neue behindert - anders.

Ein Erwachsener lernt etwas Neues in der Regel aus zwei Gründen:

1. Er benötigt das Wissen gerade jetzt, es ist für ihn relevant. Oft hören Sie in Diskussionen die scheinbar ernst gemeinten Fragen: „Warum soll ich das lernen? Was bringt das? Ist es den Aufwand überhaupt wert?" Die kindliche Neugier ist einer Kosten-Nutzen-Betrachtung gewichen. Kindern genügt es, dass etwas einfach da, neu und anders ist - das fasziniert sie. Dank der Arbeiten von Gerald Hüther wissen wir, dass es genau darum geht: Neues wird erlernt, wenn es begeistert.
2. Er kann das zu Erlernende mit etwas bereits Bekanntem verknüpfen. Wenn es zu etwas passt, das dem eigenen Wissen entspricht, wird es dazugestellt. Es wird angeschaut und als Verbesserung des bereits Vorhandenen gesehen. Kinder *integrieren* hingegen. Sie nehmen neue Inhalte nicht nur auf und fügen sie ihrem Wissensfundus hinzu, sondern verändern ihre Sicht der Dinge basierend auf dem Neuen. Sie begreifen die Welt nun anders, sie erkennen die Vielschichtigkeit und andere Sichtweisen.

Beide erwachsenen Herangehensweisen an das Lernen verhindern erfolgreich, dass etwas Neues und völlig aus der Art Schlagendes auch nur ausprobiert wird. Redewendungen haben meistens einen wahren Kern. In diesem Fall trifft der Spruch zu: „Was der Bauer nicht kennt, frisst er nicht."

Das Wissen ist tot, es lebe das Wissen!

Thomas Kuhn, einer der bekanntesten Wissenschaftsphilosophen, hat in seinem grundlegenden Werk „Die Struktur wissenschaftlicher Revolutionen" gezeigt, dass ein Paradigmenwechsel erst stattfinden kann, wenn das alte Wissen einer Wissenschaft ausgestorben ist (vgl. Kuhn 1996). Erst wenn die Vertreter des alten Denkens nicht mehr da sind und keine Macht mehr darüber haben, wie Wissen rezipiert werden kann und darf, kann sich etwas ändern. Etwas Ähnliches, wie es Kuhn für die Wissenschaft beschreibt, passiert auch in Unternehmen: Vom Linienmanagement geht man zum Projektmanagement über und die Matrixorganisation entsteht. Vom Projektmanagement geht man zum agilen Management über und es entsteht eine weitere Dimension. Die alten Funktionen aber (Management, Projektmanagement) werden nicht verändert, sondern bestehen weiter. So wächst eine parallele oder senkrecht dazu stehende Struktur.

Das produziert gigantische Kosten und macht ein Unternehmen nicht effektiver, sondern langsamer, denn eine parallele Struktur muss nicht nur aufgebaut werden, sie muss sich auch noch ständig gegen die alte Struktur verteidigen und rechtfertigen. Gleichzeitig fordert die alte Struktur weiterhin Ressourcen und will immer wieder zeigen, dass sie noch da ist und ihre Berechtigung hat. Start-ups sind oft nur deshalb schneller, weil sie nicht ständig durch interne Streitigkeiten abgelenkt sind. Sie müssen im Inneren nicht ständig politisch korrekt sein.

Widerstand existiert also deshalb, weil das Alte sich nicht vorstellen kann, dass die neuen Arbeitsweisen ebenfalls funktionieren und möglicherweise sogar effektiver dafür sorgen können, das Überleben aller besser zu sichern. Selbst wenn es akzeptiert werden würde, verhindert der eigene Überlebenswille, dass man sich dem neuen Paradigma widerstandslos ausliefert. In der preisgekrönten BBC-Serie „Downton Abbey" geht es um eine Adelsfamilie, in der über zwei Jahrzehnte hinweg die alten Traditionen langsam, aber sicher durch neue gesellschaftliche Entwicklungen, durch neue Technologien und Wirtschaftsweisen abgelöst werden. Die jahrhundertealte Sicht auf Erziehung, Verhalten, Heiratsmoral und den Umgang mit Menschen aus anderen Gesellschaftsschichten beginnt unter vielen Schmerzen zwar nicht gleich zu verschwinden, aber langsam und sicher zu bröckeln und sich zu wandeln. Es wird dargestellt, wie Adelshäuser untergehen, die den Wandel nicht schaffen und nur noch dank ihrer Titel existieren.

Warum erzähle ich Ihnen das alles in einem Buch über Skalierung? Weil es meiner Meinung nach der Kern der Veränderung zum skalierten Arbeiten ist. In den ersten Kapiteln habe ich darüber gesprochen, dass das neue Arbeiten in einem großen Umfeld neue Architekturen (Organisation und Produkte) und die passende Infrastruktur braucht. Ob diese Voraussetzungen einen Vorteil bringen, hängt letzten Endes immer von den Menschen ab, von den einzelnen Akteuren, die diese Rahmenbedingungen zu nutzen wissen. Wenn Menschen in diesem Umfeld nicht wissen oder nicht gezeigt bekommen, wie man die neuen Möglichkeiten nutzt, und wenn sie dafür nötige Fähigkeiten nicht entwickeln können, entstehen nur Angst und Ohnmacht. Das Alte funktioniert nicht mehr und das Neue beherrscht man noch nicht.

Daher will ich in diesem Kapitel zunächst zeigen, wie anders das Stellenprofil für einen Mitarbeiter in diesem Kontext aussehen muss und wie sich das auch auf Teams und Organisationen übertragen lässt.

4.1 Die Skills des Einzelnen

Für den Einzelnen geht es bei der agilen Arbeitsweise darum, sein Potenzial zu verwirklichen, ihn durch seine Arbeit zu sich selbst finden zu lassen und für ihn ein Umfeld zu schaffen, in dem er produktiv sich selbst spüren kann. So kann er zum gemeinsamen Ergebnis beitragen und sich mit den anderen verbunden fühlen. Meine Kollegen und ich haben für unser Unternehmen die Mission, unsere Vision der „Verwirklichung des Selbst" des Einzelnen durch unsere Arbeit zu ermöglichen. Um das zu schaffen, müssen wir aber bei uns selbst beginnen und uns die nötigen Skills aneignen.

Ich schreibe so offen darüber, weil wir an uns selbst erfahren haben, wie schwierig es ist, agil und selbstorganisiert zu arbeiten, dabei diszipliniert und kreativ zu sein und sich als Einzelne und Einzelner vollkommen für den Kunden einzubringen, obwohl man laufend mit Widerstand konfrontiert ist. Und während wir dabei helfen, andere Organisationen zu entwickeln, müssen wir auch an unsere eigene Gemeinschaft bei borisgloger consulting denken. Neue Kolleginnen und Kollegen, die wir zum Mitmachen einladen, sind immer wieder erstaunt darüber, wie viel Zeit, Energie und Geld wir darin investieren, die eigene Reise weiterzuführen und beharrlich an uns zu arbeiten. Fallen wir dabei auf die Nase? Selbstverständlich. Und dann stehen wir auf und machen es im nächsten Projekt, beim nächsten Kunden, beim nächsten Teamtreffen besser. Um an diesen Punkt zu gelangen, war aber eines nötig: Ich als Gründer musste erkennen, dass zwar jeder und jede das Potenzial zur Selbstorganisation hatte, aber ich musste auch akzeptieren, dass es eine ganze Weile dauern würde, bis jeder dieses Potenzial in sich selbst entdecken und nutzen konnte. Das erzähle ich Ihnen, weil Sie ähnliche Erfahrungen machen werden, wenn Sie große Projekte agilisieren wollen.

Wenn Sie als agiler Coach, ScrumMaster oder Manager mit Menschen arbeiten dürfen, die den Nutzen des agilen Arbeitens für sich bereits erkannt haben, fällt vieles leichter. Meine Kollegin Hélène Valadon ist zweifellos eine der erfahrensten Agile Coaches im deutschsprachigen Raum und sie sagt immer: „Im Zweifel mach' Scrum! Ask the team, inspect and adapt, deliver every sprint." Wir hatten einmal das Credo: „In Scrum we trust." Es war selbstironisch gemeint, aber es hatte ein Körnchen Wahrheit. Wir sind tief davon überzeugt, dass uns Scrum dabei unterstützt, erfolgreicher als andere Unternehmen zu sein.

4.1.1 Selbstmanagement

Doch das reicht nicht und nach den Erfahrungen, die ich gemacht habe, ist es auch nicht als notwendige Voraussetzung zu sehen. Wichtig ist allerdings die klare Ansage: *Jeder Einzelne in einem agilen Team muss zum Erfolg des Teams beitragen (wollen).* Dazu gehören neben den Kompetenzen in der eigenen Disziplin sehr allgemeine Fähigkeiten:

- Teamfähigkeit
- Ein gewisses Maß an Disziplin wie Pünktlichkeit und das Einhalten von Vereinbarungen
- Kommunikationsfähigkeit
- Möglicherweise das Beherrschen von mehr als einer Fremdsprache
- Fähigkeiten in Argumentation
- Selbstsicherheit
- Präsentationsfähigkeiten

Diese Aufzählung ist natürlich nicht vollständig, es gibt noch viele andere allgemeine berufliche Skills mehr. An dieser Stelle will ich allerdings die Fähigkeit zum Selbstmanagement besonders hervorheben. Jemand ist für ein skaliertes Scrum-Team ungeeignet, wenn man ihn ständig daran erinnern muss, rechtzeitig zu Videokonferenzen zu erscheinen, sich auf Meetings vorzubereiten oder im Daily Scrum einen Task zu ziehen. Ich habe immer wieder die Erfahrung gemacht, dass man ein gewisses Set an sozialen Fähigkeiten braucht, um überhaupt in einem selbstorganisierten Scrum-Team bestehen zu können. Das gilt umso mehr für die erfolgreiche Arbeit in einem großen Scrum-Team.

Selbstmanagement ist dabei nicht mit Zeitmanagement zu verwechseln, auch wenn das eigene Zeitmanagement oft erst erlernt werden muss. Selbstmanagement ist in einem skalierten Umfeld deshalb so wichtig, weil man zunächst einmal selbst produktiv sein muss. Dazu muss man zum Beispiel verstehen, dass es sinnvoll ist, immer nur an einer einzigen Aufgabe zu arbeiten, weil Multitasking einfach nicht funktioniert. Wer produktiv und kreativ arbeiten soll, muss sich ungestört einer Aufgabe widmen können, entweder alleine oder miteinander – das muss oft erst erlernt werden (auch das Mob Programming muss als Arbeitsform erst erlernt werden, wie wir später sehen werden). Dabei ist es nützlich zu wissen, dass Scrum die fokussierte Arbeit an einer Sache propagiert. Doch nur, weil es das Managementframework vorschlägt, bedeutet das noch lange nicht, dass der Einzelne an die Ineffektivität des Multitaskings glaubt und entsprechend handelt. Viele Untersuchungen bestätigen, dass fokussiertes Arbeiten die Beschäftigung mit *einer* Sache über einen längeren Zeitraum verlangt, aber oft kommt nicht an, dass man dazu die eigene Arbeitsweise umstellen muss.[1] Viele Teams haben Mechanismen gefunden, die signalisieren, ob ein Kollege gerade gestört werden darf oder eben nicht.

Selbsteinschätzung und ein klares Nein

Es gibt zwei Fähigkeiten, die vielleicht am wichtigsten für die Arbeit in agilen Teams sind:

1. Die richtige Einschätzung der eigenen Fähigkeiten
2. Die Fähigkeit, konsequent „Nein“ zu allem zu sagen, was die Produktivität im Moment gerade nicht fördert

Das Einschätzen der eigenen Fähigkeiten – es ist so eine Sache. Sich in einem agilen Team Dinge vorzunehmen und diese dann nicht zu liefern, sei es im Daily Scrum oder später zum Review, ist gelinde gesagt peinlich. Es ist verständlich, dass es zunächst schwerfällt, wenn man mit agilen Methoden zu arbeiten beginnt. Nach einiger Zeit ist es aber notwendig, zu tun, was man sagt, und zu liefern, was man zugesagt hat. Ich bin davor auch in meinem eigenen Unternehmen nicht gefeit. So hat eine Kollegin über mehrere Sprints hinweg zugesagt, dass sie eine Case Study schreiben würde. In mehreren Reviews sagte sie dann allerdings, sie habe es nicht geschafft zu liefern. Jedes Mal gab es dafür viele Gründe. Zunächst hatte ich dafür Verständnis, nach dem x-ten Mal sagte ich dann allerdings sehr deutlich, dass es so nicht weitergehen konnte: Sie könne die Aufgabe gerne zurückgeben, das sei völlig in Ordnung. Es sei aber nicht in Ordnung, ein Commitment abzugeben und dann nicht zu liefern. Wir stritten uns vor der gesamten Mannschaft und ich wirkte sicher wie ein despotischer Chef. Doch in diesem Moment musste ich klar signalisieren, dass man Vereinbarungen einhalten muss.

Wer eine Kultur des Gelingens schaffen will, muss auch deutlich machen, was es dazu braucht (ich beschreibe das ausführlich in meinem Buch „Selbstorganisation braucht Führung“). Im erwähnten Beispiel sehen wir das immer wiederkehrende Thema. Sie war nicht in der Lage, die Case Study zu liefern. Ihr fehlten für diese Aufgabe die notwendigen Skills. Vielleicht war ihr Zeitmanagement mangelhaft? Vielleicht war sie nicht in der Lage, etwas

[1] Siehe zum Beispiel dieses wundervolle animierte Beispiel *https://hbr.org/2013/03/the-multitasking-paradox* oder diesen Artikel *https://hbr.org/2010/12/you-cant-multi-task-so-stop-tr/*

zu Papier zu bringen? Vielleicht wusste sie zu dem Thema nichts zu sagen? Ganz egal, der Grund dafür waren die fehlenden Skills, nicht der Unwille. Wir haben ihr dann dabei geholfen und einen Sprint später konnte sie die Case Study vorlegen.

Um Unterstützung bitten. Es wäre wesentlich einfacher gewesen, wenn sie von Anfang an gesagt hätte: „Ich will das unbedingt machen, aber ich brauche Unterstützung!“ Wir hätten sie früher unterstützt, ihre eigene Blockade hätte sich gelöst und ich hätte meine Case Study früher bekommen.

Unterstützung oder Hilfe?

Im beruflichen Umfeld bittet man im Allgemeinen ungern um Unterstützung, weil das als Ausdruck von Schwäche gesehen wird. Es ist sehr nützlich, zwischen Unterstützung und Hilfe zu unterscheiden. Wer einen anderen unterstützt, liefert Hilfe zur Selbsthilfe. Der um Unterstützung Bittende muss die Aufgabe weiterhin selbst erledigen, er bleibt in der Verantwortung.

Dabei ist das Bitten um **Unterstützung** selbst bereits eine entscheidende Fähigkeit. Sie setzt nämlich voraus, dass man sich der eigenen Defizite und Schwächen bewusst ist. Wer um Unterstützung bitten kann, erhöht das Können des gesamten Teams und am Ende jenes der Organisation. Wer verstanden hat, dass Nichtwissen (Nichtkönnen) im Grunde eine Ressource ist, ist in der Lage, die Produktivität des gesamten Teams zu steigern, weil das gesamte Team nun besser einschätzen kann, was das einzelne Teammitglied nicht kann. Dementsprechend kann das Team handeln.

„Um **Hilfe** bitten“ und „Hilfe geben“ ist etwas anderes. Wer um Hilfe bittet, gibt die Verantwortung für die eigene Leistung ab und überträgt sie auf einen anderen. Man hat mit der Bitte um Hilfe ausgedrückt, dass man es nicht leisten kann. Wenn jetzt nicht geholfen wird, ist man auch nicht mehr dafür verantwortlich, wenn das erwartete Ergebnis nicht eintrifft.

In unserem Team hat es einige Zeit gedauert, bis wir diesen feinen Unterschied erkannt haben. Wir wollten einander immer sehr gerne helfen, aber wir wollten dabei nicht die Verantwortung abnehmen. Als uns klar wurde, dass wir bestenfalls Unterstützung anbieten konnten und in Wahrheit auch nur das anbieten wollten, haben wir ein großes Reservoir angezapft. Plötzlich wurden wir noch besser darin, um Unterstützung zu bitten. Die Produktivität stieg sofort, weil wir viele Constraints eliminieren konnten. ■

Warum ist es so wichtig, dass man sich selbst einschätzen kann? Weil hinter jedem Teammitglied schon wieder jemand steht, der mit dem Output weiterarbeiten will. Jedes Mal, wenn etwas Zugesagtes nicht geliefert wird, entsteht ein kleines Chaos. Jedes Mal entstehen Friktionen. Gespräche müssen geführt werden, es wächst die Unsicherheit – das muss dann erst wieder in Ordnung gebracht werden. Was aber noch wesentlich bedeutender ist: Es ist ein Vertrauensverlust. Wenn Absprachen und Vereinbarungen nicht eingehalten werden, vertraut man nicht mehr blind und beginnt damit, die Arbeit des anderen zu überprüfen. Das ist nicht einmal böse gemeint, lässt aber eine weitere Aktivität – eben das Überprüfen –

entstehen. Das kostet Produktivität. Wird das Vertrauen wiederholt enttäuscht, beginnt man, um diesen Unsicherheitsfaktor herumzuarbeiten. Wieder entsteht Mehrarbeit und andere übernehmen Aufgaben, die eigentlich nicht die ihren sind. Das passiert nicht nur bei Einzelpersonen, sondern oft genug bei ganzen Teams. In solchen Fällen springen andere Teams ein, um die Arbeit zu erledigen, und damit wird ein eigentlich produktives Team kaltgestellt.

Nein sagen. Wer nicht nein sagen kann, kann in der Regel auch Vereinbarungen und Absprachen nicht halten. Es gibt viele Gründe, nicht nein zu sagen:

- Man will dem anderen helfen, weil man nett sein will.
- Der Vorgesetzte kommt ständig mit neuen Anforderungen.
- Die Kollegen haben eine gute Idee und natürlich muss man diese Idee überprüfen, sonst fühlen sich die Kollegen nicht ernst genommen.
- Die neue Aufgabe ist spannender als die alte Aufgabe, man lässt sich gerne ablenken.

Es gibt unzählige Ratgeber darüber, wie man es erreicht, sich nicht den Zeitdieben auszusetzen und seine eigene Zeit zu schützen, damit man produktiver arbeiten kann. Mein Favorit: „The One Thing“ von Gary Keller (vgl. Keller 2013). Er macht darin sehr schön deutlich, wie wichtig unter anderem Timeboxing, der Fokus auf nur ein Thema und das Neinsagen sind, damit ein Wissensarbeiter die wichtigsten Aufgaben des Tages erledigen kann.

Wer in einem agilen Team arbeitet, hat es ein wenig einfacher. Der ScrumMaster oder der agile Coach haben die Aufgabe, die Arbeitszeit des Scrum-Teams zu verteidigen. Ihr Job ist es, zuallererst dafür zu sorgen, dass der Einzelne und damit das gesamte Team möglichst konzentriert und fokussiert arbeiten können. Ein ScrumMaster kann allerdings nicht ständig hinter jedem Einzelnen herlaufen, ihm immer und überall über die Schulter schauen, damit Störungen verhindert werden. Daher ist es umso wichtiger, dass sich in Teams von Wissensarbeitern die Kollegen untereinander organisiert unterstützen können. Der Einzelne sollte genau wissen, wann er um Unterstützung bitten kann. Die Teams bei Menlo Innovations versuchen so produktiv wie möglich zu sein und sich so wenig wie möglich zu stören. Es gibt auch das ungeschriebene Gesetz, dass man nur dann etwas tut, wenn es einem Kunden verrechnet werden kann. Wer einen Kollegen um etwas bittet, muss dem Kollegen sofort sagen, auf welche User Story er diese Arbeit buchen darf. Wenn es keine User Story für diese Tätigkeit gibt, wird die Frage nicht beantwortet. Das ist eine ziemlich klare Variante des Neins.

Techniken des Selbstmanagements

Selbstorganisation braucht mündige Teammitglieder, die in Techniken des Selbstmanagements ausgebildet sein sollten. Was gehört dazu?

- **Vision**
  - Wofür stehe ich morgens auf? Gibt es eine Vision, einen Plan für die nächsten zehn, für die nächsten fünf Jahre, für dieses Jahr? Weiß ich, was das Wichtigste ist, das ich diese Woche erreichen will?
  - Motiviert mich meine Vision? Stimmt sie mit den Zielen des Unternehmens überein, für das ich arbeite?
  - Sehe ich einen Sinn in dem, was ich jeden Tag über viele Stunden hinweg tue?

- **Gesundheit**
  Wie steht es um meine Gesundheit? Es geht mir nicht darum, blindlings den Weisheiten diverser Magazine zu folgen und sich dem Bombardement der Medien zu ergeben, dass man gesünder essen, mehr Sport treiben und noch so einiges tun solle. Es geht mir darum, sich wirklich im vollen Verantwortungsbewusstsein um die eigene Gesundheit zu kümmern. Ein guter Freund von mir ist gerade einmal vierzig Jahre alt. Er wurde mit lebensbedrohlichen Blutzuckerwerten und viel zu hohem Blutdruck ins Krankenhaus eingeliefert. Es wäre zu vermeiden gewesen, wenn er einfach einmal im Jahr zum Gesundheits-Check gegangen und bestimmte Ernährungs- und Verhaltensweisen geändert hätte.

  Verantwortlich mit dem eigenen Körper umzugehen, bedeutet nicht, sich jeden Tag im Fitnessstudio auszupowern und todmüde ins Bett zu fallen. Es bedeutet, eine entspannte Beziehung zu seinem Körper aufzubauen und zu verstehen, dass Bewegung, gesundes, zuckerarmes Essen und genügend Schlaf die wesentliche Grundlage für die Produktivität eines Wissensarbeiters sind. Eine einfache Zusammenfassung habe ich bei Greg Glassman gefunden, dem Gründer von CrossFit:

  „Eat meat and vegetables, nuts and seeds, some fruit, little starch and no sugar. Keep intake to levels that will support exercise but not body fat. Practice and train major lifts: Deadlift, clean, squat, presses, C&J, and snatch. Similarly, master the basics of gymnastics: pull-ups, dips, rope climb, push-ups, sit-ups, presses to handstand, pirouettes, flips, splits, and holds. Bike, run, swim, row, etc, hard and fast. Five or six days per week mix these elements in as many combinations and patterns as creativity will allow. Routine is the enemy. Keep workouts short and intense. Regularly learn and play new sports.“ (http://www.crossfittanjongpagar.com/what-is-crossfit/)

  Ich erwähne dieses Prinzip, weil es so simpel ist. Es geht nicht darum, jemandem etwas zu beweisen, sondern sich einfach jeden Tag ein wenig zu bewegen.

- **Förderliche Beziehungen und Freundschaften**
  Für viele ist Karriere alles, der Job ist das Leben. Dazu muss man gar kein Workaholic sein, man zieht aus dem Beruf einfach so viel Energie und Freude, dass man für Familie, Beziehungen oder Freundschaften keine Zeit hat. Wissensarbeiter brauchen aber ein gutes Beziehungsnetz. Sie brauchen Menschen, mit denen sie gerne zusammen sind, die für sie da sind und ihnen helfen. Das ist nicht einfach. Viele Menschen verbringen ihre Zeit mit Menschen, die alles andere als nützlich für sie sind. Sie lassen sich ausnutzen oder sogar klein machen. Selbstmanagement bedeutet in diesem Zusammenhang, seine Beziehungen zu überprüfen und sich mit Menschen zu umgeben, die einem gut tun. Sich diesem Thema zu stellen und aktiv daran zu arbeiten, geht nicht über Nacht, aber es ist für Kollegen in skalierten Scrum-Teams sehr wertvoll. Warum? Weil jeder sein Privatleben mit ins Team bringt. Ungelöste Konflikte, familiäre Verpflichtungen, Probleme mit Partnern oder Freunden wirken sich auf die Leistung im Job aus. Nur wenige Menschen können Beruf und Privates völlig trennen. Je mehr Menschen in einem Team zusammenarbeiten, desto größer ist in einem Raum das Wirrwarr an Emotionen, die nichts mit der Arbeit zu tun haben, aber sich darauf auswirken.

- **Arbeitsorganisation**
  Viele Kollegen sind im Job Getriebene. Der Kunde schreit und sie rennen. Der Fokus fehlt und am Ende des Tages hat man das, was man erledigen sollte, doch nicht erledigt. Es ist auch nicht einfach: In der Inbox warten unzählige Mails, die Slack-Channel piepsen

unentwegt, Facebook will bedient werden, Freunde melden sich auf WhatsApp und die Kollegen brauchen ständig etwas. Man rennt von Meeting zu Meeting und der Chef will auch noch unbedingt jetzt etwas wissen. Sich ständig ablenken zu lassen, ist zwar eine hervorragende Grundlage für Ausreden, zur effektiven Arbeitsorganisation gehört es allerdings, Wege des fokussierten Arbeitens zu finden. Tools und Methoden für die Organisation des Alltags gibt es genug - Remember the Milk, Trello, Wunderlist, Zero Inbox, Personal Kanban, Bullet Journal (das ich sehr empfehle: *www.bulletjournal.com*). Für jeden ist etwas dabei. Experimentieren Sie mit Ihrer bevorzugten Methode.

Ich klinke mich zwischendurch bewusst aus der Hektik aus, um Dinge erledigen zu können. Es ist so etwas wie mein persönliches Mini-Scrum. Wenn Sie wissen, dass Sie zwei Stunden in Ruhe arbeiten können, machen Sie am besten Folgendes:

1. Handy auf Flugmodus stellen
2. Mailprogramm ausschalten (außer Sie brauchen es zum Arbeiten)
3. Sortieren Sie die Liste der offenen To Do's der Reihe nach: Das Schwerste und/oder Ätzendste zuerst (nicht das Wichtigste).
4. Dann ziehen Sie von der verfügbaren Zeit (120 Minuten) die Zeit für Pausen ab (zum Beispiel vier Pausen à fünf Minuten) und teilen die restliche Zeit durch die Anzahl der aufgelisteten Aufgaben (zum Beispiel zehn). Jetzt wissen Sie, wie lange Sie sich jeder Aufgabe widmen können (in diesem Fall zehn Minuten).
5. Bearbeiten Sie die erste Aufgabe konzentriert während des berechneten Zeitraums. Wenn Sie damit fertig sind: Super, kurz innerlich feiern und dann zur nächsten Aufgabe übergehen. Wenn Sie schneller sind, sammeln Sie den entstandenen Puffer und nutzen ihn für eine der nächsten Aufgaben.
6. Achtung: Die Timebox dürfen Sie um maximal zehn Prozent überziehen. Unterschreiten dürfen Sie den Zeitrahmen natürlich immer, es geht dann einfach sofort mit dem nächsten Task weiter (wieder für maximal die berechneten Minuten).
7. Wenn Sie die Liste abgearbeitet haben und noch Zeit übrig ist: Nehmen Sie nicht noch eine weitere Aufgabe dazu, sondern „feiern" Sie in der übrig gebliebenen Zeit. Hören Sie Musik oder gehen Sie spazieren - damit belohnen Sie sich, statt sich nach erbrachter Leistung mit zusätzlicher Arbeit zu „bestrafen".
8. Erst nachdem die gesamte Zeitspanne verbraucht ist, sollten Sie den Handy-Flugmodus wieder beenden und für alle anderen da sein.

Wenn Sie sich mit Techniken wie diesen noch genauer beschäftigen wollen, empfehle ich die Pomodoro-Technik. Die Idee dahinter ist, in Timeboxes von je 25 Minuten zu arbeiten *(www.pomodorotechnique.com)*.

- **Schlaf**

  Ein Freund und ich waren auf einer Reise unterwegs und übernachteten gemeinsam in einem Zimmer. Ständig warf er etwas um, ließ etwas fallen, suchte etwas und war notorisch unaufmerksam. In den Monaten vor unserer Reise hatte ich ihm immer wieder gesagt, wie wichtig genügend Schlaf ist. Männer sollten jede Nacht sieben bis acht, Frauen acht bis neun Stunden schlafen – das wird von der Wissenschaft immer wieder betont und durch Studien bestätigt. Ich bekam von ihm die Antwort, dass er nur wenig Schlaf brauche und locker mit maximal fünf Stunden Schlaf pro Nacht auskomme. Seiner Meinung nach war er total fit. War er nicht, jeder konnte das sehen – nur er selbst nicht. Das Fatale ist, dass er aus seiner Sicht Recht hatte. Das Gehirn glaubt nach einigen Tagen Schlafmangel tatsächlich, dass seine Performance normal ist. Das Gehirn bemerkt nicht mehr, dass es suboptimal funktioniert. Subjektiv betrachtet war mein Freund also fit, objektiv betrachtet war er einfach übermüdet, seine Tollpatschigkeit und geistige Abwesenheit sprachen Bände. Nachdem er zum wiederholten Male etwas fallen gelassen hatte, konnte ich ihn endlich davon überzeugen, dass es eine Folge des Schlafentzugs war.

  Darauf gekommen war ich, weil ich es an mir selbst beobachtet hatte. Ich wollte wacher und aufmerksamer sein und probierte einfach aus, ob ich meine Aufgaben nach mehr Schlaf als üblich besser bewältigen konnte. Also fing ich an, jede Nacht acht Stunden zu schlafen. Nach drei oder vier Tagen bemerkte ich, dass ich produktiver wurde. In weniger Zeit erledigte ich wesentlich mehr, machte weniger Fehler und konnte mich besser konzentrieren.

Selbstmanagement fängt damit an, das eigene Verhalten zu hinterfragen und zu überprüfen, ob man sich selbst wirklich gut behandelt. Hier sind ein paar Fragen, die Ihnen dabei helfen können:

- Bin ich fit genug? Treibe ich genügend Sport, um wirklich gesund zu bleiben?
- Schlafe ich gut und genügend? Bekomme ich jede Nacht mindestens sieben bis acht Stunden Schlaf?
- Esse ich ausgewogen? Nehme ich mir Zeit für eine ordentliche Mittagspause?
- Habe ich meinen Arbeitsplatz im Griff? Kenne ich alle Tools? Wie verlasse ich meinen Arbeitsplatz? Räume ich meine Kaffeetasse weg?
- Kümmere ich mich um meine eigene Weiterentwicklung? Besuche ich Konferenzen und Seminare? Lese ich die entsprechende Fachliteratur? Bin ich auf dem neuesten Stand meiner Profession?
- Kenne ich meine Kollegen auch privat? Unternehmen wir etwas gemeinsam? Verstehen wir uns?
- Gönne ich mir genügend Pausen, um wieder konzentriert arbeiten zu können?

4.1.2 Wissen über die Theory of Constraints

Ken Schwaber und Jeff Sutherland haben Scrum ein Wertesystem mitgegeben. Einer dieser Werte lautet: Fokus. Gemeint ist damit, dass sich ein Scrum-Team im Sprint ungestört auf eine Sache fokussieren können soll. In der Welt des Lean Managements und des Toyota Production System gibt es das Prinzip des „One Piece Flow". Grob gesagt bedeutet das nichts anderes, als eine begonnene Sache fertigzustellen, bevor man eine neue Aufgabe beginnt.

Ob in der Arbeit, in der Schule oder sogar zuhause in der Familie - es passiert dann immer wieder das Gleiche: Man wird gestört und kann nicht in Ruhe an einer Sache arbeiten. Diese Störungen begrenzen die Leistungsfähigkeit des Systems und sind ein „Constraint", also eine einschränkende Rahmenbedingung. Die „Theory of Constraints" geht davon aus, dass es immer einen Engpass, ein „Bottleneck" gibt, das den Durchfluss in der Produktion beschränkt. Auch in der Biologie beobachtet man, dass sich die Population einer Spezies so lange vermehrt, bis sie an die Grenzen des Wachstums stößt. Verändert man diese Grenze, entfernt man also das Bottleneck, kann das System mehr produzieren und weiter wachsen. Die Aufweitung des Engpasses führt zu höherer Produktivität, höherem Durchsatz und höherem Return on Investment.

Die Theory of Constraints erwähne ich, um Sie neugierig zu machen. Scrum-Teams, die damit vertraut sind, fällt es leichter, Impediments (Hindernisse und Blockaden) aus dem Weg zu räumen. Sie verstehen, warum sie zusammenarbeiten sollen und warum es wichtig ist, ein System nicht zu 100 Prozent auszulasten.

Vielleicht stellen Sie sich jetzt die Frage: „Braucht man nicht einfach nur eine Scrum-Schulung, um zu verstehen, warum man das alles machen sollte?" Ja und nein. Es ist etwas anderes, ob man eine Regel wie zum Beispiel „Fokus" einfach anwendet oder ob man tatsächlich versteht, warum die Regel überhaupt existiert. Viel zu viele Scrum-Teams beschäftigen sich nicht intensiv genug mit dem, was hinter den Meetings, Rollen und Artefakten steckt. Die Ausführung verstehen sie schnell, aber warum Scrum und Kanban funktionieren, welche Auswirkung eine höhere Batchsize wirklich hat, warum sich der Product Owner um die Vision kümmern soll - das wird oft nur rudimentär verstanden. So kann es aber auch seine Wirkung nicht entfalten. Deswegen hole ich in meinen Büchern immer etwas weiter aus. Hinter der Methode steckt einfach mehr.

4.1.3 Wissen über neue Formen der Produktentwicklung

In Kapitel 5 werde ich darauf eingehen, was man an der Produktentwicklung verstehen muss, um sie skalieren zu können. An dieser Stelle möchte ich dazu nur sagen, dass vom Einzelnen auch dafür ein völlig neues Skill-Set verlangt wird. Moderne Produktentwicklung geht von ungewohnten Paradigmen aus. Als ich bei Electronic Data Systems anfing, wurden mir die Aktenordner gezeigt, in denen beschrieben war, wie der sogenannte „Software Development Cycle" aussah. Ein guter Meter, auf dem haargenau erklärt wurde, wie ein Software-Ingenieur zu arbeiten hatte. Regeln über Regeln, eine Vorlage nach der anderen - und alle folgten dem Wasserfallmodell. Ein Modell, das selbst von seinem Erfinder als fehleranfällig beschrieben wurde, wenn es nicht iterativ betrachtet und angewendet wird (siehe dazu den wichtigen Artikel von Larman, Basili 2003).

Allmählich setzt sich die Erkenntnis durch, dass Produktentwicklung anderen Regeln folgt bzw. folgen muss, um erfolgreich zu sein. Das Anforderungsmanagement ist heute zum Beispiel völlig anders zu betrachten. Wer das für sich selbst verstanden hat, wird in den Gesprächen mit anderen Beteiligten eines größeren Teams hinterfragen können, wie zum Beispiel einzelne Funktionen zusammenhängen oder welche Probleme dadurch gelöst werden sollen (dazu später mehr im Exkurs zum Design Thinking).

Agilisierung der eigenen Disziplin

Scrum hat seinen Ausgangspunkt in der Softwareentwicklung, seine Wurzeln hat es aber in den Ideen von Ikujiro Nonaka und Hirotaka Takeuchi zur Produktentwicklung (vgl. Nonaka, Takeuchi 1986). Durch Kent Beck (Extreme Programming) und viele andere setzten sich Konzepte wie Test First und Test Driven Development langsam, aber sicher durch. Es wurden neue Entwicklungspraktiken und neue Formen des Betriebs von Applikationen entworfen und ausprobiert. In der Arbeitsweise der Entwickler hat also nicht weniger als eine Revolution stattgefunden – um anders arbeiten zu können, mussten neue Programmiersprachen, Technologien und Hardware entstehen.

Wenn ein Teammitglied keine Ahnung davon hat, wie die eigene Disziplin agil werden kann, wird es zum Störfaktor im Team. Ein Beispiel: Wir haben immer wieder versucht, mit „Interaction Designern" zusammenzuarbeiten. Die Vertreter dieser Profession haben die Kompetenz, Informationsströme zu gestalten. Viele davon sind meiner Erfahrung nach aber nicht darin geübt, in agilen Projekten zu arbeiten, weil sie den traditionellen Produktentwicklungsansatz leben: Sie wollen zunächst genau wissen, wie das gesamte Konstrukt aussieht, um sich dann eine Lösung dafür ausdenken zu können. Nur wenige haben erkannt, dass es auch anders funktioniert – sie haben gelernt, ihre Disziplin in eine agile Disziplin umzuwandeln. Wenn eine Organisation agil sein will, muss der Einzelne bereit sein, die Möglichkeiten der Agilität in seiner Disziplin zu entdecken und den Transfer auf die eigene Arbeit zu leisten.

Rollenverständnis

Neben den individuellen Kenntnissen sollten die Menschen in einem agilen Umfeld unbedingt profundes Wissen über die Rollen in agilen Prozessen und Projekten mitbringen – wie sie agieren und welche Bedeutung sie haben. Dabei geht es nicht darum – und dieses *nicht* betone ich intensiv –, die Rollen eines Modells wie Scrum einfach nur nominell zu verankern. Es muss verstanden werden, dass die Verantwortlichkeiten und Entscheidungskompetenzen dorthin gegeben werden, wo die Information ist. Scrum macht diese grundlegende Idee lediglich transparent, indem es zum Beispiel fordert, dass derjenige, der ein Produkt mit einem Team entwickelt, vom Unternehmen die dazugehörigen Entscheidungsbefugnisse zugesprochen bekommt. Denn das ist ja seine Rolle.

Um es einfacher zu machen, hat Scrum den Product Owner eingeführt: Diese Rolle definiert die traditionellen Positionen wie zum Beispiel Marketing- oder Produktmanager neu, indem er ihre eigentliche Kompetenz wieder hervorhebt. Es geht Scrum also nicht um neue Bezeichnungen wie Product Owner oder ScrumMaster, sondern immer nur darum, dass Menschen in Unternehmen bestimmte Entscheidungen autonom treffen können sollen. Wie man dieses Prinzip auf einem Atom-U-Boot umsetzen kann, beschreibt L. David Marquet in seinem Buch „Turn the Ship Around!" (vgl. Marquet 2015). Hier finden sich viele agile Ideen wieder, obwohl der Autor wahrscheinlich noch nie von Scrum gehört hat.

Agile Entwicklungspraktiken

Dass sich die und der Einzelne neue Fähigkeiten aneignen muss, wird an den agilen Entwicklungspraktiken am offensichtlichsten. Agiles Arbeiten basiert nun einmal auf bestimmten Vorstellungen darüber, wie Wissensarbeiter arbeiten sollten. Ich kann sie hier nicht alle erklären, aber ich liste sie noch mal auf:

- Schreibe User Storys
- Arbeite in Pairs oder Mobs
- Führe ein Backlog und sortiere es aus der Sicht der Einkommensrelevanz (mach zuerst das, was Geld bringt)
- Nutze den One Piece Flow oder setze das Limit des Work in Progress auf 1
- Halte mit den Kollegen Daily Scrums (Daily Stand-up) ab
- Setze eine Form des Deming Cycle konsequent ein. In Scrum sind das Sprint Planning, Daily Scrum, Review, Retrospektive.
- Arbeite mit Kadenzen
- Halte dich konsequent an Timeboxes
- Visualisiere deine Arbeit: Taskboards, Demos etc.
- Kommuniziere sofort
- Fokussiere dich auf eine Sache

Diese Dinge sollten so oft und konsequent wie möglich eingehalten bzw. durchgeführt werden. Je näher man diesem Ideal kommt, desto produktiver ist ein agiles Team, egal in welchem Umfeld. Das erfordert ein neues Verständnis darüber, wie ich als Einzelner meine eigene Arbeit durchführe und es erfordert die Disziplin, sich daran zu halten.

Anforderungen an Sicherheit und Qualität agil erfüllen

Die Arbeit in Unternehmen unterliegt zahlreichen Regularien. Gerade in großen Projekten sind agile Teams noch stärker damit konfrontiert und scheitern mitunter daran. Sie finden keinen Weg, mit diesen Regeln kreativ umzugehen, sie zu biegen oder agil zu erfüllen. ScrumMaster und ihre Teams brauchen oft ein gehöriges Maß an Kreativität, manchmal sogar den Willen zur Rebellion. Verstehen Sie mich nicht falsch: Regularien sollen nicht negiert werden, man soll nicht an ihnen vorbeiarbeiten oder ungesetzlich handeln. Es geht darum, Wege zu finden, wie die hinter den Vorschriften liegenden Zwecke erfüllt werden können. Im Buch „Der agile Festpreis" haben meine Co-Autoren und ich gezeigt, wie man Festpreisverträge so definieren kann, dass sowohl die Erfordernisse der Entwicklungsteams als auch der Einkaufsabteilungen erfüllt werden können (vgl. Opelt et al. 2014). Letztendlich hat mir sogar ein Kunde erklärt, dass die Compliance-Abteilung seines Unternehmens den agilen Festpreis als hundertprozentig rechtskonform eingestuft hat. Der Regelkanon wurde erfüllt, obwohl die Verträge völlig anders als gewohnt verfasst waren und die Ausschreibungen anders als bisher umgesetzt wurden. Möglich wurde das, weil sich der Kunde drei Tage lang mit mir hingesetzt hatte und wir jeden Punkt des agilen Festpreises so lange miteinander besprochen haben, bis er es verstanden hatte und wir das Konzept auf seine Situation anpassen konnten. Das war ein einmaliger, sehr mühsamer Prozess – der schlussendlich erfolgreich war.

Als Consultants leisteten wir aber nur einen Bruchteil der Arbeit, die der Kunde leisten musste. Er setzte sich intensiv und kreativ mit dem Thema auseinander und überlegte sich einen Weg, wie er alle Anforderungen erfüllen konnte. Ihm war bewusst, welche Ansprüche das Unternehmen an eine mögliche Lösung stellte und welche Voraussetzungen das agile Arbeiten braucht. So konnte er die richtigen Schritte setzen.

4.1.4 Die Rollen mit den richtigen Fähigkeiten ausfüllen

Wer ein großes Projekt oder gleich eine ganze Organisation agilisieren will, braucht Menschen für die Ausübung der geforderten Rollen. Selbst wenn sich zunächst gar nichts an den Rollen in einer Organisation ändert, muss man doch dafür sorgen, dass die Mitarbeiter nun das agile Arbeiten lernen – und dazu sind in der Regel Veränderungen im eigenen Verhalten notwendig. Ich werde kurz auf die im Scrum-Framework beschriebenen Rollen und auf die Skills eines agilen Coaches eingehen. Alles aus der Sicht des großen Projekts.

Die Skills des ScrumMasters

Ein ScrumMaster hat immer die Aufgabe, sich um sein Scrum-Team zu kümmern (eine ausführliche Liste der nötigen Skills finden Sie in Gloger, Häusling 2011). Bei großen Projekten hat er aber auch die Verantwortung, mit den anderen ScrumMastern (ScrumMaster-Team) die Kommunikation zwischen den Teams aufzubauen und zu fördern. Gleichzeitig müssen die ScrumMaster darauf achten, selbst in ihrem ScrumMaster-Team nicht wieder in Hierarchien zu verfallen. Selbst ein guter Kommunikator zu sein, ist also die wesentliche Voraussetzung für diese Aufgabe. Dazu gehören Rhetorik, Überzeugungskraft, Verhandlungsgeschick, Präsentations- und Visualisierungstechniken sowie das Storytelling. Dieses Kommunikationsgeschick paart sich am besten mit einer gewissen Proaktivität, denn Kommunikation kann nur fließen, wenn man Probleme und Blockaden rechtzeitig erkennt, offenlegt und auflöst.

Ein ScrumMaster will ständig die Produktivität der Teams erhöhen, also muss er ständig Überzeugungsarbeit leisten, neue Ideen einbringen und umsetzen, mit den Entwicklungsteams immer wieder daran arbeiten, die eigenen Fähigkeiten auf die nächste Ebene zu heben. Er ist auch derjenige, der die notwendigen Indikatoren (manche sagen KPIs dazu) einführen sollte, mit denen man die Leistung der Teams messen kann. Das sollte er schon aus Selbstschutz tun, denn er wird ständig daran gemessen, wie gut er beim Auf- und Ausbau der Produktivität seiner Teams vorankommt. In großen Projektorganisationen geht es aber nicht immer darum, die Performance des eigenen Teams zu steigern – die kann sogar einmal schlechter werden. Im Mittelpunkt steht die Performance, der Durchsatz der gesamten Projektorganisation. In diesem Kontext kann es durchaus passieren, dass das eigene Team in einem Sprint nicht eine einzige User Story liefert, weil es gerade die Infrastruktur für ein anderes Team entwickelt und auf diese Weise die Leistungsfähigkeit des gesamten Systems erhöht. Das muss kommuniziert werden, damit alle die Zusammenhänge verstehen.

Zweifellos braucht man für die Rolle des ScrumMasters sehr viel Mut. In dieser Rolle stellt man die Konventionen oft auf den Kopf und geht die Dinge anders als bisher an. Das ist in einem großen Projekt ungleich komplexer und schwieriger. Andere Abteilungen wollen entweder überall mitreden oder haben kein Interesse daran, neue Prozesse und Ideen auszuprobieren. Möglicherweise berührt und verletzt die agile Vorgehensweise die Herrschaftsgebiete anderer Personen. Aus meiner eigenen Erfahrung kann ich nur raten: Gehen Sie mutig auf diese Leute zu. Sprechen Sie mit ihnen so früh wie möglich. ScrumMaster mit Kontaktschwierigkeiten, die sich vielleicht noch hinter E-Mails verstecken, sind unproduktiv.

Das deutet schon an, dass ein ScrumMaster ein *Visionär* sein muss, wenn er andere von seinen Ideen überzeugen will. Dazu braucht er für sich selbst Klarheit. Glaubt er an Scrum und *weiß* er, dass es der richtige Weg ist? Nur aus tiefster Überzeugung heraus kann er den Widerständen immer und immer wieder begegnen. In großen Unternehmen habe ich immer wieder ScrumMaster erlebt, die eben Scrum machen sollten – so als könne man jemandem einfach nebenbei diese Aufgabe zuwerfen und der- oder diejenige wird es dann schon hinbekommen. Agiles Arbeiten, also die Änderung traditioneller Vorgehensweisen hin zu Frameworks wie Scrum, verlangt, dass man an das glaubt, was man tut. Teams, deren ScrumMaster selbst nicht vom Vorgehensmodell überzeugt sind, erreichen nie die Reife, die für produktives Arbeiten notwendig ist.

Sich selbst sehen

Ein ScrumMaster muss die Fähigkeit zur Selbstreflexion haben. Sich selbst ständig zu hinterfragen und mit sich selbst immer wieder in eine Retrospektive zu gehen, ist entscheidend. Viele ScrumMaster, auf die meine Kollegen und ich treffen, arbeiten allerdings nicht an sich. Sie nutzen nicht die Möglichkeit eines Coaches und sehen nicht ein, dass sie Teil des Problems sind. Menschen, die mit Menschen arbeiten, sollten meiner Meinung nach immer auch selbst zu einem Coach gehen, weil der Blick von außen vieles wieder klarer macht. Wer nicht unbedingt zu einem Coach gehen will, aber dennoch achtsam mit der eigenen Entwicklung umgehen will, kann mit einer einfachen Technik beginnen: Schreiben Sie ein Journal!

Ein Journal führen

Ich selbst bin extrem schlecht darin, Dinge immer wieder auf die gleiche Art und Weise zu machen. Ständig wechsle ich meine Tools und Methoden. Das Journalschreiben betreibe ich allerdings seit mehr als 30 Jahren. Ein Journal ist ein Notizbuch, in das Sie mit der Hand schreiben. Kritzeln Sie hinein, sammeln Sie darin Ihre Aufgaben und To-do-Listen. Schreiben Sie Ideen auf, fertigen Sie Skizzen an. Nutzen Sie es, um Ihre Gedanken zu sortieren, indem Sie längere Passagen ohne Unterbrechung schreiben – lassen Sie einfach fließen und bewerten Sie nicht, was da aufs Papier rinnt. Sie können natürlich auch Zeitungsausschnitte und Fotos einkleben.

Derzeit habe ich zwei Notizbücher: Eines im DIN-C6-Format, in dem ich meine To Do's, meine täglichen Erfolge und meine Trainingseinheiten aufschreibe. Es ist immer dabei und ich kann darin schnell eine Idee notieren. Das zweite Journal im DIN-A4-Format dient mir für die Aufzeichnung meiner Gedanken und Träume (ja, ich schreibe auf, was ich nachts träume). Für die Aufzeichnungen in diesem Journal verwende ich eine Füllfeder und ich finde es wunderbar, wie sich die Seiten innerhalb einer Stunde langsam und gleichmäßig füllen.

Die einzige Regel für das Führen eines Journals lautet: täglich schreiben. Wenn Sie einmal nicht dazu kommen, ist das natürlich kein Problem. Sie sollten sich dennoch bemühen, jeden Tag etwas zu schreiben und schreiben Sie es unbedingt mit der Hand. Schreiben Sie mit Ihrer schönsten Handschrift. Sie werden erstaunt sein, wie gut Sie Ihre Gedanken nach ein paar Tagen sortieren können (Buchempfehlung: „How to make a Journal of Your Life" von Dan Price). Ein Journal hilft Ihnen bei der Reflexion. Es ist in meinen Augen das einfachste Tool, um Achtsamkeit für sich selbst zu erlangen, und gerade ScrumMaster brauchen diese Achtsamkeit. Ihre Aufgabe ist es, andere Menschen zu größerem Erfolg zu führen und das geht nur, wenn man sich selbst führen kann. Das Erlernen von Führung ist eine Bewegung nach innen. Wer sich selbst führt, der führt auch andere. Sie werden sehen: Wenn Sie Ihre Umgebung ändern wollen, wenn Sie die Verhaltensweisen Ihrer Kollegen ändern wollen, beginnt diese Änderung bei Ihnen selbst. Ein Journal bietet Ihnen dazu die notwendige Reflexionsfläche. ■

Die Skills des Product Owners

Die Fähigkeiten, die vom Product Owner eines Scrum-Teams verlangt werden, unterscheiden sich fundamental von jenen eines Projekt- oder Produktmanagers. Ein Product Owner muss die Fähigkeit haben, das Produkt selbst mitzuentwickeln – er muss natürlich nicht die Lösung präsentieren, aber gemeinsam mit seinem Team die beste Lösung finden.

Auch für diese Rolle ist Mut wieder die wichtigste Voraussetzung: der Mut, zum Management zu gehen und umfangreiche Kompetenzen zu erstreiten. Der Product Owner entscheidet über Wohl und Wehe eines Produkts, nicht das Board of Directors, das Steering Committee oder der nächsthöhere Chef. Der Product Owner ist die letzte Instanz für Entscheidungen, die das Produkt betreffen. Er muss nicht jedes Mal darum bitten, noch etwas Geld ausgeben zu dürfen, vielmehr muss er entscheiden können. Natürlich ist das leichter gesagt als getan, denn dieses Entscheidungsfeld erstreckt sich über mehrere Kompetenzräume:

1. **Entscheidungsbefugnis.** Zunächst ist die Erlaubnis wesentlich, Entscheidungen treffen zu dürfen. Das muss in vielen Fällen erst erstritten werden und schon an dieser Stelle können sich viele Product Owner nicht gegen ihre Vorgesetzten durchsetzen.
2. **Entscheidungsfähigkeit.** Viele Product Owner trauen sich nicht zu, etwas zu entscheiden. Entscheidungsfähigkeit selbst ist eine wichtige Voraussetzung, gar nicht so wenige Product Owner fühlen sich aber wohler damit, nicht zu entscheiden. Das sind unsichere Persönlichkeiten, die nicht genau wissen, was sie eigentlich entwickeln lassen wollen. In den Sprint Plannings stimmen sie ihren Entwicklungsteams nur halbherzig zu, manchmal geben sie auch etwas in Auftrag und wollen später nichts mehr davon wissen – obwohl sie zugestimmt und damit eine Entscheidung getroffen haben. Diese Product Owner sind unsicher, sie wagen nichts und sie vertrauen sich selbst nicht. Sie sind damit überfordert, die Anforderungen des Markts, die Herausforderungen für das Unternehmen und die Voraussetzungen des Teams gegeneinander abzuwägen. Viele wollen schon vor der Entscheidung wissen, ob die Entscheidung richtig ist. Im Zeitalter der Digitalisierung basiert aber jede Entscheidung auf wenigen Informationen – für manche zu wenig. Kaum hat man sich für ein neues Feature entschieden, hat der Mitbewerber ein anderes

Feature entwickelt. Kaum hat man alle Informationen gesammelt, beginnt schon die Suche nach weiteren Informationen. Wenn er ständig darauf wartet, alle Informationen auf dem Tisch zu haben, kommt der Product Owner nie zu einem Produkt. Irgendwann muss er in den sauren Apfel beißen und einfach entscheiden. Sein Entwicklungsteam verlangt von ihm eine klare Richtungsangabe.

Was, wenn sich die Entscheidung im Nachhinein als falsch erweist? Wer entscheiden will, muss mit den Konsequenzen leben können und sie (er)tragen. Ja, möglicherweise war eine Entscheidung rückblickend falsch. Daraus lernen und weiter im Text.

3. **Verantwortung.** Nach einer „falschen" Entscheidung wollen viele Product Owner die Richtung ändern und etwas anderes entwickeln. Aus ihrer Sicht ist das einfach: Sie sagen dem Entwicklungsteam, dass es alles noch einmal anders machen soll. Der Wunsch ist schnell und leicht ausgesprochen, aber was nun folgt, ist kostspielig. Möglicherweise können die Entwickler die bisher geleistete Arbeit wegwerfen und müssen wieder von vorne anfangen. Der Kunde will den zusätzlichen Aufwand nicht bezahlen, der Chef ist ungehalten, weil ein Fehler gemacht wurde. Es ist die Qual des Product Owners, es auszuhalten, dass eine Entscheidung nie ohne Folgen bleibt und man sie nicht einfach ungeschehen machen kann. Er entscheidet, was gebaut wird. Das gilt auch bei modernen Ansätzen der Produktentwicklung wie dem Design Thinking. Zwar wird hier gemeinsam erarbeitet, was entwickelt werden soll, doch jemand entscheidet, welche Idee weiterverfolgt wird. Der Product Owner führt das Entwicklungsteam durch seine Entscheidungen zum Ziel. Je leichter es ihm fällt, Entscheidungen zu treffen, desto schneller kann sein Entwicklungsteam arbeiten.

In großen Projekten ist es mit Entscheidungen natürlich noch um einiges schwieriger. Es geht nicht um einen Product Owner und ein Entwicklungsteam, sondern um die Abstimmung mit anderen Product Ownern – ein potenzieller Konfliktherd. In vielen Unternehmen wird gar nicht dafür gesorgt, dass mehrere Product Owner das gleiche Ziel verfolgen. Es gibt auch keine Möglichkeit, zu messen, ob die gleichen Ziele verfolgt werden und wie weit die Zielerreichung gediehen ist. Jeder will seinen eigenen Bereich voranbringen und man kann nicht objektiv verifizieren, ob das Gelieferte tatsächlich näher zum Ziel führt.

Auch hier muss man wieder ganz nüchtern entscheiden, welche Interessen den Vorzug bekommen. Ja, es kann passieren, dass die Ideen eines anderen Teams einfach besser als die Ideen des eigenen Teams sind. Da kann es zu Kränkungen kommen, die aufgedeckt und im Product-Owner-Team besprochen und verhandelt werden müssen. Vielleicht müssen die Ideen der anderen vom eigenen Team umgesetzt werden, weil es aus der übergeordneten Sicht für das gesamte Produkt nützlich ist. Die Liste der Unwägbarkeiten ist also lang und der damit verbundene Zwang zur Verhandlung wächst scheinbar unendlich weiter.

Die Lösung des Problems ist allerdings einfach: Alle Mitglieder des Product-Owner-Teams haben die Aufgabe, eine gemeinsame Basis zu finden, an der sie sich ausrichten können. Wird diese Basis nicht gefunden, bleibt oft nur der Weg zu einer nächsthöheren Instanz, die dann die Entscheidung trifft. Das Aushandeln der Basis ist aber die eigentliche Fähigkeit, um die es geht. Wir werden später sehen, wie man diesen Prozess unterstützen kann.

Und wieder ein Nein

Nein sagen zu können, ist die wichtigste und bedeutsamste Fähigkeit – nicht nur eines Product Owners, sondern eines Menschen überhaupt. Sagen Sie: „Nein!" Üben Sie es vor dem Spiegel, wenn es sein muss. Wenn Sie Product Owner sind, müssen Sie zu vielen Ideen in einem Projekt nein sagen. Immer wieder, jeden Tag aufs Neue. Die Liste der Anforderungen und Mini-Aufgaben, die ein Team einfach so nebenbei erledigen soll, wächst in einem großen Projekt unaufhörlich und zum Erschrecken aller passiert es in der Regel ganz unmerklich. Nicht nur Kunden haben ständig Ideen, auch die Teammitglieder selbst bringen in der Kaffeeküche Neues zur Welt und ehe man es sich versieht, haben sie schon einige Tage am Product Owner vorbei in diese Idee investiert. Kostbare Zeit geht dadurch verloren und das Projekt verzögert sich. Nur weil der Product Owner Hemmungen hat, die vielen wirklich guten Ideen rechtzeitig abzuwürgen. Ich rate Ihnen: Zwingen Sie sich dazu. Sagen Sie öfter nein, als Sie es glauben sagen zu müssen. Nur ein konsequentes Nein erzeugt Fokus und dieser Fokus schafft im Team die Produktivität. Die Konzentration auf das Wesentliche macht Spaß.

Ich kenne den Einwand: „Aber wenn der Kunde etwas will, wenn der Chef etwas will, dann können wir doch nicht nein sagen." Ich behaupte: Das kann man sehr wohl. Im nächsten Abschnitt werden wir sehen, dass Neinsagen der Beginn einer Verhandlung ist und jede Verhandlung kompetitiv beginnt. Bevor der Product Owner nicht in der Lage ist, ein Nein überhaupt zu denken, ist das Verhandeln schwierig. Dazu muss sich der Product Owner durch die geeignete Haltung emotional in die richtige Position bringen: Er muss also zunächst sein Selbstwertgefühl aufbauen. Warum ist er der Richtige für die Aufgabe? Wieso kann er beurteilen, dass diese Funktionalität entwickelt werden sollte oder eben nicht? Welche Entscheidungskriterien hat er für sich und sein Team entwickelt, um beurteilen zu können, was zu seiner Produktvision passt und was nicht und was dem Unternehmen mehr Gewinn bringt? Natürlich hilft es, sich diese Kriterien einmal explizit aufzuschreiben, um sie in Gesprächen auch transparent als Entscheidungsgrundlage darstellen zu können. Für die Haltung des Product Owners ist aber sein selbst gesetzter Status ausschlaggebend. Nur wer sich selbst als die Person sieht, die Entscheidungen trifft, kann diese Haltung in den entsprechenden Meetings einbringen und vertreten.

Machtwörter und Verhandlungskompetenz. Warum sollte der Product Owner nicht darauf vertrauen können, dass er die Macht hat, die Produkte zu bestimmen? Weil es dieses Idealbild so gut wie nirgends gibt. Ich selbst kenne nur wenige Unternehmen, in denen das Linienmanagement den Product Ownern tatsächlich die vollständige Macht über diese Entscheidungen gibt und sich nie einmischt. In der Regel ist irgendein Vorgesetzter davon überzeugt, die besseren Entscheidungen treffen zu können als seine Mitarbeiter. Die Ursache dieser Überzeugung liegt oft genug bei den Mitarbeitern: Eben weil sich der Product Owner nicht traut, eine Entscheidung zu treffen, trifft sie der Chef – es ist ein Henne-Ei-Problem. Solange der Vorgesetzte mit einem Machtwort einspringt, weil der Mitarbeiter entscheidungsunfähig ist, wird der Mitarbeiter weiterhin nichts entscheiden. Trifft der Mitarbeiter doch irgendwann eine Entscheidung und erweist sie sich als falsch, legt der Vorgesetzte das als Inkompetenz aus. Also insgesamt eine schlechte Ausgangsbasis, wenn man mündige und entscheidungsfreudige Product Owner im Unternehmen haben will.

Entscheidungsfähigkeit und Verhandlungskompetenz sind eng miteinander verbunden. Wer verhandelt, argumentiert nicht. In einer Verhandlung werden keine Argumente ausgetauscht, sondern Positionen vertreten. Verhandeln ist vielleicht die entscheidende Fähigkeit eines Product Owners, denn es geht darum, dass er seine Interessen umsetzen kann, wobei diese Interessen aus seiner Sicht gewinnbringend für die Organisation sind. Oft genug wird der Product Owner dabei gegen die Interessen seiner Vorgesetzten antreten müssen oder im Interesse des Kunden die Umsetzung bestimmter Funktionalitäten ablehnen. Wesentlich ist dabei, diese Ablehnung nicht aus der Position des vermeintlich Stärkeren, also Macht des Titels, durchzusetzen. Durch geschicktes Verhandeln gibt man allen das Gefühl, gewonnen zu haben. Verhandeln ist eine Kunst und sie basiert darauf, zu verstehen und zu akzeptieren, dass es unterschiedliche, manchmal unvereinbare Positionen gibt und nicht alle das Gleiche wollen. Auch wenn sich alle diese verschiedenen Interessen in einem Raum sammeln, darf man sein Ziel nicht aus den Augen verlieren. Bekommt man zum Beispiel die Anforderungen aus einem Fachbereich immer zu spät, muss man mit dem Fachbereich verhandeln können. Es einfach ohne Gegenleistung hinzunehmen, wäre fatal. Wer etwas von einem Scrum-Team will, sollte auch vorbereiten, was er für die gemeinsame Arbeit mitbringen muss. Darin liegt das Geschick des Product Owners: die Beteiligten in die Arbeit zu involvieren. So kann er den Einkauf bitten, sich dafür einzusetzen, dass Produktteile günstiger beschafft werden können. Also Schluss mit dem ständigen Mehr ohne Gegenleistung (Buchempfehlung: „Verhandeln im Grenzbereich“ von Matthias Schranner). Product Owner, die gut verhandeln können, holen für alle Beteiligten das optimale Ergebnis heraus. Einfach nur nachzugeben oder faule Kompromisse einzugehen, ist in der Regel für alle Involvierten unbefriedigend.

4.2 Die Skills des Entwicklungsteams

Pair Programming war gestern. Mob Programming ist der neue Standard hyperproduktiver Entwicklungsteams. Aber wie viele Softwareentwickler haben sich so intensiv mit Pair Programming beschäftigt, dass sie entscheiden können, ob ihnen Mob Programming etwas bringt? Wie viele fühlen sich mit Pair Programming wirklich wohl? Zu wenige. Nur ein verschwindend kleiner Bruchteil von Entwicklern, selbst in agilen Projektteams, entwickelt konsequent auf diese Weise. Obwohl sich inzwischen erwiesen hat, dass Mob Programming ziemlich effektiv ist (zum Beispiel bei unseren Freunden von 25th-floor – siehe „Ein Team. Ein Keyboard. Eine Story“ auf *http://bit.ly/2akp7eO*). Ich erwähne das Mob Programming, um zu zeigen, dass für das Umsetzen agiler Praktiken auch Teammitglieder gebraucht werden, die diese Praktiken erstens kennen bzw. kennenlernen wollen und sich zweitens damit wohlfühlen, ihre eigentliche Aufgabe einmal anders durchzuführen.

Vor einiger Zeit habe ich ein Ingenieurbüro besucht. Dort saßen die Designer von Leiterplatten zwar nebeneinander, aber jeder arbeitete an seinem eigenen Projekt. Sie waren Teil eines Teams und doch getrennt. Aus meiner bescheidenen Sicht wäre es einfach, die beiden Kollegen, die dort so nebeneinander vor sich hinbrüteten, miteinander arbeiten zu lassen. Wahrscheinlich würde das beiden Projekten nützen. Dazu müsste neben der grundsätzlichen Bereitschaft zu dieser Arbeitsweise allerdings auch das Wissen dazu entstehen, wie man sinnvoll miteinander die einzelnen Tätigkeiten durchführen kann. In der Softwareentwicklung hat die Pair- und Mob-Entwicklung zu großen Produktivitätssteigerungen geführt.

Welche Fähigkeiten braucht eine Entwicklungsmannschaft in einem skalierten Umfeld aber noch?

Scrum, Kanban und Co.

Zunächst müssen die Teammitglieder natürlich mit den jeweiligen agilen Managementframeworks vertraut sein. Sie brauchen Wissen darüber, wie man Aufgabenstellungen mit Design Thinking löst (dazu später mehr). Sie müssen dazu in der Lage sein,

- effektive Scrum-Meetings durchzuführen: Backlog Refinements, Sprint Plannings, Daily Stand-ups, Reviews und Retrospektiven.
- User Storys und Personas zu schreiben und zu entwerfen.
- effektiv mit den Anwendern reden zu können.
- sich an der Erstellung von Story-Maps beteiligen zu können.
- das Konzept von Fokus und One Piece Flow zu verstehen und anzuwenden.
- die Rolle des ScrumMasters, des Agile Coaches und des Product Owners zu verstehen.

Das sind die offensichtlich notwendigen Fähigkeiten, in einem skalierten Umfeld werden noch einige Fähigkeiten mehr gebraucht.

Zum Beispiel muss man wissen, welche Architekturen für große, komplexe Systeme sinnvoll sind. Ein Teammitglied muss diese Komplexität mit seinen Kolleginnen und Kollegen diskutieren können und es wird bei seiner eigenen Arbeit immer wieder über den Tellerrand hinausschauen müssen, um die Zusammenhänge zu verstehen und das Ganze im Blick zu behalten, während es seinen Teil dazu beiträgt. Mitglieder skalierter Teams sollten Spaß daran haben, mit anderen an Konzepten zu arbeiten. Dann ist es für sie nämlich selbstverständlich, dass man sich immer wieder in neuen Varianten zusammensetzt, dass Teamräume sinnvoller als Cubicles sind und warum man sich mit den heute gängigen Tools der Softwareentwicklung auskennen sollte. Abseits der Softwareentwicklung ist es nicht anders.

Voraussicht. Wer immer so arbeitet, dass andere sofort weiterarbeiten können, versteht eines: Es kommt nicht darauf an, möglichst schnell fertig zu werden, sondern die Arbeit so zu hinterlassen, dass der oder die Nächste tatsächlich etwas damit anfangen kann. Diese Teammitglieder werden besser dokumentieren oder den Code so schreiben, dass ihn alle anderen verstehen und es den Testern leichtfällt, dafür die Testfälle zu erstellen. Also das, was man sich von anderen für die eigene Arbeit erhofft, leistet man auch für die anderen – das ist teamorientiertes Arbeiten. Das erfordert viel Disziplin und Sorgfalt. Jedes Mal, wenn etwas für den nächsten in der Wertschöpfungskette nicht nachvollziehbar ist, kostet es Produktivität.

Kehren wir noch einmal zu den Leiterplatteningenieuren zurück. Das erste Argument gegen die Pair-Entwicklung lautete: „Aber dann müsste ich mich ja jeden Tag mit dem Quatsch beschäftigen, den der andere gemacht hat, und müsste sein Design jedes Mal wieder umbauen." Hier tritt das Mindset des Wissensarbeiters von heute sehr deutlich zutage. Als ginge es darum, die eigene Arbeit ständig zu verteidigen und andauernd zeigen zu müssen, dass man selbst doch besser ist als der andere. Von Anfang an sollte klar sein, dass es nicht darum geht, wer zum richtigen Ergebnis kommt. Aus den Gesprächen soll sich ein Ergebnis entwickeln, das den Anforderungen und den Designüberlegungen der beiden Kollegen entspricht. Dieses Ziel kann man natürlich nur erreichen, wenn sich der einzelne Ingenieur nicht so wichtig nimmt. Tragen wir diesen Gedanken noch eine Stufe weiter: Teams sollten nicht gegen- sondern miteinander arbeiten. Reviews sind kein Wettbewerb, sondern der Versuch, im Dialog die bessere Lösung zu erarbeiten.

Respekt. Im Improvisationstheater gibt es die Regel: „Don't negotiate or deny." Gemeint ist, dass man annimmt, was der andere anbietet, und wieder etwas daraus macht. Aus dem ständigen wechselseitigen Input ergibt sich das Spiel der Veränderung. Das erfordert tiefen Respekt vor dem anderen. Es wird notwendig, dass der Beitrag des anderen nicht als sinnlos, falsch, unbedeutend oder unwichtig gesehen wird, sondern als das, was es ist: ein Input, auf den man reagiert. Wie man darauf reagiert (solange man ihn akzeptiert und integriert), ist völlig egal. Die Improvisation, das Lebendige zählt. In Scrum gibt es die Idee, anstelle von „Ja, aber ..." zu sagen: „Ja, und ..." Auch hier steht im Mittelpunkt die Überlegung, nicht zu verneinen, sondern auf dem aufzubauen, was vor mir liegt. Diese Haltung führt zu einem ständigen Fortschritt, sie richtet den Blick nach vorne und integriert das, was die einzelnen Teams einbringen können. Das Motto dieser Haltung lautet: „Progress, not perfection." Man arbeitet ständig weiter an sich und kommt dadurch dem eigenen Ideal immer ein Stück näher. Das lehrt nicht nur das Improvisationstheater, sondern auch die Arbeit mit agilen Teams, die gemeinsam auf ein Ziel hinarbeiten, ständig mit den Anwendern in Kontakt sind und die Entwicklung ihres Produkts immer wieder aufgrund des Feedbacks neu ausrichten. Es ist die Aufgabe des ScrumMasters, diese Haltung in seinem Team zu entwickeln. Wesentlich einfacher ist es für alle Beteiligten, wenn sie diese Haltung bereits mitbringen. Wenn in einem Team immer wieder neu verhandelt werden muss, wenn unklar ist, ob Teams wirklich kollektive Code Ownership anstreben, oder wenn es wegen der Profilierungssucht einzelner immer wieder zu Konflikten kommt, wird die teamübergreifende Arbeit schwierig.

Lösung statt Besitzanspruch. Bei Menlo Innovations wechseln Teammitglieder sehr schnell die Projekte. Während sie diese Woche noch an einem Projekt arbeiten, übernehmen sie in der nächsten Woche schon wieder eine Aufgabe in einem anderen Entwicklungsteam. Alle in diesem Unternehmen haben verstanden, dass es vollkommen egal ist, ob man der oder die Beste in irgendetwas ist. Wenn die Regel gilt, in Paaren zu arbeiten, ist vollkommen nebensächlich, wer welche Idee hat. Es spielt keine Rolle, denn der Fokus liegt darauf, das Problem des Kunden so schnell wie möglich zu lösen.

Wer diese Haltung in die Arbeit mit skalierten Teams einbringen kann, wird die Gesamtleistung steigen sehen. Die Teamgrenzen sind durchlässig, man tauscht sich aus, ohne dass dieser Austausch angeordnet oder gemanagt werden müsste – er findet von selbst statt.

Die Skills hier ausführlich zu beschreiben, würde den Rahmen sprengen. Nur so viel: Auf dieser Ebene zerplatzt der Traum, ein Skalierungsframework wie SAFe® oder LeSS würde es richten. Ein solches Framework reicht nicht aus. Zusammenarbeit kann nur dann über Prozesse adressiert werden, wenn diese Prozesse bekannt und stabil sind – und genau in diesem Umfeld arbeiten agile Produktentwicklungsmannschaften eben nicht. Für jedes Produkt, für jedes Projekt müssen sie aufs Neue herausfinden, welche Herangehensweisen sinnvoll sind, und dabei helfen die teamorientierte Haltung und Professionalität des Einzelnen. Mechanistische Frameworks führen nicht zu diesem Ziel. Sie lenken ab und respektieren nicht, dass jedes agile Entwicklungsteam eigenständig denken kann.

4.3 Die Skills des Managements

Wenn wir versuchen, agiles Denken und Handeln in einem Unternehmen einzuführen, scheitern wir oft am mittleren Management. Die Erfolge der Agilität will man durchaus sehen, aber man ist nicht der Meinung, dass man dazu die eigene Haltung ändern muss. Welche Fähigkeiten braucht das mittlere Management, um Scrum-Teams effektives Arbeiten zu ermöglichen?

Alles, was ich bisher über Skills und Praktiken gesagt habe, trifft im Wesentlichen auch auf den Manager zu. Er muss agile Entwicklungspraktiken nicht nur verstehen, er muss sie gespürt haben. Er muss voll und ganz dahinterstehen. Er muss die Theory of Constraints kennen, er muss selbst einmal User Storys geschrieben haben und wissen, wie es sich anfühlt, vor einem Taskboard zu stehen. Vielleicht macht er sogar bei einer Runde Design Thinking mit.

Wir haben mit Managern verschiedener Konzerne intensiv gearbeitet und es hat oft einige Wochen gedauert, bis sich das rationale Verstehen agiler Praktiken in sichtbaren Aktionen manifestiert hat. Es gab einfach wenige bis gar keine Erfahrungen damit, wie sich agiles Denken und Arbeiten anfühlt. Am Anfang fehlt das Vertrauen darauf, dass Kollegen *freiwillig* mitmachen, dass ohne Ansage geliefert wird, dass Termine eingehalten werden, obwohl niemand über die Schulter schaut. Immer wieder höre ich: „Wenn wir erlauben, dass sich Teammitglieder nur das rausnehmen, was sie machen wollen – wer erledigt dann die unbequemen Aufgaben?“ Diese Frage ist immer sofort da. Als wäre es absolut logisch, dass niemand seinen Beruf gerne macht. Als wüssten Mitarbeiter nicht, dass nicht immer alles einfach ist und dass es manchmal Unbequemes zu tun gibt. Dieses Misstrauen ist tief im Denken vieler Manager und Führungskräfte eingegraben. Ich persönlich glaube, dass es ein anerzogener Reflex ist. Auch in der Schule wird Schülern ständig unterstellt, dass sie nichts tun wollen. Genau betrachtet ist diese Unterstellung sogar eine Verleumdung. Statt Mitarbeiter als Menschen zu sehen, die ihre Arbeit gerne machen und wirksam sein wollen, wird ihnen das Gegenteil vorgeworfen. Wahrscheinlich bräuchten wir weniger Seminare zur Stressbewältigung, wenn den Menschen wieder Freude an der Arbeit zugestanden würde und man ihnen zutrauen würde, auch Unangenehmes tun und bewältigen zu wollen.

Manager, die Teams in herausfordernden Konstellationen wie großen Projekten führen können, brauchen neben Mut, Entscheidungsfreudigkeit und Methodenwissen vor allem drei Fähigkeiten:

1. Erstens die Fähigkeit, ihren Kollegen eine Rolle nicht nur zu geben, sondern sie darin auch zu unterstützen.
2. Zweitens die Fähigkeit, die Organisation so zu gestalten, dass agile Teams optimal arbeiten können.
3. Und drittens die Fähigkeit, eine Kultur des Gelingens wachsen zu lassen und dabei die kulturellen Unterschiede in einer Organisation zu berücksichtigen.

Rollen ausüben lassen

Wer delegiert, entmündigt. Ich glaube, es gibt keine schwierigere Aufgabe, als einen anderen Menschen den ihm anvertrauten Job tun zu lassen, ohne sich einzumischen. Echte Delegation ist in Wahrheit keine Delegation, sondern ein Mündigmachen der Kollegen. Delegation belässt die eigentliche Verantwortung beim Manager oder bei der Führungskraft. Zwar werden die Aufgaben von anderen erledigt, aber die Entscheidungen trifft weiterhin der oder die Vorgesetzte. Auf diese Weise erzieht man bessere Assistenten, aber keine gleichberechtigten Kollegen, die Verantwortung übernehmen. Ist in einem Unternehmen Gleichberechtigung zwischen Kollegen überhaupt möglich? Natürlich, sogar dann, wenn es Konzernrichtlinien, Betriebsräte und jede Menge Vorschriften gibt. Alles, was es dazu braucht, ist die einfache und klare Aussage einer Führungskraft, welchen Spielraum ein Mitarbeiter hat. Das gilt umso mehr in skalierten Projekten. Wenn Führungskräfte Scrum und andere agile Methoden einsetzen wollen, kommen sie nicht umhin, Product Owner und ScrumMaster einzusetzen, die Teams in die Agilität führen. Aufgabe der Führungskräfte ist es dann, klar auszusprechen, was es bedeutet, ein Product Owner oder ScrumMaster zu sein. Eine Führungskraft muss dann aber nicht nur mit Worten, sondern auch mit Taten dafür sorgen, dass der Rollenträger wahrnimmt, dass er die Rolle tatsächlich vollumfänglich ausüben darf. Dazu muss ein Vorgesetzter selbstverständlich wissen, welche Rolle ein Product Owner oder ein ScrumMaster spielt und in welchem Verhältnis er zum Management steht. Das Gleiche gilt für jedes andere Rollenmodell.

Vor allem bei großen agilen Projekten behält sich das Management jedoch oft vor, die Entscheidungen des Product Owners bzw. der Product Owner in Frage zu stellen. Priorisierungen werden kritisiert und sogar ignoriert, Entscheidungen werden über die Köpfe der Teams hinweg getroffen, ohne den ScrumMaster einzubeziehen. Meistens wird argumentiert, dass man so handeln müsse, weil der nächsthöhere Vorgesetzte, der Kunde oder eine andere Abteilung die neuen Regeln nicht akzeptieren würde. So erinnere ich mich zum Beispiel an diesen Fall: Ein Manager führte eine kleine Abteilung mit zehn Projektmanagern, Business-Analysten und anderen Funktionen. Er fiel aus allen Wolken, als ich sagte: „Sie müssen nach oben berichten, dass Sie leider keine Arbeit mehr annehmen können." Nach „oben" bedeutete: zum Vorstand des Unternehmens. Er konterte sofort, dass es unmöglich sei, der Vorstand brauche diese Dinge nun einmal. Ich versuche bei solchen Antworten gar nicht mehr, das Kopfschütteln zu unterdrücken. Welches Recht hat denn ein Vorstand, die Mitarbeiter ständig aus ihrer aktuellen Arbeit herauszureißen, sich nicht an Absprachen zu halten und die Organisation in ständige Unruhe zu versetzen? Warum nehmen Topmanager nicht den Fuß vom Gas? Sie brauchen doch gar nicht von Meeting zu Meeting zu hetzen, denn das Umsetzen ihrer Entscheidungen braucht Zeit – egal, welche Entscheidung getroffen wird. Um in der Organisation wirksam zu werden, braucht sie sogar viel mehr Zeit, als man denkt. Wenn das Topmanagement ständig operativ entscheiden muss, ist es leider nicht in der Lage, den eigenen Laden so zu organisieren, dass er nicht im permanenten Krisenmodus operiert! Dann hat das Topmanagement eben nicht seine Arbeit getan – das muss in dieser Deutlichkeit gesagt werden!

Agiles Arbeiten bringt es nur auf den Punkt: Wer einen Product Owner einsetzt, muss mit den Entscheidungen leben, die er mit seinem Entwicklungsteam trifft.

Die fraktal skalierte Organisation gestalten

In Kapitel 7 werden wir sehen, dass ein skaliertes großes Projekt der Ausdruck eines fraktalen Systems ist. Fraktale Systeme zeichnen sich dadurch aus, dass ihre Einheiten in sich vollständig sind und ihre Aufgaben genau kennen. Gleichzeitig wissen diese Einheiten um das große Ganze und richten sich danach aus. Das Management ist das Gesicht einer Organisation und in Zukunft eben einer fraktal skalierten Organisation. Aufgabe des Managements ist es dann, die Grundlagen und Rahmenbedingungen zu schaffen, damit agil gearbeitet werden kann. Das fängt mit der Einführung agiler Frameworks an und endet mit der Auflösung des traditionellen Managements, wie es in Unternehmen wie Liip *(www.liip.ch)*, Jetbrains *(www.jetbrains.com)*, der niederländischen ING Bank (Videos finden sich auf YouTube unter den Titeln „Agile Way of Working at ING Netherlands“ und „INGs Journey to Agile“), Skyscanner *(https://www.skyscanner.net/meettheteam.aspx)* oder Spotify bereits passiert ist (spannende Videos zur Engineering Culture bei Spotify gibt es von Henrik Kniberg ebenfalls auf YouTube). Es ist eine Sache, die Rollen wie beschrieben zu leben (bzw. leben zu lassen), und eine andere, die Prozesse der Organisation konsequent auf agile Vorgehensweisen abzustimmen.

Was braucht ein Manager oder eine Managerin dazu? Hier eine nicht vollständige Liste:

- *Ein Manager muss sich die fraktal skalierte Organisation vorstellen können.* Sascha Theißen zum Beispiel, Senior Vice President Legal/General Counsel der Holtzbrinck Publishing Group, hat die Rechtsabteilung von Holtzbrinck agilisiert, weil er in anderen Kontexten bereits gesehen hatte, was Agilität und Scrum bewirken können (siehe dazu Gloger 2015).
- *Er braucht den Mut, diese Organisationsform möglicherweise gegen den Rest des Managements durchzusetzen.* Er ist wie ein Regenschirm (Regenschirmeffekt – ein Begriff, den Alistair Cockburn geprägt hat). Seine Aufgabe ist, in der eigenen Organisationseinheit dafür zu sorgen, dass agil gearbeitet werden kann. Er schützt seine Kollegen vor den Push-Versuchen der Außenwelt und schirmt sie ab.
- *Er braucht den Weitblick, um sein übergeordnetes Management vom Nutzen agilen Arbeitens überzeugen zu können.* Wenn sich agiles Arbeiten durchsetzen soll, ist es unabdingbar, dass zu irgendeinem Zeitpunkt auch das übergeordnete Management versteht und akzeptiert, dass anders gearbeitet werden darf. Möglicherweise entsteht sogar das Interesse an dieser Form des Arbeitens und man will es selbst einmal ausprobieren.
- *Es braucht die Bereitschaft, das eigene Büro hinter sich zu lassen.* Auch Manager müssen agiles Arbeiten meist erst erlernen. Dazu müssen sie es aber auch erfahren und das funktioniert nicht, wenn eine Führungskraft in ihrem Büro sitzt und nicht mit den anderen kommuniziert, sich nicht mit den Mitarbeitern auseinandersetzt und mit ihnen täglich einen Diskurs zum agilen Arbeiten führt. Wer sich nicht darauf einlässt, kann von den Mitarbeitern nicht erwarten, dass sie agiler arbeiten.
- *Er muss den Kalender ausmisten.* Die vielleicht wichtigste Fähigkeit eines Managers ist es, den Fokus zu verändern und sich Zeit für das Team zu nehmen. Der Wert eines Unternehmens steigt über die Wertschätzung der Mitarbeiter, sagt zum Beispiel Bodo Janssen, Eigentümer der Hotelkette Upstalsboom und Autor des Buches „Die stille Revolution“ (vgl. Janssen 2016; Kurzfilme über seinen Managementansatz gibt es auf *www.upstalsboom.de/filme.html* zu sehen). Was er damit zum Ausdruck bringt: Es ist notwendig, sich mit den Menschen, für die man verantwortlich ist, zu beschäftigen, für sie da zu sein. Man muss ihnen das Gefühl vermitteln, dass sie *wertvoll* sind (vgl. Gloger, Rösner 2014).

Diese Fähigkeiten brauchen Manager, um eine Organisation zu gestalten. Ist Ihnen aufgefallen: Ich spreche nicht von Strukturen. Ich spreche nicht davon, welche Prozesse wie ablaufen sollen, sondern nur darüber, welche Fähigkeiten der Manager ausbilden sollte, damit er sich anders verhalten kann. Es geht nicht darum, zu wissen, wie man diese Organisation aufsetzt, sondern es geht darum, zuzulassen, dass diese Organisation überhaupt entstehen kann: Die Mitarbeiter machen lassen, ihnen erlauben, andere Wege zu gehen. Nichts ist einfacher und nichts ist schwieriger. Die Mitarbeiter zum Denken anregen, sie selbst entscheiden lassen – das ist agiles Management.

Kultur schaffen

Aufgabe des Managements ist es, in einem Unternehmen eine Kultur entstehen zu lassen, die ich als Kultur des Gelingens bezeichne. Alistair Cockburn reduziert Agilität auf vier Werte bzw. Aktivitäten (vgl. Cockburn 2015):

1. Collaborate (Zusammenarbeiten)
2. Deliver (Liefern)
3. Reflect (Reflektieren)
4. Improve (Verbessern)

Was macht er damit klar? Das Management hat die Pflicht, die Zusammenarbeit herzustellen und überhaupt zu ermöglichen, und es hat dafür zu sorgen, dass die zu lösenden Probleme auch gelöst werden. Dazu ist das Unternehmen nämlich auf dem Markt angetreten. Immer wieder muss das Unternehmen darauf ausgerichtet werden, dass etwas zu liefern ist. Gute Manager stellen sich dazu laufend die Frage: Welches Problem haben wir gerade zu lösen und wie kann ich meine Kollegen dabei unterstützen, sich auf das Außen zu fokussieren? Ich selbst zeige meinen Kollegen immer wieder, dass sie sich auf das Geschehen im Außen, also draußen am Markt und bei den Kunden, konzentrieren müssen. Dort soll die Energie hineinfließen – nicht in Interna.

Kulturelle Unterschiede. In internationalen, fraktal organisierten Projekten oder in fraktal skalierten Organisationen schleicht sich immer wieder ein Umstand ein, der zu wenig Beachtung findet: länderspezifische Kulturen, die in solchen Teams bunt zusammengewürfelt sein können. Aus meiner Sicht muss ein Manager in diesem Punkt mit Reflexion und Achtsamkeit wieder bei sich selbst beginnen: Die eigenen Scheuklappen, die eigenen Vorurteile, die eigene Haltung und damit die eigenen Werte kann man für sich selbst als gesetzt betrachten – man kann aber nicht davon ausgehen, dass andere Menschen diese Werte teilen.

Chinesen haben ein anderes Wertesystem als Österreicher und diese wiederum ein anderes als Deutsche oder Briten. Ein Besser oder Schlechter gibt es da nicht: Mein deutsches Wertesystem ist nicht besser als das meiner österreichischen Frau. Es ist anders, ja, in manchen Punkten kaum spürbar und in einigen Punkten deutlich anders. In meinem eigenen Unternehmen arbeiten Österreicher und Deutsche und wir bemerken, dass es kulturelle Unterschiede zwischen uns gibt. Andere Kollegen haben ihre Wurzeln in Frankreich und der Türkei. Ich liebe diese Diversität in unserem Unternehmen und sie macht aus uns das Besondere, das unsere Kunden schätzen. Wir leben mit den kulturellen Unterschieden, die uns meistens gar nicht bewusst sind – und manchmal entstehen daraus Konflikte, weil wir die Handlungsweisen des anderen zunächst nicht verstehen.

Allerdings haben wir einen Vorteil: *Wir sind ein Team!* Wir haben die Chance – und diese nutzen wir extensiv –, uns kennenzulernen. In verschiedenen Konstellationen arbeiten wir gemeinsam an den Projekten, wir kommen als gesamtes Unternehmen an 13 Tagen im Jahr an einem schönen Ort zusammen, um über uns zu sprechen. Einige von uns nehmen zweimal pro Jahr als Staffelteams an Marathonläufen teil. So lernen wir uns hinter der beruflichen Fassade kennen und akzeptieren uns so, wie wir sind – auch wenn ich immer noch Luft nach oben sehe.

In Ihren Projekten ist das sicherlich nicht anders, wenn Sie mit großen skalierten Projekten zu tun haben, kommt jedoch noch ein Faktor dazu: Die kulturellen Unterschiede zu den Teams, die in China, Indien, in der Ukraine, in Großbritannien oder in den USA sitzen. Auf die Werte verschiedener Kulturen einzugehen, ist in diesem Buch nicht möglich, es gibt allerdings eine besonders gute Quelle für diese Form der Achtsamkeit: Geert Hofstede. Hofstede hat in den 1970er-Jahren eine Kulturstudie unter den Mitarbeiterinnen und Mitarbeitern von IBM durchgeführt und hat dabei festgestellt, dass sich nationale Kulturen in sechs wesentlichen Dimensionen differenzieren lassen (siehe dazu *https://geert-hofstede.com/national-culture.html*):

1. Machtdistanz
2. Individualismus/Kollektivismus
3. Maskulinität/Femininität
4. Vermeidung von Unsicherheit
5. Langfristige/kurzfristige Ausrichtung
6. Genussfähigkeit/Einschränkung

Es gibt inzwischen genügend Literatur zu Fragen der interkulturellen Zusammenarbeit, spezialisierte Beratungsunternehmen bieten Kulturcoachings an – daher lasse ich es an dieser Stelle dabei bewenden. Vergessen Sie diesen Punkt jedenfalls nicht, wenn Sie in Ihren Projekten mit Menschen verschiedener Nationalitäten zusammenarbeiten. Setzen Sie sich mit den kulturellen Werten eines Landes auseinander. Wie wichtig das ist, möchte ich Ihnen abschließend anhand meiner eigenen Geschichte erzählen.

Chinesen stellen keine Fragen?

Ich hatte den Auftrag für ein Training in Bejing angenommen. Aufgeregt wie ich war, dachte ich mehr an meine Inhalte und das, was ich dort zu erzählen hatte, als an die Tatsache, dass ich es mit Menschen aus einer anderen Kultur zu tun haben würde. Einiges hatte ich vorab schon gehört, zum Beispiel: Chinesen stellen in Meetings keine Fragen. Ich dachte, es werde schon nicht so schlimm werden. Wurde es auch nicht. Der erste Tag wurde schlichtweg zu einem Fiasko, zumindest in meinen Augen.

Das Training führte ich genauso durch, wie ich es immer in Deutschland getan hatte. Viele Übungen, viele Beispiele, viel Beteiligung der Teilnehmerinnen und Teilnehmer. Es funktionierte hier in China überhaupt nicht. Niemand machte mit. Ich hatte das Gefühl, dass sie gar nicht verstanden, was ich wollte.

Was sollte ich bloß tun? Ich war zugegebenermaßen etwas verzweifelt. Am Abend setzte ich mich also mit einem Buch über die chinesische Kultur hin. Darin stand zu lesen, dass die chinesische Sprache völlig anders aufgebaut ist als die deutsche. Sie ist induktiv und nicht deduktiv wie alle germanischen Sprachen. Ich lernte auch, dass Chinesen den Lehrer nicht fragen, weil er sein Gesicht verlieren könnte, wenn er zu einer Frage keine Antwort hat.

Der nächste Anlauf

Am nächsten Tag bekam ich meine zweite Chance. Ich erklärte alles haarklein, nutzte keine Oberbegriffe und bombardierte die Teilnehmer mit Detailinformationen. Der Effekt war phänomenal. Alle hörten mir aufmerksam zu. Dann begann ich, mein Gesicht zu verlieren. Ich ließ den Stift fallen, stolperte über das Kabel des Overheadprojektors, stammelte, vergaß, was ich sagen wollte. Plötzlich geschah es: Sie stellten Fragen! Als wäre es das Normalste der Welt, begannen sie in ihrem Chinesisch-Englisch, mit mir zu diskutieren, und ich antwortete in meinem Deutsch-Englisch. Ich zeigte ihnen, wie sie die Übungen machen sollten, und sie taten es – sie kopierten mich einfach. Der Bann war gebrochen und später erfuhr ich, dass ich witzig gewesen sei, und daher hatten sie mit mir sprechen können.

Mein Respekt für die chinesische Kultur wuchs durch diese Erfahrung extrem. Ich hatte Menschen aus China kennengelernt, zwar immer noch am Rande, doch binnen weniger Stunden hatte ich gelernt, ihre Sichtweise und Lebensart zu respektieren und ich änderte *mein* Verhalten. Mir machte es nichts aus, mein Gesicht zu verlieren. Es war meine Aufgabe, ihnen etwas beizubringen, und dabei hielt ich mich an ein Prinzip: Wenn ich nicht verstanden werde, dann muss ich an mir etwas ändern. Das half mir. ■

Es ist nur ein Ausschnitt aus vielen Begebenheiten, in denen es mir einmal mehr und einmal weniger gelungen ist, meine eigene Vorstellung davon, wie etwas sein sollte, aufzugeben und zu akzeptieren, dass andere Menschen mit anderen Werten aufgewachsen sind.

Eine Übung möchte ich Ihnen vorschlagen, mit der Sie die Kulturen Ihrer Teams im Ausland verstehen lernen können: Denken Sie einfach mal ein paar Minuten darüber nach, was Ihrer Meinung nach in der anderen Kultur wichtig ist. Was wissen Sie über Indien, China, Pakistan, Ungarn oder die USA? Machen Sie eine Liste der fünf wichtigsten Werte, die sie identifizieren können. Meine persönliche Liste für Deutschland: Pünktlichkeit, Ehrlichkeit, Verlässlichkeit, Korrektheit, Resultate zählen, Zuverlässigkeit. Für die Niederlande: liberal, flache Hierarchien, Autonomie, Monarchie, Demokratie, Prinzipientreue. Das sind meine Listen, Ihre können anders sein. Wenn Sie diese Übung für sich selbst gemacht haben, machen Sie sie doch auch mal mit Ihrem Team. Es ist überraschend, wie schnell das Verständnis für eine andere Kultur und damit die Chance zur Zusammenarbeit wächst.

5 Produktentwicklung

Wahrscheinlich kennen Sie die Bilder, mit denen üblicherweise Scrum erklärt wird: Links ist ein Product Backlog dargestellt, in der Mitte sieht man den Sprintablauf und rechts im Bild präsentiert sich das fertige Produktinkrement. Diese Darstellungen erzeugen die Vorstellung, dass *eine* Person ein Backlog aufbaut, das anschließend vom Team abgearbeitet wird. Es entsteht also der Eindruck, als müsse der Product Owner die Anforderungen für das gesamte Team aufstellen. Bleibt man bei diesem Bild hängen, so wird die Produktentwicklung in großen Organisationen oder im skalierten Projekt extrem mühsam. Das altbekannte Paradigma verursacht nämlich unnütze Prozessschritte und verhindert, dass die Entwicklungsteams tatsächlich Verantwortung übernehmen. Wenn sie in der Falle des Backlogs sitzen bleiben, sind die Initiatoren und Organisatoren großer agiler Programme dazu gezwungen, in der „Abarbeitungsstraße" zu denken. Statt die Teams zu ermutigen, die eigene Kreativität walten zu lassen, werden sie nach wie vor gesteuert.

Wirklich agile Teams haben das Backlog daher längst aufgegeben. Den Managern in diesen Organisationen ist nämlich klar geworden, dass die Entwicklungsteams – und hier schließe ich die Product Owner mit ein – sehr wohl die User Storys selbst schreiben müssen. In diesen Unternehmen läuft es also darauf hinaus, dass die agilen Teams selbst bestimmen, wie die zu entwickelnden Produkte aussehen werden. Niemand redet ihnen da hinein.

Meine Kunden und interessanterweise häufig sogar die Entwickler selbst winken bei dieser Idee schnell ab. Sie sagen, es könne so nicht funktionieren, man müsse die Teams steuern und dafür sorgen, dass sie auf keinen Fall etwas vergessen. Hier meine Top 3 der Gegenargumente:

1. *„Dann müsste der Entwickler ja wissen, wie das Business funktioniert."* – Ja das muss er tatsächlich. Wie soll er sonst verstehen, was er entwickelt? Wie soll er sonst kreativ mitdenken und die richtigen Mikroentscheidungen beim Entwickeln des Produkts treffen?
2. *„Wir haben aber nicht genügend Know-how in den Teams."* – Dann muss man genau das ändern. Selbstorganisierende autonome Systeme müssen den Anwender kennen, sie müssen das Problem verstehen, das sie lösen sollen, und sie müssen noch viel besser verstehen, was der User tatsächlich braucht, damit sie etwas liefern können, das den User verblüfft.
3. *„Was der Fachbereich macht, ist so komplex – das kann ein Entwickler gar nicht alles wissen."* – Dieses Argument macht mich mittlerweile nur noch wütend. Das ist, verzeihen Sie bitte: Bullshit! Überlegen wir mal: Unternehmen richten ganze Abteilungen ein, die

nichts anderes machen, als die Wünsche und Bedürfnisse der Fachabteilungen in entsprechende Lasten- und Pflichtenhefte für die Entwicklung zu gießen. Rund um die Aufgabe der Analyse entstehen neue Disziplinen – das Anforderungsmanagement und die Business-Analyse – und ganze Industrien. Damit gibt man doch bitteschön implizit zu, dass man das Wissen der Fachabteilungen in einem Prozess aufzeichnen – also kodifizieren – kann. Und jetzt soll bitte mir und den Software- und Produktentwicklern doch mal jemand erklären, warum bestens ausgebildete Softwarespezialisten, Ingenieure, Mathematiker und andere Technologieexperten nicht in der Lage sein sollten, diese Aufgabe selbst zu übernehmen? Diesen Menschen die entsprechenden Fragetechniken beizubringen, ist lächerlich simpel. Ihnen zu erklären, wie der Zahlungsverkehr einer Bank funktioniert, wie eine Versicherung funktioniert oder wie man Businessprozesse gestaltet, ist gelinde gesagt: trivial. In diesen Disziplinen hat man systematisch gelernt, zu abstrahieren. Eine Stufe dazwischenzuschalten, ist aus der Produktivitätsperspektive ein überflüssiger Kostentreiber, der keinen nachweisbaren Business Value generiert.

Fazit

In der Regel wird eine gängige Praxis verteidigt, die sich durch die Diffamierung derjenigen rechtfertigt, die den tatsächlichen Business Value liefern, weil sie die eigentliche Arbeit machen. ■

Eine Kaste aus Anforderungsmanagern und Business-Analysten, die keinen Wertbeitrag leisten, diskriminieren Menschen, die den Wert schaffen – die kreativen Köpfe. Es geht mir nicht darum, jemanden zu diskreditieren. Ich will zeigen: Dieses Denken hat unter anderem dazu geführt, dass agile Entwicklungsteams nach wie vor falsch angesteuert werden. In vielen Unternehmen wird dann behauptet, dass man für das Aussteuern eines Entwicklungsteams etliche Product Owner brauche. Die Arbeit sei so umfangreich, dass ein Product Owner gar nicht das ganze Wissen in sich vereinen könne. Skalierung heißt dann, dass sich viele Product Owner ständig synchronisieren sollen und dabei streiten, weil jeder zu wenige seiner eigenen Storys im nächsten Sprint entwickelt sieht. Wieder so ein Unsinn. Warum glaubt das Management, dass es schwieriger und umfangreicher ist, Ideen zu generieren und das Produkt zu verstehen, als es zu entwickeln – also tatsächlich umzusetzen? Bei der Entwicklung eines Produkts sprechen wir heutzutage nicht mehr davon, einfach ein Rezept abzuarbeiten. Produkte müssen ständig neue Businessprozesse bedienen können. Für den User sollen sie intuitiv bedienbar sein. Es wird bereits über Produkte ohne User Interface diskutiert, die agieren, ohne dass es der Benutzer überhaupt bemerkt. Mein Auto öffnet sich zum Beispiel selbstständig, wenn ich mit dem Schlüssel in der Nähe bin. Produkte vereinfachen durch geniale Ideen unser Leben.

Gut, gesetzt den Fall, ich habe Recht und das „New New Product“ braucht einen anderen Entwicklungsweg, um das Licht der Welt zu erblicken. Ist das dann nicht Scrum oder Kanban oder welche Methode auch immer? Nein, denn keine agile Methode definiert, wie man zur Produktidee oder zu den dazugehörigen User Storys gelangt. Diese Managementframeworks sind inhaltsleer. Sie schreiben nicht vor, wie man Ideen generiert, und sie schreiben nicht vor, wie Teams ihre Arbeit machen sollen. Ihre Anwendung ist kein Garant dafür, die richtige Produktidee zu finden. Aufgabe dieser Frameworks ist es, Scrum-Teams in der

Zusammenarbeit zu unterstützen, sie zum Liefern zu befähigen und ihnen eine Fläche zur Reflexion zu bieten, um sich immer wieder zu verbessern.

Wir brauchen also einen Prozess, einen sicheren Weg, auf dem wir diese neue Produktidee finden können. Auf diesem Weg geht es nicht darum, etwas bereits Vorhandenes ein wenig besser zu machen. Das Neue soll so gestaltet sein, dass es einen neuen Mehrwert liefern kann.

Vom Anwender her denken

Dieser Weg wurde bereits gefunden: Design Thinking. Bei dieser von IDEO entworfenen Vorgehensweise *(www.ideo.com)* entwickelt das gesamte Team eine neue Produktidee. Wie geht das Team auf dem Weg des Design Thinking vor?

1. Es überlegt sich, was der Anwender tatsächlich benötigt und welches Problem es dabei zu lösen gilt.
2. Es sammelt verschiedene Ideen dazu, wie dieses Problem gelöst werden könnte.
3. Das Team entwickelt dann so schnell wie möglich Prototypen, die diese Lösungen zeigen.
4. Diese Prototypen können beim und vom Anwender erprobt werden. Indem das Team beobachtet, wie der Anwender den Produktprototyp verwendet, lernt es wiederum, was das fertige Produkt können muss.

Dieser sehr einfache Zugang hat nur einen Haken: Er involviert das gesamte Scrum-Team. Es gibt nicht die eine Person, die für die anderen die Produktidee entwickelt, sie dann in einem Meeting vorstellt und kontrolliert, ob geliefert wurde. Nein, alle besuchen gemeinsam den Kunden, beobachten den Anwender vor Ort und lernen daraus. Die Mitglieder eines Scrum-Teams selbst (er-)finden dabei jede Funktionalität und implementieren sie so, dass das Produkt möglichst schnell entstehen kann. Die Entscheidungswege verkürzen sich dadurch extrem. Ideen, die auf den ersten Blick praktikabel erschienen sind, sich im Prozess des Ausprobierens aber als nicht nützlich erweisen, werden sofort eliminiert. Man erkennt Sackgassen aus einem sicheren Abstand und nicht erst, wenn man bereits darin feststeckt. Teams, die so arbeiten, können schnell entwickeln und zu Lösungen kommen, weil sie mit Ausnahme des Anwenders niemanden um Erlaubnis fragen müssen.

> **!** Es wird also vom Anwender her gedacht. Alle Aktivitäten wirken sich sofort auf den User aus. Das dreht das Bild, das viele von agilen Managementframeworks wie Scrum oder Kanban haben, um. Die Ideen landen nicht auf einer Liste, die der Product Owner schreibt oder die der Vorstand an die Entwicklungsteams verteilt! Die Ideen entstehen nahe am Ort des Geschehens. Das Produkt wird nicht durch das Abarbeiten von Vorgaben entwickelt, sondern es wird im und vom Team erschaffen. ■

Was bedeutet das für die Skalierung von Projekten?

In Kapitel 2 habe ich gesagt, dass Skalierung nicht einem Prozess folgen kann. Sie braucht eine Organisationsarchitektur, die es unabhängigen Einheiten erlaubt, jeweils eigenständig zu arbeiten. In großen Softwareorganisationen entstehen dadurch Teams, die für bestimmte Microservices zuständig sind. Skalierung funktioniert also durch das konsequente Umsetzen eines zellenbasierten Ansatzes. Jede Zelle ist unabhängig und nur für sich selbst verantwortlich.

Nun haben wir gesehen, dass moderne Entwicklungsteams selbstständig die Anforderungen, die grundlegende Idee des Produkts, die dazugehörigen Probleme und abzuleitenden User Storys erkennen und umsetzen können. Also ist eigentlich keine Zentrale notwendig, keine Kontrollinstanz, die ständig überprüft, ob die Entwicklungsteams tatsächlich liefern, was gebraucht wird. Im Grunde brauchen wir auch keine Entscheidungsinstanz aus Product Ownern, Projektleitern, Steering Committees oder Boards, die untereinander verhandeln, welche Funktionalität als Nächstes entwickelt werden soll.

Wie verhindert man dann aber, dass jedes Team einfach tut, was es will? Eine bestimmte Art von zentraler Steuerung wird tatsächlich benötigt. Allerdings steuert diese Zentrale nicht die inhaltliche Ebene, sondern die Metaebene. Es ist ähnlich wie in einem Dorf oder in einer Stadt: Die Verwaltung schreibt den Bebauungsplan vor, sie überlässt es jedoch den Bauherren, wie sie ihre Häuser bauen. Und so ist es auch in der agilen Entwicklung: Die Leitplanken werden definiert, die Budgets, die Regeln der Kommunikation – es wird jedoch nicht inhaltlich definiert, was kommuniziert oder gar entwickelt werden soll. Wie arbeiten nun Scrum-Teams inhaltlich zusammen, wenn sie gemeinsam ein Produkt entwickeln?

5.1 Agiles Anforderungsmanagement

Angenommen, Sie wollen nicht alle Entwicklungsteams zunächst in einen Kurs zu Design Thinking schicken und dann gleich auf die Anwender loslassen. Sagen wir, Sie sind der Meinung, dass die drei Entwicklungsteams, die im aktuellen Projekt zusammenarbeiten, das noch nicht brauchen. Sehen wir uns also zunächst an, wie es nach den Regeln des klassischen Anforderungsmanagements ablaufen würde: Ein Product Owner (in der Rolle des Business-Analysten oder Anforderungsmanagers) setzt sich mit der Fachabteilung, den Kunden oder der Zielgruppe auseinander, schreibt das Fachkonzept und bespricht schließlich mit dem Entwicklungsteam, was zu entwickeln ist. Das funktioniert leidlich gut, wenn man es lediglich mit *einem* Entwicklungsteam zu tun hat. Schon weniger gut funktioniert es, wenn so viele Anforderungen aufgeschrieben werden, dass es für eine Person einfach zu viel Arbeit ist. Noch schlechter funktioniert es, wenn ein Product Owner aufgrund der Skalierungskonstruktion für die Umsetzung seiner Anforderungen (User Storys) verschiedene Entwicklungsteams braucht.

Zu solchen Konstellationen kommt es, weil in vielen Unternehmen nicht akzeptiert wird, dass eine klare 1:1-Beziehung zwischen Product Owner und Entwicklungsteam aufgebaut werden muss. Das verantwortliche Management will das einfach nicht und begründet das im Wesentlichen mit drei Argumenten:

1. Ein Product Owner kann nicht genug wissen.
2. Ein Product Owner kann nicht alle Fachabteilungen vertreten.
3. Die Product Owner müssen auch am Markt agieren und können sich nicht ausreichend um die Entwicklungsteams kümmern.

Diese Argumente sind richtig, wenn man sich an das Bild hält, dass der Product Owner ein besserer Business-Analyst ist - wenn es also seine Aufgabe ist, selbst in den Fachbereichen die Anforderungen zu erheben und aufzuschreiben und er damit nicht mehr als ein Erfüllungsgehilfe von Kunden und Fachabteilungen ist. Aber genau das ist nicht seine Aufgabe.[1] Seine Aufgabe ist es, den Durchfluss durch sein Scrum-Team zu begrenzen. Er ist dem Team vorgeschaltet und priorisiert und entscheidet, ob etwas geliefert werden soll. *Er ist dem Team und der gesamten Organisation verpflichtet und nicht den Stakeholdern, die in der Regel ihre Einzelinteressen verfolgen.* Sein Ziel ist, dass sein Team den größtmöglichen Nutzen stiftet, indem es die Wünsche der Fachabteilungen umsetzen kann.

Oft höre ich von Kunden, dass es nicht möglich sei, dem Product Owner diese Verantwortung zu geben. Die Stakeholder definieren das Business, nur diese würden sich damit auskennen. Ich möchte das gar nicht in Abrede stellen, aber etwas vorschlagen: Dann sollten diese Stakeholder aktiv als Product Owner im Projekt mitarbeiten oder sich permanent als Anwender zur Verfügung stellen. Wenn das Wissen bei ihnen und nicht beim Product Owner ist, dann soll es so sein. Aber dann ist man als Informationsquelle eben sehr nützlich. Die Realität ist aber eine andere: Die Stakeholder kennen die wirklichen Anforderungen nicht. Sie sind in ihrer aktuellen Position, weil sie die Prozesse einer Bank, eines Automobilherstellers, eines Energielieferanten oder was auch immer bis jetzt perfekt beherrscht haben. Wenn sie wüssten, wie das Neue aussehen soll, hätten sie es in den existierenden Prozessen ja bereits umgesetzt.

Die Erste Bank hat 2015 die österreichische Bankenwelt erschüttert, als sie nach zwei Jahren intensiven Arbeitens einer ausgelagerten Einheit das neue Online-Banking-Portal „George" vorgestellt hat. Parallel zum existierenden Onlineauftritt der Bank durften Menschen, die nicht aus dem Bankenumfeld stammten und die vielen internen Regeln daher nicht kannten, einen konkurrierenden Auftritt entwickeln. Innerhalb kürzester Zeit hat dieses Produkt im österreichischen Online-Banking neue Maßstäbe gesetzt. Das Vorgehen war unorthodox und klar kundenzentriert, die Vorgabe war klar: Entwickelt etwas Nützliches für die Bank, aber macht es anders. Die Anforderungen kamen nicht von Steering Committees, sondern aus dem Team selbst. Der Geschäftsführer dieser Einheit ist der Product Owner des gesamten Projekts und erzählte bei einer Konferenz, dass die Verteidigung der Ideen ein täglicher Kampf mit der Bank sei. Doch sein Erfolg spricht für sich. Die Erste Bank hat diese neuen Arbeitsweisen mittlerweile als effektiv erkannt und will sie nun auch in anderen Teilen der Organisation einsetzen. Vorbild für diese Bemühungen ist die ING Bank in den Niederlanden, die bereits 2011 - so sagen es die Medien und einige Vorträge - damit angefangen hat, konsequent auf agiles Arbeiten umzustellen (vgl. Verheyen 2012).

[1] Es gibt ein wunderbares Video von Henrik Kniberg: „Product Ownership in a Nutshell", zu finden auf YouTube *https://www.youtube.com/watch?v=502ILHjX9EE*. Darin stellt er eine ähnliche Rolle vor, doch hier fungiert der Product Owner als Verhandler, der mit den Fachbereichen deren Anforderungen verhandelt. Das erklärt sehr gut, wie man in klassisch aufgestellten Organisationen ein wirklich gutes Scrum-Team führen kann. Für die Skalierung ist dieser Ansatz allerdings wenig geeignet.

Fazit

Beim agilen Anforderungsmanagement verabschiedet man sich konsequent davon, dass die Mächtigen im Unternehmen vorgeben, was inhaltlich entwickelt werden soll. Die „Mächtigen", meist sogar Topmanager der oberen Führungsetagen, müssen verstehen, dass sie diese Arbeiten den Teams selbst überlassen müssen. Sie müssen verstehen, dass eine agile Organisation und damit auch das große skalierte Projekt aus Zellen bestehen, die eigenständig die Anforderungen sammeln und umsetzen. Wie macht man das konkret?

5.2 Design Thinking

Die Umsetzung wäre aus meiner Sicht einfach, allerdings lassen nicht viele Unternehmen zu, dass Entwicklungsteams und Anwender eng zusammenarbeiten können. Ich ernte sogar verblüffte Blicke, wenn ich das vorschlage. Dem Leiter eines großen Projekts war zum Beispiel völlig klar, dass der Kontakt zwischen Entwicklungsteam und Anwender sinnvoll ist, aber ihm kam nicht in den Sinn, dass er dabei ebenfalls eine Rolle spielen würde. Warum auch, seine Aufgabe war im traditionellen Kontext ja anders definiert.

In der Regel sind Entwicklungsteams an eine enge Zusammenarbeit mit dem Anwender auch nicht gewöhnt. Bei der Transition zur agilen Arbeitsweise – und das gilt für eine skalierte Organisation sogar noch mehr – warten sie oft sogar darauf, dass ihnen ausdrücklich die Erlaubnis dazu erteilt wird, mit den Anwendern zu sprechen. Es stellt sich natürlich auch die Frage, wie die Schritte des Design Thinking bei einem Projekt mit beispielsweise 100 Projektmitgliedern ablaufen sollen. Schließlich können nicht alle gleichzeitig zu den Anwendern pilgern, oder? Stimmt, das ist unrealistisch. Es würde viele Ressourcen binden, die an anderen Stellen produktiv eingesetzt werden können. Muss es aber denn unbedingt Design Thinking sein?

Natürlich nicht. Trotzdem sollte das Prinzip eingehalten werden: Die Entwicklungsteams müssen so dicht wie möglich an den Anwender heran und direkt mit ihm sprechen. Nicht vermittelt, nicht über Dritte und auch nicht in Form einer Designabteilung. Immer müssen die Mitglieder des Entwicklungsteams selbst mit dem Anwender sprechen können. Sie sollen selbst erleben, wie der Anwender nutzt, was sie entwickelt haben. Dadurch entstehen die notwendigen Funktionalitäten ganz von selbst.

Die Praktiken des Design Thinking helfen dabei. Wichtig ist, sich konsequent an die vier Phasen zu halten:

1. Discovery
2. Ideation
3. Exploration
4. Evolution

Discovery

In der Phase der „Entdeckung“ stellt sich ein Entwicklungsteam Fragen wie:

- Was ist das eigentliche Problem des Kunden?
- Wie sieht der genaue Kontext aus, in dem er mit der Lösung arbeiten soll?
- Welche Rahmenbedingungen gibt es, um das Produkt überhaupt ins Leben zu bringen?
- Welche Geschichten können wir über das erzählen, was der Anwender tatsächlich täglich macht?

Im gesamten Prozess ist die Discovery-Phase die wesentlichste, daher sollte im Idealfall das gesamte Entwicklungsteam darin involviert sein. Die Teammitglieder lernen nicht nur sehr viel, sie sind dadurch später in der Lage, die entwickelten Ideen zu bewerten. Sie versetzen sich in die Lage des Anwenders, denken wie er und erkennen die Informationen, die sich zwischen den Zeilen verbergen.

Wie funktioniert das nun in einem skalierten Umfeld? Wenn man kleine Einheiten (Scrum-Teams) gebildet hat, die gemäß Architekturkonzept jeweils für ein Service zuständig sind, können sich die einzelnen Teams die Fragen ja jeweils für ihr eigenes Teilprojekt oder Service stellen. Sie sehen sich für ihr Service die Situation des Anwenders an und denken über eine Lösung nach.

Was hindert zum Beispiel ein Teilprojektteam daran, sich mit Flipcharts, Kamera und Laptops bewaffnet die Interaktionen zwischen Berater und Kunden in einer Bankfiliale anzusehen, wenn es den Auftrag hat, eine neue Beratungsapplikation zu entwickeln? In der Realität sind leider viele Hindernisse zu überbrücken, die reflexartige Reaktion lautet meist: „Das geht nicht! Wir müssen auf das Bankgeheimnis achten!“ Das ist Quatsch. Wenn ich beim Online-Banking das Service-Center anrufe, werde ich von der Computerstimme gefragt, ob das Gespräch aufgezeichnet werden darf. Ich kann natürlich nein sagen, aber wer tut das schon? Wen stört es also wirklich, wenn beim Beratungsgespräch zwei Softwareentwickler zusehen? Sollte es tatsächlich als störend empfunden werden, kann der Kunde doch einfach ablehnen. Vielleicht gibt es bei 100 Gesprächen sogar 80 Mal ein Nein, dann bleiben immer noch die Daten von 20 Gesprächen und das ist wesentlich besser als jede Spekulation und Mutmaßung. Die Entwickler verstehen durch Beobachtung den Kundendialog um Größenordnungen besser als durch subjektiv gefärbte Erzählungen von Spezialisten. Sie erkennen dadurch, welche Probleme durch die Technik mit Sicherheit lösbar sind. Auf diese Weise wächst ein Wissen, das qualitativ wirksamer ist als die Einschätzung von Topmanagern darüber, wie die Produkte einer Bank aussehen müssen. Und so ist es in den meisten Branchen: **Ein Product Owner kann nicht definieren, welche die besten Funktionalitäten wären, denn auch er steht ja vor Produkten, die er noch nie entwickelt hat.** Viele Product Owner retten sich aus dieser Zwickmühle, indem sie ihre eigenen Vorstellungen zum Produkt umsetzen lassen. Nicht anwenderzentriert, sondern eben so, wie es der Product Owner für gut befindet.

Ideation

Das Problem des Anwenders zu verstehen, ist nur eine Seite der Medaille. Hat das Projektteam die erste Phase abgeschlossen, werden die „Anforderungen“ entwickelt, also die Ideen dazu geboren, wie ein Problem gelöst werden könnte. Es kann in dieser Phase bereits wichtig sein, die Anzahl der Probleme einzugrenzen. Nicht jedes Problem kann gelöst werden und einige lenken zu sehr vom Fokus des Projekts ab. Aus meiner Sicht sollte diese Abgrenzung durch den Product Owner geschehen. Er verbessert den Durchfluss und nutzt die Kapazitäten seines Entwicklungsteams optimal.

Hat man diesen Fokus gefunden, wird mit verschiedensten Techniken nach möglichen Lösungen für die gefundenen Probleme gesucht. Diese möglichen Lösungen werden nebeneinandergestellt und nicht bewertet. Zum Einsatz kommen die unterschiedlichsten Kreativitätstechniken. Am bekanntesten ist das klassische Brainstorming, daneben gibt es aber noch den morphologischen Kasten, Sie können eine Mind Map erstellen oder eine Freewriting-Session mit Ihrem Team machen. Entscheidend ist, nicht unbedingt eine ganze Palette an Kreativitätstechniken einzusetzen, sondern die gewählten Techniken richtig anzuwenden. In einem Scrum-Umfeld ist das die Aufgabe des ScrumMasters.

Für alle diese Techniken braucht man Zeit. Kreative Prozesse brauchen Zeit. Sie lassen sich zwar verkürzen, allerdings nicht beliebig. Die Gehirne einer Gruppe von Menschen benötigen eine gewisse Inkubationszeit, in der die Ideen zu einem Problem langsam zu gären beginnen. Klarerweise entsteht dabei viel Unbrauchbares, das ist in Ordnung. Alle kreativen Prozesse laufen gleich ab: Es wird viel Material produziert und dann wird aus diesem Material heraus weitergearbeitet. Es wird gekürzt, verworfen, zusammengefasst oder es werden sogar noch mehr Ideen produziert, die auf den bereits verworfenen basieren. „Fülle" ist hier das richtige Wort: je mehr, desto besser. Ich habe Teams erlebt, die nur drei bis fünf Ideen zustande gebracht haben. Das ist weit weg von ausreichend. Diese Sessions müssen Dutzende, wenn nicht sogar Hunderte von Ideen produzieren. Genau dafür braucht man aber ein diversifiziertes Team, das aus verschiedenen Blickwinkeln auf die gefundenen Probleme blicken kann.

Kreativität braucht übrigens Platz. Waren Sie einmal bei einem Designer, einem Maler, einem Fotografen, einem Autor? Sie alle haben viel Platz, um ihre Werke und Vorstudien immer wieder ansehen zu können. Man muss die Ergebnisse des Ideenfindungsprozesses um sich herum ausbreiten. Räume, in denen man nichts tun darf, nichts an die Wand hängen darf, nichts auf dem Boden auslegen darf und wegen Platzmangels auch nicht kann – das ist tödlich für kreatives Arbeiten. Ideen bekommen eine Gestalt, indem man sich mit ihnen umgibt, sie vor sich liegen hat und immer wieder auf sie zugeht. So entstehen im Kopf neue Verbindungen, Assoziationen, Sprünge. Das Unterbewusstsein wurde geimpft und kann mit diesen Ideen weiterspielen.

Prototypen im Design-Thinking-Prozess. Gregor Groß, dem Inhaber und Geschäftsführer des Berliner Unternehmens alpha-board, das Leiterplatten entwickelt, verdanke ich einen wundervollen Gedanken. Wir sprachen über Prototypen und Modellbau. Der Modellbau verschwindet zusehends aus der Industrie, weil er durch Computer Aided Design (CAD) abgelöst wird. Im Grunde eine gute Idee: Mit CAD können Berechnungen durchgeführt werden und die Materiallisten werden sofort ausgespuckt. Der Industriedesigner kann die Entwürfe umgehend weiterschicken, Teams können rund um die Uhr an den Produkten weiterentwickeln und sicher gibt es noch viele andere Vorteile. Doch spannenderweise ist CAD nicht schneller als der klassische Modellbau – schöner, ästhetischer, vollendeter wird es auch nicht. Sieht man den ganz Großen im Industriedesign zu, dann nehmen diese Designer den Bleistift, die Tusche, den Marker zur Hand und *zeichnen* viele Entwürfe. Und was passiert: Die Gestalt entsteht durch die Bewegung. Das Verständnis für die Form, so Gregor Groß, ist körperlich. Nach der Zeichnung wird mit Knete – ja, mit dem Spielzeug aus unserer Kindheit – das Modell dreidimensional und plastisch. Die Gestalt wird auf diese Weise körperlich und wie ich behaupte emotional. Es entsteht eine Verbindung.[2] Wenn auf diese Weise das Wesen des Modells erfasst ist, dann kann es abstrahiert und digitalisiert werden. Eine CAD-Zeichnung nach der anderen zu machen und sie dann mit dem 3D-Drucker immer wieder auszudrucken, ist nicht die Lösung.

Das Erstellen eines Prototyps ist ein wichtiger Schritt und darf keinesfalls ausgelassen werden. Es geht nicht darum, zu prüfen, ob die Ideen gut und richtig sind, ob sie funktionieren. Es geht vielmehr darum, die Lösungsideen reifen zu lassen. Das Erstellen eines Prototyps selbst ist ein Erkenntnisprozess: Die gesuchte Lösung entsteht in der Regel erst beim Gestalten. Aus unzähligen Gesprächen in Unternehmen weiß ich, dass das mittlere Management diesen Aspekt in den seltensten Fällen *begreift*. Es fallen Sätze wie: „Design Thinking machen wir auch." Ich nehme es zur Kenntnis, glaube es aber nicht. Wenn sie wirklich Design Thinking „machen" würden, wären die Manager selbst involviert. Sie würden die Modelle in die Hand nehmen oder sogar selbst mit Knete Modelle formen. Sie hätten verstanden, dass das Mitmachen wesentlich ist. Aber ich will nicht auf dem Management herumhacken. An diesem Punkt geht es mir vielmehr darum, zu zeigen: Der agile Anforderungsprozess funktioniert deshalb anders, weil er nicht nur auf das Aufschreibbare, auf das Wort reduziert wird. Er ist in sich kreativ, es ist keine reine Analyse, sondern immer auch sofort eine Synthese und gestalterisch. Fragen entstehen beim Gestalten und werden sofort durch das Design beantwortet. In keinem Lastenheft der Welt lässt sich beschreiben, was gewünscht wird, denn erst das Gestalten selbst lässt entstehen, was tatsächlich gebraucht wird.

Exploration und Evolution

Diese beiden Phasen fasse ich gerne zusammen. Wenn man einen ersten Prototyp hat, wird er im nächsten Schritt evaluiert. Das Wort „evaluiert" gefällt mir eigentlich nicht, denn es suggeriert, dass die Prototypen getestet werden – was aber nicht der Fall ist. Das Wort kommt aber dem am nächsten, worum es geht.

Die Ideen des Designers, in unserem Fall des Teams, die sich in Zeichnungen, Modellen, PowerPoints, Geschichten, Collagen, kurzen Videos etc. zeigen, werden dem Anwender zum Herumspielen gegeben. Er soll diese Prototypen anfassen und für sich herausfinden, ob es sich um etwas handelt, das er nutzen wird. Erfüllt es den Zweck, stellt es also eine Lösung dar? Wenn es tatsächlich eine Lösung ist, sieht man das sofort. Die Augen leuchten, die Gesichter strahlen und das Herumspielen hört gar nicht mehr auf. Oft wird gar nicht viel gesagt, aber die Gesichter sagen alles. Dieser Moment ist kostbar und hier liegt die Kunst des Beobachters darin, still zu sein und den Augenblick nicht zu zerstören. Einfach da sein und genießen. Sobald man als Beobachter in diesen Moment reinfunkt, ist der Augenblick vorbei und die Anwender beginnen zu rationalisieren. Sie wollen über das Erlebte reden und finden neue Ideen, der Zauber ist dahin. Ein geschultes Entwicklungsteam hat aber bis dahin schon bemerkt, was funktioniert hat. Der Designer kann es aufschreiben, aufzeich-

[2] Neurowissenschaftler haben herausgefunden, dass wir uns mit Dingen verbunden fühlen, die wir „streicheln". So auch ein Designer, der mit Knete arbeitet. Er streichelt sein Modell in Form, er fühlt sich mit ihm verbunden. Haben Sie einmal mit Ton gearbeitet? Es ist sinnlich, mit diesen Materialien zu arbeiten. Das Gehirn funktioniert eben analog.

nen oder einfach nur spüren. Es entsteht eine neue Idee, vielleicht nur eine Variante oder eine ganz neue Lösung, die vorher nicht einmal angedacht war.

Was hat das alles mit Skalierung zu tun?

Einfachheit – darum geht es. Wer die Arbeit verteilter Entwicklungsteams und aller Dienstleister mit zusätzlichen Anforderungsdatenbanken und zusätzlichen Standards regulieren will, baut lediglich eine computergestützte Bürokratie auf, in der der Einzelne nicht mehr weiß, was er eigentlich tut. Es gibt keinen einfachen Überblick mehr über die Lösung, sie versteckt sich im Dschungel der Tools.

Ich vertrete die These, dass Skalierung nur durch „Deskalierung", also durch Vereinfachung ohne Simplifizierung gemeistert werden kann. Überkomplizierte Systeme, die noch gar nicht komplex sind, sondern durch zu viel Steuerung zunächst komplizierter werden, als sie sein müssten, sollen vereinfacht werden, indem man ihre Komplexität geschickt wandelt.

Statt das einsame Genie *die eine* Lösung finden zu lassen (diese Genies sind selten), wird der Schwarm damit beauftragt, das Wissen vieler zu sammeln und gemeinsam zu einer Lösung zu kommen. Im Prozess des Design Thinking – sofern er gut aufgesetzt ist – geschieht das von selbst. Darin liegt aber auch das, was viele Manager nicht akzeptieren können: Das Ergebnis ist nicht vorauszusagen. Zu keinem Zeitpunkt weiß irgendwer, was dabei herauskommen wird. Ist das denn auch wirklich notwendig? Genügt es nicht, zu wissen, *dass* etwas herauskommt? Entscheidend ist nicht, ob etwas entsteht, das die Anforderungen erfüllt, sondern ob man sich die vielen Versuche leisten kann, die für etwas wirklich Marktfähiges möglicherweise gemacht werden müssen. **Das Verbilligen dieses Prozesses ist die Aufgabe der Skalierung.** Wie gelingt es, diesen Prozess für große Projekte so günstig zu machen, dass man sich einige Sackgassen leisten kann?

5.3 Ein agiler Produktentwicklungsprozess

Nutzen wir wieder das Wissen aus 20 Jahren Scrum. Worum geht es? Es geht darum, schnell etwas zu liefern, damit man etwas ausprobieren kann. Warum will man etwas ausprobieren? Um Daten zu gewinnen, die zeigen, ob man in der richtigen Richtung unterwegs ist. Wie schafft man das? Indem man die Transaktionskosten für das Ausprobieren verringert. Wer Daten braucht, muss schnell an diese Daten herankommen.

Die Protagonisten des Lean-Start-up-Modells machen es sehr deutlich. Sie sagen mehr oder weniger: Finde deine Idee, mache sie so schnell wie möglich sicht- und begreifbar und prüfe, ob die Idee erfolgreich ist. Das funktioniert sowohl in der digitalen als auch in der analogen Welt. Es erfordert aber, dass man sich so schnell wie möglich der Kritik aussetzt. Genau betrachtet vernichtet dieses von Eric Ries propagierte Modell den Geniebegriff (vgl. Ries 2011). Der Ingenieur wird degradiert. Seine Ideen mögen toll und richtig sein, es mag zu seiner Profession gehören, genau und gut zu entwickeln, doch das spielt keine Rolle mehr. Wichtiger ist, sich einzugestehen: Man weiß nicht mehr, ob es das Richtige ist. Zunächst muss man herausfinden, ob das Produkt einen Nutzen erfüllt, optimiert wird später.

Der Ingenieur ist und bleibt wichtig, doch wenn er nicht im Schatten des Designers verschwinden will, wird er lernen müssen, schnell etwas zu liefern, das am Anfang vielleicht noch nicht vollständig ist.

Wie gelingt es, schnell Ergebnisse zu erzielen – diese Frage müssen sich Organisationen stellen, die einen skalierten Produktentwicklungsprozess einführen wollen. Das Rezept ist im Grunde genommen wie immer: einfach. Die wichtigsten Mitarbeiter zusammenziehen, statt sie über den Planeten zu verteilen, die herausforderndsten Probleme durch schnelles Erproben immer und immer wieder sofort überprüfen und diesen Aspekten des Projekts die Priorität sowohl bei den Ressourcen als auch bei den finanziellen Mitteln einräumen. Um den Fokus zu halten, können andere Bereiche des Projekts ruhig unterfinanziert werden.

DevOps – der Betrieb gehört zur Entwicklung

Wodurch wird agile Softwareentwicklung ermöglicht? Durch Scrum? Durch Kanban? Durch ein anderes Mindset? Durch das agile Manifest? Das sind sicher Teile der Antwort. Der entscheidende Grund für die Produktivitätssteigerungen ist aber: Das schnelle Integrieren und das ständige Fertigseinmüssen ermöglicht das Liefern kleiner Teile. Begünstigt wird das durch neue Fertigungsverfahren und Verteilungskonzepte, mit deren Hilfe die fertigen Produkte oder Produktteile so schnell wie möglich online gestellt und zugänglich gemacht werden können. Wer über skalierte Produktentwicklung nachdenkt, muss auch überlegen, wie er die Produkte so schnell wie möglich (aus-)liefern kann. Die Wertschöpfungskette endet nicht bei der Idee, beim Liefern der ersten Prototypen oder des ersten Musters – sie endet oder fängt da an, wo der Anwender das Produkt nutzen kann. Bei der Entwicklung eines Produkts ist es daher unbedingt erforderlich, Forschung und Entwicklung gemeinsam mit der eigentlichen Fertigung zu betrachten.

Oft steckt die Innovation gar nicht in den sichtbaren Teilen oder Funktionalitäten eines Produkts, sondern darin, wie es hergestellt wird. In der Softwareentwicklung konnte man das sehr schön sehen: Pair Programming, Continuous Delivery, das gemeinsame Arbeiten mit Taskboards oder beim Mob Programming – das hat die Entwicklung tatsächlich schneller und damit gewinnbringender werden lassen. Das bedeutet nicht, dass sie zwangsweise auch günstiger geworden ist. Tatsächlich kann diese Art und Weise des Entwickelns die vorhandenen Budgets schneller auffressen. **Der Vorteil der agilen Entwicklung liegt nicht darin, dass etwas günstiger wird, sondern dass die Kunden immer schneller immer mehr für ihr Geld bekommen.**

Die gesamte Fertigungs- und Entsorgungskette mitdenken

Für Projekte, in denen viele Teams gleichzeitig am Produkt arbeiten müssen, bedeutet das: Der Prozess der Fertigung – in der Softwareentwicklung „DevOps“ genannt – ist Teil der Wertschöpfung. Er verlangt Aufmerksamkeit und auch hier sollte man zu innovativen Lösungen kommen. Dieser Teil der Produktentwicklung erzeugt am Ende das ökonomische System der Wertentwicklung. Das umfasst – je nach Größe des Projekts – natürlich auch die Lieferanten. Hier stellen sich Fragen der Einbindung, des Weitergebens von Informationen, des Austauschs von Ideen. Wie wird sichergestellt, dass alle Beteiligten den gleichen Wissensstand haben, und wie gelingt es, Änderungen dem gesamten System zu kommunizieren?

Was ist DevOps in diesem Sinne? Eine Antwort geben Jennifer Davis und Katherine Daniels. Sie schreiben (Davis, Daniels 2016, pos. 49): „*DevOps is a cultural movement that seeks to change how individuals work, value the diversity of work done, develop conscious decisions in acceleration, plan for scale, and measure the effect of social and technical change.*“ Für die beiden Autorinnen und aktiven DevOps-Protagonistinnen ist DevOps viel mehr als das Ausführen von Techniken oder Methoden. Mit DevOps bezeichnen sie im Grunde alles, was dabei hilft, die Barrieren zwischen den Silos aus Abteilungen oder Teams, ja zwischen ganzen Unternehmen abzubauen, um die Arbeitsflüsse neu zu gestalten oder diese Silos ganz aufzulösen und verschmelzen zu lassen. So ist auch nachvollziehbar, dass bei der Produktentwicklung immer alle Lieferanten und Bereiche wie der Betrieb involviert sein müssen.

Vielleicht kennen Sie das Video von Apple über den Roboter Liam, der iPhones mit Hilfe von 29 werkzeugbestückten Armen und Sensoren wieder auseinandernimmt (zu finden unter *http://bit.ly/1RwTka3*). Der Roboter erkennt die Bestandteile des iPhones, baut sie aus und trennt sie. Das Faszinierende ist nicht der Roboter selbst, sondern die Tatsache, dass Apple bei der Entwicklung seiner Produkte die Lieferkette, die Nutzerfreundlichkeit, die Verpackung und auch die Demontage mitdenkt. Alle diese Teilbereiche spielen ineinander. Das bedeutet unter anderem, dass die Designer eines iPhones das Innenleben so entwickeln müssen, dass es am Ende von Liam so schnell und sauber wie möglich zerlegt werden kann. Das geht nur, wenn man die Fertigungstiefe komplett beherrscht, im Sinne von verstehen und begreifen. Ähnlich macht es Elon Musk in seinen Unternehmen: Wie man in seiner Biografie nachlesen kann, werden die Raketen integriert entwickelt. Verglichen mit der traditionellen Fertigung von Raketen gibt es so gut wie keine Lieferanten. Musk fertigt seine Raketen so ähnlich, wie es Henry Ford im Rouge-Werk bei Detroit gemacht hat. In diesem Werk wurden die Rohmaterialien an der einen Seite angeliefert und auf der anderen Seite rollte das T-Modell vom Band. Auch Ford verzichtete weitgehend auf Lieferanten und holte alle Fertigungsschritte in sein Unternehmen. Musk setzt auf dieses Vorgehen, weil er der Meinung ist, dass die Lieferanten seine Anforderungen an die Produktteile nicht erfüllen und die nötigen Fertigungstechniken nicht beherrschen. Die Innovation liegt also nicht nur in Musks Autos und Raketen selbst, sondern auch in deren Fertigung und Betrieb. So hatte Musk die Idee, die „Betankung“ des Tesla zu verkürzen, indem an den eigenen Tankstellen nicht die Batterie aufgeladen, sondern komplett ausgetauscht wird. So hätte die Betankung nicht länger als ein herkömmlicher Tankstopp gedauert. Auch in diesem Fall ist das Produkt selbst nur ein Teil einer ganzen Kette miteinander verwobener Ideen.

So wie Ford ist auch Musk der Ansicht, dass man die Fertigung nicht von Lieferanten abhängig machen darf, die zunächst eine Spezifikation brauchen, dann entwickeln und erst nach Wochen, meist eher Monaten, liefern. Musk kann Änderungen an seinen Fahrzeugen innerhalb weniger Tage vornehmen, weil er den gesamten Fertigungsprozess kontrolliert und verdichtet. Ideen können schnell kommuniziert und von den Ingenieuren umgesetzt werden. Traditionelle Autobauer haben es da schwieriger: Sie hängen in einem Netzwerk aus weltweit verteilten Lieferanten und auch die Entwicklung neuer Fahrzeuge ist meistens auf viele verschiedene Standorte verstreut. Die Konsequenz: Man muss sehr genau überlegen, wie man neue Ideen und Anforderungen verlustfrei kreuz und quer durch die Welt kommuniziert. Nebenbei müssen noch Abhängigkeiten erkannt und bei der Entwicklung frühzeitig berücksichtigt werden. Der Overhead ist kolossal und man versucht, die Kommunikation mit Hilfe von Modellen zu gewährleisten.

Der Unterschied in den Denkweisen ist deutlich: Während das eine Unternehmen auf die Verdichtung des Raums, die Konzentration der fähigsten Köpfe an einem Ort und das Insourcing der notwendigen Verfahren setzt, meinen andere Unternehmen, nur noch die Plattformen entwickeln zu müssen, auf die andere dann zuliefern. Beide Verfahren funktionieren, doch das Letztere ist extrem langsam und kostspielig. Wie Musk zeigt, lassen sich Kosten stark reduzieren, wenn man bereit ist, die Fertigungstiefe zu reduzieren und sich ansieht, wie die Fertigungskosten gesenkt werden können. Heute bietet Musk Raketenstarts zu konkurrenzlos günstigen Preisen an.

DevOps ist also eine Haltung und eine Denkrichtung, die große neue Produkte ermöglicht, weil die agile Skalierung anders angegangen wird. Es wird nicht versucht, bestehende Strukturen weiterzuführen und mit Hilfe von Tools oder besseren Verfahren das Bestehende zu agilisieren. Auch bei großen Projekten wird ein gänzlich anderer Ansatz gewählt: Die Komplexität wird begrüßt. Das gesamte Wissen wird im Unternehmen gehalten und gleichzeitig werden die Aufgaben so geschnitten, dass möglichst abgeschlossene und unabhängige Einheiten entstehen. Die Aufgabe von DevOps in diesem Kontext ist es, darüber nachzudenken, wie die Menschen, die zusammenarbeiten sollen, auch zusammenarbeiten können.

Wie wir gesehen haben, gilt das insbesondere für die Fertigung oder den Betrieb von Produkten. Man muss immer am Ball bleiben, mitdenken und die eigenen Prozesse so schnell wie möglich darauf einstellen, dass agil geliefert werden kann. In Kapitel 3 wurde gezeigt, dass in der Softwareentwicklung die Deployment Pipeline dafür sorgt, dass die Entwickler nicht nur unabhängig voneinander entwickeln können, sondern die Software auch zu jedem Zeitpunkt integrieren können. Es ist also möglich, auch bei vielen beteiligten Entwicklern immer ein fertiges Produkt zu haben. Es ist die Aufgabe von DevOps, die Tool-Landschaft zu entwickeln, mit der dieses ständige Bauen eines Produkts immer wieder stattfinden kann. Nur am „fertigen" Produkt kann der Anwender testen und spüren, ob er mit dem Produkt – so wie es geliefert worden ist – etwas anfangen kann. Diese Tool-Landschaft, die es für die Softwareentwicklung gibt, steht also für das Zusammenrücken von Entwicklung und Betrieb in einem Produktentwicklungsprozess.

Fazit

Erfolgreiches Skalieren erfordert ein Umdenken im Produktentwicklungsverfahren. Skalierung ist möglich und leicht zu bewerkstelligen, wenn Denk-Silos verschwinden und Abteilungen übergreifend zusammenarbeiten. Ohne diese Silos gäbe es auch die meisten Probleme in großen Projekten nicht. Darüber hinaus ist es notwendig, Produktideen auf neue Art und Weise zu gewinnen. Einige Unternehmen praktizieren das bereits erfolgreich und ziehen daraus Geschwindigkeitsvorteile.

6 Good Practices für das skalierte Scrum-Projekt

Für die Steuerung skalierter Projekte sehnen sich viele nach Vorbildern, nach Beispielen, die einen gangbaren Weg aufzeigen. Sie wollen Skalierungsrezepte oder zumindest Antworten auf die drängendsten Fragen: Wie können Abhängigkeiten bewältigt werden? Wie sollen mehrere Scrum-Teams verwaltet werden? Wie synchronisiert man die Anforderungen in einem skalierten Projekt? Wie vereinbart man Scrum mit den vielen Richtlinien, denen die Beteiligten in einem skalierten Projekt gerecht werden müssen? Gewünscht sind also Verhaltensregeln in einem neuen Kleid: Die Organisation selbst soll unverändert bleiben, man will nur die neue „agile Methode" dem skalierten Projekt überstülpen, in der Hoffnung, so werde es schon funktionieren. In diesem Kapitel will ich Ihnen eine Skalierungs-Toolbox vorstellen. Kleine Bausteine, die Sie nach Ihrem Bedarf zusammensetzen können, um eine Grundlage für Ihr skaliertes Projekt zu haben, wenn die richtige agile Organisation noch auf sich warten lässt.

Bisher habe ich gezeigt, dass der Weg zum skalierten großen Scrum-Projekt in eine andere Richtung führt, als es der aktuelle Hype um Prozessmodelle wie SAFe®, Nexus™ und LeSS vermuten lässt. Wir haben gesehen: Im Prinzip ist es nicht notwendig, diese Prozessmodelle zur Skalierung von Scrum umzusetzen, wenn es eine geeignete Architektur gibt, wenn für verteilte Teams eine sinnvolle Infrastruktur existiert und im Kern des skalierbaren Produktentwicklungsprozesses noch immer die Teams stehen. Ich bin allerdings davon überzeugt, dass Skalierung durch Deskalierung (Vereinfachung und Dezentralisierung) in vielen Unternehmen nicht möglich ist, weil es zwischen den Projekten zu viele Abhängigkeiten gibt. In diesen Unternehmen wäre es absolut notwendig, den Engpass zu managen und ein agiles Portfoliomanagement einzuführen.

Daher werde ich in diesem Kapitel zeigen, wie Sie trotz der Restriktionen eines klassischen Umfelds ein skaliertes Projekt agil aufsetzen können. Vorausgesetzt, Sie führen im Laufe der Zeit die beschriebenen notwendigen Änderungen auch ein, sollten Sie so in der Lage sein, ein Projekt jeder Größenordnung zu skalieren. Nach wichtigen grundlegenden Betrachtungen zum Projektmanagement-Office, zum Stresslevel im Management und zur Theory of Constraints stelle ich im zweiten Abschnitt die „Skalierungtoolbox" vor.

6.1 Mythos zentrale Steuerung

„Das Steering Board mischt sich sogar auf der Ebene der User Story ein. Alle zwei Wochen diskutieren wir in Board-Meetings, wer in welchem Team der ScrumMaster werden soll. Alle zwei Wochen, weil die Topmanager nicht noch mehr Zeit für dieses Projekt freimachen können“, erzählte mir einer unserer Kunden.

Solche Aussagen sind mir nicht neu. Obwohl sie so gut wie keine Zeit für eine tiefgreifende Beschäftigung mit der Projektmaterie haben, entscheiden Managementrunden aus Abteilungsleitern, Geschäftsführern und manchmal sogar Vorstandsmitgliedern *inhaltlich* über die Geschehnisse in großen Projekten. Sie geben gigantische Budgets frei und verantworten dadurch komplexe Projekte, ohne genau zu wissen, was in diesen Projekten eigentlich vor sich geht. In den Board-Meetings wähnen sich aber alle im Bilde. Sie glauben, die Kontrolle über das Projekt zu haben, und entscheiden dort nicht nur über Dinge, die sie oft gar nicht verstehen. Ihnen ist auch gar nicht klar, was sie mit ihren Entscheidungen anrichten. In der Regel bekommen sie das Feedback zu den Konsequenzen ihrer Entscheidungen erst viele Wochen später oder nie.

Wie in einer Planwirtschaft (die, wie wir wissen, nirgends so richtig funktioniert hat) definieren diese Boards, in welche Richtung sich die Programme in den nächsten drei bis fünf Jahren entwickeln sollen, um auf jeden Fall erfolgreich zu sein. Auf diese Weise wird in vielen Unternehmen immer wieder versucht, die Entwicklung eines neuen Produkts auf inhaltlicher Ebene zentral zu steuern, aber das sind eigentlich nur Nebelgranaten. Die tatsächliche Steuerung findet in den Abteilungen und Teams statt. In diesen skalierten Projekten entsteht das große Produkt durch Tausende kleine Einzelentscheidungen.

Ist eine zentrale Steuerung also zwecklos? Nein, natürlich nicht. Man kann ja genauso wenig behaupten, dass alle Gesetze oder Straßenverkehrsregeln unnötig seien. Auch wenn sie manchen nicht passen, braucht ein Staat Regeln und Gesetze, die klären, wie gewisse Sachverhalte grundsätzlich zum Wohl der Gemeinschaft zu handhaben sind. Im Kontext eines Unternehmens bezeichne ich diese grundsätzliche Regelung als das „Erzeugen von Rahmenbedingungen“. Innerhalb dieser Rahmenbedingungen können sich die einzelnen Teams bewegen. Es ist wie ein Spielfeld, auf dem sich der Einzelne und/oder die Scrum-Teams orientieren und ausrichten können.

Rahmenbedingungen oder Leitplanken? Ich spreche gerne von Rahmenbedingungen oder Constraints. Die meisten Manager, denen ich von diesem Konzept erzähle, machen daraus sofort „Leitplanken“, in denen sich das Projekt und die Projektbeteiligten bewegen dürfen. Auf den ersten Blick meinen wir das Gleiche, nach dem zweiten oder dritten Satz merke ich aber, dass wir von völlig unterschiedlichen Dingen sprechen.

Der klassische Topmanager versteht unter diesen Rahmenbedingungen/Leitplanken sehr oft: Budgetvorgaben, gesetzliche Richtlinien, zeitliche und inhaltliche Vorgaben (Funktionalitäten). Er versteht darunter, dass sich ein Projektteam an alles halten muss, was bereits bisher gegolten hat, allerdings muss es nun innerhalb dieses Korsetts auf jeden Fall mit Hilfe agiler Managementmethoden schneller sein (auch eine wichtige Vorgabe). Im Grunde soll also der Status quo erhalten bleiben, es soll sich nicht viel ändern – es soll nur alles schneller und besser werden. Ein Add-on in Form neuer Meetings oder neuer Bezeichnungen für die einzelnen Akteure – das ist schon okay, denn das sind ja nur neue Worte. Die

Fesseln werden in Projekten oft extrem eng angelegt: Die Dienstleister sind bereits ausgewählt, die Technologien sind bereits vereinbart und die Lizenzen gekauft, die Teammitglieder wurden bestimmt und es steht unumstößlich fest, was zu liefern ist, die Deadline ist fixiert und und und. Unter diesen Bedingungen ist agiles Arbeiten so gut wie unmöglich, es sei denn, man hinterfragt alle diese Annahmen und macht sie wieder verhandelbar.

Meine Kollegen und ich verstehen unter Rahmenbedingungen etwas anderes. Wir definieren die Rahmenbedingungen so:

- Es gilt, agil zu arbeiten – und hier sprechen wir von Werten, Good Practices, Artefakten, Rollen und einem agilen Mindset.
- Es gilt, das Budget einzuhalten und die Kosten zu minimieren.
- Es gilt, die gesetzlichen Rahmenbedingungen oder Regularien einzuhalten – nicht die Unternehmensrichtlinien.
- Es gilt, vollkommen anwenderzentriert zu arbeiten, um dem Anwender regelmäßig etwas Fertiges zeigen zu können.

Das bedeutet: Wir hinterfragen alles und nehmen uns jede notwendige Freiheit, um das gesteckte Ziel zu erreichen – doch wir halten uns dabei an alle festgelegten Constraints.

6.1.1 Steering Committee und Projektmanagement-Office

Das durch Rahmenbedingungen abgesteckte Spielfeld wird von den Akteuren bespielt, die vom Management oder dessen Vertretung in Form des Projektmanagement-Offices (PMO) und der Programmleitung entsprechende Spielregeln bekommen.

Welche Aufgaben hat dann ein Steering Committee?

1. Es überwacht die Arbeit der Programmleitung: Hält sie sich an die Regeln?
2. Es erkennt Constraints, die nicht mehr hilfreich sind, und gibt die Erlaubnis, diese Constraints entweder fallen zu lassen oder umzugestalten.
3. Es vermarktet das Projekt in anderen Teilen der Organisation.
4. Es stellt die Ressourcen der eigenen Abteilungen zur Verfügung, wenn es dabei hilft, zu Erkenntnissen zu gelangen.

Lassen Sie uns ein Gedankenexperiment wagen: Stellen wir uns vor, das Steering Committee eines Projekts wäre tatsächlich vom Projektmanagement-Office unabhängig und dieses wäre wiederum von den Subprojekten (also den einzelnen Projektteams) unabhängig. Unabhängig meint hier: nicht weisungsbefugt. In dieser Konstellation wird das Steering Committee zum Product Owner, das Projektmanagement-Office wird zum ScrumMaster und die einzelnen Projektteams werden zu den Entwicklungsteams.

Die Zuständigkeiten und Aktivitäten der einzelnen Parteien treten nun klar zutage:

1. Das Steering Committee setzt die grobe Struktur des Programms oder des großen Projekts auf. Im Wesentlichen kümmert es sich also um zwei Punkte:
   a) Es definiert die Programmvision und die Constraints für die gesamte Lösung. Zum Beispiel: Die neue Strategie zur Digitalisierung ist nur unter der Bedingung eines neuen Produktportfolios und einer neuen Arbeitsweise im Rahmen eines bestimmten Gesamtbudgets umzusetzen.
   b) Es legt die groben Hauptziele für die jeweiligen Produkte fest. Man kann das auch als Produktideen für einzelne Produkt- oder Projektteile sehen, die eigentliche Ausarbeitung dieser Ideen liegt allerdings in der Hand der jeweiligen Produkt-/Projektteams.
2. Das Projektmanagement-Office ist der Hüter der Produktivität und hat daher die Aufgabe, die Produktivität des gesamten Programms (des Gesamtsystems) sicherzustellen. So wie es ein ScrumMaster eben tun würde, ist die erste Aufgabe des PMO daher, zunächst das agile Arbeiten flächendeckend einzuführen. Dazu müssen zum Beispiel Schulungen durchgeführt werden. In diesem großen Aufgabengebiet ist das allerdings nur die Spitze des Eisbergs: Die Aufgabe eines agilen PMO als ScrumMaster geht viel weiter. Die eigentliche Aufgabe eines ScrumMasters besteht ja nicht darin, Scrum einzuführen, sondern die Produktivität (oder Effektivität) der Scrum-Teams zu steigern. Wie macht er das?
   a) Er ermöglicht, dass die Scrum-Rollen ernst genommen werden,
      I) indem er den Beteiligten erklärt und vorlebt, wie die Rollen zu verstehen sind und
      II) indem er dafür sorgt, dass jedes Mitglied eines Scrum-Teams seine Aufgaben korrekt und verantwortungsvoll erledigt.
   b) Er sorgt dafür, dass
      I) die Scrum-Teams (in diesem Fall die Projektteams) ungestört arbeiten können und
      II) es daher möglich wird, dass die Teams ständig liefern.

Damit die Kolleginnen und Kollegen in einem PMO diese Aufgabe erfüllen können, müssen sie zunächst verstanden und verinnerlicht haben, worum es beim agilen Arbeiten eigentlich geht. Nur dann sind sie auch in der Lage, dieses Wissen an die restliche Organisation zu vermitteln. Im Gegensatz zu einem „normalen" ScrumMaster braucht ein Projektmanagement-Office explizite Daten darüber, wie sich die einzelnen Scrum-Teams verhalten, was sie leisten und ob sie in Schwierigkeiten stecken. Üblicherweise gewinnt ein ScrumMaster diese Informationen im Arbeitsprozess, weil er ständig mit seinen Teams zusammen ist – genau das ist bei einem PMO allerdings nicht mehr der Fall. Die Informationen werden zwangsläufig indirekt vermittelt. Daher müssen sich die Projektteams und das Projektmanagement-Office auf ein Reporting einigen, das mehr als bloße Kontrollinformationen liefert. Die Einführung von KPIs und eines agilen Reportings ist dabei nur die halbe Miete.

Das Projektmanagement-Office: agiles Führen ohne disziplinarische Gewalt

Die andere Hälfte der Miete wird durch eine deutliche agile Führung bezahlt. Im Grunde läuft das auf Präsenz hinaus: Walk the talk. Die Mitarbeiterinnen und Mitarbeiter des PMO sollten in den Projekten vor Ort herausfinden, welche Impediments es gibt und diese dann für die Projektmanager lösen.

Richtig gelesen: für die Projektmanager lösen. Ein Projektmanagement-Office muss als etwas anderes als eine Kontrollinstanz wahrgenommen werden. Im agilen Kontext hat das PMO nur dann eine Berechtigung, wenn es die Funktion des Dienens für die Projektbeteiligten einnimmt. Das PMO bietet einen nützlichen Service für die Projekte. Eine Aufgabe von vielen ist es, die Impediments zu entdecken, die Projektmanager meistens verheimlichen wollen. Das ist ein erlerntes Verhalten, das in agile Projekte tradiert wird: Projektmanager sagen nicht offen, dass ihr (Teil-)Projekt in einer Schieflage ist. Probleme werden von Projektmanagern erst dann frühzeitig angesprochen, wenn die Projektführung innerhalb des Programms eine Kultur schaffen konnte, in der offenes und angstfreies Sprechen möglich ist. Wenn das PMO dieses Führungsthema als Service übernimmt, ist der Weg über die Linienfunktionen überflüssig. Es gibt dann eine managende Instanz, die nicht autoritär – weil vorgesetzt – agiert, sondern die Herausforderungen in Projekten so wie ein Scrum-Master durch laterale Führung in Angriff nehmen kann und muss.

Das PMO vertritt das agile Arbeiten auch nach außen, indem es dafür sorgt, dass in der Organisation möglichst viele (positive) Informationen verbreitet werden – es betreibt Marketing. Die Erfolge des Projekts werden nach oben, also zum Topmanagement, aber auch in die Breite berichtet. Das bedeutet nicht, etwas zu verheimlichen oder zu beschönigen. Kern der Aufgabe ist es, in allen Richtungen größtmögliche Offenheit zu erzielen, die Projektbeteiligten sollen dabei aber nicht das Gefühl haben, ständig durchleuchtet zu werden.

Projektteams sind Entwicklungsteams

Die Rolle der einzelnen Projektteams ist mit der Rolle des Entwicklungsteams in einem Scrum-Team vergleichbar. Ihre Aufgabe ist es nicht nur, zu liefern, sondern die Lösung auch zu entwerfen und umzusetzen – professionell und so effektiv wie möglich. Die Teammitglieder haben dabei die Verantwortung, in ihrer Profession immer auf dem neuesten Stand der Technik zu sein. Insofern unterscheidet sich die Rolle des Entwicklungsteams in einem skalierten Scrum-Team nicht wesentlich von jener eines Projektteams in einem großen Projekt oder Programm. Darüber hinaus gelten für Entwicklungsteams in einem skalierten Umfeld natürlich weitere Anforderungen. Diese bedeuten sehr viel Arbeit und werden nach unserer Erfahrung häufig nicht eingehalten.

6.1.2 Das richtige Produkt richtig liefern

Ob skaliert oder nicht: Ein Entwicklungsteam hat immer die Aufgabe, die ihm übertragenen Aufgaben mit der notwendigen Sorgfalt zu erledigen und ein Produkt korrekt zu liefern. In einem Verbund von mehreren Entwicklungsteams ist der Anspruch an die Genauigkeit des einzelnen Entwicklungsteams noch höher, weil viele davon abhängig sind. Ein Fehler, schlampiges Arbeiten, unvollständige Dokumentation oder das Horten von Wissen beeinflussen im skalierten Umfeld immer die Arbeit der anderen. Selbst bei dezentralen Architekturen (siehe Kapitel 2) verschlechtern sich die Güte und die Performance der anderen Teams in der Regel, wenn ein Team nicht ordentlich arbeitet. Die Ursachen liegen zum einen in Missverständnissen bei Abhängigkeiten oder nicht erledigten Zuarbeiten, zum anderen hat es einen gruppendynamischen Grund: Die Teams beginnen, sich kommunikativ und in ihrer Haltung zueinander zu separieren. Genauer arbeitende Teams ärgern sich allmählich über die schlechte Performance. Es kommt zu Unstimmigkeiten und schlussendlich verliert das Team, das es mit der Genauigkeit nicht so genau genommen hat, das Vertrauen der anderen Teams. Sobald das passiert ist, verringert sich die Produktivität des gesamten Systems schlagartig und deutlich spürbar. Dieses enttäuschte Vertrauen wieder aufzubauen, ist sehr schwierig und kostet viel Zeit und Geld.

Als Teil eines größeren Ganzen korrekt zu arbeiten, damit gemeinsam die Vereinbarungen eingehalten werden können, ist aber nur ein Aspekt. Wenn wir diesen Gedanken weiterführen, wird deutlich, dass jedes einzelne Entwicklungsteam dafür verantwortlich ist, „das richtige Produkt“ zu liefern. Zunächst im eigenen Rahmen, im Teilgebiet, für das es verantwortlich ist. Darüber hinaus sind die einzelnen Entwicklungsteams aber auch dafür verantwortlich, dass das gesamte Produkt entlang der Wünsche und vor allem entlang des Bedarfs der Anwender entwickelt wird. In einer skalierten Umgebung hat das einzelne Entwicklungsteam also die Aufgabe, mitzudenken. Jedes einzelne Team, ja jeder einzelne Mitarbeiter sollte es sofort ansprechen, wenn die eine oder andere Funktionalität nicht ausreichend durchdacht zu sein scheint. Gelingt es den einzelnen Teams zu beweisen, dass sie diese Qualität mitbringen, kann das Management loslassen. Das notwendige Vertrauen ist entstanden und das Management kann sich beruhigen. Es muss dann nicht mehr überwachen, ob die „richtigen“ Features entwickelt werden, denn es ist sich sicher, dass die Entwicklungsteams die richtigen Features selbst erkennen. Es kann sich darauf verlassen, dass die zu erfüllenden Regularien eingehalten werden und Abhängigkeiten zwischen den einzelnen Teams erkannt und entsprechend adressiert werden.

Vertrauen und Erfolg: Im Gehirn des Managers

Warum ist dieses Vertrauen in die Fähigkeiten des einzelnen Teams so wichtig für den Gesamterfolg eines Projekts? Beobachten wir dazu einmal das Gehirn eines Managers bei der Arbeit. Was wir sehen, ist ein hochaktives Gehirn im Panikmodus. Es veranlasst die Nebennierenrinde ständig, Cortisol in großen Mengen auszuschütten (vgl. Gloger, Rösner 2014). Warum ist das Gehirn des Managers überhaupt panisch? Sehen wir uns seinen Tagesablauf an: Der Manager hetzt von einem Meeting zum nächsten. Oft ist er nicht gut vorbereitet, muss aus der Situation heraus agieren, wird möglicherweise von dem, was ihn dort erwarten mag, überrumpelt. Viel zu oft ist er nicht richtig darüber informiert, was in seinen Projekten passiert, daher beschleicht ihn das Gefühl, es könnte etwas im Argen liegen. Dazu kommt noch der Leistungsdruck: Der Manager weiß nicht, ob er es seinem Chef recht macht. Schon wieder wird er nervös und macht sich – vielleicht nur unbewusst und sogar unbegründet – Sorgen. Sein Gehirn leuchtet jedenfalls wie ein Christbaum und versetzt den ganzen Körper in Alarmbereitschaft.

Im Prinzip ist das ein kluger Mechanismus, denn diese Achtsamkeit soll uns Menschen helfen, Bedrohungen zu umgehen. Aus dieser sinnvollen und notwendigen Achtsamkeit ist in der modernen Arbeitswelt aber ein schädliches Hintergrundrauschen geworden, das unser Gehirn am lösungsfokussierten Arbeiten hindert. In dieser Situation kennt das Gehirn nur drei effektive Verhaltensweisen: Angriff, Flucht oder Totstellen. Je nach Persönlichkeit des Managers bevorzugt sein Gehirn eine dieser drei Varianten.

Dieser Blick ins Gehirn drängt sich jedem auf, der zu verstehen versucht, wie das Management in den meisten Unternehmen arbeitet. Wer genau hinsieht, erkennt dann leider, dass die meisten Manager ihren Tag nicht gestalten, sondern dass er ihnen passiert. Viel zu viele

Anforderungen, Informationen und Regeln prasseln auf sie ein. Schon 1975 schrieb Henry Mintzberg in einem viel beachteten Artikel, dass Manager im Durchschnitt nur wenige Minuten Zeit für ihre Aktivitäten haben (Mintzberg 1990): „Half the activities engaged in by the five chief executives of my study lasted less than nine minutes, and only 10% exceeded one hour. A study of 56 U.S. foremen found that they averaged 583 activities per eight-hour shift, an average of 1 every 48 second."

Angst im Tunnel

Wer so unter Stress steht, bekommt einen Tunnelblick. In diesem emotionalen Zustand sind Manager nicht mehr in der Lage, zu vertrauen. Einmal davon abgesehen, dass der permanente Druck der Gesundheit von Führungskräften schadet, trägt er sicher nicht dazu bei, dass sich Entwicklungsteams wohlfühlen. Vielmehr stehen sie genauso unter Stress, denn dank der sogenannten Spiegelneuronen spüren die Mitarbeiter nicht nur, in welchem emotionalen Zustand sich der Chef gerade befindet – sie fühlen sich plötzlich selbst so. Wer gestresst ist, kann aber nicht mehr kreativ arbeiten. Stress und Kreativität schließen sich aus. In diesem Zustand werden nur noch erlernte, also bereits existierende Reaktionsmuster, Verhaltensweisen oder bekanntes Wissen abgerufen. Etwas Originelles, etwas Neues, etwas aus dem Rahmen Fallendes, eine wirkliche Lösung „out-of-the-box" gibt es in diesem Zustand nicht.

Und hier beißt sich die Katze in den Schwanz: Genau die neuen, völlig andersartigen Ideen und Produkte brauchen wir im Zeitalter der Digitalisierung, in dem existierende Businessmodelle nicht mehr greifen. Dazu brauchen Scrum-Teams wiederum Manager, die ihnen vertrauen, die ihre Arbeit fördern und nicht nur kontrollieren. Alle brauchen den Erfolg und daher brauchen wir einen anderen Umgang des Managements mit den Mitarbeitern. Diesen Erfolg brauchen vor allem die Manager selbst als Bewahrer der Organisation. Sie brauchen den – ehrlichen – Erfolg, um sich selbst erfolgreich zu fühlen, um erfolgreiche Teams aufzustellen und um die Arbeit nach oben verkaufen zu können.

Im Weg steht dabei der nächste entscheidende Stressfaktor: Projekte bewegen sich immer auf unbekanntem Gebiet, es gibt immer Unsicherheiten. Und obwohl Manager das wissen und obwohl sie selten wissen, was die Anwender wirklich brauchen, wollen sie trotzdem von Anfang an sicher sein, dass der Anwender bekommen wird, was er braucht. Sie wollen und brauchen vor allem den Erfolg. Ich denke, wir sollten endlich akzeptieren, dass wir nicht in die Zukunft schauen können. Wenn man etwas noch nie gemacht hat, kann man auch nicht sagen, wann es fertig sein wird. Wir verschwenden unglaublich viel Energie darauf, etwas herauszufinden, was wir schlicht und ergreifend nicht herausfinden können.

Den Erfolg wollen Manager aller Art (auch Product Owner) dann fälschlicherweise durch das Definieren von Anforderungen sicherstellen. Zu diesem Zeitpunkt fühlen sich alle noch gut und da diese Aufgabe ein Gefühl von Machbarkeit verleiht (ein Teilaspekt von Macht), schreiben Führungskräfte vor, was sie gerne hätten, statt sich mit den Teams auf die Reise in das unbekannte Land zu machen. Dazu fehlt das Vertrauen, dass die Entwicklungsteams über die Ziellinie gehen werden, auch wenn jetzt noch niemand weiß, wie dieses Ziel aussehen wird.

Können die das?

In der Realität vertrauen Manager ihren Teams eher selten. Welche Art von Vertrauen ist hier gemeint? Das Vertrauen in die Fähigkeiten der Mitarbeiter. Manager sind sich einfach nicht sicher, ob die Mitarbeiter die ihnen aufgetragenen Dinge tatsächlich leisten können. Es geht nicht etwa um Loyalität oder Ehre, sondern in der Regel einzig alleine darum, dass Manager sich der Fähigkeiten ihrer Scrum-Teams nicht sicher sind. Oft genug höre ich in unseren Projekten, dass das Topmanagement tatsächlich überwachen will, ob Scrum-Teams die richtigen Dinge liefern. Ihre Begründung: Die Teams können selbst ja nicht wissen, ob sie richtig liegen. Gesetzt den Fall, es wäre so, dann ist dieses Kontrollieren nicht weiter schlimm – wenn es nur ein Scrum-Team betrifft. Doch wenn das Topmanagement vielen Teams nicht vertraut, geht nicht nur die Produktivität eines Teams, sondern vieler Teams gleichzeitig verloren. Man bremst sie aus: durch Rückfragen, durch verlangte Erklärungen, durch plötzlich auftauchende Änderungswünsche, durch Beschlüsse, die niemand nachvollziehen kann.

Wenn Sie das beobachten, dann kann ich Ihnen versichern: Dieses Problem lässt sich nur beheben, wenn es gelingt, das absolut notwendige Vertrauen aufzubauen. Doch Vertrauen in die Fähigkeiten eines Scrum-Teams entsteht ausschließlich auf zwei Arten:

1. Eine Person, der man vertraut, sagt deutlich: „Ich vertraue diesem Team. Du kannst dich auf diese Leute verlassen."
2. Durch eigene Anschauung. Ein Scrum-Team liefert in den meisten Sprints das, was die User begeistert.

Wird durch eine der beiden Varianten das Vertrauen hergestellt, stellt sich beim Management sofort Erleichterung ein. Vertrauen entlastet und lässt Sorgen verschwinden. Der Cortisolspiegel sinkt, das Gehirn gibt zumindest teilweise Entwarnung. Vielleicht gelingt es dem Management am Ende sogar, sich blind auf die Entwicklungsteams zu verlassen. Das wird aber erst der Fall sein, wenn das Management anhand der Aktionen der Entwicklungsteams erleben kann, dass die Ziele des Managements erreicht wurden.

Was Misstrauen anstellt

Bis jetzt haben wir nur in das Gehirn des Managers geschaut. Wie sieht es in den Köpfen der Mitglieder des Entwicklungsteams aus? Die traurige Nachricht: nicht viel besser. Teammitglieder sind meistens enttäuscht, sie leiden an den Folgen der ständigen Entmutigung durch das Management. Sie bemerken, dass sie künstlich motiviert werden sollen, doch niemand stoppt das Demotivieren. Und so schwindet langsam, aber sicher der Glaube an das große Ganze. Die Verbundenheit zum Management geht verloren und die Teammitglieder schützen sich durch die Entkoppelung ihrer Arbeit von dem, was die Führung will. Fragen Sie einmal die Menschen in Organisationen, warum sie bleiben. Die Antworten lauten oft: „Wegen des Teams", „Weil ich eine neue Technologie erlernen kann", „Weil die Aufgabe reizvoll ist". Selten hört man: „Weil ich mich mit der Vision der Führung identifiziere." Viel zu oft gibt es nämlich gar keine klare Vision darüber, was man erreichen will. Auf diese Weise verschwindet das Vertrauen in die Führung langsam, aber doch. „Was die da oben wollen, hat nichts mit uns zu tun", hört man die Kollegen dann sagen.

Das ist weit weg von gegenseitigem Vertrauen und Zusammenarbeit. Es bringt große Organisationen an das Ende ihrer Produktivität und genau hier liegt die Gefahr für große skalierte Projekte. ScrumMaster haben die Aufgabe, beständig dagegen zu arbeiten und diese

Umstände zu (er-)kennen. Mit ihren Scrum-Teams müssen sie daran arbeiten, durch ständiges Liefern das Vertrauen aufzubauen, das ihnen schlussendlich wieder neue Freiräume erschließt. ScrumMaster im skalierten Umfeld müssen sich selbst nicht als Erfüllungsgehilfen, sondern als Gesprächspartner des Managements auf Augenhöhe sehen, als Partner bei der Gestaltung der optimalen Arbeitsumgebung. Sie verstehen die Nöte des Managements und finden Wege, diesen Nöten durch die Arbeit ihrer Teams die Grundlage zu entziehen. Nicht als Ziel der Arbeit, sondern als ein nebenbei entstehendes Resultat.

6.1.3 Scrum-Teams: gemeinsam für den Return on Investment verantwortlich

Wer agile Teams skalieren will, kommt nicht umhin, diesen Teams Verantwortung zu übertragen. Verantwortungsträger müssen aber auch wissen, auf welcher Grundlage sie Entscheidungen treffen sollen. Welche Rahmenbedingungen muss er oder sie – oder in unserem Fall das Team – einhalten? Scrum überträgt die Verantwortung für die Werthaltigkeit eines Produkts dem Product Owner. Für die kleinen Projekte am Beginn der agilen Bewegung in den frühen 2000er-Jahren hat das Sinn ergeben. Heute wissen wir aber, dass alle in einem Scrum-Team – also auch die Entwickler – dafür verantwortlich sein müssen, dass die gemeinsame Arbeit einen Wert für das Unternehmen generiert. Unternehmen wie LIIP *(www.liip.ch)* gehen sogar so weit, ihren Entwicklungsteams täglich die aktuellen Zahlen zu präsentieren. So weiß jede Mitarbeiterin und jeder Mitarbeiter, ob ihre bzw. seine Arbeit genügend Geld einbringt.

Warum ist das notwendig? In einem skalierten Umfeld wirkt es sich um ein Vielfaches gravierender aus, wenn Teams nicht so einfach wie möglich entwickeln oder gar Dinge entwickeln, die zwar auf lange Sicht sinnvoll sein mögen, nicht aber für das aktuelle Projekt. Verbringt jedes Scrum-Team in einem Sprint nur einen Tag mit Dingen, die zwar gut, aber nicht gefordert sind, wird ein großes Projekt schnell wesentlich teurer, als es sein müsste. Anders ausgedrückt: Jedes Scrum-Team ist angehalten, den eigenen Return on Investment zu maximieren, indem es die notwendigen Funktionalitäten professionell und so günstig wie möglich entwickelt. Wir werden später sehen, dass bei Massen-Sprint-Plannings mit 180 Menschen ganz schnell einmal 90 Stunden Arbeitszeit vernichtet werden, weil sich Teilnehmer nicht vorbereitet haben und daher Fragen nicht beantworten können oder weil sie sich einfach gerne reden hören.

Product Owner als Verbindung zur Organisation

Damit Scrum-Teams mit ihren Ressourcen verantwortlich umgehen können, ist die Arbeit der Product Owner entscheidend. Ihre Aufgabe ist es, immer wieder die Verbindung zur Organisation, zum großen Ganzen herzustellen. Sie müssen wissen, wie viel Spielraum ihre Entwicklungsteams haben, um Lösungen zu erarbeiten. Sie müssen wissen, warum das Team das eine Mal eine Funktionalität nur rudimentär entwickeln und das andere Mal vollständig und umfangreich liefern sollte. Dieses Gespür und die Fähigkeit, Entscheidungen zu begründen und an die Entwicklungsteams zu kommunizieren, sind für den Erfolg großer Projektorganisationen entscheidend. Um diese Aufgabe effektiv erfüllen zu können, brauchen Product Owner die entsprechenden Informationen und Daten vom (Top-)Management.

In den meisten Fällen sind Product Owner allerdings informationsmäßig unterversorgt. Das ist selten böse Absicht, es ist einfach nicht eingeübte Praxis. Oft kommt das Management selbst nicht an diese Informationen. Bei einem Kunden wurde mir erklärt, dass das Projektmanagement-Office keinen Zugang zu den Stundenaufzeichnungen der Teammitglieder habe und daher nicht aufgezeigt werden könne, wie der Ressourcenverbrauch tatsächlich aussieht. Mir blieb der Mund offen. Ein PMO ist ohne diese Information nicht arbeitsfähig – zumindest meiner Meinung nach. Als ScrumMaster dieses PMO-Teams würde ich schleunigst dafür sorgen, dass diese Informationen täglich zur Verfügung stehen.

Nur wer die richtigen Informationen hat, kann gut und verantwortungsvoll entscheiden. In einem skalierten Umfeld ist es umso wichtiger, alle Akteure mit den notwendigen Informationen zu versorgen und vor allem mit den wichtigsten Kennzahlen, die für alle gleich sind. Die Informationen müssen darüber hinaus so gewählt sein, dass sie eine steuernde Funktion haben. Beim Return on Investment ist das meistens leichter gesagt als getan. Woher weiß ein Product Owner, ob ein bestimmtes Feature erfolgreich war oder ist? Wie liefert das Entwicklungsteam diese Information an den Product Owner? Gibt es dazu ein einheitliches Bild in der Organisation?

Um aus dieser Zwickmühle zu kommen, schlägt Don Reinertsen die „Cost of Delay" (Verzögerungskosten) vor. Die grundlegende Idee ist einfach: Wie viel Geld verdient das Unternehmen ab dem Moment, an dem das Produkt auf den Markt kommt, täglich, monatlich oder wöchentlich? Oder umgekehrt: Wie viel Geld verliert das Unternehmen, wenn das Produkt nicht rechtzeitig auf den Markt kommt? Wie ein Product Owner das sinnvoll einsetzt, kann man in der Biografie von Elon Musk nachlesen. In vielen Beispielen wird gezeigt, wie er den „kritischen Pfad" kompromisslos managt und dabei ständig involviert ist. Hier ein Beispiel (Vance 2016):

> „Leading up to the third launch, Musk had been his usual ultra-involved self. Anyone at SpaceX who held the launch back onto Musk's critical-path shit list. Musk would hound the person responsible about the delays but, typically, he would also do everything in his power to help solve problems. ‚I was personally holding up the launch once and had to give Elon twice-daily updates about what was going on', said Kevin Brogan. But Elon would say, ‚There are five hundred people at this company. What do you need?' One of the calls must have taken place while Musk courted Riley because Brogan remembered Musk phoning from the bathroom of a London club to find out how welding had gone on a large part of the rocket. Musk fielded another call in the middle of the night while sleeping next to Riley and had to whisper as he berated the engineers. He's giving us the pillow talk voice, so we all have to huddle around the speakerphone, while he tells us, ‚You guys need to get your shit together,' Brogan said."

Für Musk ist offensichtlich, dass jeder verlorene Tag viele Millionen nicht eingenommener Dollar kostet. Leider ist dieses Verständnis bei vielen Product Ownern nicht vorhanden. Sie versuchen, so viele Features wie möglich zu bekommen, und verstehen nicht, dass es nie um die Anzahl der Funktionalitäten geht. Es geht darum, ein verkaufbares Produkt so schnell wie möglich auf den Markt zu bringen. In skalierten Umfeldern liegt es an den Product Ownern, dieses Wissen und vor allem die Fähigkeit, Entscheidungen zu treffen, an die Entwicklungsteams weiterzugeben.

6.2 Theory of Constraints

Sind wir noch auf Kurs oder sind wir vom Ziel abgekommen? Die Beteiligten in einem skalierten Umfeld brauchen genau *einen* Indikator für die Antwort auf diese Frage. Im klassischen Projektmanagement war das immer der sogenannte „kritische Pfad“. Ein Projektplan zeigt auf, welcher Weg durch das Projekt zu beschreiten ist, welche Arbeitsschritte unbedingt plangerecht gesetzt werden müssen. Agile Vordenker verstehen den kritischen Pfad vollkommen anders: Es ist nicht der Pfad, den Projektmanager bestimmt haben und einzuhalten versuchen. Vielmehr beschreibt der kritische Pfad jene Aktivitäten, auf die eine Organisation ihre volle Aufmerksamkeit richten muss, damit diese Aktivitäten so schnell wie möglich ausgeführt und abgeschlossen werden können.

Dieses Fokussieren bezeichnet die Theory of Constraints oder Warteschlangentheorie als „Managen des Engpasses“. Damit ist gemeint, dass alles getan wird, damit der Engpass entweder gänzlich verschwindet oder so im Fokus des Projekts liegt, dass er möglichst gut ausgelastet ist. In einem Forschungs- und Entwicklungsprojekt wird zum Beispiel alles dafür getan, um die entscheidenden Forschungsergebnisse so schnell wie möglich zu bekommen.

Als Managementmethode habe ich die Theory of Constraints (TOC) bereits in den späten 1990er-Jahren kennengelernt. Aus „The Goal“ von Eliyahu Goldratt meinte ich gelernt zu haben, dass eine Organisation ständig bestrebt sein sollte, die Engpässe (Constraints) zu beseitigen. Diese Meinung begleitete mich 20 Jahre lang, tatsächlich ist es aber anders: **Fokussiere dich auf genau eine Sache – auf den Constraint.**

Ob es ein Mitarbeiter ist, der das gesamte Wissen hat, ob es der einzige Rechner ist, der die nötige Rechenkapazität hat: Tue alles, damit dieser Engpass so effektiv wie möglich arbeiten kann. So hatte ich die TOC noch nie betrachtet. Ich hatte immer gedacht, dass es darum geht, den Engpass wegzubekommen. Darum geht es auch, aber der Ansatz besteht nicht darin, noch eine Maschine zu bekommen oder noch einen Mitarbeiter einzustellen, sondern den Engpass optimal zu „versorgen“. Was heißt das genau? Hier drei Beispiele:

- Nur ein Mitarbeiter ist in der Lage, eine bestimmte Komponente weiterzuentwickeln. Genau diese Komponente ist besonders wichtig und wird immer wieder benötigt. Die Komponente und ihr Entwickler sind im Team also der Engpass des Systems. Aufgabe des ScrumMasters wäre es nun, dafür zu sorgen, dass dieser Mitarbeiter so optimal wie möglich arbeiten kann. Er bekommt alles: Wir kochen ihm Kaffee, er bekommt den besten Rechner, er bekommt Massagen etc. Sein Arbeitsplatz wird dadurch so attraktiv, dass sich auch andere Kollegen mit dieser Komponente auseinanderzusetzen beginnen und langsam, aber sicher wird der Engpass aufgelöst.
- Es entstehen so viele Defects, dass der Kunde ständig beim Team anruft. Das Team will sich aber nicht mit den Defects beschäftigen und hat daher beschlossen, dass pro Sprint ein Entwickler an den Defects arbeitet. Die Defects-Liste wird länger und länger. In diesem Moment bekommt der Entwickler jede Unterstützung, die wir ihm geben können. Das gesamte Entwicklungsteam arbeitet sofort daran, diesen Engpass zu beseitigen. Wir richten unsere Energie darauf, diesen Engpass optimal auszustatten, und wieder wird das Arbeiten an dieser Stelle für alle attraktiv.

- Es gibt im Supermarkt drei Kassen, aber nur eine ist besetzt – obwohl Wochenende ist. Zunächst tummeln sich vor der Kasse nur ein paar Leute, doch dann geht alles sehr schnell. Die Warteschlange wird immer länger. Also wird die zweite Kasse geöffnet und die Schlange teilt sich, kurz darauf schließt die zweite Kasse wieder.

Diese praktischen Beispiele für die Theory of Constraints sind allen gegenwärtig, viele Manager haben die Konsequenzen im Kontext des Unternehmens aber noch immer nicht verstanden. Ich versuche, es an dieser Stelle deutlich zu machen:

> *Wenn die Auslastung eines Systems (Mensch, Team, Organisation) über 80 Prozent steigt, wird der Durchfluss durch das System langsamer und stockt zuletzt. Slack, also die Nicht-Vollauslastung, ist der Garant für eine effektive und effiziente Organisation (vgl. deMarco 2002). Folglich sollte das Management alles dafür tun, dass Mitarbeiter im Engpass entweder besser versorgt oder entlastet werden.*

Auslastung und Warteschlangen

Falls Sie mit den bisherigen Aussagen nichts anfangen können, weil sie zu heuristisch sind: Hier sind die mathematischen Fakten, die mein Mathelehrer in dieser Form nie akzeptiert hätte, die aber für den Zweck völlig ausreichen.

- Die Auslastung eines Systems sei mit A bezeichnet.
- Die Länge der Warteschlange gemessen in der Anzahl der Elemente, die vor einer Arbeitsstation warten (Kasse, Maschine, Mensch, Team, Autobahnbaustelle), sei L.

Dann gilt: Länge Warteschlange L = Auslastung A/(1-Auslastung)

Beispiel:

A = 80 Prozent

L = 0,8/(1 - 0,8) = 4

Die durchschnittliche Länge der Warteschlange DL berechnet sich wie folgt:

DL = L x A; in unserem Fall 4 x 0,8 = 3,2

Wer also ein System mit A = 100 Prozent auslastet, bekommt folgenden Wert:

L = 1/(1 - 1)

Moment, das ist eine Division durch null! Hier müsste man also mit Grenzwerten rechnen und bekäme eine unendlich lange Warteschlange. Auch bekannt als: der Stau. Probieren wir es daher mit

A = 99,9

L = 0,999/(1-0,999) = 0,999/0,001 = 999 und damit ist DL = 999 x 0,99 = 989,01

Wir sehen also: Eine Auslastung von nahezu 100 Prozent führt zum Stillstand im System.

In einem großen System muss das Management zunächst herausfinden, wo die Engpässe liegen.

1. Dazu muss der Constraint bekannt sein. Dieser soll voll ausgelastet werden - es soll alles getan werden, damit diese „Arbeitsstation“ (Mensch, Team, Organisation) so produktiv wie möglich sein kann.
2. Die anderen „Arbeitsstationen“ müssen Luft zum Arbeiten und Denken haben - sie dürfen also nicht voll ausgelastet sein.

Der optimale Zustand ist erreicht, wenn sich jeder im Team, jedes Team, jede Organisationseinheit fokussieren kann und nur noch eine Aktivität, nur noch ein Projekt pro Zeiteinheit durchführt (vgl. Keller 2013). Die Theory of Constraints besagt also, dass man die Auslastung eines Systems herunterfahren muss, um den Durchsatz zu erhöhen. Aber warum ist der Durchsatz so wichtig? An dieser Stelle kommt der Cost of Delay ins Spiel.

Cost of Delay

Ein Beispiel: Wenn es Ihnen egal ist, ob Sie zu spät zu einem Vorstellungstermin kommen, dann ist der Cost of Delay für Sie sehr niedrig. Sie werden nicht rechtzeitig losfahren oder nicht den schnellsten Zug nehmen. Wenn Ihnen diese neue Aufgabe aber wichtig ist, reisen Sie vielleicht schon einen Tag vor dem Gespräch an, übernachten vor Ort und sind möglicherweise schon eine Stunde früher in der Nähe des Unternehmens, damit auf keinen Fall etwas schiefgehen kann. Mit Ihrer Pünktlichkeit wollen Sie sich absichern, denn der Cost of Delay ist einfach zu hoch.

Genauso ist es mit Projekten: Wenn alle im Projekt verstanden haben, wie „teuer“ ein Tag, eine Woche, ein Monat Verzögerung sind, werden Entscheidungen entsprechend zeitnah gefällt. Es geht übrigens nicht darum, wie viele Mehrkosten ein Zuspätsein verursacht (diesen Fall gibt es natürlich auch, aber er ist hier nicht wichtig für unsere Diskussion). Lassen Sie es mich noch einmal anders erklären: Angenommen, es gäbe keinen Endtermin. Es wäre egal, wann das Projekt fertig ist, es gäbe keinen Druck. Dann gilt trotzdem, dass ein Team (ein Unternehmen) erst Geld verdienen kann, wenn das Produkt auf dem Markt ist. Von dem Tag an, an dem das Produkt verkauft werden kann, kommt Geld in die Kasse. Vielleicht arbeitet die Konkurrenz an einem ähnlichen Produkt und wir sind mit unserem Produkt nur eine Weile alleine am Markt, bis die Kunden von der Konkurrenz Wind bekommen. Das ändert aber nichts am Prinzip, sondern macht nur deutlich, dass der Cost of Delay sogar noch höher werden kann.

Wenn wir also erst Geld verdienen, sobald das Produkt am Markt ist, dann gilt: Mit jedem Tag, den wir früher am Markt sind, erzielen wir einen höheren Return on Investment, weil dieser zeitabhängig ist. Scheitern kann ein Projektteam mit diesem Ansatz nur dann, wenn es dem Team nicht gelingt, am Markt zu sein, bevor das Budget für das Projekt aufgebraucht ist. Diesen Umstand habe ich bis jetzt nirgends drastischer geschildert gefunden als am Beispiel von SpaceX. Elon Musk hat beinahe sein gesamtes Vermögen eingesetzt, um SpaceX zu starten. Sowohl Tesla als auch SpaceX waren im Dezember 2008 finanziell so gut wie am Ende, als doch noch rechtzeitig ein Auftrag einlangte (Vance 2016, pos. 3195): „At SpaceX, Musk and the company's top executives had spent most of December in a state of fear. (...) On December 23, 2008, however, SpaceX received a shock. People inside NASA had backed SpaceX to become a supplier for the ISS. The company received $ 1.6 billion as payment for twelve flights to the space station. Staying with Kimbal in Boulder, Colorado, for the holidays, Musk broke down in tears as the SpaceX and Tesla transactions processed. ‚I hadn't had an opportunity to buy a Christmas present for Talulah or anything', he said. ‚I went running down the fucking street in Boulder, and the only place that was open sold these shitty trinkets, and they were about to close. The best thing I could find were these plastic monkeys with coconuts – those ‚see no evil, hear no evil' monkeys.'"

Man muss die Theory of Constraints verstanden haben, um wiederum zu verstehen, wie Product Owner oder Projektmanager priorisieren sollten. Wie entscheidend dieses Verständnis umso mehr für ein Team von Product Ownern ist, wird erst klar, wenn es Abhängigkeiten zwischen den Teams gibt. Wer wartet auf wen und warum? Genau zu wissen, welches Projektteam wobei unterstützt werden muss, ist für den Projektfortschritt entscheidend. Das Team der Product Owner kann die richtige Entscheidung nur treffen, wenn es weiß, welches Team auf dem kritischen Pfad ist.

6.3 Die Skalierungstoolbox

In diesem Abschnitt möchte ich nun zeigen, wie man ein Scrum-Umfeld skaliert, wenn die Voraussetzungen schlecht sind. Die Teams müssen (zunächst) damit leben, dass es gegenseitige Abhängigkeiten gibt und dass noch nicht klar ist, wie man sich am besten voneinander entkoppelt – alles das, worüber ich auf den letzten Seiten gesprochen habe, ist also noch nicht eingetreten.

In dieser Situation kommt eine Organisation nicht ohne Adaptionen des Prozesses voran. Um den Prozess sinnvoll zu adaptieren, müssen wir einen Blick auf die Meetings, Rollen und Artefakte werfen, die in diesem Umfeld notwendig sind.

6.3.1 Die Meetings

Ich nenne Meetings einfach Meetings. Einige Coaches sagen dazu Rituale oder Events, um den Meetingbegriff zu vermeiden – nennen Sie es einfach, wie Sie wollen. Jedenfalls werden wir sehen, dass man einige neue Meetings einführen sollte, um das gesamte Gebilde gut managen zu können:

1. Das skalierte Daily Scrum oder Scrum of Scrums
2. Das Daily der ScrumMaster
3. Das Daily der Product Owner
4. Das ScrumMaster Weekly
5. Das Product Owner Weekly oder Business Value Estimation Meeting
6. Das skalierte Estimation Meeting

Bevor ich diese Meetings im Einzelnen beschreibe, kommen wir an dieser Stelle nicht umhin, noch einmal einige Meetingprinzipien festzuzurren. Für den Erfolg oder Misserfolg der Meetings ist das Einhalten dieser Prinzipien entscheidend. Es gilt auch: **Diese Mee-**

tings sind nur sinnvoll, wenn sie für die Beteiligten einen Mehrwert bieten. Wenn sie sich als unproduktiv herausstellen, dann prüfen Sie bitte zuerst, ob es an der Art und Weise liegt, wie ein Meeting abgehalten wird. Sollte es nicht daran liegen: Schaffen Sie das Meeting wieder ab!

Prinzip 1: Timebox, Kadenz und Facilitation

Gleich vorweg ist dafür zu sorgen, dass jedes Meeting innerhalb des vorgesehenen Zeitrahmens stattfindet, also pünktlich beginnt und endet – es sollte keine Überziehungen geben (Timeboxing). Wenn man jeden Tag zwei Minuten überzieht und es 100 Mitarbeiter gibt, hat man am Ende des Monats bereits einige Arbeitstage vergeudet. Jedes Meeting sollte daher so moderiert werden, dass es sogar früher als vorgesehen beendet werden kann. Meiner Erfahrung nach wird das erreicht, wenn die ScrumMaster sehr gut moderieren und diese Disziplin einfordern und durchsetzen.

Es ist notwendig, dass alle Meetings in einem festen zeitlichen Raster stattfinden (Kadenz oder Rhythmus). Dieses Raster ist unumstößlich und einzuhalten. Wenn die involvierten Teams ihre Dailys und Reviews nicht zum selben, sondern jedes Team zu einem anderen Zeitpunkt seine Dailys und Reviews durchführt, können Außenstehende nicht mehr sinnvoll planen. Abstimmungen werden schwieriger und den Meetings beginnt eine gewisse Beliebigkeit anzuhaften. Neue Meetings werden angesetzt und schon rutscht man wieder in das alte Verhalten, das uns allen bekannt ist – Meeting-Overkill.

Alle Meetings werden immer von einem ScrumMaster moderiert. Es darf kein Meeting geben, das nicht moderiert wird. In diesem Punkt höre ich immer die gleichen Gegenargumente: „Das ist zu teuer, der ScrumMaster kann nicht überall sein." Er muss auch nicht überall dabei sein, weil seine Aufgabe ist, im Vorfeld dafür zu sorgen, dass jedes Meeting optimal durchgeführt wird. Ein nicht moderiertes Meeting verläuft meistens unproduktiv und das muss der ScrumMaster abstellen.

Prinzip 2: Kunden-/User-Feedback

Je größer ein Projekt ist, desto wichtiger ist es, dass Kunde und User in jedes Review involviert sind. Für viele Projektleiter ist es eine große Herausforderung, Kunde und Anwender davon zu überzeugen. Es ist aber unumgänglich, wenn man ein Projekt erfolgreich durchführen will.

Prinzip 3: Freiwillige Teilnahme

Die Teilnahme an den Meetings ist freiwillig, es gibt keinen Zwang. Wir werden noch sehen, wie wichtig dieses Prinzip ist. Hier nur soviel: Halten Sie sich daran.

Die klassischen Scrum Meetings

- Sprint Planning 1
- Sprint Planning 2[1]
- Daily Scrum

[1] Es gibt zwei Sprint Planning Meetings. Diese beiden Meetings sind getrennt und bleiben es auch. Siehe dazu Gloger 2016.

- Review
- Retrospektive
- Estimation Meeting

bleiben im Kern identisch, sie werden weiterhin in den einzelnen Teams durchgeführt. Entscheidet man sich dazu, diese Meetings, wie zum Beispiel die Retrospektiven, zusammenzuführen, dann werden aus den Team-Meetings Großgruppenmeetings und diese müssen von den jeweiligen ScrumMastern etwas anders moderiert werden.

Checklisten und Prozesse erster und zweiter Ordnung

Prinzipiell gibt es zwei Arten von Checklisten:

1. **Checklisten 1. Ordnung**, die sich mit Rezepten vergleichen lassen. Kochbücher sind also Checklisten 1. Ordnung. Ohne Bauanleitungen wären wir beim Zusammenschrauben von IKEA-Möbeln völlig aufgeschmissen. Rezepte sind nützlich, aber auch sehr begrenzt: Diese Art der Checkliste braucht ein wiederholbares Setting.
2. **Checklisten 2. Ordnung**, die als Guidelines, als zu befolgende Regeln zu sehen sind. Es sind sich selbst beobachtende Checklisten. Steht auf einer Checkliste zum Beispiel: „Für diesen Kuchen brauche ich Eier. Wie viele?“, dann erinnert mich die Checkliste daran, dass ich Eier besorgen sollte. Sie sagt mir aber nicht, wie viele es sein müssen. Sie lässt mir die Wahl.

Scrum ist eine Checkliste 2. Ordnung. Scrum gibt nicht vor, wie zu arbeiten ist, sondern nur, was vorhanden sein sollte. Verstehen Sie die nachfolgenden Ideen daher nicht als Rezepte, sondern als Hinweise darauf, woran Sie denken sollten.

Das skalierte Daily Scrum oder Scrum of Scrums

Beginnen wir mit dem wichtigsten täglichen Meeting, dem Daily Scrum. Wie läuft es im skalierten Umfeld ab? Das Daily Scrum der Teams bleibt identisch, am Ablauf ändert sich nichts. Allerdings verschiebt sich der Fokus ein wenig. Es wird immer die Frage gestellt: **Funktioniert die teamübergreifende Zusammenarbeit gerade?**

Im Anschluss an das teaminterne Daily Scrum nimmt eines der Scrum-Teammitglieder am Scrum of Scrums (SoS) teil. Wie könnte ein ScrumMaster das SoS nun gestalten? Hier einige Ideen.

Variante 1: Ein Entwickler geht zum Scrum of Scrums

Jeden Tag geht ein anderes Teammitglied (nicht der ScrumMaster), das dazu Lust hat, zum Scrum of Scrums (SoS). Er oder sie erklärt im SoS, was seinem bzw. ihrem Team wichtig ist, und bringt dann umgekehrt die Informationen der anderen Teams wieder „nach Hause“.

Vorteile: Es entsteht nicht der Eindruck, dass eine bestimmte Person der Sprecher des Teams ist. Man unterbindet die stille Post, weil ein Entwickler zum SoS geht, der die eigentliche Information hat. Im Laufe der Zeit bekommen alle Entwickler einen Gesamteindruck des Projekts und werden immer wieder daran erinnert, dass ihr Team nicht das einzige in diesem Projekt ist. Täglich wird ihnen vor Augen geführt: Sie arbeiten immer auch für die anderen.

Nachteile: In einigen Teams ist jeden Morgen aufs Neue unklar, wer zum SoS gehen soll. Diese Teams sind noch nicht so weit, sich selbstorganisiert darum zu kümmern. Oft haben sie den Sinn des Scrum of Scrums noch nicht verstanden und warum es so wichtig ist, dabei zu sein. Meine Kollegen und ich merken das daran, dass die Entwickler zwar am SoS teilnehmen, aber keine Informationen daraus an ihr eigenes Team weitergeben. Einige Teams behelfen sich, indem sie ein Teammitglied nominieren, das jeweils für die Dauer eines Sprints am SoS teilnimmt.

Variante 2: Der ScrumMaster geht zum Scrum of Scrums

Viele Teams schicken ihren ScrumMaster zum Scrum of Scrums. Das Argument ist immer das gleiche: Er soll sich um die unbequemen Dinge kümmern. Ein zweifelsfrei einleuchtendes und bestechend einfaches Argument, aber es ist verkehrt. Der ScrumMaster soll die Produktivität herstellen. Möglicherweise ist aus diesem Blickwinkel betrachtet die Entsendung des ScrumMaster zu einem Zeitpunkt gerade die richtige Lösung für ein Team.

Vorteile: In einigen skalierten Projekten ist diese Variante effektiver als Variante 1. Die ScrumMaster der Teams verstehen sich in diesen Fällen als Team und nutzen das SoS, um sich abzustimmen.

Nachteile: Das Bedenkliche an dieser Lösung ist, dass die ScrumMaster in eine dem Projektmanager ähnliche Funktion gedrängt werden. Sie sollen sich um die Koordination des Projekts kümmern. Die dadurch entstehende Informationshierarchie kann problematisch werden. Der wesentlich größere Nachteil ist meiner Meinung aber: Der ScrumMaster kann die Fragen der anderen ScrumMaster nicht wirklich beantworten und die ScrumMaster können die entstehenden Fragestellungen auch nicht selbst lösen. Sie agieren in diesem Fall wie ein Steuerkreis, nicht wie Professionals, die das Problem lösen können.

Variante 3: ScrumMaster und Entwickler nehmen am Scrum of Scrums teil

Diese Variante kombiniert die Vorteile von Variante 1 und Variante 2: Die ScrumMaster begleiten die Entwickler zum Scrum of Scrums, sorgen dafür, dass alle Informationen verarbeitet werden, und koordinieren alle Aktionen.

Vorteile: Die Teams fühlen sich betreut und werden durch die ScrumMaster geführt. Alle Informationen können gesammelt und gemeinsam bearbeitet werden.

Nachteile: Dieses Konzept ist für große Scrum-Teams nicht praktikabel. Bei einem unserer Projekte mit 18 Scrum-Teams hätte das ein SoS mit 36 Personen bedeutet. Ein Meeting in diesen Dimensionen ist nicht effektiv. Für drei bis vier Teams ist das Meeting in dieser Form sicher sinnvoll.

Variante 4: Alle Entwickler treffen sich

Es gibt kein SoS, sondern alle Projektbeteiligten treffen sich zu *einem* Daily. Diese Variante habe ich bei Menlo Innovations gesehen (siehe Kapitel 3). Sie funktionierte für dieses Team sehr gut, denn es wurden nur kurz die absolut wichtigsten Informationen pro Team ausgetauscht. Es wurde gewissermaßen klar, zu wem man gehen muss, wenn man etwas Bestimmtes benötigt.

Vorteile: Sehr kurze Abstimmung, es wird klar, wer mit wem woran arbeitet. Probleme können so auch im Plenum angesprochen werden.

Nachteile: Es geht bei dieser Variante nicht so sehr um die Zusammenarbeit der Teammitglieder, sondern um die Information, wer woran arbeitet. Im Plenum ist kein Austausch möglich und daher brauchen die Teilnehmer eine hohe Disziplin, um nur das Wesentliche zu sagen.

Variante 5: Meetings mit elektronischen Hilfsmitteln

Eine radikale Form, denn das Scrum of Scrums wird durch elektronische Tools ersetzt. Statt sich in Daily Scrums abzusprechen, kommunizieren die Teammitglieder in Chaträumen. In sehr großen Teams entstehen auf diese Weise von selbst ständig neue Kombinationen der Kommunikation.

Vorteile: Die in den Chats vorhandenen Informationen können später durchsucht werden. Alle Informationsquellen sind integriert und man kann sich gegenseitig informieren, wenn man gerade Zeit dafür hat. Auch unterwegs kann man online sein und an den Informationen teilhaben.

Nachteile: Die Kommunikation ist über den ganzen Tag verteilt. Ständig ist man online und versucht, möglichst alles mitzubekommen. Möglicherweise entsteht das Gefühl, den Anschluss an die Information verloren zu haben.

Variante 6: Nur die offenen Aufgaben zählen

Gemäß meiner Interpretation der Theory of Constraints dürfte jedes Team immer nur an jeweils einer Story arbeiten. Das wird im Scrum of Scrums sichtbar. Wenn es nicht so ist, reagieren die Anwesenden und suchen nach einem Weg, damit das jeweilige Team tatsächlich an nur einer Story arbeiten kann.

Vorteile: Diese Variante fokussiert die Anwesenden sofort auf das Wesentliche.

Nachteile: Das Scrum of Scrums wird nicht mehr zum Austausch von Informationen genutzt. Dieses System funktioniert nur, wenn sich alle Beteiligten auf diesen Arbeitsmodus (One Piece Flow) geeinigt haben, und das setzt voraus, dass alle die Ideen der Theory of Constraints verstanden haben.

Das Scrum-Board im SoS

Das Scrum of Scrums findet kurz nach den Daily Scrums der Scrum-Teams statt. Wir starten das SoS in der Regel 20 Minuten nach den Daily Scrums der einzelnen Scrum-Teams. Jedes Team entsendet seinen Vertreter oder seine Vertreterin. Meistens bringen diese einen oder zwei Zettel für das gemeinsame Scrum-Board mit.

Jedes SoS wird von einem ScrumMaster moderiert, der zuvor von der Gruppe für einen Sprint dazu auserkoren wurde. Die Moderatorenrolle wird also von Sprint zu Sprint weitergereicht. Dieser moderierende ScrumMaster trägt dafür Sorge, dass die im SoS besprochenen Impediments gelöst und gegebenenfalls an das Management eskaliert werden.

Auf den ersten Blick unterscheidet sich ein Scrum of Scrums nicht von einem Daily Scrum. Alle stehen im Kreis und geben sich Updates. Wenn man im SoS vor dem Scrum-Board eines skalierten Teams steht, fallen die Veränderungen aber sofort auf. Das Scrum-Board zeigt keine Tasks, sondern nur noch Storys und die gemeinsam zu bewältigenden Abhängigkeiten und Hindernisse. Im Wesentlichen unterscheidet sich das teamübergreifende Scrum-Board von den Taskboards der Teams durch die sogenannten Swimlanes (Zeilen), die den einzelnen Scrum-Teams zugeordnet sind. In den Swimlanes sieht man den Fortschritt der Teams (Bild 6.1).

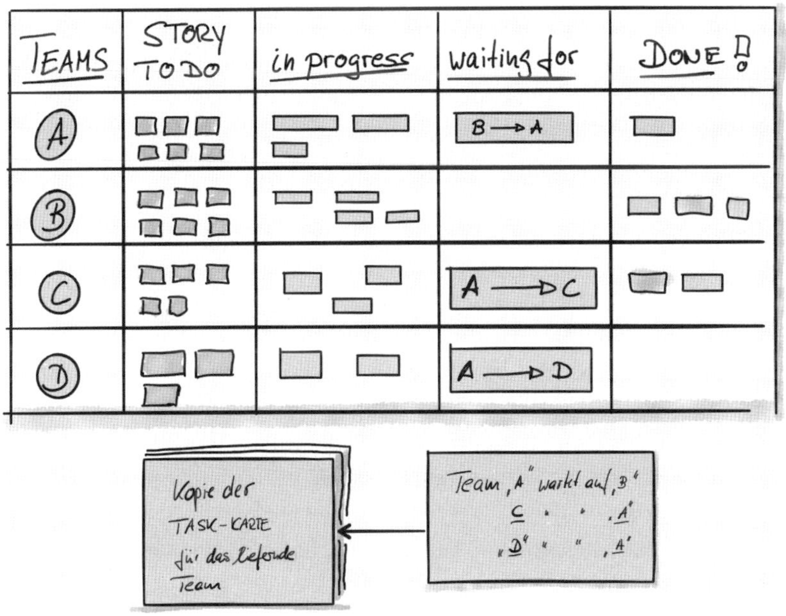

Bild 6.1 Umgang mit Abhängigkeiten mit Hilfe des Scrum-Boards

Der ScrumMaster des SoS achtet vor allem auf die Abhängigkeiten zwischen den Teams. Häufig stellt sich heraus, dass die Zusammenarbeit gestört ist: Es fehlen Informationen, ein Team wartet auf die Lieferung des anderen, in einem Team ist eine Verzögerung entstanden, die sich nun wie eine Welle in den anderen Teams fortsetzt. Nun ist es an den Anwesenden, sofort eine Lösung für diese Probleme zu finden.

Das Scrum-Board des SoS dient dazu, die Abhängigkeiten und den gemeinsamen Fortschritt zu visualisieren: Sehen die SoS-Teilnehmer eine Blockade oder einen Engpass, können sie sofort reagieren. Einige Scrum-Teams ergänzen das klassische Scrum-Board im SoS durch zwei weitere Spalten:

1. Die Abhängigkeiten/Lieferungen von anderen Teams
2. Die gemeinsamen Impediments, die zu lösen sind

Scrum-Team A, das die Lieferung von Scrum-Team B erwartet, stellt das in der Spalte „Abhängigkeiten“ (in Bild 6.1 „Waiting for“) mit einem Zettel dar. Gleichzeitig übergibt der Vertreter von Team A dem Vertreter von Team B als Erinnerungshilfe eine Kopie des Zettels mit.

In der Spalte der Impediments markiert jedes einzelne Scrum-Team jene Impediments, die aus Sicht dieses Teams nur gemeinsam gelöst werden können.

Die 24-Stunden-Regel. Impediments sind immer Produktivitätskiller, die sich in einem skalierten Umfeld noch folgenreicher auswirken: Nicht nur ein Team wird behindert, sondern gleich mehrere. Umso wichtiger ist es daher, Impediments schnell zu lösen. Für meine Kollegen und mich hat es sich bewährt, in diesem Zusammenhang eine 24-Stunden-Regel einzuführen.

Diese Regel besagt, dass ein Scrum-Team seine Impediments selbst innerhalb von 24 Stunden aus dem Weg räumen sollte. Manchmal geht das nicht, zumindest muss aber innerhalb dieser Zeitspanne geklärt werden, was zu tun ist. Gelingt das nicht, wird das Thema im Scrum of Scrums eskaliert. Kommt man auch dann nicht innerhalb von 24 Stunden zu einer Lösung, muss zum Management eskaliert werden.

Der Wert des Scrum of Scrums

Manchmal sind nicht alle Teams gleichermaßen davon überzeugt, dass das Scrum of Scrums wichtig ist. Möglicherweise sehen sie es nur als eine lästige Pflicht, manche lehnen es sogar völlig ab. Die Ursache ist klar: Diese Scrum-Teams haben kein Interesse daran, gemeinsam zu liefern. Vielmehr fühlen sie sich durch die anderen gestört. Sollte unter diesen Voraussetzungen dennoch ein SoS stattfinden, ist es meistens ein langweiliges Meeting. Wie gelingt es trotzdem, dieses Meeting sinnvoll und damit produktiv zu gestalten?

Ich habe vieles ausprobiert – hier meine Top-5-Maßnahmen:

1. Besprechen Sie die *Integrationsprobleme* zwischen den einzelnen Teams. Dadurch richten Sie den Fokus des Scrum of Scrums darauf, ständig lauffähige Software zu liefern.
2. Geben Sie den Teams eine *Metrik* an die Hand: Zeigen Sie das Produkt jeden Tag in einem Mini-Review.
3. Nutzen Sie die Eitelkeit. Schüren Sie den *Wettbewerb* zwischen den Teams. Erzeugen Sie Gruppendruck: Heben Sie jeden Morgen jenes Team hervor, das an diesem Tag die meisten Storys fertig geliefert hat. Eine einfache Liste mit der Platzierung reicht aus. Funktioniert teuflisch gut, sollte aber eine zeitliche begrenzte Maßnahme sein, bis die Teams in die Gänge kommen.
4. *Belohnen* Sie die Teilnehmerinnen und Teilnehmer jeden Tag für ihr Erscheinen, indem Sie betonen, wie gut die Zusammenarbeit läuft. Zeigen Sie, wie sehr Sie es schätzen, dass die Teams so gute Arbeit leisten. Lassen Sie die Teilnehmenden in den Scrum of Scrums erklären, was ihnen gelungen ist. Dafür bekommen sie von den anderen ein anerkennendes Nicken, manchmal sogar einen kleinen Applaus. So bekommt jedes Team jeden Tag Bestätigung für das, was es tut.

Generell gilt auch beim Scrum of Scrums das Prinzip: Bei einem Teilnehmerkreis von bis zu neun Teamrepräsentanten (plus den einen ScrumMaster, der das Meeting moderiert) kann es ohne großen Aufwand durchgeführt werden. Werden die Projekte zu groß und braucht man mehr als neun Teams, schlage ich vor, die Teams in Clustern zu positionieren. Dazu später mehr.

Das ScrumMaster Daily

Skalierte Projektteams mit mehr als fünf Sub-Teams brauchen ein ScrumMaster Daily. In diesem Meeting besprechen die ScrumMaster jene Punkte, die alle Teams betreffen.

Wie läuft ein ScrumMaster Daily ab? Zunächst spricht jeder ScrumMaster sein Thema an. Wenn man bereits weiß, dass man mit einem anderen ScrumMaster sprechen muss, teilt man das kurz mit – das Gespräch findet dann nach dem Daily statt. Der moderierende ScrumMaster kann diese Folgemeetings koordinieren, indem er Tokens an die Personen verteilt, die miteinander sprechen wollen (z. B. Jetons, farbige Zettel, Legosteine). Alle mit dem gleichen Token treffen sich anschließend.

Das Product Owner Daily

Auch die Product Owner brauchen ein eigenes Daily. Allerdings scheiden sich daran die Geister: Product Owner arbeiten oft nicht miteinander, sondern sind einfach Gegner. Sie arbeiten ihre Projektaufträge ab, als wären sie Projektmanager. Im tiefsten Inneren bleiben sie die Anforderer, die ihre Teams vor sich hertreiben. So gesehen brauchen diese Product Owner keine Abstimmung, weil jeder einfach nur sein eigenes Projekt liefern will. Diese Einstellung kann sich allmählich ändern, wenn Sie die Product Owner zum Daily einladen. Im Gespräch erkennen sie mitunter, dass es gegenseitige Abhängigkeiten gibt. Die Vision entsteht durch das tägliche gemeinsame Arbeiten.

Abgesehen von diesem sozialen Aspekt synchronisiert das Product Owner Daily die Aktivitäten der Product Owner. Es wird darüber gesprochen, was sie gemeinsam als Team erledigen müssen, um im Projekt vorwärts zu kommen. Da vieles transparent wird, entsteht auch der notwendige Peer-Druck, den ein Team für seine Selbstorganisation braucht. Die Product Owner kontrollieren sich also gegenseitig: Ziehen alle Product Owner am gleichen Strang, damit die gemeinsamen Ziele erreicht werden? Es gelten die gleichen Regeln wie in einem Entwicklungsteam.

In einem funktionierenden Product Owner Daily berichten die Teilnehmerinnen und Teilnehmer einander über die Ergebnisse des Sprints, zum Beispiel über Abnahmen oder die Vorbereitung von User Storys für den nächsten Sprint, und natürlich über Impediments, die aufgetaucht sind. Zum Beispiel:

- In den Fachabteilungen gibt es keine Ansprechpartner.
- Ein Team kommt nicht weiter, weil notwendige Skills fehlen.
- Lieferanten liefern nicht.
- Es werden Unklarheiten in der Abgrenzung der Teams deutlich.

Möglicherweise sind einige Product Owner auch nach Wochen nicht zu dieser Öffnung bereit. Das erkennen Sie meistens an diesem beliebten Ausweichmanöver: „Ich muss zum Kunden.“ So wie andere Teams auch wird das Team der Product Owner nur zusammenarbeiten, wenn es einen Anführer hat. Behandeln Sie die Product Owner daher als ein eigenständiges Team, das geführt werden muss und soll.

Widerstand wird Ihnen womöglich auch entgegenschlagen, wenn Sie wöchentliche Meetings (die Weeklys) einführen. Mit jedem Meeting steigt der Synchronisationsaufwand. Daher ist Effizienz nötig und die erreicht man mit starker Strukturierung und Moderation.

Das ScrumMaster Weekly

Das ScrumMaster Weekly ist für die ScrumMaster vielleicht das wichtigste Meeting in einem skalierten Umfeld. Dieses Meeting macht aus dem ScrumMaster-Team ein Change-Team. Folgende Fragen werden behandelt:

- Was wurde diese Woche erreicht?
- Wie gut konnte Scrum implementiert werden?
- Wie sehr hat sich die Selbstorganisation der Teams verbessert?
- Wurde mit HR gesprochen?
- Ist auch das Topmanagement mit an Bord?
- Wie gut haben wir die Lieferanten integriert?
- Wobei können wir einander in der nächsten Woche helfen?

Dieses Meeting kann auch dazu dienen, einfach interessante Informationen auszutauschen. Über taktische Themen wird in diesem Meeting nicht gesprochen – dazu gibt es das Daily Scrum, das Scrum of Scrums und das ScrumMaster Daily.

Das Product Owner Weekly oder Business Value Estimation Meeting

Das Product Owner Weekly dient den Product Ownern zur Planung. Oft wird das Product Owner Weekly für eine Retrospektive genutzt oder es werden organisatorische Probleme angesprochen. Das Weekly dient aber auch dazu, eine erste Entscheidung darüber zu treffen, welches Scrum-Team welche Funktionalität umsetzen will. Als Vertreter seines Scrum-Teams kann der Product Owner diese Entscheidung treffen. Ob sein Team eine Story wirklich liefern kann, stellt sich dann im Estimation Meeting seines Teams heraus.

Die Vorbereitung der Estimation Meetings der einzelnen Scrum-Teams ist der wichtigste Punkt. Dazu bringen die Product Owner ihre Backlogs mit und erklären den anderen die neuen User Storys, die sie (vielleicht gemeinsam mit ihren Teams) geschrieben haben. Anschließend wird gemeinsam eine (neue) Reihenfolge festgelegt, der Releaseplan oder die Story Map werden aktualisiert.

Ein möglicher Ablauf des Meetings könnte so aussehen:

1. Kurze Diskussionsrunde vor der Story Map
2. Magic Estimation, um den Business Value der Storys neu zu definieren
3. Die ersten fünf Storys pro Team werden auf den Boden gelegt. Die Product Owner besprechen, ob es Abhängigkeiten gibt und wie man diese auflösen könnte. Da die Storys auf dem Boden liegen, kann man die Reihenfolge pro Team ad hoc ändern und erhält so wieder die Gesamtsicht auf die Planung. Das funktioniert ausgesprochen gut und schnell. Sollte ein Team später mehr als fünf Storys machen wollen, stört das ja nicht.

Die Kunst bei diesem Verfahren ist, nicht alles bis ins letzte Detail planen und fertig denken zu wollen.

Das skalierte Estimation Meeting

Die Estimation Meetings aller voneinander abhängigen Teams sollten zeitlich synchronisiert werden und im besten Fall in räumlicher Nähe zueinander stattfinden. So können Mitglieder eines Entwicklungsteams schnell zum benachbarten Team gehen und sich die nötigen Informationen holen und man kann auch schon darüber sprechen, ob in einem der nächsten Sprints die Zuarbeit eines anderen Teams oder bestimmter Teammitglieder benötigt wird.

Eine andere Variante: Wenn Sie es insgesamt nicht mit mehr als 30 Personen zu tun haben, können Sie ein gemeinsames Estimation Meeting mit allen Teams gleichzeitig durchführen. Das hat große Vorteile, denn so haben alle die gleichen Informationen, alle kennen alle Storys und alle haben alle Storys geschätzt. Im Fall eines gemeinsamen Estimation Meetings bringen die Product Owner insgesamt etwa 60 bis 80 Storys ein. Diese Storys verteilen sich auf die neun Plätze der genäherten Fibonacci-Reihe. Das bedeutet, in jeder Spalte liegen 15 bis 5 Storys von 1 (links) nach 100 (rechts) gezählt. In den ersten drei Spalten müssten jetzt von allen Teams gemeinsam etwa 30 bis 35 Storys liegen. Nicht viel mehr - warum? Weil jedes Team etwa fünf Storys pro Sprint abarbeiten kann, aber das soll nur eine grobe Hausnummer sein. Ich will Ihnen lediglich zeigen, dass diese Story-Menge bewältigt werden kann, wenn man mit Karten auf dem Boden arbeitet.

Wie üblich wird sich auch im skalierten Estimation Meeting herausstellen, dass einige Storys für den nächsten Sprint zu groß sind. Diese Storys werden sofort von den Scrum-Teams gesplittet. Dazu genügt es oft, wenn die Experten im Team fünf Minuten laut darüber nachdenken, was mit der Story gemeint ist.

6.3.2 Rollen und Teams

Das ScrumMaster-Team

Die ScrumMaster einer Organisation, die sich gerade in der Transition zu Scrum befindet, haben als Team genau zwei Aufgaben:

1. Sie müssen ihr eigenes Scrum-Team führen.
2. Sie sollen als ScrumMaster-Team die Agilität in die Organisation tragen und die Bedingungen für die Teams ständig verbessern.

In großen Projekten agieren die ScrumMaster daher auch als Change- oder Transition-Team.[2] Und natürlich sprechen sie darüber, wie sie das Projekt gemeinsam führen wollen und welche Themen in diesem Zusammenhang in einem Sprint gelöst werden müssen.

Das ist sehr viel Arbeit und kostet die ScrumMaster Zeit. Diese Zeit lässt sich nur investieren, wenn die Mechanik in den einzelnen Scrum-Teams bereits funktioniert. Solange die ScrumMaster noch damit beschäftigt sind, ihre Teams in den Basics des Entwicklungsprozesses zu trainieren und diese Verhaltensweisen einzuüben, kann man nicht erwarten, dass die ScrumMaster auch noch Zeit für die Mitarbeit im ScrumMaster-Team haben.

[2] Wie ein Transition-Team aufgestellt sein kann, zeige ich im Buch „Das Scrum-Prinzip" (Gloger, Margetich 2014).

Widerstehen Sie dem Bedürfnis, die ScrumMaster in dieses Team hineinzwingen zu wollen. Das ist aus unterschiedlichen Gründen nicht effektiv:

- Die ScrumMaster sind mit ihrer Rolle noch überfordert.
- Das Management etabliert die ScrumMaster-Teams nach seinem Gutdünken. Linienvorgesetzte sind daher ebenfalls in den Scrum-Teams.
- Die ScrumMaster sollen an das Management berichten und dann entscheiden Manager über die Maßnahmen.

Das ScrumMaster-Team sollte als ein freiwilliges Team geführt werden. Es sollte also aus ScrumMastern bestehen, die einen Sinn darin sehen, Aufgaben gemeinsam zu lösen. Jedes ScrumMaster-Team braucht einen „Leiter", der das Team organisiert und die Mitglieder zur Mitarbeit bewegt. Wer es sich zutraut, sollte versuchen, das ScrumMaster-Team als Gilde aufzusetzen.

Skalierte Projekte benötigen auf jeden Fall ein ScrumMaster-Team, wenn es noch keine informellen und sich selbst bildenden Gilden gibt (siehe Abschnitt 6.3.2.3). Die ScrumMaster-Teams sind dann so etwas wie eine Prä-Gilde und haben die Aufgabe, ein großes Projekt unter klaren Führungsbedingungen in die Selbstorganisation zu bringen. Der effektivste Weg, ein solches Team einzurichten: Ein Manager oder Coach lädt zur Bildung des Teams ein (vgl. Gloger, Rösner 2014). In seiner Arbeit nutzt das ScrumMaster-Team wiederum alle Elemente von Scrum, um sich selbst zu steuern.

Das Product-Owner-Team

Im skalierten Umfeld ist die Rolle des Product Owners dann schwierig, wenn es aufgrund der Architektur des Produkts Abhängigkeiten zwischen den Scrum-Teams gibt und sie auf ständigen Austausch angewiesen sind. Solche Architekturen erzwingen es oft, größere Storys über mehrere Teams zu streuen und somit muss die Reihenfolge der Abarbeitung abgestimmt werden. Wie wir mittlerweile gelernt haben, kann ein Product Owner in dieser Situation gar nicht selbst entscheiden, wie bestimmte Funktionalitäten entwickelt werden sollten. In seiner Rolle wird er stärker zu einem Koordinator und Wissensbeschaffer. Das hat allerdings nicht viel mit Selbstorganisation zu tun und es widerspricht sogar den Ideen, die ich in den vorhergehenden Kapiteln zur Produktentwicklung vorgestellt habe. Die Lösung ist so einfach, dass sie mir zehn Jahre lang nicht eingefallen ist.

Der Product Owner vertritt das Scrum-Team mit einer klar umrissenen Aufgabe, die ihm vom Scrum-Team zugewiesen wird: Er sorgt für die Kommunikation mit dem Kunden und die Absicherung der Rahmenbedingungen. Viele Projekte kranken daran, dass nicht zwischen Rahmenbedingungen und Funktionalitäten unterschieden wird. Im skalierten Umfeld ist es umso wichtiger, diese Unterscheidung einzuhalten und das ist die eigentliche Aufgabe eines Product Owners. Für sein Team übernimmt er die Diskussionen darüber, ob Features und Hypothesen ausprobiert werden sollen oder nicht. *Er wird zum Anwalt des Scrum-Teams.*

Als Anwalt des Teams sagt er zu neuen Featureanfragen oft Nein. Eine Story ist schnell auf eine Liste geschrieben, unweigerlich führt das aber wieder zur Diskussion, ob die Story umgesetzt wird oder nicht. Grenzen sollte man besser schon im Vorhinein ziehen: Der Product Owner kann nur so viele Story-Ideen annehmen, wie sein Team umsetzen kann. Product Owner, die sich diese Haltung aneignen, sind in der Lage, mit anderen Scrum-Teams und deren Product Ownern das Produkt zu verbessern und weiterzuentwickeln. Als inhaltlicher Vertreter des Scrum-Teams kann er mit allen Beteiligten die Release-Pläne, die Story Maps, die Abstimmung mit den Lieferanten und vieles mehr vorantreiben.

Meine Erfahrung zeigt: So wie die ScrumMaster oder Gilden jemanden brauchen, der das ScrumMaster-Team zusammenhält, brauchen auch die Product Owner jemanden, der das Product-Owner-Team zusammenhält. Als Scrum-Team haben die Product Owner also selbst wiederum einen ScrumMaster oder Product Owner, der diese Aufgabe übernimmt. Aber Vorsicht: Hüten Sie sich davor, der Einfachheit halber einen Teamleiter oder Manager für diese Rolle auszuwählen!

Die Gilden

Ein Scrum-Team kann und soll nicht mehr alleine die Fragestellungen lösen, die in einem skalierten Umfeld entstehen. Als ich zum ersten Mal mit der Frage konfrontiert war, wie Scrum-Teams übergreifend an Herausforderungen arbeiten können, lag die Lösung nahe: Es werden sogenannte „Practice Groups“ eingeführt. Vertreter der Scrum-Teams sollten sich wöchentlich treffen, um die auftretenden Fragestellungen zu klären. Mir war klar, dass die Scrum-Teams unbedingt miteinander kommunizieren mussten, ich machte aber einen eklatanten Fehler: Ich ordnete diese Practice Groups an. Konsequenterweise bin ich daran gescheitert. Solche Gruppen scheitern immer wieder aus den folgenden Gründen:

- In Wahrheit bleiben sie Managementgremien.
- Sie werden vom Management eingerichtet und verfolgen dessen Ziele.
- Ein Linienmanager wird „Leiter“ der Gruppe.
- Die Practice Group muss an einen Manager berichten.
- Sie wird nach den jeweiligen Disziplinen aufgestellt, damit die Abteilungschefs mitbekommen, was in den Scrum-Teams geschieht.
- Das Mitmachen in der Practice Group ist verpflichtend, weil es die Vorgesetzten oder ScrumMaster fordern.

Jeder dieser „Fehler“ resultiert aus der traditionellen Managementdenke. Daher meine Bitte: **Ordnen Sie solche Gruppen niemals an.**

Coach, Autor und Speaker Henrik Kniberg hat dafür eine Lösung gefunden: Bei Spotify setzte er auf Gilden. Das mutete zunächst ziemlich retro an: In der Geschichte waren Gilden immer Zusammenschlüsse von Gleichgesinnten. Im deutschen Sprachraum haben sich die Gilden in den Handwerken zu Zünften weiterentwickelt. Worum es Henrik aber eigentlich ging: Gilden basieren auf dem Prinzip der Freiwilligkeit. Wie arbeiten moderne Gilden?

1. *Der Host/Kurator:* Jeder, der eine Gilde gründet (und das darf jeder), sucht sich Gleichgesinnte für sein Thema.
2. *Einladung:* Der Host spricht eine Einladung aus.
3. *Freiwilligkeit und Regeln:* Die Mitglieder einer Gilde machen freiwillig mit. Der Gründer bestimmt aber, wie diese Gilde funktioniert und wie sie die Zusammen- oder Mitarbeit regelt.
4. *Crossfunktionalität:* Die Mitglieder der Gilde können/sollten aus allen Unternehmensbereichen und Unternehmensebenen kommen. Alle sind innerhalb der Gilde an deren Regeln gebunden.

5. *Führung:* Der Host/Kurator hält die Gruppe zusammen. Er führt in der Regel die Gruppe an, schlägt Termine vor etc.
6. *Scrum:* Auch Gilden sollten Standardpraktiken von Scrum einhalten.
7. *Persönliche Zusammenkünfte:* Die Gildenmitglieder sollten sich nicht nur „elektronisch", sondern immer auch persönlich treffen können.
8. *Lieferungen:* Gilden müssen etwas produzieren – sie brauchen ein Ziel und ein Ergebnis.
9. *Das Gesetz der zwei Füße:* Wer mitmacht, macht mit! Dieses Gesetz aus der Open Space Technology hat sich als Schlüssel für eine funktionierende Zusammenarbeit erwiesen.

Ich habe selbst einige Zeit gebraucht, um zu verstehen, wie Gilden tatsächlich funktionieren und was sie von Practice Groups unterscheidet: Gilden kann man nicht „ansagen". Sie entstehen, sind temporär und verschwinden auch wieder, wenn es am Thema kein Interesse mehr gibt. ScrumMaster-Gilden oder Product-Owner-Gilden sind Sonderfälle. Sie können entstehen, wenn man die oben erwähnten ScrumMaster- oder Product-Owner-Teams nicht mehr voraussetzt, sondern zulässt, dass sie sich von selbst bilden.

Es mag sein, dass in einem Unternehmen die Idee des ScrumMaster-Teams wunderbar funktioniert, während man in einer anderen Organisation daran scheitert. Das eine Mal gelingt es, ein funktionierendes Product-Owner-Team zu etablieren, ein anderes Mal braucht es wiederum alle Teammitglieder, um die Produktideen zu generieren. Die hier vorgestellten Varianten können also nur als Möglichkeiten erörtert werden. Jeder, der sich mit dem Gedanken trägt, ein großes Projekt mit Scrum zu starten, muss mit seinen Teams selbst herausfinden, was funktioniert.

Support-Teams

Scrum-Teams sollen Funktionalitäten liefern, so viele wie möglich in so kurzer Zeit wie nötig. Daher liegt es nahe, die nichtfunktionalen Aspekte der Produktentwicklung von anderen Scrum-Teams, Support-Teams genannt, erledigen zu lassen. Es würde das Produkt nicht weiterbringen, wenn sich Entwicklungsteams zusätzlich damit befassen müssten, woher sie die Entwicklungsumgebung, die Infrastruktur, die Testumgebungen etc. bekommen. Mit Support-Teams im Rücken können sich die entwickelnden Scrum-Teams (Feature-Teams) ausschließlich auf das Erstellen von Funktionalitäten konzentrieren.

Mit Support-Teams kauft man aber auch einen Nachteil mit ein: Sie liefern nicht immer zeitgerecht. Das geschieht keineswegs aus böser Absicht, denn klassische Support-Teams arbeiten nach dem Prinzip „First come, first serve". Sind die Support-Teams zu schwach besetzt, entsteht eine Warteschlange – und richtig: Das ganze System gerät ins Stocken. Brauchen agile Organisationen überhaupt diese Aufteilung in Scrum-Teams und Support-Teams? Wird in agilen Umgebungen denn nicht alles anders? Gibt es dort nicht nur Zellen, die für sich selbst stehen und alle Funktionen selbst übernehmen können?

Das Feature-Team ist der Product Owner

In skalierten Scrum-Projekten sind die Feature-Teams die Product Owner der Support-Teams. Ihr Auftrag ist es, basierend auf einer existierenden Infrastruktur so schnell wie möglich neue Funktionalitäten für die Anwender zu entwickeln. Kann ein Feature-Team nicht entwickeln, weil zum Beispiel ein Testserver nicht mehr funktioniert oder die Internetverbindungen gerade ausgefallen sind, wird der eigentliche Auftrag aller behindert, denn gemeinsam sollten sie ja das Produkt liefern. In diesem Fall ist es die Aufgabe der Support-Teams, die Einsatzbereitschaft der Feature-Teams so schnell wie möglich wiederherzustellen.

Ein Beispiel: Der Onboarding-Prozess in einer großen Organisation dauerte im Schnitt zwei Monate, bis ein neuer Kollege auch wirklich arbeiten konnte. Ich versuchte, den Prozess zu unterlaufen, denn ich wollte schneller liefern. Chancenlos. Die Bürokratie reagierte völlig willkürlich. Es ist vielleicht ein extremes Beispiel, trotzdem kennt jeder von uns diese Hürden: Zugänge werden nicht gelegt, Rechner nicht bestellt, Bauteile nicht eingekauft und der Einkauf zieht die Verhandlungen wegen fünf Euro unnötig in die Länge. Der Grund dafür liegt auf der Hand: Die meisten Support-Teams – IT, Einkauf, Betrieb, Facility Management, Lohnbuchhaltung, HR etc. – sind als Linienfunktionen organisiert, obwohl sie Stabstellen sind (Bild 6.2). Damit stehen die Mitarbeiter in diesen Teams in der Linienverantwortung und machen das, was politisch sinnvoll ist.

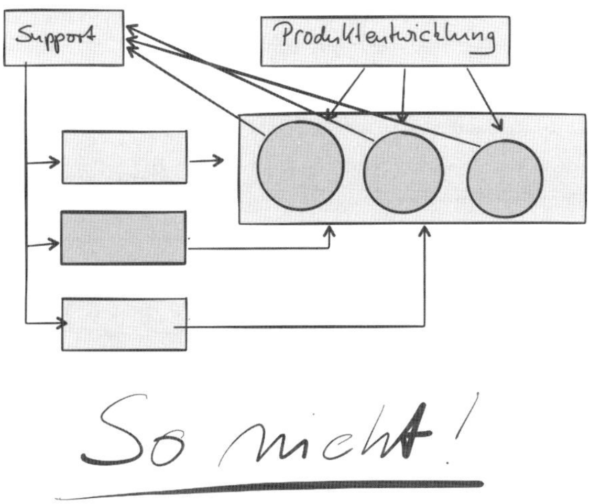

Bild 6.2 Support als Linienfunktion

Jede Aufgabe, die von der Linie (also einem Vorgesetzten) an einen Support-Mitarbeiter herangetragen wird, hat Vorrang gegenüber allen anderen Verpflichtungen. Für jeden ist es geschickter, das zu tun, was der Vorgesetzte will. Die Forderungen von Scrum-Teams sind damit auch nicht wichtig genug, denn sie haben kein politisches Gewicht. Viele Scrum-Teams scheitern an diesen (macht-)politischen Tatsachen. Sie liefern deswegen nicht schnell genug und dann heißt es lapidar: „Scrum funktioniert für unsere Organisation nicht." Dabei sitzt der Fehler tiefer und ist systemimmanent: Support-Anfragen von Scrum-Teams werden nicht höher priorisiert, denn Support-Teams verstehen sich als eigenständige Einheiten – nicht als Teil der Lösung. Es ist ein weit verbreiteter Irrtum, dass sich daran etwas ändert, wenn sich ein Projektmanagement-Office um eine geeignete Priorisierung kümmert. Nein, an diesem Machtspiel ändert das gar nichts. Selbst wenn die Geschäftsleitung involviert ist und deutlich macht, welches Projekt wichtig ist, handelt die Linie nicht zwingend im Interesse des Projekts.

Ebenfalls zu beobachten: Oft kennen die Mitarbeiter der Support-Teams die Kollegen in den Feature-Teams gar nicht. In der globalen Organisation tritt immer häufiger der Fall ein, dass Kollege A eine einfache Support-Anfrage für Kollege B erfüllen muss, der aber in einem ganz anderen Land sitzt. A und B kennen einander nicht und der Support weiß auch nichts über die Arbeitsbedingungen und Nöte auf der anderen Seite der Welt. Da ist es sicherer, sich an die Vorschriften zu halten.

Support-Teams als Auftragnehmer

In einem skalierten Scrum-Projekt sollte es grundsätzlich so wenige Support-Teams wie möglich geben. Sie sollten nicht in der Linie verankert sein, sondern von den Scrum-Teams abhängig – also im weitesten Sinne „angestellt" – sein (Bild 6.3). Es gilt die einfache Regel: Wenn ein Support-Team keinen Kunden mehr hat, also keine Aufträge von einem Scrum-Team erhält, kann es eingestellt werden. Die Scrum-Teams sind die Auftraggeber der Support-Teams.

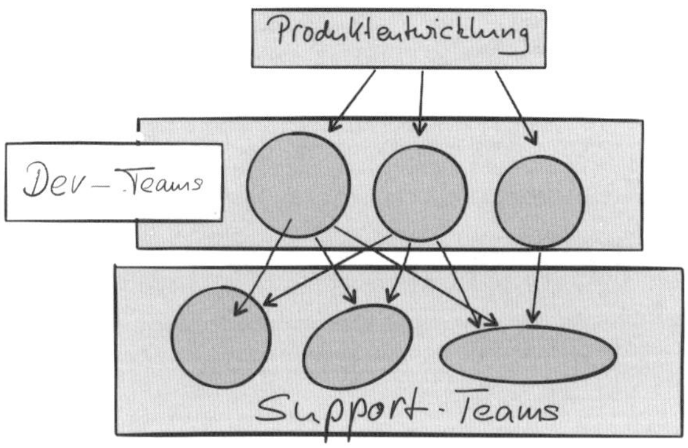

Bild 6.3 Support-Teams als Auftragnehmer der Scrum-Teams

In einer idealen Organisationsform würden sich die Support-Teams im Laufe der Zeit aus den Scrum-Teams bilden. So würden die Support-Teams besser verstehen, was die Kollegen in den Scrum-Teams brauchen, weil sie selbst einmal in einem Scrum-Team gearbeitet haben.[3] Im Idealfall bestehen die Support-Teams nur temporär – so lange wie die verstärkte Zusammenarbeit für das Lösen einer Aufgabe nötig ist (vielleicht als Gilde?).

In den meisten Organisationen existieren bereits Infrastrukturteams. Sie kümmern sich um den Betrieb der Applikationen, warten die Firewalls, setzen neue Server auf, stellen Entwicklungsumgebungen zur Verfügung, ziehen die Kabel fürs LAN ein und vieles mehr. Sie aus der Linie herauszulösen, wäre zwar eine sinnvolle Maßnahme, aber sie ist nur zu empfehlen, wenn das ScrumMaster-Team in der Organisation die entsprechenden Vorarbeiten erfolgreich durchgeführt hat. Bis es so weit ist, genügt es in der Regel, mit den Teamleitern der Support-Teams zu sprechen und auf diesem Weg herauszufinden, wie Anfragen der Scrum-Teams schneller behandelt werden können. Manchmal genügt auch schon eine höfliche handschriftliche Notiz, um schneller Hilfe zu bekommen. Dazu hat Randy Garner,

---

[3] Wer diese Funktion formalisiert dargestellt haben möchte, dem empfehle ich, die Holacracy Constitution zu lesen. *http://www.holacracy.org/constitution#art2* (11.10.2016), Abschnitt 2.6.1.

Professor für Verhaltenswissenschaften und Associate Dean an der Sam Houston State University, ein interessantes Experiment durchgeführt. Nachzulesen im Artikel „The Surprising Persuasiveness of a Sticky Note“ (Hogan 2016).

Möglichkeiten zur Einbindung von Support-Teams

Damit sich die Support-Teams schneller um die Anfragen der Scrum-Teams kümmern können, müssen sie eingebunden sein.

Möglichkeit 1: Das Support-Team nimmt an den Sprint Plannings und Estimation Meetings teil. Ich habe gute Erfahrungen damit gemacht, die Vertreter der Support-Teams zu diesen Meetings einzuladen. Auf diese Weise sehen sie selbst, wie die Scrum-Teams arbeiten und was sie wirklich brauchen. Während des Sprints läuft die Feinabstimmung dann viel einfacher. Bei einigen Scrum-Implementierungen haben wir auch erfolgreich damit experimentiert, Vertreter der Support-Teams in die Daily Scrums oder in das Scrum of Scrums zu entsenden. Die dadurch entstandene Nähe reichte meistens dafür aus, dass Support-Anfragen wesentlich schneller beantwortet wurden.

Möglichkeit 2: Man lernt die Mitglieder der Support-Teams persönlich kennen. Der kleine Dienstweg funktioniert fast immer. Netzwerkartige Unternehmen funktionieren nur und ausschließlich über die kommunikativen Beziehungen zwischen den Mitgliedern, daher muss das Management die Begegnung von Menschen ermöglichen. Nicht nur die Crossfunktionalität *in* einem Team ist wichtig - man muss auch die Chance haben, Menschen außerhalb des Teams zu treffen und mit ihnen etwas zu unternehmen.

Möglichkeit 3: Die Utopie. Immer mehr Unternehmen integrieren die Ansätze der Theory of Constraints in ihre Organisation. Diesen Unternehmen gelingt es, ihre Projekte so zu reduzieren, dass „Slack“ entsteht, wo es nicht um die Wurst geht - also in den Support-Teams. Support-Teams werden dabei ähnlich wie Feuerwehren beschäftigt: Ihre Auslastung ist so gering wie möglich, damit sie immer zur Stelle sein können, wenn sie wirklich gebraucht werden.

6.3.3 Artefakte

Welche Artefakte benötigt ein großes Projekt? Der Vollständigkeit halber führe ich hier alle Artefakte auf, auch jene, die genauso in einem nicht skalierten Projekt benötigt werden:

- Produktvision
- Dokument mit den Rahmenbedingungen
- User Storys oder Use Cases
- Testfälle
- User Story Map/Product Backlog
- Persona
- Domain oder Business-Architektur Map
- User Interface Designs
- High Level Architektur - Grafiken

- Drehbücher/Storymapping[4]
- Reportings
- Release-Burn-Down/-up
- Sprint-Burn-Down/-up
- Defects
- Produktivitätsmetriken (Durchlaufzeiten, Batchsize)
- Impediment-Backlogs
- Stakeholder-Analyse
- Team-Roaster
- Kalender

Ich erspare mir an dieser Stelle die Erklärung dieser Artefakte, werden sie doch einerseits in vielen Scrum-Büchern ausführlich beschrieben, anderseits gehören sie zum Standard der einzelnen Disziplinen. Statt sie erklären, möchte ich mit dem folgenden Beispiel zeigen, wie wichtig es ist, mit diesen Artefakten zu arbeiten.

Artefakte: Testfälle

Im traditionellen Ablauf großer ERP-Einführungsprojekte stehen nach dem Konzept und der Entwicklung die großen Integrations- und Abnahmetests an. Diese Phase dient in erster Linie dazu, alle Geschäftsprozesse teilprojektübergreifend durch die Fachexperten testen zu lassen. In unserem Teilprojekt mussten rund 50 Tester mehrere hundert Testfälle durchführen. Es wurde auch die Qualität der Abstimmung zu anderen Teilprojekten überprüft. Die Fachbereiche wechselten, da oft mehr als zehn Schritte mit mindestens fünf verschiedenen Verantwortlichkeiten überprüft werden mussten. Diese Handover mussten im Test berücksichtigt werden. Stellen wir uns diese Schritte anhand des einfachen Business Case „Tausch eines Haushaltgeräts beim Kunden" vor (jede Abteilung prüft nur ihren verantworteten Teilprozess):

1. Abteilung A erstellt den Auftrag zum Tausch.
2. Abteilung B weist den Auftrag einer der regionalen Einheiten zu.
3. In der regionalen Einheit C gibt es Arbeitsvorbereiter, die den Auftrag einem Monteur zuweisen.
4. Ein Monteur der regionalen Einheit C wickelt den Auftrag mit einer mobilen App ab.
5. Abteilung D kontrolliert, ob die regionale Einheit eine Gutschrift für den Auftrag erhalten hat.
6. Abteilung E kontrolliert, ob die Rechnung an den Kunden ordnungsgemäß automatisch versendet wurde.

Um dieser Herausforderung zu begegnen, haben wir versucht, den Test gemeinsam mit dem Kunden für unser Teilprojekt nach den agilen Werten und Prinzipien auszurichten. Dazu haben wir drei Initiativen gestartet und umgesetzt:

---

[4] Wir werden sehen, dass hier nicht das Story Mapping von Jeff Patton gemeint ist.

1. **Prozess- und Schnittanalyse.** In einem ersten Schritt wurden die Geschäftsprozesse identifiziert, für die das Teilprojekt verantwortlich ist. In einem zweiten Schritt wurden die Prozesse priorisiert, um sie nach ihrer Wichtigkeit im Test abzuarbeiten. Um uns einen Überblick über die Verantwortlichkeiten im Prozess (und somit auch in der Abnahme) zu verschaffen, wurden alle Prozesse in kleinere Prozessschritte heruntergebrochen. Einen Schnitt machten wir immer dann, wenn die Verantwortlichkeiten wechselten. So konnten wir auf einen Blick sehen, wie viele Handover für den spezifischen Geschäftsprozess notwendig sind. Um uns die Abstimmungen zu erleichtern, wurden auch noch all jene Prozessschritte gekennzeichnet, in denen die Verantwortlichkeit in ein anderes Teilprojekt überging. Schließlich vermerkten wir noch die für den Schritt benötigten externen Systeme, um deren Verfügbarkeit zum gegebenen Zeitpunkt sicherstellen zu können.
2. **Simulation des Prozessablaufs.** Um die Handover während der Tests so einfach wie möglich zu gestalten, wurde in den Testräumlichkeiten mit einem großen Taskboard gearbeitet. Jedem Testfall wurde zu Beginn des Tests eine Karteikarte zugeordnet, die mit der eindeutigen ID des Testfalls gekennzeichnet war. Auf diesen Karten wurden alle wichtigen Informationen (Auftragsnummer etc.) notiert. Sobald der erste Schritt durch den ersten Fachbereich erfolgreich erledigt war, wurde die Karteikarte in die Queue des nachfolgenden Fachbereichs am Taskboard gehängt. So konnte jeder Fachbereichstester schnell feststellen, welche Aufgaben gerade für seinen Bereich auf die Durchführung warteten. Sobald der zweite Fachbereich den zweiten Schritt erfolgreich erledigt hatte, wanderte die Karte in die dritte Queue. War ein Übergang in ein anderes Teilprojekt notwendig, hatten wir auch dafür eine eigene Spalte vorgesehen. Dieses physische Board und seine beweglichen Karteikarten halfen den Testern, bei vielen parallel stattfindenden Tests den Überblick zu behalten und sich auf die Fertigstellung der wartenden Testfälle zu konzentrieren.
3. **Möglichst kurze Intervalle im Deming Cycle.** Um den aktuellen Stand, die Befindlichkeiten, Probleme und Wünsche der Tester zu erheben, wurde zwei Mal täglich ein Daily durchgeführt. Es diente einerseits dem gegenseitigen Austausch und der Information über aktuelle Probleme und andererseits der Identifizierung geeigneter Maßnahmen, um Bottlenecks zu entlasten; das waren Fachbereiche, deren Queue vor Karteikarten überquoll.

Mit diesen drei Initiativen gelang es uns, den Test trotz des enormen Umfangs übersichtlich zu gestalten und kontinuierliche Fortschritte zu erzielen.

6.4 Agiles Portfoliomanagement

Bisher habe ich in diesem Kapitel die notwendigen Mechaniken erklärt, um das skalierte Projekt zu steuern, wenn es zwischen den Scrum-Teams Abhängigkeiten gibt. Das ist aber nur eine Seite der Medaille. Jeff Sutherland hat in den Anfängen von Scrum immer wieder betont: „Es ist wichtig, die richtigen Dinge in der richtigen Reihenfolge zu machen.“ Ein Backlog muss daher so aufgestellt sein, dass es für das Unternehmen möglichst viel Gewinn abwirft.

Beim großen Projekt zwingt diese Forderung dazu, die verschiedenen Wünsche an das Produkt zu priorisieren. In klassischen Projektorganisationen geschieht das mit Unterstützung des Projekt-Portfoliomanagements. Zwar spricht man von einem Portfoliomanagement nur, wenn eine Organisation mehr als ein Projekt priorisieren will, um die Ressourcen zu allozieren. Doch ob man das nun für ein großes Projekt macht oder für ein Programm (also für eine Reihung von voneinander abhängigen Projekten), oder ob man für die Gesamtorganisation priorisieren will, ist im Grunde vollkommen egal.

Wie erreicht man größtmögliche Produktivität, also Output, wenn man es mit vielen Projekten zu tun hat? Wie kann man den Output optimieren, wenn nur eine begrenzte Menge an Ressourcen zur Verfügung steht? Und warum spreche ich überhaupt von Output, also von der gelieferten Menge, wo ich doch bisher von der Optimierung des Werts gesprochen habe? Nun, es ist kein Widerspruch. Es ist möglich, den Output zu optimieren und gleichzeitig den Wert für die Organisation zu erhöhen, indem mit den vorhandenen Ressourcen qualitativ Wertvolleres erzeugt wird.

Weniger Bebauung, mehr Profit

Ein etwas anderes, aber recht plakatives Beispiel habe ich auf der Monocle Quality of Life Conference im April 2016 gefunden. Der Architekt Dr. Ecmel Ayral hat in seinem Vortrag erklärt, dass Bauträger durch weniger Bebauung einer Fläche mehr Profit erzielen können. Wie geht das? Im Allgemeinen wird versucht, auf einem Grundstück so viel Wohnraum wie möglich unterzubringen, da die Wohnungen anhand der Quadratmeterzahl verkauft werden. Also wird möglichst viel Fläche verbaut und entsprechend öde, quadratisch und unästhetisch sehen die Wohnungen dann auch aus. Sinnvoller sei es laut Ayral, Gärten, Wege, Innenhöfe und Balkone einzuplanen und so relativ viel Fläche eben nicht zu bebauen.

Auf den ersten Blick entsteht dadurch weniger Wohnfläche (gemessen in Quadratmetern – also weniger Output) und der Investor schaut durch die Finger. Doch obwohl weniger Wohnfläche geschaffen wird, entsteht ein höherer Wert: Der freie Raum erzeugt eine Wohnqualität, die höhere Wohnungspreise rechtfertigt. Der Return on Investment fällt nach Aussage von Ayral sogar noch besser aus. Da weniger Fläche bebaut wurde, sind weniger Kosten entstanden. Mit einem geringeren Bauinvestment wurde eine höhere Profitabilität erreicht. ■

Agiles Portfoliomanagement hat eine etwas andere Aufgabe als die klassische Variante, die im Wesentlichen nur verwaltet und sich keine Gedanken über die Gesamtprofitabilität macht – obwohl immer wieder behauptet wird, dass genau das die Aufgabe von Portfoliomanagement sei. **Agiles Portfoliomanagement will erreichen, dass die Liefergeschwindigkeit, also die Durchlaufzeit von Projekten, reduziert und dabei so viel Wert wie möglich generiert wird.** Das tut es, indem es

- die richtige Reihenfolge ermittelt;
- die gegenseitigen Abhängigkeiten der Projekte steuert;
- die Durchlaufzeit der Projekte reduziert.

Müssen wir uns denn wirklich um die richtige Reihenfolge kümmern? Sollte die Architektur nicht dafür sorgen, dass ein Projekt unabhängig von den anderen durchgeführt werden kann? Wenn alles so aufgesetzt wurde, wie in den bisherigen Kapiteln beschrieben, dann stimmt diese Feststellung. Auch wenn die einzelnen Teams eines Portfolios vollkommen unabhängig voneinander festlegen könnten, woran sie arbeiten. Es gibt Organisationen, in denen so gearbeitet wird, aber das ist nicht die Regel. Daher zeige ich Ihnen hier die Wege, mit denen Sie diese Herausforderungen – wenn auch mit Schmerzen – meistern können. Bevor ich genauer darauf eingehe, möchte ich noch untersuchen, warum das Skalieren auf dieser Ebene so schwer ist.

Erinnern wir uns: Es geht darum, Projekte oder Programme zu steuern, die mehr als eine Million Euro kosten. Für DAX®-Unternehmen ein Klacks, in der Regel kosten deren Projekte bis zu 500 Mal mehr. In diesen Projekten steht also eine Menge auf dem Spiel. Interessanterweise werden sie durchgeführt, obwohl mittlerweile hinlänglich bekannt ist, dass die Wahrscheinlichkeit, in Time, Budget und Scope zu liefern, in dieser Größenordnung kaum gegeben ist. Agile Projekte schneiden signifikant besser ab, doch auch diese werden riskanter, sobald sie eine gewisse Größe übersteigen (siehe Tabelle 6.1).

Tabelle 6.1 Erfolg von agilen und klassischen Projekten basierend auf der Auswertung von über 10 000 Projekten in den Jahren 2011–2015 (Quelle: The Standish Group 2015, S. 7 und Hastie, Wojewoda 2015 – die Projektgrößen wurden nach Rückfrage bei Jennifer Lynch (Standish Group) ergänzt)

Size	Method	Successful	Challenged	Failed
All size projects	Agile	39 %	52 %	9 %
	Waterfall	11 %	60 %	29 %
Large size projects (> $ 6M)*	Agile	18 %	59 %	23 %
	Waterfall	3 %	55 %	42 %
Medium size projects ($ 1M – $ 6M)	Agile	27 %	62 %	11 %
	Waterfall	7 %	68 %	25 %
Small size projects (< $ 1M)	Agile	58 %	38 %	4 %
	Waterfall	44 %	45 %	11 %

*Labor cost

Die Ursache ist meistens in der Gespaltenheit dieser Projekte zu finden: Das große Projekt wird im Kleinen agil gesteuert und mit klassischem Portfoliomanagement überzogen. Die meisten Organisationen sind noch gar nicht in der Lage, skalierte Projekte wirklich durchgehend agil zu führen.

Es fehlt nicht nur an der korrekten Architektur, der passenden Infrastruktur, den nötigen Skills der Mitarbeiter und der „agilen Governance“. Viele Aspekte konnten und können einfach noch nicht hinreichend gelöst werden. Damit will ich hier niemandem, und schon gar nicht den Kollegen aus der agilen Community, zu nahe treten. Wir können aber Tatsachen nicht ignorieren und ich kann schlussendlich nur aus meinen eigenen Erfahrungen berichten: In den letzten 15 Jahren war ich in Projekte mit bis zu 180, teils an verschiedenen Standorten sitzenden Entwicklern aus unterschiedlichen Kulturen involviert. Diese Projekte waren immer in ein rigides klassisches Projekt- oder Linienmanagement eingebettet. Meine Gespräche mit Kolleginnen und Kollegen aus aller Welt haben mir gezeigt, dass es ihnen bisher nicht viel anders ergangen ist als mir.

Was diesen Projekten fehlt, ist das agile Umfeld. Das aktuelle Umfeld fordert Berichte und schreibt den Teams vieles noch haarklein vor – Selbstorganisation ist im Grunde nicht möglich. Nur wenige Unternehmen lassen wirklich zu, dass sich ihre großen Scrum-Teams (45 Personen und mehr) alleine auf die Aufgabe fokussieren können. Warum ist das so?

Problem Nr. 1 – Misstrauen und Kontrolle

Gewohnheiten sterben langsam. Skalierte Projekte sind oft Misserfolge und Misserfolge will man verhindern. Dabei fällt man aber immer wieder in das erlernte Verhalten: Kontrolle. Wer nicht gelernt hat, wie man im richtigen Verhältnis einen Rahmen setzt und überwacht, ob er eingehalten wird, wird immer wieder in aktionistische Steuerung verfallen. Die Vertreter der Steering Committees haben gelernt, dass sie selbst die kleinteiligsten Entscheidungen selbst treffen müssen und somit wird nachvollziehbar, warum sie nicht daran glauben, dass Scrum-Teams Entscheidungen eigenverantwortlich treffen können.

Die grundlegende Frage lautet aber doch: Kann man ein millionenschweres Projekt managen, indem man sich zweimal im Monat für ein paar Stunden zusammensetzt? Und das auch noch neben den eigentlichen Linienaufgaben. Die Komplexität solcher Unterfangen ist doch so gigantisch, dass jeder Versuch zu verstehen, was in diesen Projekten passiert, fehlschlagen muss. Doch allen Untersuchungen zum Trotz wird die Illusion der Steuerbarkeit aufrechterhalten (vgl. dazu Flyvbjerg 2014). Mit Ampel-Systemen oder ihren agilen Nachfolgern wird immer wieder der Versuch gestartet, diese Projekte aus der Ferne in den Griff zu bekommen. Da wird die Ohnmacht so richtig spürbar und durch Mikromanagement kompensiert. Wer den Überblick verliert, will sich da spüren, wo er sich auskennt. Also agieren Manager in das hinein, was sie vermeintlich verstehen: die Details! Ohne jede Sachkenntnis entscheiden sie von einem entfernten Level aus über die Einzelheiten, weil es ihnen die Illusion von Macht gibt.

Problem Nr. 2 – Wir verlieren den Überblick

Den Überblick zu verlieren, macht panisch. Als Folge davon beginnt unser Hirn mit Annahmen und Heuristiken zu arbeiten, die in der Vergangenheit funktioniert haben – also mit erlernten Verhaltensmustern. Daneben gibt es fest verdrahtete Denkmuster in unseren Gehirnen, die in stressigen Situationen zu wirken beginnen. Aberglaube ist ein Beispiel dafür: Wenn zwei Phänomene mehr als einmal zur selben Zeit auftreten, glaubt man eine Kausalität zu erkennen. Immer wenn man mit dem Sohn zusammen ein Spiel der Heimatmannschaft anschaut, gewinnt sie. Mit echter Kausalität hat das nichts zu tun, es ist lediglich ein Mechanismus des Gehirns, das Komplexität reduzieren will. Ein anderer Mechanismus ist: Wenn es zu viele Entscheidungsmöglichkeiten gibt und wir nicht wissen, was zu tun ist, verhalten wir uns so, wie es die Mehrheit tut. Wie die Untersuchungen zur Schwarmintelligenz zeigen, liegt man damit oft richtig und zum Glück endet es nur selten tödlich (diese Wahrscheinlichkeit ist bei völlig neuen Situationen etwas höher).

Problem Nr. 3 – Es soll alles zu allem passen

Es muss von Anfang an richtig sein. Etwas auszuprobieren, könnte Fehler zutage fördern. Mit etwas Neuem geht man daher erst auf den Markt, wenn man sicher ist, an alles gedacht zu haben und wenn das Neue nahtlos zum Alten passt.

Das Neue ist neu. Es passt nicht zum Alten, denn das ist die Definition von „neu". Leider ist das sowas von logisch, dass es viele Manager nicht verstehen. Während ich das schreibe, steht neben mir eine Flasche Coca Cola. Das Logo hat sich in den letzten 100 Jahren nicht sehr verändert. Möglicherweise ist Coca Cola einer der erfolgreichsten Konzerne, die es je gegeben hat. Und doch sind die Produktflops von Coca Cola legendär. McDonalds erging und ergeht es nicht anders. Solche Flops sind teuer, na und? Diese Unternehmen haben genug Geld in der Kriegskasse.

Als Amazon-Kunde kann man mitunter live erleben, wie ein Produkt entwickelt und ausprobiert wird. Mir passiert es regelmäßig, dass ich auf eine Sub-Website stoße, die sich plötzlich ganz anders darstellt als der Rest. Ich bemerke es und kaufe weiter ein. Egal. Die Regel „alles muss zusammenpassen" hat für Amazon keine Relevanz und die Kunden stört es nicht einmal. In der klassischen Denkweise ist das ein Unding, vor allem Banken sind davon betroffen. Mehr Mut wäre notwendig, allerdings beobachten meine Kollegen und ich, dass die gestarteten Projekte im Grunde nichts ändern sollen. Das Neue soll sich ins Alte einpassen und das führt zu Produktivitätsverlusten ungeahnten Ausmaßes.

Problem Nr. 4 – Wie verhindern wir Doppelarbeit?

Klassisches Management ist darauf bedacht, die Ressourcen möglichst effizient auszulasten und – wie gesagt – von Anfang an alles richtig zu machen. Man will die Dinge schließlich nur einmal machen müssen. De facto müssen Dinge aber immer wieder gemacht werden. Die Anforderungen ändern sich und das Produkt muss angepasst werden. Der Kontext ändert sich, die Mitbewerber präsentieren etwas Neues und das Projektmanagement muss reagieren – trotz der inzwischen stattgefundenen Gespräche und Meetings, der dazugehörigen Protokolle, Tausenden Seiten an Dokumenten und den ausgeklügelten Datenbanken, in denen alles gespeichert ist.

Im traditionellen Projekt- und Programmmanagement versucht man diesen Umstand durch mehr Kontrolle zu lösen. Aufgabe der Steering Committees ist es, den Überblick zu schaffen Wissen einzufordern und zu verhindern, dass doppelte Arbeit geleistet wird. Dazu müssen sich wieder die Projektmanager absprechen und ein Meeting jagt das andere. Und am Ende steht man doch wieder am Anfang. Implizit oder explizit wissen das alle Beteiligten, trotzdem wird die Illusion aufrechterhalten und wirkt sich auf das agile Projektmanagement aus. Auch in diesem System, das auf die Kompetenz der Teams setzt und sie in Ruhe arbeiten lassen will, wird noch immer zu viel kontrolliert, zu viel von oben geplant und gesteuert.

Wie verhindert man doppelte Arbeit in agilen Projekten? Gar nicht. Man lässt Refactoring zu, also das immer wieder Anfassen von etwas Bestehendem, das bereits funktioniert und einen Mehrwert geschaffen hat.

Diese drei zentralen Probleme führen zur Verlangsamung. Versucht man sie immer wieder durch Planung zu lösen, wird man nicht fertig, sondern verwaltet, verwaltet und verwaltet. In einem agilen Portfoliomanagement wäre das nicht anders. Es würde vielleicht sichtbarer vonstattengehen, weil man mit Taskboards arbeitet. Doch solange sich nichts Grundlegendes ändert, rutscht man immer wieder in die gleichen Probleme. Aufgabe des agilen Portfoliomanagements ist es, dafür zu sorgen, dass

1. Wert und Durchfluss optimiert werden und
2. die Constraints verstanden werden, damit entsprechende Puffer („Slack") für die Projekte bereitgestellt werden können.

Wie macht man das?

Lean-Prinzipien im neuen Rahmen

Der Wert, den die verschiedenen Projekte gemeinsam liefern, soll maximiert werden. Dazu muss zum einen der Durchfluss optimiert, also möglichst viel Output generiert werden und zum zweiten muss der Outcome, also der Wert für den Kunden verbessert werden. Hätten wir es mit einer Produktionsstraße zu tun, könnte man nun zum Beispiel die Ideen aus dem Lean Management übernehmen. Doch leider unterscheiden sich Produktentwicklung und Fertigung in einem entscheidenden Punkt: Die Varianz ist in der Produktentwicklung sehr hoch. Wir wissen nicht, wann ein neues Projekt durchgeführt werden muss und wir wissen nicht, wie lange dieses Projekt dauern wird. Daher kann man nicht bei den Ideen des Lean Managements stehen bleiben, auch wenn es richtigerweise die folgenden Punkte konsequent umsetzt:

1. Jede Form von „Inventory" ist **„Waste"**. Lagerhaltung ist zu vermeiden, da jedes Lager Kosten produziert und Kosten Abfall sind. Auch Dokumente als Lagerplätze von Ideen sind unnötig.
2. Als logische Konsequenz aus Punkt 1 muss man **geringe Batchsizes** zulassen. Als Batch bezeichnet man die Menge an Arbeit, Dingen, Anforderungen, Tests, die *gleichzeitig* in Arbeit sind. Je kleinteiliger diese Batches sind, desto stärker liegt der Fokus auf nur einer Sache.
3. Durch diesen Fokus entsteht ein **One Piece Flow**. Das System hat dafür zu sorgen, dass möglichst immer nur eine einzige Sache in Arbeit ist. Bevor an einer Arbeitsstation eine neue Sache angefangen wird, muss die vorhergehende abgeschlossen sein. Damit das gelingt, wird in einem Lean-System alles dafür getan, einen gleichmäßigen Arbeitsfluss entstehen zu lassen. Dazu muss es jeder Arbeitsstation möglich sein, schnell auf Veränderungen zu reagieren – die Setup-Zeiten müssen gering sein.
4. Das **Setup** muss somit aber auch günstig werden. Das geht am besten mit Maschinen, die mehr als eine Aufgabe erledigen können, oder mit Mitarbeitern, die Fertigkeiten bzw. Wissen auf mehr als einem Gebiet haben.
5. Man braucht somit **flexible Ressourcen** und wenn man sie noch nicht hat, muss man sie aufbauen.
6. Um den Durchfluss zu optimieren, muss man die **Warteschlangen** beobachten.
7. Wächst die Menge der zu bearbeitenden Aufgaben an, muss man darauf reagieren. Lean sagt dazu: Man limitiert den **Work in Progress (WIP)**. Es ist eine essenzielle Aufgabe des Managements, zu beobachten, wie viel Arbeit sich im System befindet. Überschreitet die Menge das Limit, muss das Management sofort reagieren und entweder alle Ressourcen darauf ansetzen, dass Parallelarbeiten verschwinden, oder für eine Entlastung des Systems sorgen.

8. Diese Maßnahmen führen dazu, dass eine **kurze Cycle Time** entsteht. Anders gesagt: Es wird darauf Wert gelegt, sofortiges Feedback zu erzielen. Schnelles Feedback hilft beim schnellen Lernen und das steigert wiederum die Werterzeugung.
9. Schlussendlich kommt das Lean Management mit einem schlanken **Berichtswesen** aus. Berichtet werden nur die Kennzahlen, die Aussagen über den Fluss, die Cycle Time, das WIP-Limit treffen sowie die Größe der Batches und Länge der Queues anzeigen.

Agiles Portfoliomanagement muss also diese neun Aspekte des Lean Managements, die ursprünglich im Lean Manufacturing entstanden sind, berücksichtigen und gleichzeitig einen Weg finden, um schnell und einfach zu priorisieren. Das Lean Product Development hat nämlich zwei Eigenschaften, die es unmöglich machen, diese Ideen aus dem Lean Manufacturing unangepasst zu übernehmen:

1. *Variabilität:* Es kann sein, dass ein neues Projekt oder ein neues Produkt wesentlich wichtiger ist als eines, das bereits in Arbeit ist. Das kommt so im Lean Manufacturing nicht vor.
2. *Varianz:* Es ist nicht vorhersehbar, wann die Idee zu diesem neuen Produkt aufkommen wird. Es gibt keinen stetigen, gleichmäßigen Strom von neuen Anforderungen, sondern ein sprunghaftes Erscheinen.

Diese zwei Aspekte spielen im Lean Manufacturing keine große Rolle, sie erklären aber die Dynamik von Ansätzen wie Scrum oder Kanban: Stupides Abarbeiten, das Wiederholen des immer Gleichen, ist nicht möglich. Bevor wir darüber nachdenken, wie wir die Priorisierung anlegen müssen, müssen wir noch zwei Prinzipien des Lean Managements verstehen: Wert und Durchfluss.

6.4.1 Wert und Durchfluss

„First in, first out“ (FIFO) funktioniert in einem System mit hoher Variabilität nicht. Dieses Prinzip funktioniert in der Fertigung wunderbar, in der Produktentwicklung ist es aber falsch: Hier kann es sehr wohl der Fall sein, dass eine neue Idee wesentlich mehr zur Wertentwicklung eines Unternehmens beiträgt als ein Projekt oder eine Produktidee, mit dessen/deren Umsetzung vielleicht bereits angefangen wurde. Wie lässt sich dieses Problem lösen? Wie priorisiert man bei einem Set von Projekten, die nicht unabhängig voneinander geliefert werden können, da es nur ein begrenztes Set an Ressourcen gibt? Im Wesentlichen sind das Budget, Menschen und Infrastruktur. In Ihrem Unternehmen stoßen Sie sicher noch auf weitere Punkte, die eine Rolle dabei spielen, ob Sie ein Projekt durchführen können oder nicht. Entscheidend dabei ist: Man muss auf die Ressourcen Rücksicht nehmen und kann nicht alles gleichzeitig machen, auch wenn es wünschenswert wäre. Wie entscheidet man nun, welches Projekt vorrangig durchgeführt werden sollte?

Das Faszinierende ist, dass man diese Frage zunächst gar nicht beantworten kann. Die meisten Projektmanager wissen nicht, wie hoch der Return on Investment ihres Projekts ist. Sie können nicht einmal entscheiden, ob eine Aufgabe gemacht werden sollte oder nicht, weil sie nicht wissen, wie viel Geld mit dieser Aufgabe oder mit diesem Projekt zu verdienen ist. Daher werden in Projekten oftmals nur die Kosten aufgeschrieben und das Budget wird verwaltet. Es wird aber nicht darüber nachgedacht, wie man die Investition so schnell wie möglich amortisiert. Doch das nur am Rande.

Für unsere Zwecke ist zunächst eines wichtig: Das Projektmanagement-Office muss wissen, wohin es die Ressourcen verschieben soll. Welches Projekt bekommt die volle Aufmerksamkeit (weitere Ressourcen) der Organisation und welches nicht?

Zunächst muss man einmal wissen, nach welchen Kriterien Projekte priorisiert werden sollen. Hier gibt es viele Möglichkeiten und alle haben ihre Vorteile, im Grunde bieten sich jedoch die folgenden vier Kriterien an:

1. Ist der **Business Value** höher als die Kosten, zu denen das Projekt entwickelt werden kann?
2. Liefert das Projekt eine **Erkenntnis** über eine Technologie oder über eine Vorgehensweise, die noch nie zuvor erprobt wurde?
3. Zeigt das Projekt, ob das Team das notwendige Know-how hat, um liefern zu können? **Lernen** wir durch das Durchführen dieses Projekts etwas dazu?
4. Gibt es **gesetzliche oder regulatorische Vorgaben**, die eingehalten werden müssen und das möglicherweise auch noch zu bestimmten Terminen? (Wenn ein Projekt zum Beispiel pünktlich zu einer Messe geliefert werden muss, ist das ein Sonderfall des vierten Punkts.)

Mit Hilfe eines Business Model Canvas können wir uns ansehen, welche Bewertung sich nun für ein Projekt ergibt.

Business Model Canvas

Anhand des Geschäftsmodells eines Unternehmens lässt sich zunächst einmal herausfinden, ob eine neue Funktionalität oder ein neues Produkt überhaupt in das Angebot passt. Dem Portfoliomanagement erleichtert das die Arbeit des Priorisierens, ein gutes Instrument dafür ist das Business Model Canvas.

Die Idee dazu stammt von Alexander Osterwalder. In einer Matrix wird eingetragen, inwieweit ein neues Projekt oder Produkt bestimmte Aspekte des Geschäfts erfüllt. Das Modell fragt ab,

1. welche Schlüsselpartner gebraucht werden;
2. aus welchen Aktivitäten sich das Business zusammensetzt;
3. welche Ressourcen das neue Business benötigt;
4. welchen Nutzen es dem Kunden bringt (Value Proposition);
5. wie sich die Kostenstruktur zusammensetzt;
6. welche Umsätze zu erwarten sind;
7. welche Kundenbeziehungen existieren;
8. welche Vertriebskanäle zur Verfügung stehen;
9. wie die Kunden segmentiert sind.

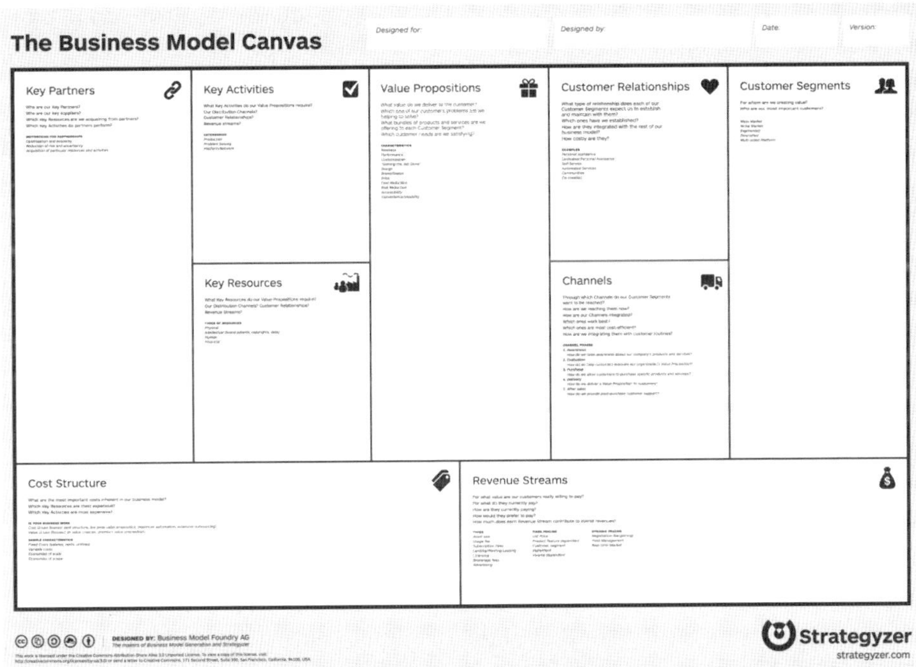

Bild 6.4 Business Model Canvas

Das Business Model Canvas ist in erster Linie ein Hilfsmittel für Startup-Teams, um zu überprüfen, ob an die wesentlichen Faktoren eines Geschäfts gedacht wurde. Für alle diese Felder sammelt man die entsprechenden Werte, Informationen, Annahmen oder Ideen. Auch wenn man dieses Modell im Allgemeinen dafür einsetzt, um das Geschäftsmodell eines Unternehmens zu bewerten, kann man es genauso für die Einschätzung nutzen, ob ein neues Projekt die erwünschten Effekte erzielen wird. Und schließlich könnte man anhand der gesammelten Informationen beurteilen, welches Projekt zuerst entwickelt werden sollte.

Zugegebenermaßen ist diese Methode aber etwas umständlich und sie hat einen entscheidenden Nachteil: Man sammelt im Prinzip subjektive Sichtweisen und Bewertungen. Noch gravierender ist, dass es kaum eine Möglichkeit zur Einigung gibt, weil für jeden Bewertenden bei der Priorisierung ein anderer Aspekt entscheidend ist.

Cost of Delay

Ich möchte Ihnen daher an dieser Stelle vorschlagen, einen gänzlich anderen Weg zu gehen. Die Reihung von Projekten funktioniert sehr gut anhand der Verzögerungskosten oder Cost of Delay (ein Ansatz, den wir Don Reinertsen verdanken), mit denen eine ökonomische Entscheidungsgrundlage zur Verfügung steht.

Der Vorteil daran ist: Bei diesem Konzept geht es nicht darum, exakte Zahlen zu bestimmen, sondern einen ökonomischen Rahmen zu etablieren, mit dem man Projekte oder Aufgaben im Portfolio bewerten kann. Wenn man es wollte, könnte man die Cost of Delay auf den Cent genau berechnen, aber das ist weder sinnvoll noch notwendig und daher lässt man Pfennigfuchserei am besten gleich bleiben.

Worum geht es bei der Cost of Delay eigentlich? Mit einem Produkt verdient man bekanntermaßen erst Geld, wenn man es verkauft. Wie viel Geld „kostet" es Sie (entgeht Ihnen), wenn Sie ein Produkt nicht oder nicht rechtzeitig liefern? Wenn Sie an jedem Tag, an dem Sie bereits verkaufen könnten, eben noch nicht verkaufen - dann sind das Ihre Verzögerungskosten. Logischerweise richtet man nun alle Entscheidungen im Unternehmen darauf aus, die Cost of Delay zu minimieren. Trägt etwas dazu bei, früher liefern zu können, dann tut man es. Trägt es nicht dazu bei, dann verschwendet man weder Zeit noch Ressourcen darauf.

Wie berechnet man aber die Cost of Delay? Meines Wissens gibt es kein Unternehmen, das diese Berechnungen nach allen Regeln der Kunst durchführt. Für viele ist es undenkbar, die entsprechenden Daten zu erheben oder valide Zahlen einfach zur Verfügung zu stellen. Ich denke aber, es ist nur eine Frage der Zeit, bis das Berechnen der Verzögerungskosten zu einer Selbstverständlichkeit wird und dann auch die passenden Voraussetzungen dafür geschaffen werden. Bedeutet das also, dass man in der Zwischenzeit nicht mit den Verzögerungskosten arbeiten kann?

Aus meiner Sicht: nein. Für eine ökonomische Entscheidung ist es beinahe unerheblich, ob die Datenbasis „korrekt" ist oder ob die Zahlen nur geschätzt sind. Für eine ökonomische Entscheidung sind keine echten Zahlen nötig. Es genügt, wenn man Annahmen darüber trifft, wie hoch die Cost of Delay sein würde. Sicher, manchmal liegt man weit daneben, aber worum geht es bei diesem Ansatz wirklich? Die Beteiligten sollen sensibilisiert werden, zum Beispiel dafür, dass politische Spiele, die zu Verzögerungen führen, tatsächlich etwas kosten. Wenn es Zahlen gibt, richtet man sich danach aus. Am Ende ist also egal, wie hoch die Verzögerungskosten tatsächlich sind, denn mit diesem Priorisierungswerkzeug wird zunächst einmal deutlich, dass man die Verzögerungskosten auf jeden Fall so gering wie möglich halten muss. Wie man damit entscheidet, in welcher Reihenfolge Projekte umgesetzt oder Features entwickelt werden sollen, zeige ich in Abschnitt 6.4.3.

6.4.2 Constraints und Puffer

Ein Verfahrensingenieur erzählte mir folgende Geschichte: Der Auftrag lautete, eine neue Maschinenstraße zu bauen, die möglichst viele Teile (Output) produziert. Ganz dem Lean-Ansatz verschrieben, wurden die Maschinen ideal und fest miteinander gekoppelt. Die Geschwindigkeit wurde nun also vom schwächsten Glied in der Maschinenstraße gesteuert (das ist der Constraint). Es wird jetzt aber etwas komplizierter: An jede Maschine werden von außen Teile zugeliefert. Richten wir unsere Aufmerksamkeit auf das schwächste Glied in der Kette. Bei der Just-in-Time-Fertigung passiert nun Folgendes: Ab und zu kommt eine Lieferung nicht rechtzeitig an. Die Maschine kann nichts produzieren, das Band steht still. Das ist ein schwerwiegendes Problem, denn das bedeutet, dass im gleichen Zeitraum eine nicht mehr aufholbare Menge an Teilen nicht produziert werden kann. Weshalb „nicht mehr aufholbar"? Wenn die Maschine wieder anfährt, kann sie maximal wieder so viele Teile produzieren, wie es ihre Kapazitätsgrenze zulässt. Sie kann die „verlorenen" Teile in einem vorgegebenen Zeitraum nie wieder nachproduzieren. Wie hätte man verhindern können, dass das ganze Band stillsteht?

Die Antwort: Indem man Maschinen eben nicht hart verdrahtet, sondern Pufferzonen (Slack) einbaut. Diese Maschine bekommt so viele Teile, dass sie immer mehr Material als gerade notwendig vorfindet. Bei einem Lieferverzug kann sich die Maschine dann an den gelagerten Teilen bedienen. Andererseits ist das ineffizient, denn jetzt müssen Teile vorgehalten werden – das ist nicht optimal, wird aber durch den glatteren Durchfluss kompensiert. Es liegt also eine (marginale) Überkapazität vor.

Die Geschichte geht allerdings noch weiter: Der Ingenieur erzählte mir, dass diese Maschinenstraße darauf ausgelegt war, von nur einer Person bedient zu werden. Das ist effizient und spart Kosten. Eine Person kann jedoch nicht acht Stunden lang hundertprozentig wachsam sein (selbst wenn das auf dem Papier natürlich gehen müsste), gleichzeitig die Maschinen befüllen und auch noch das eine oder andere Problem lösen. Im Unternehmen hat man diesen Zwiespalt bemerkt und mehr Personal eingestellt, also Zusatzkapazitäten geschaffen. Die Maschinen werden nun rechtzeitig befüllt, Probleme werden gelöst, bevor sie auftreten, und die Maschinenstraße liefert pro Tag mehr Teile als ursprünglich geplant.

Von diesem Beispiel lernen wir: Es ist notwendig, Probleme frühzeitig zu lösen, und es ist notwendig, durch genügend Ressourcen marginale Puffer aufzubauen – genau das wäre die Aufgabe eines agilen Portfoliomanagements. Demnach müsste es dafür sorgen, dass das Gesamtsystem (das ganze Unternehmen) oder dessen Teilsysteme (zum Beispiel die Projekte) nie mehr als zu 80 Prozent ausgelastet sind. Ein agiles Portfoliomanagement müsste dazu im Wesentlichen für zwei Dinge sorgen:

1. Die Mitarbeiter mit dem meisten Wissen müssen ständig für andere verfügbar sein. Diese Mitarbeiter sollten so wenig zu tun haben wie möglich, um bei Fragen und Ideen sofort reagieren zu können.
2. Wissensbottlenecks müssen identifiziert und so durch Assistenz oder weitere Maßnahmen versorgt werden, dass die Arbeit in diesen Bottlenecks attraktiv wird. Dann werden sich andere Mitarbeiter im Unternehmen ebenfalls dieses Wissen aneignen. Menschen in einem Unternehmen wollen in der Regel ihren Wert steigern.

> Halten wir also fest: Agiles Portfoliomanagement hat nicht die Aufgabe, einzelne Mitarbeiter oder Entwicklungsteams möglichst gut auszulasten. Es soll dafür sorgen, dass Projekte so schnell wie möglich – also mit einer kurzen Durchlaufzeit – geliefert werden können. Um dieses Ziel zu erreichen, sollten die einzelnen Teams nie zu mehr als 80 Prozent ausgelastet sein. Das gelingt nur, wenn die Last auf das System reduziert wird, also durch aktives Nein-Sagen.

6.4.3 Cost of Delay – Projekte priorisieren

David Rock erklärt in „Brain at Work“, dass das menschliche Hirn für das Setzen von Prioritäten sehr viel Energie benötigt (vgl. Rock 2011). Deshalb ist es mühsam und wir vermeiden es gerne. Wir flüchten uns in Aussagen wie: „Ach egal, alles ist wichtig“ oder vergeben Prioritäten von A bis AAA. Unser Gehirn mag das Priorisieren einfach nicht – trotzdem müssen wir es tun.

Sehen wir uns die Priorisierung eines Features oder Projekts in einem Gesamtkontext an, wenn nicht alle Projektteams unabhängig voneinander arbeiten können und es im System nur eine endliche Menge an Ressourcen gibt. Nehmen wir dazu an, dass alle betrachteten Projekte in etwa den gleichen Wert generieren würden. In welcher Reihenfolge sollten Projekte oder auch größere User Storys in dieser Situation bearbeitet werden? Gilt dabei immer: First in, first out (FIFO)? In den meisten Fällen ist es tatsächlich so.

- *Regel Nr. 1:* Wenn sowohl die Verzögerungskosten (Cost of Delay) als auch die Durchlaufzeiten ähnlich sind, dann nutze FIFO. In diesem Fall ist es nicht notwendig, darüber nachzudenken, welches Projekt zuerst umgesetzt werden sollte. Unterschieden sollte noch danach werden, ob aus der Sicht des Business unterschiedliche Werte generiert werden. Sind die Werte annähernd gleich oder können sie nicht bestimmt werden, empfehle ich, bei FIFO zu bleiben.
- *Regel Nr. 2:* Wenn die Verzögerungskosten ähnlich sind, dann setze das Projekt mit der kürzeren Durchlaufzeit zuerst um. Diese Vorschrift sollte eingängig sein. Bei gleichen Verzögerungskosten, aber kürzerer Durchlaufzeit und einem ähnlichen generierten Wert (diese Annahme treffen wir bei allen Regeln) erzielt man einen höheren Gesamtwert, wenn die Projekte mit der kürzeren Durchlaufzeit zuerst umgesetzt werden.
- *Regel Nr. 3:* Wenn die Durchlaufzeiten ähnlich sind, dann setze zuerst das Projekt um, das die höheren Verzögerungskosten erzeugt. Das ist die Umkehrung von Regel Nr. 1.
- *Regel Nr. 4:* Wenn weder die Durchlaufzeiten noch die Verzögerungskosten ähnlich sind, dann setze zuerst das Projekt mit den gewichteten Verzögerungskosten um (Weighted Shortest Job First - WSJF) - also mit den Verzögerungskosten pro Unit (in unserem Fall das Projekt). Dieser Fall ist also etwas komplizierter: Zunächst muss berechnet werden, wie hoch die Verzögerungskosten bei der jeweiligen Lieferung sind.
- *Regel Nr. 5:* Diese Regel ist auf den ersten Blick nicht intuitiv. Wenn die Aufgaben- bzw. Projektdauer nicht klar ist, dann benutze eine „Timeshare capacity" (also die Kapazität in einem kurzen Zeitintervall): An allen wichtigen Projekten wird hintereinander in Timeboxen gearbeitet. Das heißt: Da noch nicht klar ist, welche Aufgabe (welches Projekt) zuerst fertig sein soll und nicht klar ist, wie lange sie (es) dauert, arbeitet man an jeder Aufgabe (jedem Projekt) immer wieder für einen gewissen Zeitraum (also in Iterationen). Das hat den Vorteil, dass man bei allen Aufgaben lernt und in den kurzen Zeitscheiben (wir nennen sie Iterationen) möglicherweise so viel Fortschritt erzielt, dass eine der Aufgaben/eines der Projekte möglichst schnell abgeschlossen werden kann. Der Effekt: Es sind möglichst schnell weniger Aufgaben (Projekte) in Arbeit. Das erhöht den Fokus und das wiederum den Durchsatz.
- *Regel Nr. 6:* Diese Regel ist mir die liebste. Wenn Sie keine *genauen* Zahlen haben und daher nicht genau wissen, wie lange die Durchlaufzeit sein wird oder wie hoch die Verzögerungskosten ausfallen würden, sollten Sie die Regeln eins bis fünf dennoch befolgen. Nutzen Sie in diesem Fall grobe Einschätzungen für beide Werte: T-Shirt-Größen à la S, M und L reichen völlig aus. Schon mit dieser einfachen Einschätzung können Sie sinnvolle Priorisierungsentscheidungen treffen.

Dieses Regel-Framework dürfte es Product Ownern, vor allem aber Portfoliomanagern leichter machen, die Projekte in einer Organisation zu priorisieren. Das Priorisieren selbst, so ungern wir es auch machen, bleibt uns nicht erspart, denn Unternehmen haben nun mal begrenzte Kapazitäten. Wie ich mehrmals betont habe, ist eine Auslastung von mehr als 80 Prozent nicht sinnvoll. Daher muss die Menge der anstehenden Projekte begrenzt und ein Projekt nach dem anderen abgearbeitet werden. Zumindest sollten so wenige Projekte wie möglich gleichzeitig bearbeitet werden.

6.5 Das agile Projektmanagement-Office

Im Allgemeinen verwaltet das Projektmanagement-Office (PM Office) die Ressourcen eines Programms, steuert die Abhängigkeiten zwischen den Projekten, berichtet an die nächsten Management-Level und startet, verschiebt oder schließt Projekte. Es ist eine Verwaltungseinheit ohne Macht: „Das Selbstverständnis eines PM Offices ist das eines Dienstleisters und nicht das eines Kontrolleurs", schreibt Roland Gareis in seinem Standardwerk zum Projektmanagement (vgl. Gareis 2006, S. 553). Allerdings beschreibt Gareis die Ziele und Aufgaben des PM Office dann weiter:

„Die Ziele eines PM Offices sind:

1. Optimierung der Projektportfolio-Ergebnisse und des Projektportfolio-Risikos
2. Umsetzung von Personal- und Organisationsstrategien im Projektportfolio

Die organisatorische Stellung des PM Offices ist dabei:

1. Die Projektportfoliogroup berichtet der Geschäftsleitung ...
2. Mitglieder sind Führungskräfte der projektorientierten Organisation ...

Und seine Aufgaben sind dabei:

1. Entscheidungen über Investitionen
2. Abstimmen der Projektziele"[5]

Die Mitarbeiter eines Unternehmens nehmen das PM Office oft als „Handlanger und Kontrolleur" des Managements wahr, denn das passt zum allgemeinen Mindset der traditionellen Organisation. Einerseits ist vielen klar, dass die Stellung des PM Office gar nicht so gedacht ist, andererseits missbraucht das Management es in seiner Schnittstellenfunktion zu den Projektteams gerne als Kontrollorgan. Ich erlebe immer wieder, dass sich Vorstände nicht direkt mit den Leitern der wichtigsten Projekte zusammensetzen, sondern die notwendigen Informationen vom PM Office aufbereiten lassen. In vielen Unternehmen ist das eine gängige Praxis: Die ursprünglichen Informationen werden verdichtet und abstrahiert, allerdings geht dadurch die Brisanz der Informationen meistens verloren. Reagieren kann das Topmanagement also nur auf die Abstraktion. Das macht Entscheidungen zwar leichter, allerdings erfassen die Entscheider auf diese Weise das Wesen der Sache in der Regel nicht. Für die Arbeit mit agilen Projekten und vor allem agilen Großprojekten funktioniert diese Praxis nur unzureichend.

---

[5] Gareis führt die Aufgaben detailliert aus, der Auszug soll nur einen Einblick geben. Genaueres zu lesen bei Gareis 2006, S. 554ff.

Es ist dabei noch das geringste Problem, dass ein PM Office auch im agilen Kontext die gleichen Zahlen sehen will wie bisher. Die agilen Teams bzw. Projekte müssen lediglich dieses Zahlenwerk einführen bzw. weiterverwenden. Im Großen und Ganzen passt das Kleben an diesen Kennzahlen aber nicht zur neuen Rolle eines PM Office in der agilen Organisation, in der es zum Hüter der Auslastung und zum Wächter über die sinnvolle Priorisierung der Projekte wird. Es hat dafür zu sorgen, dass der Durchfluss möglichst abrissfrei gewährleistet bleibt und auf diese Weise der Durchsatz sein Maximum erreichen kann. Wir haben gesehen, dass dieser Fall eintritt, wenn das PM Office seine Aufgaben möglicherweise gar nicht oder völlig anders wahrnimmt und dafür sorgt, dass die Auslastung unter 80 Prozent bleibt und im Programm Überkapazitäten entstehen.

Ein agiles PM Office ist also für die Effektivität (oder Produktivität) des Systems zuständig. In den meisten Organisationen darf es jedoch die Projekte nicht priorisieren. Das ist meist eine Aufgabe des Linienmanagements und das PM Office darf bestenfalls Vorschläge machen.

Wegbereiter. Der Managementframework Scrum kann uns in diesem Punkt helfen, zu verstehen, wie das agile PM Office als Rolle in einem Unternehmen gelebt werden kann. Mein Vorschlag: Das agile PM Office agiert als „ScrumMaster". Es unterstützt das Linienmanagement (den Product Owner) bei der Priorisierung, priorisiert aber nicht selbst. Es sorgt dafür, dass der Product Owner nicht zu viel Druck ausübt und gleichzeitig kümmert es sich darum, dass die einzelnen Projektteams die notwendigen Ressourcen (Skills, Know-how, Kapazitäten etc.) haben, um die Projekte möglichst effektiv umsetzen zu können. So priorisiert das agile PM Office nicht, es sorgt allerdings dafür, dass die Backlogs nicht zu stark anwachsen und die Projektteams nicht zu mehr als 80 Prozent ausgelastet werden. So wird das agile PM Office automatisch im Laufe der Zeit zu einem Change-Team, das agile Großprojekte in einem noch nicht vollständig zur agilen Organisation umgestalteten Unternehmen unterstützt, um sie erfolgreich werden zu lassen. Das agile PM Office treibt also die Veränderung voran. Bei borisgloger consulting bezeichnen wir dieses Team als „Transition-Team". Bild 6.5 zeigt sehr schön, wie dieses Transition-Team arbeitet: Es setzt die Projekt-(Scrum-)Teams auf und findet heraus, ob diese Teams effektiv arbeiten können.

Wenn diese Teams nicht effektiv arbeiten können, hat das Transition-Team (das agile PM Office) die Aufgabe, die auftretenden Probleme aus dem Weg zu schaffen. Manchmal können die Probleme nicht vom Transition-Team selbst bewältigt werden, weil die notwendige Kompetenz nicht vorhanden ist. Zum Beispiel stellt sich die Frage, wie in einem Projekt agile Einheiten mit nicht agilen Einheiten zusammenarbeiten können oder wie eine Continuous Delivery Pipeline aufgesetzt werden kann (auch „Deployment Pipeline" – siehe Fowler 2013). Solche Fragen werden im Auftrag des Transition-Teams von eigens dazu aufgesetzten Pilotgruppen – auch Fokusgruppen genannt – gelöst. Als Transition-Team erfüllt das PM Office wieder jene dienende Funktion, die Roland Gareis beschreibt.

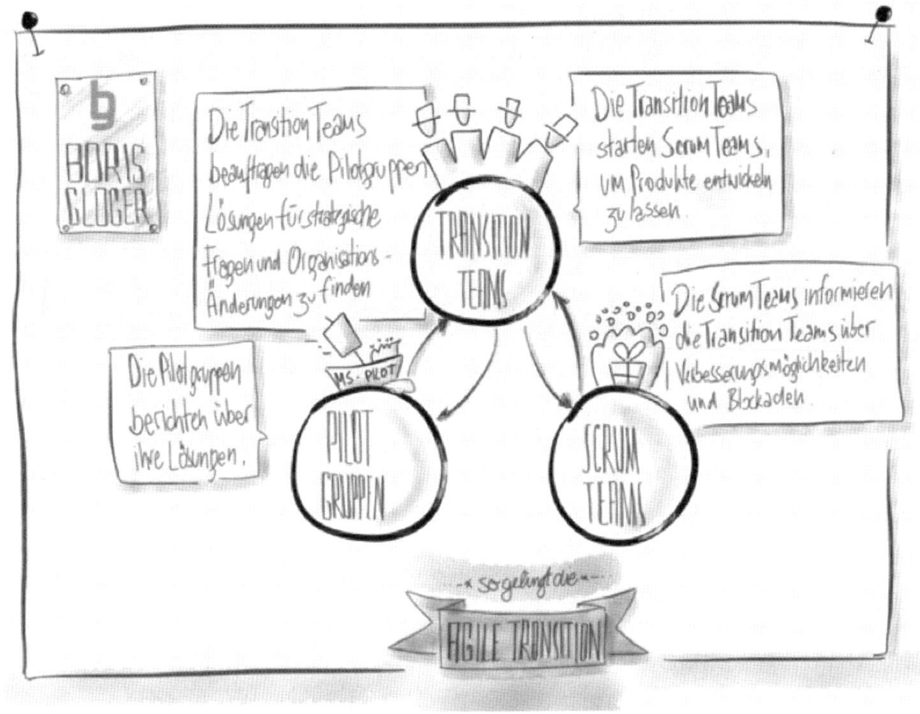

Bild 6.5 Die Arbeit eines Transition-Teams

Transition-Teams für die agile Steuerung eines großen Projekts

Im Idealfall fungiert das (agile) PM Office als Transition-Team. Das geht in vielen Fällen nicht gleich, weil das PM Office nicht den Auftrag bekommen hat, sich entsprechend aufzustellen oder weil im PM Office noch nicht angekommen ist, dass ein Projekt/Programm agil umgesetzt werden soll. Unter diesen Voraussetzungen ist es oft notwendig, die Einführung agiler Praktiken auf der Ebene der ScrumMaster zu institutionalisieren und sie dazu zu bringen, selbst ein Transition-Team aufzubauen. Dieses Transition-Team unterscheidet sich gravierend vom ScrumMaster-Team, weil es crossfunktional, multidisziplinär und aus Vertretern aller Managementlevel zusammengesetzt ist. Es besteht also aus Linien- und Projektvorgesetzten, aus ScrumMastern, vielleicht auch aus Product Ownern und auf jeden Fall sollte ein Vertreter oder eine Vertreterin des Topmanagements involviert sein. Das Transition-Team sorgt dafür, dass die Transition zu Scrum oder Agile stattfinden kann, entwickelt die Veränderung entlang der acht Stufen, wie sie John Kotter vorgeschlagen hat, und arbeitet sich so konsequent durch alle Phasen der Transition (siehe dazu Gloger, Margetich 2014).

Führt eine Organisation zum ersten Mal ein Großprojekt auf agile Weise durch, ist es auch möglich und sogar wünschenswert, dass das Topmanagement das Transition-Team zum Steuerungsteam dieses Projekts macht. In weiterer Folge wird das Transition-Team zu einem agilen PM Office umgestaltet und erreicht damit nach einiger Zeit die Bedeutung, die ich vorhin beschrieben habe.

Fokusgruppen – von oben aufgesetzt

Agile PM Offices/Transition-Teams funktionieren nur dann, wenn es die dazugehörigen Fokusgruppen gibt. Diese dienen dazu, die Fragen zu lösen, die während der Transition aufkommen. Fokusgruppen sind aus allen von der angestrebten Veränderung Betroffenen zusammengesetzt. Hier wird wieder der Grundsatz gelebt, dass sich Komplexität nur managen lässt, wenn man die Komplexität von Anfang an integriert. In einer Fokusgruppe werden mit den dazu notwendigen Personen klar umrissene Fragen besprochen und man versucht, zu einer Lösung oder zumindest zu einem Lösungsvorschlag zu kommen. Wir verwenden daher bewusst den Begriff „Gruppe" statt Team, denn es geht um die Lösung eines konkreten, klar umgrenzten Problems und nicht um eine langfristige Zusammenarbeit.

Die Arbeit einer Fokusgruppe beginnt üblicherweise mit der Rede eines Mitglieds des Transition-Teams, in der die Bedeutung des Themas beschrieben wird. Dann werden die Rahmenbedingungen gesetzt: Budget, Zeitvorgabe, Themen, die nicht angesprochen werden dürfen – kurz: alle Vorgaben, die eingehalten werden müssen, werden den Mitgliedern der Fokusgruppe erklärt. Wichtig: Vor allem muss erklärt werden, welche Form das Ergebnis haben soll und was mit dem Ergebnis geschieht. Sobald das geklärt ist, beginnt die Fokusgruppe zu arbeiten und löst im Rahmen ihrer Möglichkeiten die Fragen, bis sie das geforderte Ergebnis liefert. Das können Konzepte, aber auch fertige Lösungen sein. Hier kommt es ganz darauf an, mit welchem Scope und mit welchen Befugnissen eine Fokusgruppe ausgestattet wird. Wir haben mit Fokusgruppen im Rahmen von Transitionen gute Erfahrungen gemacht. Diese Gruppen können gezielt an Themen arbeiten, die dem Unternehmen wichtig sind, und viele Ergebnisse fließen später in die Arbeit der Pilotteams ein.

6.6 KPIs und Reporting

Das skalierte Projekt kommt nicht ohne Reporting aus, das vom Topmanagement akzeptiert wird. Diese Reportings werden oft vom PM Office ausgearbeitet und in aufwendig aufbereiteten PowerPoints verteilt. Wenn Sie agile Konferenzen besuchen, werden Sie bemerken, dass diesem Informationsbedürfnis des Managements immer stärker Rechnung getragen wird. Die Liste an im Grunde lächerlichen Reportingtools wird immer länger. Dabei ist es eigentlich trivial: Die Teams sollen so gut wie möglich sichtbar machen, wo sie gerade stehen, und das bedeutet manchmal, einen eigenen Weg zu finden, der sich nicht in ein Tool pressen lässt.

Ich argumentiere seit vielen Jahren gegen diese Tools, weil sogar agile Reportingtools immer das Falsche zeigen. Nach wie vor fokussieren sie auf die Menge der Arbeit und nicht auf das, was fertig ist. Selbst Teams, die bereits verstanden haben, dass sie die abgearbeiteten User Storys (Anforderungen) zeigen sollten, präsentieren in diesen Tools nur Abstraktionen. Aber diese Abstraktionen fliegen nicht, sie fahren nicht und sie tun auch nichts. **In der agilen Welt ist das einzig valide Reporting das fertige Produkt.**

Alle anderen Informationen, die in Projekten benötigt werden, werden nach wie vor erhoben: Die Kosten pro Mitarbeiter, ob Mitarbeiter krank sind, welche Kosten für Lizenzen,

Verpflegung und Reisen entstanden sind – das kann klassisch sehr gut erfasst werden und hier versagen die agilen Tools. Sie bieten einfach nicht das komplette Bild. Und braucht man wirklich die teure Lizenz für ein agiles Tool, um die abgearbeiteten User Storys pro Sprint zu zählen?

Jedenfalls werden bestimmte Indikatoren vom Management in den meisten Unternehmen immer wieder abgefragt, ob es nun sinnvoll ist oder nicht. Ich möchte Ihnen einen einfacheren Weg empfehlen, der ebenfalls mit Indikatoren arbeitet, allerdings reduziert und immer für den speziellen Einsatz. Auch in skalierten Projekten gibt es einige wenige Indikatoren, die es auszuwerten lohnt.

Performance-Indikatoren

1. Die *Höhe des Backlogs* (pro Team). In einem Kanban-Umfeld muss die Höhe des Backlogs vor jedem Prozessschritt gemessen werden.
2. Die *Durchlaufzeit* pro Story durch den Gesamtprozess (unbedingt messen!), also auch für jeden Teilschritt.
3. Die *Defect Rate,* also sowohl die Anzahl der offenen Defects als auch die Rate, mit der sie generiert und mit der sie abgearbeitet werden (Defect-Burndown-Rate).
4. Die *Anzahl der Probleme* bei der Integration und die Geschwindigkeit, mit der diese Probleme behoben werden.
5. Die *Kapazität* eines Teams: Wie viele Storys schafft ein Team pro Sprint oder wie viele Storys sind gleichzeitig „in progress" (das WIP-Limit bestimmen und beobachten)?
6. *Die Rate, mit der neue Ideen erzeugt werden.* Schreiben Sie einmal auf, wie viele Anforderungen, neue User Storys etc. pro Sprint oder pro Monat entstehen und vergleichen Sie das Ergebnis mit der Rate der abgearbeiteten Storys. Die erste Zahl wird immer die zweite übersteigen und das ist grundsätzlich gut so. Sie müssen nur dafür sorgen, dass Sie die Liste der Ideen ständig wieder auf null zurückstellen, damit nicht ein Backlog entsteht, das nicht mehr abzuarbeiten ist.
7. Das *Budget*: Wie bereits erwähnt, werden die entscheidenden Zahlen für die Durchführung eines Projekts auch weiterhin erhoben. Die Kosten werden gemanagt und das Budget wird im Auge behalten. Das ist in einem agilen Projekt nicht anders als in einem traditionellen Projekt.

Produktindikatoren

Die Performance-Indikatoren geben Aufschluss über die Menge der User Storys, also über den Lagerstand, und darüber, wie performant das System ist. Im Allgemeinen gilt: Je kürzer die Durchlaufzeit, desto leistungsfähiger ist das System. Es liefert bessere Qualität, höheren Profit und eine höhere Kundenzufriedenheit, weil die Wartezeiten geringer sind. Es lohnt sich jedoch, zwei weitere Indikatoren einzusetzen: den Net-Promoter-Score und die Mitarbeiterzufriedenheit.

Der **Net-Promoter-Score** ist leicht zu erheben. Dazu braucht ein Product Owner in jedem Review eine einfache Antwort auf die Frage: „Wie wahrscheinlich ist es, dass Sie dieses Produkt einem Freund oder Kollegen empfehlen? Bitte bewerten Sie die Wahrscheinlichkeit auf einer Skala von 1 bis 10, wobei 10 bedeutet: Auf jeden Fall!"

Einen Product Owner interessieren im Grunde nur die Werte 9 und 10. Nur Personen, die diese beiden Werte wählen, sind „Promotoren" – es wurde also das Gewünschte entwickelt. Bei einem Review kann der Product Owner beispielsweise ein Flipchart mit der Frage und der Skala von 1 bis 10 an die Tür hängen und die Teilnehmer bitten, ihre Bewertung mit einem Klebepunkt abzugeben. Schon weiß man, ob man in die richtige Richtung entwickelt oder nicht.

Für mich persönlich ist es ein wichtiger Faktor, ob meine Kolleginnen und Kollegen zufrieden sind und sich in unserem Unternehmen „gesund arbeiten". Daher messen wir die Krankenstände. Es gibt kompliziertere Methoden für die Messung der **Mitarbeiterzufriedenheit**, aber ich halte indirekte Indikatoren für aussagekräftiger. Wer gerne zu seiner Arbeit geht, ist in der Regel weniger anfällig für Krankheiten. Wer sich dort respektiert und wohlfühlt, der bekommt eine Menge von dem, was uns Menschen gesund macht: Oxytocin und Serotonin (vgl. Gloger, Rösner 2014). Folglich sinkt in der Regel der Krankenstand. Ist das ein einwandfreier Indikator, weiß man also mit Sicherheit, ob die Kollegen zufrieden sind? Nein! Aber darum geht es auch nicht. Es soll ja nur ein Indikator und kein Wahrheitsfinder sein. Ob es den Kollegen in ihren Projekten gut geht, findet man am besten heraus, indem man Zeit mit ihnen verbringt. Seien Sie bei ihnen, hören Sie ihnen zu, führen Sie lange Gespräche und sehen Sie ihnen in die Augen. Auf diese Weise wissen Sie sehr schnell, ob Ihre Kollegen zufrieden sind oder nicht.

6.7 Marketing für das agile Projekt

Das große agile Projekt sollte von anderen gesehen werden. Allerdings passiert das nicht von selbst, die ScrumMaster im Unternehmen müssen etwas dafür tun: Sie müssen Marketing für ihr agiles Projekt betreiben, darüber informieren und sich den Diskussionen stellen. Möglichkeiten gibt es viele: anderen Unternehmensbereichen einfach davon erzählen, interne Konferenzen organisieren oder einmal pro Woche ins Agile Café einladen. Trennen Sie sich von der Vorstellung, dass inzwischen alle wissen, worum es beim agilen Management und in der agilen Produktentwicklung geht – dem ist nicht so. In allen Bereichen der Agilität fehlt es an Wissen oder es gibt falsche Annahmen und Fehlinformationen. Das Agile Manifesto wird noch immer erstaunlich falsch verstanden, die Rollen des ScrumMasters und Product Owners werden noch immer nicht korrekt interpretiert. Agiles Wissen zieht nicht von alleine in ein Unternehmen ein, man muss ihm den Weg bereiten. Nach zwölf Jahren Scrum-Trainings und Tausenden Diskussionen erkläre ich noch immer sicher einmal am Tag in einem Projekt, was ein Burndown-Chart ist, wie ein Daily Scrum funktioniert und wie man eine User Story schreibt.

Das agile Projekt braucht Fürsprecher. Es braucht Menschen, die unermüdlich immer wieder aufs Neue erklären, was am agilen Arbeiten anders ist. Wozu man Post-Its® an eine Wand klebt, warum die Workshops (Meetings) sinnvoll sind und wieso es notwendig ist, die Backlogs klein zu halten. Dieses Marketing darf nicht unterschätzt werden.

Doch am Ende geht es um etwas anderes: Um das schnellere Liefern Ihres Produkts und auch davon sollten Sie erzählen. Veröffentlichen Sie jede Woche den Stand der Dinge. Streichen Sie heraus, wie viele Zeilen Code geschrieben oder wie viele User Storys geliefert wurden. Stellen Sie die Teilprodukte vor und setzen Sie Ihr Produkt der Kritik aus. Machen Sie ständig Werbung für das, was Sie tun. Wenn Sie wollen, erfinden Sie ein Logo für Ihr Projekt oder geben Sie Ihrem Team einen Namen, der langsam, aber sicher im gesamten Unternehmen berühmt wird. Solche Maßnahmen sind wichtiger, als viele denken: Sie zeigen den Erfolg und der Erfolg findet Nachahmer. Selbstverständlich werden Sie auf Neider treffen, aber genau diese sind die Zielgruppe. Auch sie sollen kopieren, nachmachen und lernen. Nur auf diese Weise erhalten Sie von außen die nötige Unterstützung für Ihr Projekt.

7 Die fraktal skalierte Organisation

Das skalierte Projekt benötigt eine andere Art der Produktarchitektur, damit es deskalieren kann. Es benötigt eine Infrastruktur, mit der man alle anfallenden Aufgaben meistern kann, um das gesamte Produkt möglichst oft vollständig abarbeiten zu können. Es benötigt Projektmitglieder, die sich in unterschiedlichen Disziplinen auskennen und nicht nur agil arbeiten, sondern auch agil denken können. Das klassische Anforderungsmanagement wird durch neue Methoden der Produktentwicklung - zum Beispiel Design Thinking - abgelöst. Mit vielen Good Practices können skalierte Projekte selbst dann durchgeführt werden, wenn die Umfeldbedingungen nicht optimal sind. Good Practices für eine nicht optimale Umgebung sollten allerdings kein Dauerzustand sein (müssen). Für den letzten Schliff zum agilen skalierten Projekt fehlt noch eines: dass wir nicht mehr über Projekte sprechen, sondern über die fraktal skalierte Organisation.

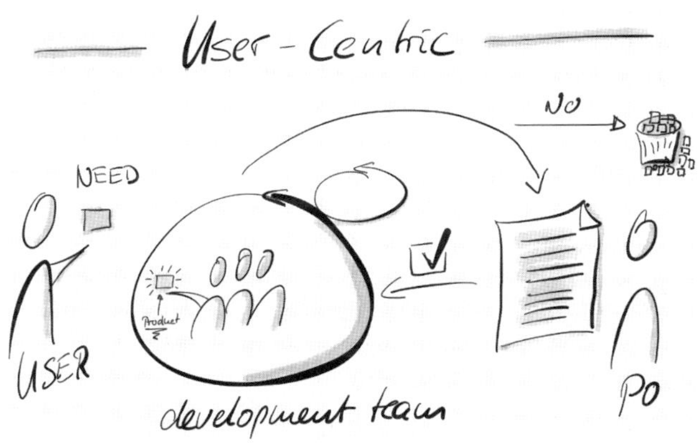

Bild 7.1 Das neue Bild von Scrum

An den Beginn dieses Kapitels will ich ein neues Bild von Scrum und des agilen Arbeitens stellen. Denn die Bilder, die wir uns bisher von Scrum gemacht haben, waren falsch, jedes einzelne davon. Sogar das allererste Bild, das Ken Schwaber in seinem ersten Buch „Agile Project Management with Scrum“ gezeichnet hat, war falsch. Es war zwar nützlich, hat uns aber dennoch in die Irre geführt. Das Problem ist: Die übliche Darstellung der Abläufe suggeriert, dass eine Instanz weiß, was sie entwickeln lassen will. Diese Bilder zeigen, dass Anforderungen in ein Backlog geschrieben werden und dann wird diese Liste von einem

Team Stück für Stück abgearbeitet, um ein Produkt entstehen zu lassen. Wenn man sich die Darstellungen diverser Skalierungsframeworks ansieht, wird das Backlog zuerst durch eine Vielzahl von Gremien geschickt (SAFe®) oder es wird versucht, den Ansatz der Skalierung mit einem weniger bürokratischen Framework leichtgewichtiger zu halten (LeSS, Nexus™). Heute hilft uns diese Sicht auf Scrum aber nicht mehr – vor allem nicht, wenn man skalieren will. Das zugrunde liegende Paradigma dieser Blaupausen ist ein Überbleibsel des klassischen und noch immer falschen V-Modells und es verhindert, dass wir die Ideen, die in den letzten Kapiteln ausgeführt wurden, anwenden können und so eine Organisationsform entsteht, die Skalierung anders begreift: nämlich als Zusammenwirken von unabhängigen Zellen. Diese Art des Skalierens bezeichnen wir als fraktale Skalierung.

Alle bisher besprochenen Elemente (Architektur, Infrastruktur, Skills, Produktentwicklung und Scrum als Managementframework) dienen dazu, auf diese Art zu skalieren. Die fraktale Skalierung funktioniert auch, wenn man diese Praktiken nur mechanistisch einführt und das eigentliche agile Wertesystem dahinter nicht zum Einsatz bringt. Das eigentlich nicht stattgefundene Umdenken produziert dann aber weiterhin unnütze Prozessschritte und verhindert, dass Scrum-Teams tatsächlich Verantwortung übernehmen. Die Falle des Backlogs zwingt die Verantwortlichen großer agiler Programme, weiterhin in der Abarbeitungsschiene zu denken. Nach wie vor werden Teams gesteuert, anstatt dazu ermutigt, die eigene Kreativität walten zu lassen.

Um in weiterer Folge noch weiter vom überkommenen Paradigma wegzukommen, dass wir es mit skalierten Projekten zu tun haben, möchte ich den Begriff des Projekts als Bedeutungszusammenhang für das große Projekt zu Grabe tragen. Durch das große skalierte Projekt (fraktal skalierte Projekt) ist bereits eine temporäre Organisation entstanden, ein sich selbst organisierendes Gebilde, in dem sich jedes einzelne Team mit den anderen verbunden fühlt und doch eigenständig ist. Die Teams sind durch Kommunikations- und Informationsströme miteinander vernetzt. Jedes einzelne Team weiß, was jedes andere Team macht, es gibt also eine lose Kopplung und doch sind alle Teil einer Gemeinschaft. Die Teams sind ein Verbund, weil sie sich als solcher fühlen und wahrnehmen.

Wenn das alte und falsche Bild von Scrum fällt, rücken die Entwicklungsteams ins Zentrum. Dann können wir Scrum-Teams als eigenständige Zellen sehen, in denen die Teammitglieder selbst die Anforderungen entwickeln. Sie arbeiten nicht mehr ab, sondern *lösen* eine Problemstellung vollkommen *eigenständig*. Das Wesen der Skalierung ist dadurch leichter zu verstehen: Sie zieht ihre Stärke im Wesentlichen aus der Dezentralisierung und aus netzwerkartigen Strukturen. Und somit ist das skalierte Projekt einfacher zu strukturieren und zu führen.

Fraktale Systeme. Wie ein Spiegel zerspringt das traditionelle Bild vor unseren Augen und macht Platz für ein neues, der Realität des großen Projekts förderlicheren und effektiveren Bilds bzw. Paradigmas. Am ehesten lässt sich dieses neue Bild mit der Skizze fraktaler Systeme beschreiben. Im Gegensatz zu Netzen sind Fraktale so gestaltet, dass jede Zelle (Einheit) in sich und für sich ganz, also vollständig ist. Jede Einheit weiß alles über das Ganze und gleichzeitig weiß sie genau, was ihre Aufgabe darin ist. Ein sich selbst organisierendes und selbstreferenzielles System ist entstanden.

Um kohärent genau *eine* Aufgabe zu erfüllen, braucht dieses System – die fraktal skalierte Organisation – genau *eine* Richtung. Die Elemente dieser Organisation müssen immer wieder dazu gebracht werden, *zusammenzuarbeiten* (collaborate – siehe Abschnitt 4.3), damit ein Ganzes entsteht und es nicht in die einzelnen Zellen zerfällt. Die vorhergehenden Kapitel haben gezeigt, welche Voraussetzungen dafür geschaffen werden müssen.

Wie gelingt nun der Kunstgriff, dass diese sich selbst organisierenden kleineren Einheiten nicht von außen gemanagt werden müssen? Das gelingt nur dann, wenn die fraktal skalierte Organisation selbst zur gelingenden Organisation wird, indem ihre Mitglieder in die gleiche Richtung gehen, weil sie ein gemeinsames Interesse und ein gemeinsames Wertesystem haben. Wie bringt man nun die einzelnen Zellen dazu, auf diese Weise als Organisation zusammenzuarbeiten?

Vertrauen senkt die Transaktionskosten

Eine Organisation ist kleineren Einheiten überlegen, weil die Transaktionskosten reduziert werden. Interne Zulieferungen und Absprachen sind einfach günstiger, in autoritären Organisationen kann man Zusammenarbeit sogar vorschreiben. Es muss nicht immer neu verhandelt werden, was bei einer Organisation, die aus vielen kleinen Einheiten besteht, notwendig wäre. Also muss doch bei einer fraktal skalierten Organisation auch ständig neu verhandelt werden, oder?

Ein Gespräch mit Valerie Andrianova von JetBrains half mir zu verstehen, warum es möglicherweise doch funktioniert. Sie war erstaunt, als ich sie fragte: „Was würde passieren, wenn du von den anderen Teams keine Unterstützung bekommen würdest?" Im ersten Moment war sie baff. Sie konnte mit diesem von mir angedeuteten Problem so gar nichts anfangen. Zunächst dachte ich, dass die Kultur von JetBrains diese Situation erst gar nicht aufkommen lässt, aber das ist nicht die einzige Ursache. Vielmehr vertrauen sich die Menschen in diesem Umfeld.

Vertrauen. Schon wieder. Agilisten kommen immer wieder mit diesem Wort daher, definieren es nicht einmal, fordern es aber immer ein. An dieser Stelle will ich Vertrauen als einen Faktor etablieren, der Transaktionskosten reduziert. Es ist ein Faktor, der wie ein Katalysator eine Organisation effektiver und damit erfolgreicher macht, weil er die operativen Kosten senkt.

Tom DeMarco hielt 2011 auf der OOP in München eine Keynote. In seinem Vortrag schlug er vor, Vertrauen als die Erhöhung der Bandbreite der Kommunikation zu betrachten und zitierte damit Karl-Erik Sveiby (Sveiby 1997): „Trust is the bandwidth of communication." Damit ist gemeint, dass man keine Information erhält, wenn man der Quelle nicht vertraut bzw. vollkommen ignoriert, was jemand zu sagen hat, wenn keine gemeinsame Basis vorhanden ist – die Kommunikation bricht ab. Vertrauen hingegen erweitert die Bandbreite der Kommunikation, beschleunigt sie und macht eine Organisation handlungsfähig.

Intuitiv ist das jedem klar und wird akzeptiert. Philip Bromiley und Larry L. Cummings haben 1995 im Artikel „Transactions Costs in Organizations with Trust" argumentiert, dass jedes Individuum die Fähigkeit hat, die Vertrauenswürdigkeit anderer bis zu einem gewissen Grad richtig einzuschätzen – noch viel mehr in Unternehmen, wo man ständig miteinander arbeitet (vgl. Bromiley, Cummings 1995). Diese wiederholten Interaktionen erhöhen nicht nur die Wahrscheinlichkeit, dass sich Personen vertrauenswürdig verhalten, sie geben auch die Möglichkeit, zu überprüfen, ob Vertrauen angebracht ist. Bromiley und Cummings wollen Vertrauen daher nicht als naiven Glauben an die Ehrlichkeit anderer Akteure verstanden wissen, sondern als Wahrscheinlichkeit, dass implizite oder explizite

Übereinkommen verletzt werden. Zweitens nehmen Bromiley und Cummings an, dass es nicht sehr kostenintensiv ist, Vertrauen herzustellen - denn es ist im Wesentlichen eine Frage des Verhaltens. Je höher das Vertrauen, desto niedriger schließlich die Kosten für Verhandlungen, Kontrolle und Rechtsmittel. Hat man mit jemandem in der Vergangenheit gute Erfahrungen gemacht, wird man sich nicht mehr in unendlichen Vertragsverhandlungen auf Punkt und Komma ergehen oder auf detailverliebten Reportings beharren. Veränderungen können schneller kommuniziert werden.

Damit ist eine der Grundfähigkeiten einer Organisation gegenüber kleineren Einheiten angesprochen: Die Transaktionskosten reduzieren sich durch das gemeinsame Arbeiten. Menschen können das auch, wenn sie in einer Organisation nicht miteinander verbunden sind. Ohne eine Organisation, ein Unternehmen, einen Verein, einen festen Zusammenschluss in irgendeiner Form ist es aber aufwendiger, gemeinsam an etwas zu arbeiten, gemeinsam an etwas zu glauben, gemeinsam - also kollaborativ - auf ein Ziel zuzusteuern. In Organisationen muss weniger Zeit darauf verwendet werden, die Beziehungen oder die Fähigkeiten ihrer Individuen immer wieder zu hinterfragen, weil prinzipiell das Vertrauen herrscht, dass der andere tut, was notwendig ist. Damit wird klar, wann Organisationen ineffektiv oder dysfunktional werden: genau dann, wenn es der Führung nicht gelingt, dieses Vertrauen aufzubauen.

Führung schafft Vertrauen

Auf Vertrauen zu setzen und eine Kultur zu etablieren, in der sich die Mitglieder einer Organisation „blind" vertrauen, reduziert also die Kosten innerhalb eines Unternehmens. Damit ist diese Organisation effektiver als ein Unternehmen, in dem Vertrauen Mangelware ist. Über das gegenseitige Vertrauen hinaus müssen Menschen aber auch spüren, *warum* sie zusammenarbeiten sollen. Das macht Simon Sinek in seinem wunderbaren Buch „Leaders Eat Last" und in seinem TED Talk „First Why Then Trust" sehr deutlich (vgl. Sinek 2014 und 2011). Es muss klar sein, wohin die Organisation will. Menschen arbeiten dann in Gemeinschaften zusammen, wenn sie darin einen Sinn sehen. Sie arbeiten dann zusammen auf ein Ziel hin, wenn sie gemeinsame Werte teilen.

Alle Unternehmen, in denen man das verstanden hat - von Traditionsunternehmen bis hin zu Start-ups - waren und sind erfolgreich. Die Führung hat es in diesen Organisationen verstanden, Werte und Normen zu etablieren, die Menschen zusammenarbeiten lassen. Dahinter steckt oft ein einfaches Mittel: ein klarer Fokus auf wenige Aufgaben. Sinek betont sogar, dass Mitarbeiter ein Unternehmen oder eine Institution deshalb als Arbeitgeber wählen, weil sie an etwas glauben. Sie glauben an das Gleiche, das die Führung dieser Organisation will und vertritt. Menschen glauben selbst an etwas Bestimmtes und finden es in einer Organisation wieder. Oft können sie es nicht ausdrücken, aber sie spüren, wenn sie „es" gefunden haben. Es fühlt sich richtig an.

Eine Organisation agiert also dann effektiv, wenn die Transaktionskosten durch ein gemeinsames Glaubens- und Wertesystem reduziert werden können. Dieses gemeinsame Glaubens- und Wertesystem erhöht wiederum das Vertrauen, weil die involvierten Menschen auf die Ehrlichkeit der anderen bei Verhandlungen vertrauen können, auf das Einhalten von Zusagen und das Unterlassen opportunistischer Handlungen (vgl. Bromiley, Cummings 1995).

Wer legt aber die Normen und Ziele fest, die ein skaliertes Projekt braucht? Die Antwort: Es ist immer die formale oder informelle Führung des Systems (Projekts, Teams, der Gruppe ...). Die Führung? Ja, sie setzt durch Leadership die Grundlage für Kultur, Struktur und Anerkennung. Ich nutze an dieser Stelle bewusst das Wort „Leadership". Es macht deutlicher als das Wort „Führung", dass es um ganzheitliche Führung und nicht um Management geht. Das Führen durch einen Veränderungsprozess oder das Beschreiten eines neuen Wegs ist nicht immer so einfach wie bei Lidl (siehe Kasten). Immer sorgt aber die Führung dafür, ob sich die Mitarbeiterinnen und Mitarbeiter gemeinsam für eine Sache einsetzen oder ob sie nur gezwungenermaßen bestimmte Dinge tun. **Führung hat die Aufgabe, Zusammenarbeit auf möglichst vielen Ebenen der Organisation herzustellen.**

Gruß Klaus

Wie schnell sich eine neue Kultur selbst in sehr starr und hierarchisch geführten Organisationen etablieren kann, wenn die Führung das will, zeigt ein Artikel über LIDL in der FAZ vom 4. Juni 2016 (Preuss 2016): „Klaus Gehrig las davon, dass Hans-Otto Schrader, Chef des Versandhändlers Otto, seinen Mitarbeitern das Du angeboten hat - als ‚äußeres Zeichen, dass etwas Neues beginnt, eine Art verbaler Startschuss für unser Projekt Kulturwandel 4.0'. Das traf so ziemlich genau die Stimmung von Klaus Gehrig. Er informierte ein paar Dutzend Führungskräfte über das Otto-Projekt mit dem Tenor: ‚Das passt doch auch zu uns' und schloss seine Mail mit der Formel: ‚Gruß Klaus'. Diese zwei Wörter brachten dann den Durchbruch, weil die Mail der ‚Heilbronner Stimme' zugespielt wurde: ‚Gruß Klaus', schrieb die ‚Heilbronner Stimme' über ihren Beitrag, der daran erinnerte, dass der Konzern streng hierarchisch geprägt ist, persönliche Beziehungen zwischen den Mitarbeitern skeptisch beäugt wurden und Vornamen als eine Art geheime Verschlusssache betrachtet wurden. (...) Konzernchef Klaus Gehrig setzt noch eins drauf: ‚Es gibt keinen Zwang. Aber klar ist: Wer sich nicht duzt, isoliert sich. Das sind nicht die Leute, die wir brauchen.'"

7.1 Wer führt die fraktal skalierte Organisation?

Wer führt sie also, die fraktal skalierte Organisation, wenn doch alle Fraktale - also alle Teams - im Grunde für sich stehen? Simon Sinek sagt es: Menschen bleiben in einer Organisation, wenn sie sich ihr zugehörig fühlen, wenn sie an das Gleiche glauben und eine Gemeinschaft entstanden ist. Wenn es die Führung schafft, ein gemeinsames Set von Werten und Überzeugungen zu etablieren und die entsprechende Kultur entstanden ist, fühlen sie sich den Zielen der Organisation verbunden.

Eine Bewerberin hatte in ihrer Position alles erreicht. Sie sollte von ihrem Arbeitgeber weiter gefördert werden, sie war beliebt und hatte einen wirklich interessanten Job. „Also", fragte ich sie, „warum wollen Sie zu uns wechseln?" Ich war baff, als ich beinahe wörtlich zu hören bekam, was Simon Sinek in seinem Vortrag „First Why Then Trust" beschreibt (siehe Sinek 2011): Die Führung des Unternehmens habe sich verändert. Die Gründer seien durch Aktionäre ausgetauscht worden und es begann, sich nicht mehr richtig anzufühlen. Damit hatte der Glaube an das Unternehmen zu bröckeln begonnen. Die Bewerberin spürte das und wollte wieder in einem Unternehmen mitmachen, in dem sie an die Ideen der Organisation glauben konnte und in dem es nicht nur um das Geldverdienen ging. ■

Jeder und jede Einzelne hat also in einer Organisation ein intrinsisches Interesse, Teil einer Gemeinschaft zu sein. Es gibt ein intrinsisches Interesse am Erfolg der Organisation. Dadurch richtet sich der Einzelne und richten sich die Teams von selbst auf das gemeinsame Ziel aus. Allerdings ist dazu eine Voraussetzung nötig: Das Ziel, das „Warum" – ich verwende im Sinne von Simon Sinek das Wort „Why" – muss kommuniziert werden. Immer wieder muss es allen klar gemacht werden.

Möglicherweise ist Ihnen das zu wenig greifbar. Das „Why" ist ja noch zu verstehen, wie führt das aber zu einer funktionierenden fraktal skalierten Organisation? Wie muss die Organisation strukturiert sein und wie sehen die Prozesse aus? Es läuft wahrscheinlich auf den Wunsch nach einer Blaupause hinaus, damit Sie wissen, worin und wie Sie sich (ein-)fügen können. Dieses Bedürfnis nach einem Bild für die Struktur wird angeblich von agilen Skalierungsframeworks gestillt. Angeblich, weil sie gewissermaßen eine Droge verkaufen. Das eigentliche Problem, die mangelnde Führung, wird nicht gelöst. Das Framework selbst stiftet weder Sinn noch erzeugt es „Mastery"[1] und schon gar keine Autonomie.

Ich kann das Bedürfnis nach Vorlagen gut verstehen, ich beobachte es sogar bei neu gebildeten Teams in unserer eigenen Organisation. Es fällt einigen Teams schwer, das eigene „Why" zu finden, das am Why unserer gemeinsamen Organisation ausgerichtet sein muss. Natürlich ist es eine Herausforderung, die teaminternen Überzeugungen aufzubauen, den eigenen Sinn herzustellen, die Zusammenarbeit im Team zu organisieren und gemeinsam herauszufinden, was man als eigenständiges Team entscheiden kann. Ich beobachte teilweise Aktionismus und die Suche nach Strukturen, das erkenne ich in den Gesprächen. Doch was suchen die Kolleginnen und Kollegen in den Teams wirklich? Sie suchen Halt! Halt durch Strukturen, die Orientierung geben – vermeintlich.

Führung gibt Orientierung

Die Sache ist die: In einer agilen Organisation lässt sich das Bedürfnis nach Orientierung und Richtung nicht durch Strukturen und die vielbeschworenen Leitplanken befriedigen, sondern nur durch Führung. Genau jene Teams sind verunsichert, in denen die Leitfigur –

---

[1] Mastery bezieht sich auf die Arbeit von Daniel Pink, der in seinem Buch „Drive" zeigt, dass Wissensarbeiter „von selbst" motiviert sind, wenn sie ihr persönliches Wissen verbessern können (Mastery), wenn sie einen Sinn in ihrer Arbeit sehen (Purpose) und selbst entscheiden können, was sie machen wollen (Autonomy). Siehe dazu auch den TED Talk „Über die überraschende Wissenschaft der Motivation" – *http://bit.ly/1NXPe7o* (19.10.2016).

und eine Leitfigur gibt es in jeder Gruppe und in jedem Team – ihre Aufgabe ablehnt, nicht wahrnimmt oder nicht versteht. Diese Teams liefern zwar, sie schöpfen allerdings nicht die Möglichkeiten aus, die in ihnen angelegt sind. Teammitglieder können dieses Bedürfnis nach klarer Orientierung meistens nur verklausuliert ausdrücken. Das ist ein allgemeines Phänomen, das Ihnen in vielen Unternehmen begegnen wird. Es schickt sich nicht, zu sagen: „Sag mir, wohin die Reise gehen soll, oder sag mir einfach, was du von mir willst. Ich brauche (noch) jemanden, der mir sagt, wohin es geht." Diese Frage ist umso schwerer zu stellen, wenn man sich in einer Organisation befindet, in der Eigenverantwortung und Selbstorganisation gewissermaßen als höchste Güter gehandelt werden.

Um die Führung und ihr Why zu finden, brauchen diese Teams: Zeit. Sichere Verbindungen zu anderen Teams aufzubauen, um sich selbst zu stabilisieren, gelingt nicht jedem Team über Nacht. Es ist oft mühsam, oft gehen Teams auch in die falsche Richtung. Mit ein wenig Zeit und ein wenig Geduld gelingt das allen Teams. Man muss sie sich nur finden lassen.

In einer fraktal skalierten Organisation durch Design oder Verordnung von oben Strukturen zu schaffen, ist also gar nicht notwendig, obwohl es immer wieder, sogar von den Teammitgliedern selbst, gefordert wird. Wichtiger ist, dass die Führung Sinn stiftet und das Warum formt, also den Zweck, an dem sich das individuelle Handeln, die Mitglieder eines Teams oder einer Organisation ausrichten können. Wenn es dieses Warum gibt, bilden sich innerhalb eines Teams auch die Strukturen. In unserem Unternehmen treffen sich die Teams zu Meetings, wenn sie glauben, sich treffen zu müssen. Wenn ihnen klar geworden ist, in welche Richtung sie wollen, geben sie sich die notwendige interne Struktur, die mit der Rahmenorganisation nicht nur vereinbar ist, sondern sogar ganz genau zu ihr passt.

7.2 Ein Leitfaden für die fraktal skalierte Organisation

Damit Ihnen die Führung der fraktal skalierten Organisation gelingt, möchte ich Ihnen einen Leitfaden mitgeben und exemplarisch zeigen, wie sich die bisher beschriebenen Gedanken auf die Organisation auswirken. Diesen Leitfaden will ich nicht als Vorschrift oder Vorlage verstanden wissen, sondern als eine Linie, an der Sie entlanggehen können. Mal näher, mal etwas weiter entfernt – Sie können den Leitfaden als Orientierung nutzen. Jederzeit dürfen Sie Ihren eigenen Weg gehen, denn möglicherweise gibt es links und rechts des Weges wunderbare Erfahrungen, die ich hier entweder nicht unterbringen konnte oder selbst noch gar nicht gemacht habe. Machen Sie Ihre eigenen Erfahrungen.

Veränderung und Erfolg haben nicht nur einen Ansatzpunkt, sondern mehrere. Robert B. Dilts hat in der Neurolinguistischen Programmierung das Modell der logischen Ebenen entwickelt (vgl. Dilts 2014). Dieses Modell erklärt, wie der Mensch bzw. sein Gehirn mit seiner unmittelbaren Umgebung und mit dem großen Ganzen in Beziehung tritt. Es hilft zu verstehen, wie Organisationen funktionieren und auf welchen Ebenen man mit ihnen arbeiten kann, um einen Wandel zu unterstützen. Üblicherweise wird das Dilts-Modell als Pyramide dargestellt, in der man sich von unten nach oben arbeitet (siehe Bild 7.2).[2]

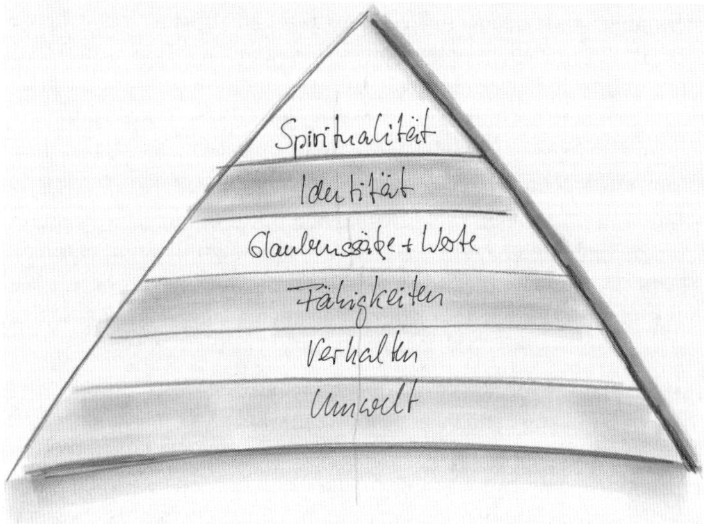

Bild 7.2 Die neurologischen Ebenen nach Robert B. Dilts

Die Pyramidenform signalisiert zwar eine Hierarchie, diese Hierarchie ist jedoch durchlässig. Die oberen Ebenen beeinflussen die unteren Ebenen und umgekehrt. Erfolgreiche Systeme sind auf allen sechs Ebenen auf das Gleiche hin ausgerichtet und orientiert. Es gibt keinen Widerspruch zwischen den Ebenen. Wir konzentrieren uns an dieser Stelle auf die vier unteren Ebenen, da ich hier davon ausgehe, dass der Einzelne weiß, warum er in der Organisation ist und welche Rolle und Identität er in dieser Organisation hat.

7.2.1 Glaubenssätze und Werte

Da Sie sich mit dem Skalieren agiler Projekte beschäftigen, ist Ihnen das Agile Manifesto sicher ein Begriff. Es ist eine erste Richtschnur dafür, welchen Werten und Prinzipien eine fraktal skalierte Organisation entsprechen sollte. Im fünften Prinzip ist zum Beispiel das Prinzip Freiwilligkeit angelegt (vgl. Gloger, Rösner 2014): „Build projects around motivated individuals. Give them the environment and support they need, and trust them to get the job done.“ Hier steckt bereits der Hinweis drin, dass sich Teams von selbst bilden, allerdings muss man es zulassen.

[2] In diesem Interview beschreibt Robert B. Dilts selbst, wie die neurologischen Ebenen zusammengehören *https://www.youtube.com/watch?v=kh1vJeJNMU4* (18.6.2016).

Manifesto for Agile Software Development

We are uncovering better ways of developing software by doing it and helping others do it. Through this work we have come to value:

Individuals and interactions over processes and tools
Working software over comprehensive documentation
Customer collaboration over contract negotiation
Responding to change over following a plan

That is, while there is value in the items on the right, we value the items on the left more.

Das Agile Manifesto definiert darüber hinaus zwölf Prinzipien, die das agile Manifest erst zum Leben erwecken.

Principles behind the Agile Manifesto

We follow these principles:

1. Our highest priority is to satisfy the customer through early and continuous delivery of valuable software.
2. Welcome changing requirements, even late in development. Agile processes harness change for the customer's competitive advantage.
3. Deliver working software frequently, from a couple of weeks to a couple of months, with a preference to the shorter timescale.
4. Business people and developers must work together daily throughout the project.
5. Build projects around motivated individuals. Give them the environment and support they need, and trust them to get the job done.
6. The most efficient and effective method of conveying information to and within a development team is face-to-face conversation.
7. Working software is the primary measure of progress.
8. Agile processes promote sustainable development. The sponsors, developers, and users should be able to maintain a constant pace indefinitely.
9. Continuous attention to technical excellence and good design enhances agility.
10. Simplicity – the art of maximizing the amount of work not done – is essential.
11. The best architectures, requirements, and designs emerge from self-organizing teams.
12. At regular intervals, the team reflects on how to become more effective, then tunes and adjusts its behavior accordingly.

Nachzulesen auf *agilemanifesto.org*

Bei der Arbeit in agilen Projekten sind diese Prinzipien immer wieder neu zu berücksichtigen. Das Agile Manifesto ist jedoch ein Dokument, das sich natürlich umschreiben, anpassen und erweitern lässt, und das haben einige Menschen getan, die nach Prinzipien für ein Paradigma der fraktal skalierten Organisation gesucht haben. Dabei ist das Responsive Manifesto entstanden, nachzulesen auf *www.responsive.org/manifesto.*

Nach eigenen Aussagen der Protagonisten unterstützen Unternehmen wie Microsoft, Zappos, Percolate und das California Department of Public Health die Ideen, die im Responsive Manifesto beschrieben werden. Ähnlich wie beim Agile Manifesto werden Gegensätze einander gegenübergestellt. Auch hier gilt wieder: Die linke Seite ist wichtig, doch die rechte Seite ist wichtiger.

Profit ↔ Purpose

Hierarchies ↔ Networks

Controlling ↔ Empowering

Planning ↔ Experimentation

Privacy ↔ Transparency

Sehen wir uns an, wie sich eine fraktal skalierte Organisation auf Basis der beiden Manifestos aufstellen kann.

Profit vs. Purpose

Fragt man einen Projektmanager nach seiner Hauptaufgabe, bekommt man meistens die Antwort, er müsse den Scope und das Budget einhalten. Gerade in großen Projekten gehört es zum festen Glaubenssystem: „Das Budget muss eingehalten werden!" Es ist ein empirisches Faktum, dass in der Realität das Budget so gut wie nie eingehalten wird. Jeder weiß das und jeder ignoriert es. Aber das nur am Rande. Entscheidender ist: Hinter der Forderung nach Einhaltung des Budgets steht der Wille, mit dem Projekt Geld zu verdienen. Es soll ein Profit rausschauen oder es soll etwas eingespart werden, also wird auf die Kosten geschaut. Man muss nur die Wirtschaftsnachrichten verfolgen: Menschen werden gekündigt, um die Zahlen zu verbessern, es wird restrukturiert, um noch mehr Kosten zu sparen. Auf den ersten Blick ist das der einfachste Weg, um schnell Profit zu machen.

Im Responsive Manifesto steht nun *(www.responsive.org/manifesto)*: „Today people are looking for organizations that have a purpose broader than just making money. Rather than viewing profit as the primary goal of an organization, progressive leaders see profit as a byproduct of success. They aim to do well by doing good. A clear and visionary purpose brings together stunning talent, committed shareholders, partners, and communities." Menschen schätzen heute Organisationen, die mehr können und einen tieferen Zweck haben, als nur Geld zu machen. Fortschrittliche Leader betrachten Profit als Nebenprodukt des Erfolgs. Ein klarer Zweck bringt Menschen mit erstaunlichem Talent, die passenden Shareholder, Partner und Communities zusammen.

Profit ist also ein Resultat, das sich einstellt, wenn die Menschen, die zusammenarbeiten etwas Nützliches und Sinnvolles machen. Wieder schließt sich der Kreis, denn die Führung der fraktal skalierten Organisation ist nur möglich, wenn sich alle an der gleichen Idee ausrichten, und das wiederum gelingt nur, wenn die einzelnen Gebilde (Fraktale, Teams) an das Gleiche glauben. Erst dann kann ein Unternehmen in eine Idee investieren und erst dann kann sich der Fokus auf das Wesentliche richten. Alle Investitionen lassen sich dann darauf überprüfen, ob sie einen Wert im Sinne der Vision erzeugen. Unternehmen sind unter dieser Voraussetzung nicht mehr daran interessiert, die Kosten zu reduzieren, sondern das Ergebnis (also den Wert) zu verbessern. Sie konzentrieren sich nicht mehr darauf, alles möglichst günstig zu produzieren, sondern produzieren möglichst wenig, dafür aber das Richtige.

Hierarchies vs. Networks

„Seit sechs Wochen versuchen wir jetzt, die Teammitglieder dazu zu bewegen, sich gemeinsam in *einen* Raum zu setzen." Ein Kollege und ich saßen in einem Wiener Kaffeehaus und unterhielten uns über die gerade laufenden Projekte. Ich hatte die Weekly Reports meines Kollegen gelesen und war nach wie vor erstaunt, dass es nicht möglich war, die Mitglieder des Teams eines Kunden dazu zu bewegen, sich in diesen Raum zu setzen. Das Topmanagement wollte es und gab uns jede Unterstützung, doch dieses Mal wollten die Teammitglieder nicht. Verkehrte Welt!

Zwei Wochen später konnte mir jemand erklären, was dort wirklich los war. Tatsächlich hatte diese Organisation bereits seit einigen Jahren Erfahrung mit Scrum, doch die eigentlichen Machtstrukturen hatten sich nie geändert. Die Teamleiter waren noch immer der Meinung, dass *ihre* (!) Mitarbeiter in ihrem Raum zu sitzen hätten. Im Weltbild dieser Teamleiter sagte die Anzahl der Mitarbeiter noch immer etwas über den eigenen Status aus. Erst als sich das Topmanagement höchstpersönlich in die Diskussion einschaltete, kam das Thema wieder in die Gänge. Also durch Ansage, nicht durch Einsicht. Es fehlten einfach die Rahmenbedingungen: Weil es bis dahin immer wichtig gewesen war, möglichst viele Menschen in der eigenen Abteilung zu haben, war es undenkbar, die Kontrolle über einige davon abzugeben. Traurig, aber wahr. Wichtig ist allerdings, dass die Organisation dieses Problem erkannt und allmählich in den Griff bekommen hat.

Verinnerlicht. Das ist ein entscheidender Punkt. Woher kommen die Widerstände, wenn in traditionellen Organisationen ein agiles Management etabliert werden soll? Viele Widerstände haben rein gar nichts mit dem Prozess, der Methode, der Architektur oder irgendetwas anderem zu tun, das ich bisher geschildert habe. Was hier zum Tragen kommt, ist eine Kategorie des Widerstands, die ihre Quelle an einer ganz anderen Stelle hat: Die Werte und Normen der Organisation, die über Jahre hinweg verinnerlicht wurden, verhindern nun, dass sich ein neues Mindset leicht durchsetzen kann. Manchmal kann es das nie.

Noch immer sind die meisten Organisationen starr hierarchisch ausgerichtet, obwohl viele Manager immer wieder betonen, dass sie sich die Mitarbeit der Kollegen wünschen und unbedingt erreichen wollen, dass alle mitdenken und Verantwortung übernehmen. Irgendwo im tiefsten Inneren wird diese Mitarbeit aber nicht gewünscht. Also zeigen die Lippenbekenntnisse auch keine Wirkung, denn das Management schafft schon in sich selbst nicht die Voraussetzungen für eine agile Art des Arbeitens. Das ist den Managern gar nicht vorzuwerfen, sie kennen es nicht anders. Und sie wissen nicht, wie ihre Rolle in einer agilen Organisation aussehen könnte.

Wenn es so einfach wäre, die kulturellen Werte einer Organisation zu ignorieren, ließe sich die fraktal organisierte Organisation sehr einfach umsetzen. Sie könnte komplett agil funktionieren, wenn – ja, wenn was der Fall wäre? Diese Organisation, in unserem Fall die Projektorganisation, müsste tatsächlich unabhängig sein und die Kontrolle über die eigenen

Ressourcen haben. Die Verantwortlichen bräuchten echte Budgethoheit und müssten sich selbst Prozesse ausdenken und sie leben dürfen, so ähnlich wie es Nonaka und Takeuchi bereits 1986 in „The New New Product Development Game" geschildert haben (vgl. Nonaka, Takeuchi 1986). In den meisten Fällen ist das aber nicht gegeben, die Hierarchie mit ihrer Weisungsbefugnis ist immer noch spürbar. Viele Werte einer Organisation hängen auch von der Kultur des jeweiligen Landes ab. Eine deutsche Organisation ist anders als eine österreichische, eine US-amerikanische wird anders geführt als eine britische. Zwar dominiert die Landeskultur nicht zwangsläufig die Organisationskultur, sie wirkt sich aber aus, wie wir bereits in Kapitel 4 gesehen haben.

Im Griff. Und so lässt die umgebende nichtagile Organisation den Keim der fraktal skalierten Organisation nicht aus dem Griff (wir haben gesehen, dass ein PM Office oft der Ausdruck dessen ist). Leider ist dieser Griff oft sehr subtil und kaum spürbar. Er macht sich an vielen Stellen bemerkbar:

- **Besitzdenken.** Teamleiter fühlen sich unwohl dabei, ihre Kollegen an anderen Projekten teilnehmen zu lassen – noch dazu, wenn diese dabei in anderen Räumen sitzen sollen.
- **Rollenspiel.** Teamleiter finden die Rolle des ScrumMasters sehr attraktiv, sie fühlt sich für sie aber nicht richtig an. Der ScrumMaster hat im Grunde die gleiche Rolle wie der Teamleiter – nur ohne disziplinarische Gewalt, die er auch nicht braucht. Das verunsichert die Teamleiter allerdings. Mit dieser Verunsicherung bleiben sie oft alleine, denn die Organisation macht nicht deutlich genug, wie die Karriere eines ScrumMasters aussieht und wie es nach dem Projekt für sie weitergeht. Das liegt auch daran, dass die Organisation um das fraktal skalierte Projekt noch nicht darin geübt ist, Orientierung dieser Art zu geben. So sind die HR-Prozesse noch nicht darauf ausgelegt, mit sich selbst organisierenden Teams umzugehen. Wie werden diese bewertet und beurteilt, wie sieht der Entwicklungspfad eines ScrumMasters (Teamleiters) aus etc.?
- **Verantwortung.** Den Mitarbeiterinnen und Mitarbeitern in einem sich selbst organisierenden Projekt ist am Anfang oft nicht klar, dass sie die Verantwortung für das eigene Handeln nicht mehr an die Chefs auslagern können. Echte Delegation kennen sie nicht. Sie glauben, dass es der Chef oder die Organisation schon wieder richten werden, wenn sie nicht weiterkommen. Dass sie die Dinge tatsächlich selbst in der Hand haben, dass sie über ihr Wohl und Wehe tatsächlich selbst entscheiden müssen, verunsichert die Mitarbeiter in diesen Projekten einerseits. Andererseits glauben sie nicht daran, dass sich die Verhältnisse wirklich geändert haben. Sie agieren aus dem heraus, was sie bis dahin gelernt haben: Wenn sie in der Vergangenheit Entscheidungen getroffen haben, war klar, dass die Chefs darüber nicht nur informiert werden, sondern auch das letzte Wort haben wollten. Wenn das Projekt, das eigene Team nicht profitabel arbeitet, dann wird es keine Daseinsberechtigung haben. Das erschreckt viele.
- **Ohne Titel.** Innerhalb der fraktal skalierten Organisation gibt es keine Positionen. Die Kolleginnen und Kollegen lernen, dass es nicht auf ihre Titel ankommt. Und dennoch reagiert die umgebende Organisation weiterhin so, als gäbe es diese Positionen und fordert sie manchmal sogar ein. Da wollen Chefs nach wie vor *den einen* Ansprechpartner, sie wollen *einen* Projektleiter, der die Verantwortung übernimmt. Oder die Kunden werden vorgeschoben und wollen ihre Wünsche (angeblich) nicht einem Team präsentieren müssen und bei den alten Schnittstellen bleiben. Auf den ersten Blick schafft das den Eindruck, es gäbe keine geordneten Karrierewege (vgl. Rigby, Sutherland, Takeuchi

2016). Was wird also aus mir? Wie sorgt die Organisation dafür, dass ich als Mitarbeiter aufsteigen kann?

- **Akzeptanz.** Ein oft unterschätztes Phänomen ist die Akzeptanz des ScrumMasters durch die Teammitglieder. Klar, auf dem Papier sieht es gut aus, dass sich der ScrumMaster um die Teammitglieder kümmern soll. Dazu muss er allerdings als Anlaufstation wahrgenommen werden. Da ist wieder die Organisation gefragt: Es muss deutlich sein, dass sie den ScrumMaster akzeptiert und schätzt. Wenn das klar ist, werden sich die Teammitglieder an ihn wenden, um ihre Themen mit ihm zu besprechen.

Es gibt also unzählige kleinere Widerstände, die nur nach und nach aus einer Organisation verschwinden. Und das tun sie auch nur dann, wenn das Topmanagement den Weg in das agile Management mitgeht. Nach unserer Beobachtung gelingt das am schnellsten, wenn sich Topmanager selbst mit dem Thema Agilität befassen und nach diesen Rahmenbedingungen agieren. Das bedeutet, dass sie die notwendigen Trainings absolviert haben und selbst ein agiles Framework wie Scrum nutzen, um die eigene Arbeit als Team zu bewältigen.

Was kann ein Topmanagement-Team tun, um es den Menschen in skalierten agilen Projekten einfacher zu machen. Hier eine wie immer unvollständige Liste der möglichen Aktivitäten:

- *Skills:* Topmanager bilden sich selbst in den einschlägigen Trainings – Scrum, Kanban, Design Thinking etc. – weiter. Sie sollten mindestens so viel darüber wissen wie ihre Kollegen.
- *Walk the talk:* Topmanagement-Teams organisieren sich selbst mit Hilfe eines agilen Managementframeworks.
- *Vorleben:* Das Topmanagement definiert die Rollen innerhalb der Organisation (ScrumMaster, Product Owner und Development-Team) und lebt vor, wie man mit diesen Rollen umgeht.
- *Selbsterfahrung:* Topmanager übernehmen selbst einmal die verschiedenen Rollen, um zu erkennen, was es bedeutet, so zu arbeiten.
- *Fokusverlagerung:* Sie richten ihren Fokus allmählich auf die Teams und nicht mehr so sehr auf Individuen. Der Einzelne verschwindet im Team als Ansprechpartner.
- *TOC:* Agil priorisieren zu können und zu verstehen, warum und wie man Warteschlangen verkürzt, ist für einen Topmanager eine wichtige Fähigkeit – auch um die Entscheidungen von Teams respektieren zu können.
- *Da sein:* Ein Manager, zuständig für mehr als 500 Menschen, zeigte im Gespräch sehr klare Vorstellungen davon, wie er bestimmte Aspekte seines Business managen wollte. Darüber wollte er zunächst gar nicht diskutieren. Er musste erst begreifen, dass er viel mehr erreichen würde, wenn er selbst vormachte, was er sich vorstellte. Mit weniger Aktionismus, sondern mit dem Blick darauf, was tatsächlich in der Abteilung geschah. Allmählich verstand er, dass er beim Managen seiner Abteilung nicht selbst alles tun musste, sondern sich darauf beschränken konnte, einfach da zu sein. Damit will ich sagen: Das Management in einer agilen Organisation hat nicht die Aufgabe, allen Mitarbeitern ständig zu sagen, was sie zu tun haben. Es hat vielmehr dafür zu sorgen, dass sich die Mitarbeiter beim Ausprobieren sicher fühlen.

Auf lange Sicht würde das dazu führen, dass sich die klassisch hierarchische Struktur allmählich zu einem Netzwerk kleinerer Einheiten umbaut (Bild 7.3). Warum umbauen und nicht gleich so aufsetzen? Das funktioniert nur auf dem Papier. Mitarbeiterinnen und Mitarbeiter haben das Bild der Silos, Abteilungen, der Verantwortungszuteilungen, also der Kultur der alten Organisation im Kopf und agieren im Alltag immer aus diesem Bild heraus. Dieses Bild lässt sich am besten durch das Lernen in kleinen Gemeinschaften verändern.

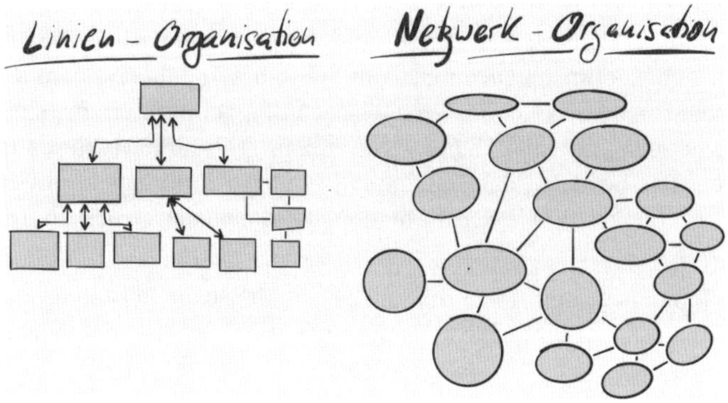

Bild 7.3 Von der Linie zum Netzwerk

Etwas mehr Hirn, bitte

Gerald Hüther ist wohl der bekannteste Neurobiologe im deutschen Sprachraum. In seinem Buch „Etwas mehr Hirn, bitte" erklärt er, wie entscheidend es für das Gehirn ist, in Beziehungen zu lernen. Ich möchte an dieser Stelle einen kurzen Ausschnitt vollständig zitieren, weil er uns zu verstehen hilft: Es ist wichtig, in Scrum-Teams ausprobieren zu können, wie das neue Arbeiten und die neue Verantwortung jedes Einzelnen aussieht.

„Kein Mensch wird irgendetwas in seinem Leben verändern, nur weil er von irgendjemandem erfährt, dass es besser, günstiger für ihn oder für sein Gehirn wäre, sich anders zu verhalten. Es sei denn, er hat diesen Lehrmeister zum Objekt seiner Bewunderung gemacht. Nur so kann das, was sie oder er sagt und erklärt, hinreichend stark emotional aufgeladen werden. Erst wenn es unter die Haut geht, bleibt es auch hängen. Aber es ist dann eben keine eigene Erkenntnis, sondern eine von dieser Person übernommene und sich zu eigen gemachte. Zu einer eigenen Erkenntnis, das habe ich inzwischen verstanden, kann jede und jeder von uns nur durch eigenes Nachdenken gelangen.

Und beim Schreiben ist mir nun auch endlich klar geworden, was Menschen brauchen, damit sie den Mut finden, sich selbst auf den Weg zu machen, um all das, was in ihnen an Potential verborgen ist, schrittweise entfalten zu können: Sie brauchen dazu andere Menschen, und zwar in Form kleiner Gemeinschaften, entweder zu Hause, in der Nachbarschaft oder an ihren Ausbildungs- und Arbeitsstätten. Und das müssten Gemeinschaften sein, deren Mitglieder einander einladen[3], ermutigen und inspirieren, noch einen Schritt weiter zu gehen, noch einmal etwas Neues auszuprobieren und über sich hinauszuwachsen, die sich gegenseitig dabei helfen, ihre Lust am eigenen Denken und ihre Freude am gemeinsamen Gestalten wiederzuentdecken. Das wären dann Gemeinschaften, deren Mitglieder einander als autonom denkende Subjekte begegnen. Die ihre Erkenntnisse, zu denen sie als Einzelne gelangt sind, miteinander teilen und sich anschließend auf den Weg machen, um das, was ihnen allen am Herzen liegt und worauf sie sich geeinigt haben, gemeinsam umzusetzen. Mutig und entschlossen, ohne Angst vor Ausgrenzung und Abwertung durch andere und ohne selbst andere Menschen zu Objekten ihrer Absichten, Bewertungen und Erwartungen oder gar ihrer Maßnahmen zu machen." (Hüther 2015, S. 183) ■

Teammitglieder können voneinander Dinge abschauen, sie können einander vertrauen und die neuen Verhaltensweisen in ihr tägliches Tun integrieren. Ist das neue Verhalten in kleinen Gemeinschaften gelernt, entsteht in den Köpfen der Menschen ein neues Bild. Ein Bild, das die Organisation nicht mehr als Karriereleiter denkt und auch so abbildet, sondern das die eigene Organisation als Netzwerk zeigt.

Vor einiger Zeit fragte mich ein Freund: „Boris, wenn du in deiner Organisation alle Teams vollkommen autark machst: Was hindert diese Teams daran, selbst ein Unternehmen zu gründen? Sie sollen sich um fast alles alleine kümmern, wieso bleiben sie dann in deinem Unternehmen?" Diese Frage war mir nicht neu, denn sie wird mir in vielen meiner Trainings zur Selbstorganisation gestellt, in denen ich borisgloger consulting als Beispiel anführe. Ich antwortete: „Erstens will ich genau das – ein Netzwerk unabhängiger kleiner Einheiten führen. Wenn aus diesen Einheiten sogar kleine Unternehmen werden, dann ist das sehr gut, denn die Menschen übernehmen die Verantwortung für ihr eigenes Wohl. Betreiben sie ihr Unternehmen außerhalb einer allfällig entstehenden borisgloger group, ist das eigentliche Projekt gescheitert: eine Gemeinschaft ähnlich Denkender zu schaffen. Falls es für diese Teams attraktiver ist, sich völlig von der Marke ‚Boris Gloger' zu trennen, ist es mir nicht gelungen, eine Verbundenheit mit und zwischen diesen Menschen aufzubauen. Das ist dann zwar sehr betrüblich, am Ende aber auch in Ordnung."

Doch erst wenn dieses Bild im eigenen Kopf klar ist, kann sich der Einzelne in diese Richtung bewegen und sich entsprechend ausrichten. Der Job der Führungskräfte ist es, dieses Bild in den einzelnen Menschen zu schaffen, durch viele Gespräche und Zeigen solcher Bilder, vor allem aber durch das eigene konsequente Handeln nach diesem Bild.

Controlling vs. Empowering

Der Satz „Ich vertraue dir" ist die Grundlage für eine Effektivierung der fraktal skalierten Organisation. Für mich ist das Faszinierende an diesem einfachen Satz: Er hat ein Subjekt, mit dem Verb „vertrauen" ein Prädikat sowie ein Objekt. Vertrauen drückt also eine Handlung gegenüber jemandem aus. Handlungen lassen sich beobachten: „Spielen" kann man beobachten, „laufen" kann man beobachten und auch „schreiben". Wie geht das aber beim

---

[3] Auch Hüther spricht also von Einladungen. Das bedeutet, Menschen lernen nur dann, wenn sie es freiwillig tun und selbst daran ein Interesse haben.

Vertrauen? Ich glaube an die Idee des Vertrauens, wie sie DeMarco, Sinek oder Bromiley und Cummings beschreiben. Ich wehre mich aber seit Langem dagegen, dass die agile Community von Managern verlangt, sie sollen vertrauen. Warum? Weil ich mich immer wieder frage, wie das mit dem Vertrauen geht. Wie gelingt es, nicht enttäuscht zu werden? Meiner Meinung nach ist die Forderung „Vertraue!" im Grunde nicht zu erfüllen.

Ich bin der Ansicht, wir sollten allen Beteiligten – den Managern, den Teammitgliedern, den ScrumMastern – deutlich machen, dass Vertrauen ein *Resultat* ist. Dieses Resultat entsteht unter anderem aus der Tatsache, dass sich der andere als zuverlässig erweist. Wie Simon Sinek in seinem Vortrag betont, reicht das aber nicht. Vertrauen ist vielmehr ein Gefühl. Wir vertrauen Menschen sogar, wenn wir wissen, dass sie in ihrer Arbeit nicht zuverlässig sind und wir ihnen nicht zutrauen, liefern zu können. Vertrauen ist also mehr. Ich denke, Vertrauen ist eine Fähigkeit von uns Menschen, dem anderen zuzugestehen, dass er an die gleichen Werte glaubt. Wer vertraut, geht davon aus, dass er nicht betrogen wird und ihm der andere nicht bei der ersten Gelegenheit das Messer in den Rücken rammt.

Gleichzeitig hat Tom DeMarco recht: Wir sollten mit Vertrauen in jede Leistung des Teams und in jede Kommunikation hineingehen. Wahrscheinlich hilft es auch, wenn wir sowohl mit dem Zutrauen als auch mit dem Vertrauen auf die Integrität beginnen. Machen wir uns aber nichts vor: In den meisten Unternehmen sind wir mit einer anderen Haltung konfrontiert. Vertrauen setzt nämlich voraus, dass wir etwas riskieren. Es bedeutet: Man glaubt dem anderen – und das ist leider immer mit einem Risiko behaftet.

Risiko soll in Unternehmen allerdings systematisch wegdefiniert werden. Prozesse und diverse Maßnahmen zielen darauf ab, Risiken zu vermeiden, sie zu verringern oder erst gar nicht mehr einzugehen. Was hat das zur Folge? Unternehmen werden von Menschen betrieben, die nichts riskieren wollen. Sie werden dafür bezahlt, das Risiko auszuschalten. Vertrauen birgt aber immer ein Risiko und das ist ja tunlichst zu vermeiden. Also wird Vertrauen (und in der Regel ist dabei das „Zutrauen" gemeint) durch Kontrolle ersetzt. Kontrolle riskiert nichts, fordert keinen Einsatz, sondern nur kalkulierbare Kosten und wird daher sehr teuer. Die Kosten dieser Kontrolle:

- Sie vernichtet Motivation.
- Sie vernichtet Eigenverantwortung und bindet viele Ressourcen, die nicht mehr produktiv eingesetzt werden können.
- Vor allem verlangt sie Aufmerksamkeit und kostet Zeit. Es entstehen Verzögerungen, die in der Regel teurer sind als das eigentliche Risiko.

Unterm Strich: Die Effektivität bleibt unter ihren Möglichkeiten.

Wie kann eine fraktal skalierte Organisation aus diesem Regelkreis ausbrechen? Mit Vertrauen zu starten, ist schwierig. Beim geringsten Anzeichen des Vertrauensmissbrauchs (ob real oder nicht) prägen sich die Kontrollmechanismen noch stärker aus. Als Leserinnen und Leser dieses Buchs sind Sie mit den Feedbackmechanismen in einem Scrum-Projekt vertraut (siehe Bild 7.4), daher brauche ich an dieser Stelle nicht darauf einzugehen, wie Sie Feedback dazu einsetzen, Vertrauen aufzubauen.

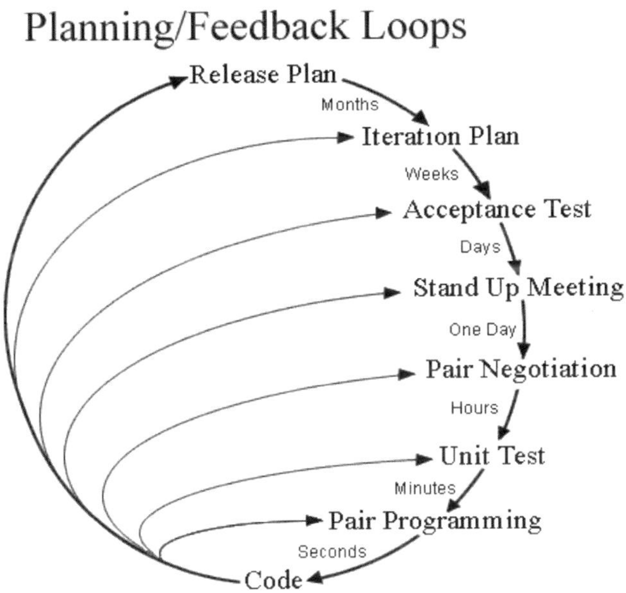

Bild 7.4 Feedbackmechanismen (Quelle: Mit freundlicher Genehmigung von Cegeka)

Ich möchte allerdings deutlich machen: Das Einfordern von Feedback, gepaart mit dem Wertesystem der agilen Welt – etwa Offenheit – führt dazu, dass Scrum-Teams am Ende nicht nur „empowert" werden, sondern eigentlich radikal zu Unternehmern werden. Das erfüllt eine Forderung von Management-Guru Tom Peters: Mitarbeiter sollen wie Entrepreneurs behandelt werden. Obwohl es hilfreich wäre, den Mitarbeitern sofort zu vertrauen, führt man die Mitarbeiter in Feedbackloops ein und legt offen, was gerade passiert. Erst wenn die „Chefs" sehen, dass die Aufgaben übernommen werden, wenn man die Verantwortung tatsächlich übergeben hat, werden sie zulassen, dass echtes Empowerment entsteht. Doch auch hier gilt wieder: Menschen beginnen, Risiken einzugehen, wenn sie zum einen Vertrauen in die eigenen Fähigkeiten haben und zum anderen systematisches Feedback ermöglicht wird. Wer über jeden Schritt Feedback einfordert, muss nichts riskieren, denn er weiß immer, wo das System steht.

Für die fraktal skalierte Organisation bedeutet das: Die Scrum-Teams berichten, wo sie stehen. Sie stellen dar, dass sie einen Wertbeitrag leisten und dass sie erfolgreich sind. Durch die Lieferung müssen sie belegen, dass sie in der passenden Qualität arbeiten usw. Wenn den Scrum-Teams das gelingt, werden sie in Ruhe gelassen, denn die Organisation beginnt zu vertrauen. Offenheit, wie wir noch sehen werden, ist dazu die Schlüsselvoraussetzung.

Planning vs. Experimentation

Die fraktal skalierte Organisation plant auch. Die Planung von Scrum-Teams zeigt sich in unterschiedlichen Artefakten: Impact Mapping, Story Mapping, Release Planning, Sprint Planning und vieles mehr. In agilen und vor allem großen Projekten, bei denen etwas Neues entstehen soll, muss es allerdings noch eine andere Komponente geben, wenn sich der Erfolg einstellen soll: das Experiment. In Kapitel 5 habe ich gezeigt, wie Teams das tun. Hier sei noch einmal darauf hingewiesen: Die Organisation muss zulassen, dass die Teams sich selbst auf die Suche machen. Auf der Ebene ihrer Teams wird die fraktal skalierte Organisation dann erfolgreich, wenn die einzelnen Teams ihre Aufgaben eigenständig erledigen können, und dabei müssen sie experimentieren dürfen. Die Idee der Microservices fordert von den Teams nicht nur das Denken in diesen Kategorien, sie fordert auch von der Organisation, neue Verbindungen erst entstehen zu lassen – denn es steht im Vorhinein noch nicht genau fest, wie die Lösung für das gesamte Produkt aussehen wird. Noch besser werden die Ergebnisse, wenn Scrum-Teams tatsächlich nach der Lösung suchen und experimentieren dürfen. Dann funktionieren die Lösungen schlussendlich auch, denn sie wurden erarbeitet und mit Daten belegt.

Privacy vs. Transparency

Die fraktal skalierte Organisation braucht Offenheit. Anders ausgedrückt: Alle Mitglieder der Organisation müssen die Möglichkeit haben, alle Informationen zu bekommen, die für ihre Arbeit notwendig sind. Das sagt sich leicht, in der Regel bestehen in den meisten Organisationen allerdings Informationshierarchien, in denen einige wenige Menschen tatsächlich alle Informationen haben, um Entscheidungen treffen zu können.

Wer erreichen will, dass sich die Organisation gewissermaßen von selbst in die fraktal skalierte Richtung bewegt, muss den freien Fluss der Informationen erreichen. Nur wenn alle Zellen darüber Bescheid wissen, was die anderen Zellen machen, wenn sie sich gegenseitig über das informieren, was sie wissen müssen, und den jeweiligen Status einer Zelle kennen, können sie sich selbst ausrichten. In solchen Organisationen gilt die einfache Regel: *Entscheidungen werden dort getroffen, wo die Information ist.* Wenn Zellen selbst entscheiden sollen, wie sie ihre Aufgaben untereinander steuern, müssen sie Informationen möglichst einfach und effektiv austauschen können. Das ist in fraktal skalierten Organisationen mit dem Begriff der Transparenz gemeint. Für die Aktionen *innerhalb* der fraktal skalierten Organisation bedeutet das: Die von der Rahmenorganisation ausgegebenen Ziele können nur dann erreicht werden, wenn Informationen über die (meistens noch nicht agile) Umwelt der Organisation verfügbar sind. Erhalten die Zellen (= Teams) sowohl die Umgebungsinformationen als auch Informationen aus der eigenen Rahmenorganisation, können sie sich sowohl an den Anforderungen des Markts als auch der Organisation ausrichten.

Klingt toll. Allerdings ist es in vielen Unternehmen undenkbar, die Teams mit allen Informationen der Organisation zu versorgen. Manchmal gibt es nicht einmal alle Informationen über das eigene Projekt. Den Mitarbeiterinnen und Mitarbeitern wird nicht zugetraut, dass sie mit diesen Informationen vernünftig und verantwortlich im Sinne des Unternehmens umgehen können. Ganz im Gegenteil, die Teams werden vielmehr verdächtigt, diese Offenheit auszunutzen. Das ist in meinen Augen absurd. Ich selbst habe noch nie gesehen, dass Mitarbeiter mutwillig oder aus einem seltsamen Eigeninteresse heraus gegen die Organisation gearbeitet haben.

Zur Offenheit (Transparenz) gehört natürlich, dass die Teams Informationen an die Organisation zurückspielen. Sie produzieren die Ergebnisse, sie wissen, wie viele Defekte es im Code noch gibt und vieles mehr. Doch um das zu erreichen, braucht es einerseits Mut seitens der Teams und andererseits eine Unternehmenskultur, in der den Mitarbeitern kein Strick daraus gedreht wird, wenn die eine oder andere Sache ans Tageslicht kommt. Ich höre in Gesprächen mit Menschen aus anderen Organisationen immer wieder, dass sich Mitarbeiter gegenseitig ausbooten und der reinste Krieg herrscht. In solchen Kulturen ist es heilsam, durch die eigene Offenheit gegen dieses Verhalten vorzugehen. Diese Offenheit muss von oben ausgehen, die Führung muss hier stark intervenieren, sich selbst anders verhalten und eine neue Art des Umgangs miteinander einfordern (wie schnell das gelingen kann, ist zum Beispiel im Buch „American Icon“ von Bryce G. Hoffmann nachzulesen).

7.2.2 Fähigkeiten

Die Organisation, die das fraktal skalierte Projekt umgibt, hat also einen wesentlichen Einfluss darauf, ob das Unterfangen gelingt. In der Petrischale des fraktal skalierten Projekts (also unserer agilen Organisation) können durch äußere Maßnahmen Bedingungen geschaffen werden, die das Gelingen stützen. Das Umfeld kann aber auch so beschaffen sein, dass ein Projekt nicht gelingt, obwohl alle beteiligten Menschen guten Willens sind. Welche Bedingungen fördern die fraktal skalierte Organisation – das Projekt?

- Entkoppelung oder das Schaffen netzwerkartiger Strukturen
- Eine Kultur, in der die einzelnen Teams als Unternehmer auftreten und auch unternehmerisch agieren
- Entscheidungen dürfen dort getroffen werden, wo tatsächlich die Informationen vorliegen
- Man lässt die Selbstorganisation der Teams zu, weil es einen klaren Zweck, einen deutlichen Sinn gibt, der von allen geteilt wird

Sind diese Rahmenbedingungen in unserer Petrischale erfüllt, kann sich die fraktal skalierte Organisation zu einer echten agilen Organisation entwickeln. Über die Struktur hinaus entwickelt sich das gesamte System zu einer Einheit, in der auch die Werte und die Prinzipien gelebt werden. Die Scrum-Teams finden dann möglicherweise selbst heraus, welche Probleme zu lösen sind, und entwickeln gemeinsam mit ihren Product Ownern Ideen (Produktvisionen) für die jeweiligen Kunden. Die Product Owner der einzelnen Teams stimmen sich ab, um eine gemeinsame Lösung zu finden, und schaffen sinnvolle Strukturen, damit gemeinsam entwickelt werden kann. All das, weil ihnen die Rahmenorganisation dazu die Kompetenzen einräumt.

Das können sie allerdings nur, wenn sie die Fähigkeiten und die Möglichkeiten haben, um diese Vorstellungen auch umsetzen zu können, wie wir in den bisherigen Kapiteln gesehen haben. Es gelingt nur dann, wenn man sich mit den Teams über den Aufbau von Skills hinaus auf den Weg zu einer „Kultur des Gelingens“ macht. Einige grundlegende Elemente dieser Kultur zeige ich Ihnen nun zum Abschluss dieses Buchs.

Open Space Technology

Mit einer Tasse Kaffee in der Hand unterhalte ich mich in der Pause einer Konferenz mit einem Scrum-Enthusiasten. Er sagt, er sei ganz begeistert von Scrum, aber er müsse zugeben, dass es im wirklichen Leben nicht gelingen könne. Bei einem Team, ja, da habe er es hinbekommen, doch jetzt als Leiter einer Abteilung – unmöglich. Es sei nicht möglich, dass die Kollegen selbst entscheiden, woran sie arbeiten wollen. Er gab zu, dass Scrum in einem reinen Produktentwicklungsunternehmen möglich sei, aber nicht in einem Dienstleistungsunternehmen. Teams könnten hier nicht stabil sein. Ich denke mir meinen Teil. Ich sage ihm nicht, dass er Unrecht hat – wozu soll ich mich auf diese Diskussion einlassen? Er hat die Unternehmen nicht gesehen, in denen es funktioniert. Er kennt weder 25th-floor noch Cegeka, Mayflower oder Codecentric. Wie die Menschen bei Liip arbeiten, ist jenseits seiner Vorstellungkraft.

Es ist an dieser Stelle nicht meine Aufgabe, noch einmal zu zeigen, weshalb es doch geht. Doch es ist genau diese Haltung vieler Scrum-Enthusiasten, die verhindert, dass sich die fraktal skalierte Organisation als agile Organisationsform in den Unternehmen durchsetzen kann. Die fraktal skalierte und später agile Organisation ist anders: Sie operiert mit einem anderen Betriebssystem. Sie basiert auf einem anderen Mindset. Vielleicht ist es gewagt, das zu schreiben: Ihr liegt ein grundsätzlich anderes Weltbild zugrunde. Die klassische Organisation, eine Nachfahrin des von Descartes begründeten mechanistischen Weltbilds, betrachtet alle Systeme zunächst als Maschinen, die wie Uhrwerke funktionieren müssen. Uhrwerke sind aber lediglich *kompliziert*. Die von Kopernikus berechneten Planetenbahnen – auch sie sind „nur" kompliziert. Diese Denkhaltung führte zur kausalen Betrachtung von Zusammenhängen. Solange man nur genügend Zeit hat, kann man – so der Irrglaube – mit dieser Methode alles kausal erklären. Die klassische Physik Newtons war die folgerichtige und logische Konsequenz dieser Weltbetrachtung. Sie hat uns weit gebracht und sie hat in uns allen die Grundhaltung und den Glauben an die Kausalität bestärkt. Für uns Menschen, die wir immer eine Begründung, eine Ursache (im Grunde einen Sinn) hinter den Dingen sehen wollen, wurde damit ein Grundbedürfnis unserer Seele gestillt.

Doch unzählige Philosophen und Wissenschaftler schreiben seit Beginn des 20. Jahrhunderts gegen diese Auffassung der Welt an. Sie entwickelten die moderne nichtlineare Mathematik und die Quantenphysik. Selbst in der Ökonomie wird seit den späten 1930er-Jahren mit Methoden der Statistik versucht, in Wahrscheinlichkeiten statt in kausalen Zusammenhängen zu denken. Wir alle leben in sozialen Systemen, in denen nicht kausale, sondern komplexe Wirkungsweisen unser Leben bestimmen. Menschen, die das verstanden haben, versuchen nicht einmal mehr, Lösungen zu erarbeiten, die nicht die gesamte Komplexität abbilden. Gelingt das, etwa durch das Einbeziehen aller Akteure, so reduziert sich durch die Kraft der Selbstorganisation (wissenschaftlich nennt man diese „Emergenz") die Komplexität wie von selbst.

Wie lässt sich nun aber dieses System aus nichtlinearen Zusammenhängen managen? Wieder, wie in Scrum, durch eine Organisationsform zweiter Ordnung: Es wird nicht vorgegeben, wie die Dinge gemacht werden, sondern es werden Prinzipien zu Fähigkeiten erklärt. Fähigkeiten deshalb, weil es ein immenses Ausmaß an Können braucht, um diese Fähigkeiten zu leben. Fähigkeiten entwickeln sich in drei Stadien vom Anfängertum zur Meisterschaft – nach den Konzepten fernöstlicher Kampfkunst auch als Shu Ha Ri bezeichnet.

1. *Shu (Gehorche)* ist das Stadium, in dem der Schüler fundamentale Prinzipien, Methoden und Techniken erlernt. Meistens kann der Schüler zunächst nichts anderes tun als zu kopieren. In den Martial Arts wird dieses Prinzip extrem gelebt: Dem Schüler wird genau eine Technik nach der anderen beigebracht. Jede einzelne Technik muss perfekt erlernt werden, ohne zu hinterfragen, warum sie erlernt werden soll, und ohne sie mit anderen Techniken zu kombinieren. Der Lehrer hat die Aufgabe, zu beobachten, ob der Schüler für die nächste Ebene des Lernens bereit ist.

2. *Ha (Probiere)* – In diesem Stadium des Lernens darf der Schüler sich über das, was er gelernt hat, Gedanken machen. Er soll über den Zweck der Übungen nachdenken, er darf sie leicht verändern, weil er genug darüber gelernt hat, um die Basis zu verstehen. Nun darf er die Techniken so anwenden, wie er es für richtig hält.

3. *Ri (Verlasse)* – Der Schüler ist nicht mehr Schüler, sondern Praktiker. Jetzt muss er die eigene Originalität entdecken. Möglicherweise geht er sogar über das Erlernte hinaus und erfindet Neues. Er verlässt den Meister und entwickelt seinen eigenen Stil.

Auf den agilen Kontext übersetzt: Die Prinzipien werden zunächst angewendet, ohne darüber nachzudenken. Dann werden sie verstanden und ihre Sinnhaftigkeit überprüft. Anschließend lässt sich die eigene Art und Weise entwickeln, wie mit diesen Prinzipien die eigene fraktal skalierte Organisation geführt werden kann.

Sehen wir uns die Prinzipien an, die Sie als Betriebssystem für Ihr eigenes großes Projekt nutzen könnten. Diese Prinzipien werde ich Ihnen in den drei Stadien der Anwendung – ShuHaRi – zeigen. Sie sind der Open Space Technology von Harrison Owen entlehnt, der die Prinzipien zunächst für die Organisation von Konferenzen und dann zur Gestaltung von Organisationen eingesetzt hat (vgl. Owen 2008a und 2008b).

1. Mache deine Hausaufgaben

Um weiter wachsen zu können, haben wir unser Unternehmen, das zu diesem Zeitpunkt aus 26 Personen bestand, in Teams geteilt. Ich habe es nicht verlangt, es war der nächste logische Schritt. Alle fragten sich sofort, wie wir diese Teams bilden wollten. Meine Antwort darauf war sehr einfach: „Jeder, der ein Team bilden möchte, stellt sich in die Mitte des Kreises (Anm.: Wir sitzen bei Teamklausuren immer im Kreis) und sagt, dass er oder sie ein Team mit der folgenden Aufgabe gründen will. Wer dabei mitmachen will, wird sich schon zu dieser Person gesellen." Genau das ist passiert. Und dann begannen sich die Teams zu fragen: „Was sollen wir überhaupt tun?"

War etwas schiefgelaufen? Nein. Manche Teamgründer wussten nur noch nicht genau, was sie da wollten. Es war mehr ein Gefühl, das ihn oder sie dazu brachte, ein Team ins Leben rufen zu wollen. Im Anschluss an diesen Teil der Klausur versuchten wir, die Grundlage dieses Gefühls zu finden. Meine Aufgabe war es, den Initiatoren (Hosts) der Teams den Blick auf ihr „Why" freizumachen. Das „Belonging" wurde ja gar nicht hinterfragt: Sie gehörten nach wie vor alle zu borisgloger consulting, also zu einem Unternehmen mit einer klaren Vision und Aufgabe.

Wer eine fraktal skalierte Organisation entwickeln will, muss also zunächst festlegen:

1. Wohin wollen wir gehen?
2. Worum machen wir uns wirklich Gedanken? Was ist uns wichtig?
3. Wenn wir unser Ziel erreicht haben, was ist dann anders? Woran bemerken wir, dass wir etwas bewegt haben?
4. Was kann während unserer Reise passieren? Was werden wir brauchen? Was sollten wir unbedingt berücksichtigen? (Im Großen und Ganzen sind das die Rahmenbedingungen.)

Wer weiß, wohin er will oder was er erreichen will und was er dafür braucht, kann den nächsten Schritt gehen. Er kann dann auch den Menschen, die ihn dabei begleiten wollen, sagen, wozu sie jeden Morgen für diese Idee aufstehen sollen.

2. Die Einladung

Erst jetzt kann man die Einladung für ein Projekt aussprechen und das haben meine Kolleginnen und Kollegen getan. Nachdem klar war, dass es nun diese Teams geben würde, war es nur folgerichtig, die Fragen aus Punkt 1 zu stellen und zu beantworten. Erst danach wurde einigen bewusst, dass sie nicht vom „Why" ihres gewählten Teams überzeugt waren, aber das war kein Problem: Sie schlossen sich anderen Teams an oder gründeten sogar neue Teams.

Was ist eine Einladung? Kann ein Mitarbeiter eine Einladung wirklich ausschlagen? Traditionelle Manager sollten sich an dieser Stelle verdeutlichen: *Ja, es ist eine Einladung, die ausgeschlagen werden kann und darf.* Eine Einladung ist nur dann eine echte Einladung, wenn sie ohne Konsequenzen abgelehnt werden kann. Dieter Rösner, mit dem ich „Selbstorganisation braucht Führung" geschrieben habe, unterscheidet zwischen bedingter und unbedingter Freiwilligkeit. Hier spreche ich von unbedingter Freiwilligkeit: An die Annahme der Einladung sind keine Bedingungen geknüpft.

Viele Manager hinterfragen dieses Konzept. Es wird zwar als wünschenswert, aber im unternehmerischen Kontext als unmöglich angesehen. Wenn ich das Prinzip der Freiwilligkeit vorstelle, werden immer sofort drei Fragen (die eigentlich getarnte Gegenargumente sind) gestellt:

- Was ist, wenn keiner kommt, die Einladung also ins Leere läuft?
- Was ist mit den unangenehmen Aufgaben im Projekt, die dennoch gemacht werden müssen?
- Was ist mit den Aufgaben, die auf eine bestimmte Art und Weise erledigt werden müssen, die aber niemand machen will?

Angenommen, Mitarbeiter müssten immer zur Arbeit gezwungen werden – wäre das nicht eine sehr traurige Welt? Meiner Erfahrung nach ist es keineswegs so, dass Menschen nur das tun, was sie tun müssen oder für sich als sinnvoll erachten. Häufig werden Aufgaben sogar viel gewissenhafter erledigt, als ich es mir davor vorstellen konnte. Ich erlebe, dass immer auch die Dinge getan werden, die weder einfach sind noch sonderlich Spaß machen. Immer wird getan, was getan werden muss.

Harrison Owen hat bei Konferenzen nach dem Open-Space-Konzept einige Beobachtungen gemacht, die sich im Laufe der Zeit als Grundlagen für die Selbstorganisation in Projekten entpuppt haben (vgl. Owen 2008b):

1. Whoever comes are the right people: Die da sind, sind genau die richtigen Leute.
2. Whenever it starts is the right time: Es beginnt, wenn die Zeit reif ist.
3. Wherever it happens is the right place: Wo immer es stattfindet, ist es der richtige Ort.
4. Whatever happens is the only thing that could have happened: Was auch immer geschieht, es ist das Einzige, das geschehen konnte.
5. When it's over, it's over, when it's not over, it's not over: Wenn es vorbei ist, ist es vorbei. Wenn es nicht vorbei ist, ist es nicht vorbei.

Das sind keine Richtlinien, Gesetze oder Forderungen. Harrison Owen schreibt selbst (Owen 2008b, S. 167): „The principles in OST do not tell people what they should do, but simply acknowledge what will happen in any event. In a word, they are descriptive and not prescriptive." Sie dienen als Orientierung, sie sind gewissermaßen die exemplifizierten Leitlinien, an denen man sich während eines Projekts immer wieder ausrichten kann. Owen sagt, und da pflichte ich ihm bei, dass diese Leitlinien eher wie eine Erlaubnis als eine Forderung zu sehen sind. Sie machen uns, die wir immer wieder mit Forderungen, Verboten und Ansagen konfrontiert sind, das Leben leichter.

3. Der Kreis

Der Kreis ist in der Open Space Technology nicht wegzudenken. Mit Stühlen wird ein Kreis gestellt und innerhalb dieses Kreises wird gearbeitet und diskutiert. Jedes Meeting, jede Arbeitssitzung findet in dieser Form statt, denn so ist die Kommunikation am wenigsten eingeschränkt. Die fraktal skalierte Organisation selbst sollte sich als Kreis begreifen, in dem sie wiederum viele andere Kommunikationskreise aufbauen kann. Es sollte dennoch immer deutlich sein, dass der Kreis die Hauptstruktur der eigentlichen Kommunikation bietet.

4. Jeder ist verantwortlich

Kennen Sie sarkastische Sprüche wie: „Wenn alle verantwortlich sind, ist niemand verantwortlich"? Damit wird die Idee untergraben, dass in einem System, in dem alle verantwortlich sind, tatsächlich jeder für das Ergebnis mitverantwortlich ist. Es gibt noch einen anderen Aspekt, der viel gravierender ist, aber gerne vergessen wird: Jeder ist zunächst einmal für sich selbst verantwortlich! Lassen wir die große gemeinsame Sache einmal beiseite: In einem selbstorganisierenden Umfeld spricht jede und jeder Einzelne zunächst einmal nur für sich selbst. Kein anderer spricht für mich. Was ich denke und fühle, ist meine Sache und nur ich alleine bin für mein Handeln oder Nichthandeln verantwortlich. Wenn ich überarbeitet bin, wenn ich müde bin, wenn ich nicht mehr kann, wenn ich anderer Meinung als die anderen bin, wenn ich nicht auf dasselbe Ziel wie die anderen zusteuern will – so ist das mein gutes Recht. Die Bedingung, die daran geknüpft ist: Stehe dazu und handle entsprechend. Es ist also meine Aufgabe, selbst darzustellen und zu leben, was ich will und wer ich bin. In einer fraktal skalierten Organisation ist es nicht anders: Jedes Team ist für sich verantwortlich, es hat seinen Product Owner und seine eigene Teamdynamik. Es ist für seine Belange zuständig und muss diese für sich durchsetzen oder besser gesagt: Es muss dafür einstehen.

An vielen Stellen in diesem Buch vertrete ich die These, dass Menschen die Dinge tun, die sie freiwillig machen wollen. Sie engagieren sich, wenn sie einen Sinn in einer Haltung sehen. Sie werden die Extrameile laufen, wenn sie eine Aufgabe tatsächlich erledigen wollen. Was liegt also näher, als einfach zu fragen, ob er oder sie bei einem bestimmten Vorhaben mitmachen will? Man überlässt dieser Person die Entscheidung, ob sie sich für ein Projekt stark machen will – welche Voraussetzungen sollten dafür erfüllt sein?

- Man muss unbedingt dazusagen, was auf die Person zukommt. Es kann also nicht dabeibleiben, einfach nur Erwartungen an jemanden zu formulieren, sondern die Karten sind auf den Tisch zu legen: Worauf lässt man sich bei diesem Projekt ein?
- Man muss dieser Person sagen, worum es geht. Was soll das Team erreichen?
- Welche Skills werden von dieser Person erwartet?
- Auf jeden Fall ist es sinnvoll zu sagen, was mit dem Erreichten passieren wird. Wenn man einen Schatz sucht: Wie sieht die Belohnung aus? Wird der Schatz verkauft? Wer bekommt welchen Anteil?

Der Gedanke dahinter: Jeder, der geeignet ist, darf mitmachen, niemand wird gezwungen. Es gibt allerdings einen klaren Rahmen. Hier ein paar Beispiele:

- Bei einer Implementierung mit mehr als 180 Personen waren wir dem Gedanken schon sehr nahe: Teammitglieder konnten nach den monatlichen Sprints in andere Teams wechseln, wenn es sinnvoll war.
- In meinem eigenen Unternehmen, auch bei Liip, Mayflower oder it-agile, wählen die Kolleginnen und Kollegen selbst, in welchem Projekt sie arbeiten wollen. Dabei gibt es nicht nur das, was Spaß macht. Jeder will aber den Erfolg des Unternehmens, also macht man auch mal die Dinge, die unpopulär sind.
- In einem Kundenprojekt baten wir alle Mitglieder der Abteilung in einen großen Raum. Wir machten sehr deutlich, was wir von einem Taskforce-Team erwarteten und dass auch die anderen Projekte in der Organisation über die Ziellinie gebracht werden mussten. Die Teammitglieder sollten aber selbst entscheiden, wer Teil der Taskforce sein wollte und wer sicherstellte, dass die anderen Projekte abgewickelt werden konnten.

Jeder ist verantwortlich, bedeutet schlussendlich auch, für sich selbst zu entscheiden, ob man in einer Gruppe wirklich mitmachen will und ob man glaubt, etwas beitragen oder lernen zu können.

5. Das Gesetz der zwei Füße

Dass jeder für sich selbst verantwortlich ist, führt uns zum wichtigsten Gesetz der Open Space Technology (Owen 2008b, S. 175): „The Law of Two Feet specifies that if at any time you are neither learning nor contributing, you should use your two feet and move out to a more productive place." Wenn man ab einem gewissen Zeitpunkt weder Neues lernen noch etwas Sinnvolles beitragen kann, sollte man seine Füße dazu nutzen, die Teilnahme zu beenden und an einer Stelle weitermachen, an der man produktiv sein kann.

Owen meint dazu selbst, dass dieses Gesetz eher deskriptiver als normativer Natur sei, also eher durch Beobachtungen entstanden sei. Wieder beschreibt dieses Gesetz sehr gut die Haltung des Einzelnen in einem solchen Prozess wie der Open Space Technology oder Scrum: Es fordert die Verantwortung des Einzelnen gewissermaßen ein. Jeder ist für sich selbst verantwortlich. Viele gruppendynamische Methoden formulieren dieses Prinzip auch so: sein eigener Chairman sein.[4]

Für das Arbeiten in einer fraktal skalierten Organisation bedeutet dieses Prinzip: Jeder Kollege entscheidet zum Beispiel,

- in welchem Team er mitarbeiten will.
- in welchem Projekt er mitarbeiten will.
- an welchen Meetings er teilnehmen will.
- welche Weiterbildungen er besuchen will.

Das bedeutet zunächst: Jeder ist für sein eigenes Wachstum zuständig. Wenn die Arbeit in einem Projekt nicht mehr erfüllend ist, wird es Zeit, sich umzusehen und woanders mitzumachen. Dieses Prinzip leben wir auch in unserem eigenen Unternehmen. Hat ein Projekt

---

[4] Ursprünglich stammt dieser Begriff aus der Themenzentrierten Interaktion, die in den 1970er-Jahren von Ruth Cohn begründet wurde.

für eine Kollegin oder einen Kollegen nichts mehr zu bieten, suchen wir Ersatz und die Kollegin oder der Kollege kann das Projekt verlassen. In anderen Unternehmen, die nach diesem Prinzip leben, passen die Teams mittlerweile sehr genau darauf auf, welche Projekte sie beginnen. Sie werden wählerisch, denn sie wollen die Dinge tun, die sie wirklich mit Lust und Freude machen können, und in Projekten etwas lernen. So weiß ich von einem Berliner Kunden, dass die Entwickler dort nicht wegen der guten Bezahlung bei Projekten mitmachen, sondern ausschließlich wegen der Tatsache, dass die Inhalte nach ihrer eigenen Definition „cool" sind und sie dabei etwas lernen können. Gerald Hüther würde dazu sagen: Die Entwickler werden zu Subjekten, die aus Begeisterung etwas lernen wollen und damit sind sie wieder spielerische Entdecker. Entdecker, die etwas Neues schaffen können, weil sie „spielen".

Am Rande sei erwähnt, dass Wissensarbeiter genau diese Form der Beteiligung einfordern. Unsere Kollegin Yvonne Mundt schreibt dazu beispielsweise in ihrer Masterthese basierend auf Interviews mit Personen aus der Wissensarbeit: „Bei der Arbeitsgestaltung sollte darauf geachtet werden, dass ein Mitarbeiter nicht ‚jahrelang' in einem Projekt verweilt. Hier ist es notwendig, dem Mitarbeiter Abwechslung in seiner Tätigkeit zu bieten, indem er z. B. nach einer gewissen Zeit das Projekt wechselt. Zudem ist es wichtig, dem Mitarbeiter bei Interesse mehr Verantwortung zu übertragen, was gleichzeitig zur Wertschätzung beiträgt und Vertrauen vermittelt." Yvonne hatte zum Zeitpunkt der Masterthese als Beraterin bereits viele Unternehmen gesehen: Gängige Praxis ist es, Mitarbeiter jahrelang in den gleichen Projekten zu halten, weil sie dort für das Unternehmen am effizientesten Geld verdienen können. Es ist keine Einarbeitung notwendig, alles läuft wie am Schnürchen. Für die Motivation und für die Bereitschaft der Menschen, in einem Unternehmen zu bleiben, ist das geradezu tödlich. Die Wissensarbeiter von heute wollen immer wieder neue Herausforderungen. Sie wollen sich in der Arbeit spüren, statt ständig das Gleiche zu tun.

Das führt uns wieder zurück zum „Gesetz der zwei Füße": Wenn Mitarbeiter eigenständig beeinflussen können, wo und woran sie arbeiten, muss sich das Management keine Gedanken darüber machen, wie man die Kollegen im Unternehmen halten kann. Ein weiterer Nebeneffekt: Menschen, die sich freiwillig für etwas entscheiden, sind auch motiviert, diese Aufgaben tatsächlich zu übernehmen.

6. Formale Strukturen entwickeln

Es gibt auf organisatorischer Ebene noch eine wichtige Fähigkeit für die Bildung einer fraktal skalierten Organisation: die Fähigkeit, eine formale Struktur zu entwickeln, die sich aus der sich selbst organisierenden Struktur ergibt und an die Außenwelt andockfähig ist. In der Regel ist diese formale Struktur nötig, um die Schnittstellen nach außen zu bedienen. Kunden wissen oft nicht, wie sich das System organisiert hat, und es ist ihnen auch egal. Relevant ist, dass sie in jeder Art von Struktur die Ansprechpartner finden, die sie brauchen.

Die Flexibilität der eigenen Organisation einzubüßen, weil die Außenwelt das verlangt, ist einerseits grotesk, wird andererseits aber von vielen Unternehmen verlangt (zum Beispiel von den Kunden der Dienstleister, die agil arbeiten wollen). Andere Beispiele: HR will klare Stellenprofile, andere Abteilungen wollen nur mit den Verantwortlichen sprechen und in manchen Kulturen spricht man nur mit einer Person, wenn der richtige Titel auf der Visitenkarte steht – zum Beispiel in Österreich. Das lässt sich zunächst einfach nicht ändern. Es fordert einem den etwas spielerischen Umgang mit solchen Bedingungen ab. Die Haltung ist aber: Wenn die Außenwelt etwas haben will, produziert man es - mit möglichst wenig Effekt auf die eigene Innenwelt.

Gewisse Artefakte ergeben auch in einem sich selbst organisierenden Unternehmen Sinn: Zum Beispiel ein Organigramm, das natürlich immer falsch ist. Doch gleichzeitig wissen neue Kollegen auf diese Art, wen sie grundsätzlich zu welchen Themen fragen können. Darüber hinaus ist ein Rahmen nützlich, der vorgibt, zu welchen Zeitpunkten sich die Struktur eines Systems wieder sichtbar manifestieren muss. Das bedeutet zum Beispiel, dass man zu einem festen Zeitpunkt - in einem Scrum-Umfeld schlage ich dazu immer den Sprintwechsel vor - die derzeit festgeschriebene Organisation hinterfragt. Beim Lebensmittelhersteller Morning Star beispielsweise, einem „Star" unter den selbstorganisierenden Unternehmen, werden die zwischen den Mitarbeitern bestehenden Verträge einmal im Jahr neu verhandelt (vgl. Hamel 2011). Diese Verträge werden „CLOU" genannt - Colleague Letter of Understanding - und werden zwischen jenen Mitarbeitern abgeschlossen, die mit ihrer Arbeit am stärksten voneinander abhängen oder von den Auswirkungen einer Entscheidung betroffen sind. Ein CLOU beschreibt im Prinzip, wie ein Mitarbeiter ein bestimmtes Ziel erreichen will, das ist die Verhandlungsbasis für die Gespräche mit den Kolleginnen und Kollegen. Alles in allem beschreiben diese CLOUs etwa 3000 formale Beziehungen zwischen Mitarbeitern von Morning Star und sie verändern sich jedes Jahr, je nachdem, wie sich die Kompetenzen und Interessen verändern. Im Laufe der Zeit übernehmen erfahrenere Kollegen die komplexeren Aufgaben und neue Kollegen die grundlegenderen Aufgaben. Das schafft Struktur, aber es ist eine fluide Struktur, die sich entwickeln darf, weil Beziehungen nicht von oben auf eine gewisse Art und Weise fixiert werden. Jeder Mitarbeiter ist Vertragspartner in mehreren Verträgen - niemand ist der Boss und doch ist jeder jedermanns Boss. Auch auf Abteilungsebene werden die Beziehungen jedes Jahr neu verhandelt, weil man in einer Kunden-Lieferanten-Beziehung zueinander steht. Zimperlich geht es dabei nicht immer zu, denn es geht um Menge, Preise und Liefertermine. Die Philosophie dahinter ist die gleiche wie bei den Mitarbeiter-CLOUs: Vereinbarungen, die von unabhängigen Einheiten getroffen werden, spiegeln die Realitäten besser wider als zentral verordnete Strukturen.

Es entstehen auf diese Weise stabile Strukturen, die immer wieder aufgekündigt werden können, damit sich das Gesamtsystem neu in die Richtung der gemeinsamen Ziele verändern kann. Beherrscht die fraktal skalierte Organisation dieses Prinzip, dann wirkt der ständige Wandel gewissermaßen natürlich und jeder kann sich in diesem Umfeld entsprechend verhalten, weil er weiß, was von ihm erwartet wird. Wieder liegt es jedoch am Können der Organisation, also bei den Fähigkeiten der Menschen in diesem System, ob so etwas möglich ist. Von Morning Star ist bekannt, dass jeder Mitarbeiter im hauseigenen Institut in den entsprechenden Prinzipien trainiert wird, zum Beispiel in der Selbstorganisation (Green, Rufer 2011): „The Self-Management training and education program is a comprehensive set of educational programs with the common mission of acculturating colleagues into this alternative type of organization. The program consists of intensive training programs for new hires which develop a deeper understanding of the self-management culture, of the principles and the systems which support self-management. It also includes ongoing training–including refresher programs for all colleagues on a regular basis, as well as key interpersonal skill training programs that are offered on a periodic basis."

7.2.3 Verhalten

Wie ist es, Tag für Tag in so einer fraktal skalierten Organisation zu arbeiten? Wie verhalten sich die Mitarbeiter, wie verhält sich das Management? Lassen Sie mich mit einer Anekdote beginnen. Wir hatten ein sehr erfolgreiches Jahr und als Konsequenz konnten wir am Ende des Jahres den Gewinn sehr großzügig an die Kolleginnen und Kollegen ausschütten. Alle waren begeistert und verabschiedeten sich vergnügt in den Weihnachtsurlaub. Da sagte unsere HR-Beauftragte zu mir: „Ich verstehe gar nicht, warum so viele zwischen Weihnachten und Neujahr arbeiten. Sie haben sich für das Home-Office eingetragen.“ Ich war sauer und fühlte mich hintergangen. Da nahmen sie alle Goodies mit und trugen dann auch noch drei Tage Home-Office ein. Es war doch klar, dass an diesen Tagen nicht gearbeitet wurde!

Also machte unsere HR-Beauftragte einen Vorschlag: „Rund um Weihnachten machen wir Betriebsferien!“ Das kommunizierten wir an die Kolleginnen und Kollegen. Sofort herrschte im Unternehmen schlechtere Stimmung. Ich bemerkte, dass ich selbst nicht ganz mit unseren Werten konform gegangen war: Entweder jeder entscheidet selbst – oder eben doch nicht. Ich wusste, dass ich den falschen Weg eingeschlagen hatte. Doch ich wartete, ich wollte wissen, was passieren würde. Es passierte nichts. Alle meckerten innerlich. Nur ein Kollege fragte mich beim Jahresgespräch, was das denn sollte. Bei dieser Gelegenheit sagte ich ihm, dass er Recht hatte. Es sei nicht in Ordnung gewesen, doch niemand habe sich öffentlich beschwert. Wir hätten ja noch zehn Monate Zeit, um das zu korrigieren, allerdings müsste die Gruppe mal etwas sagen. Dieser Kollege sah die Gelegenheit, Verantwortung für die Belange der Gruppe zu zeigen, und sprach es bei unserer nächsten Teamklausur an. Die Folge: Wir ließen die Regel wieder fallen.

Werte, Können und Verhalten hängen voneinander ab, sie stehen in Wechselwirkungen zueinander. In diesem Fall war das Wertesystem zwar schon etabliert, auch das Können war da, aber das Verhalten hatte noch nicht nachgezogen. Weder bei mir noch bei meinen Kolleginnen und Kollegen. Alle zusammen waren wir noch nicht in der „bewussten Kompetenz“ angelangt (siehe Kompetenzstufenentwicklung – *https://de.wikipedia.org/wiki/Kompetenzstufenentwicklung*). Daher fiel uns zwar auf, dass etwas noch nicht hundertprozentig richtig war, wir waren aber noch nicht in der Lage, es richtig zu machen. Für viele Unternehmen liegt hier die Krux: Das Lernen neuen Verhaltens ist im Grunde einfach – wenn es Bedingungen gibt, die das Lernen ermöglichen, wenn Ausprobieren möglich ist und wir uns alle als Subjekte begegnen. Dann passiert genau das, was mein Kollege getan hat: Er hat es angesprochen, ich konnte reagieren und wir beide haben nicht nur gelernt, dass es eine doofe Idee war, sondern wie wir mit der eigenen Inkongruenz umgehen, wenn das Verhalten nicht zu den eigenen Wertvorstellungen passt.

Das lässt sich bei jeder Scrum-Implementierung erleben und bei jedem fraktal skalierten Projekt. Die meisten Kollegen können sich am Anfang nicht vorstellen, dass diese Form der Organisation, ein Open Space, tatsächlich funktioniert. Erst allmählich lernen sie, dass es erlaubt ist, nicht mitzumachen. Es ist auch in Ordnung, beim Mob Programming nur daneben zu stehen und zuzusehen, ohne selbst aktiv mitzumachen. Erst durch die wiederholte Erfahrung lernen sie, dass es in Ordnung ist, nicht zu einem Meeting zu erscheinen, und dass es okay ist, selbst zu entscheiden: „Ich gehe jetzt nachhause, weil ich einfach kaputt bin.“ Im Laufe der Zeit verstehen sie, dass ihnen nichts passiert, wenn sie den Chef in einem Gespräch für sein Verhalten kritisieren. Um Erfahrungen machen zu können, müssen sich alle im System verhalten und das wiederum heißt (hier kommt die Hiobsbotschaft für manche Manager): Die Chefs und Manager müssen sich mitverhalten. Menschen lernen nun mal, indem sie voneinander abschauen und sich zu anderen Menschen in Beziehung setzen.

Als Gesicht der Organisation muss das Management also anwesend sein. Es muss mitmachen, der Manager muss sich mitverhalten. Er oder sie muss die Werte und Überzeugungen verkörpern, sie darstellen und nicht nur niederschreiben oder einmal pro Jahr bei einer Feier verkünden. Und: Manager müssen richtiges Verhalten der Mitarbeiter/Kollegen belohnen. Wer sich für das Unternehmen engagiert, wird nicht mit Geld, sondern mit Aufmerksamkeit belohnt. Wer sich nicht so verhält, dass es für alle förderlich ist, wird ignoriert. Ja, das ist Konditionierung, damit sich unser aller Verhalten möglichst schnell wandelt - hin zu einer positiven Grundhaltung zur Zusammenarbeit, auf der die Organisation aufbauen kann.

7.2.4 Umwelt - Kunde, Dienstleister und Regularien

Die fraktal skalierte Organisation, das große agile Projekt - sie sind kein Selbstzweck. Man entwickelt nicht agil, weil es so toll ist, sondern weil die Umwelt komplexer geworden ist und wir mit diesen Veränderungen umgehen müssen. Doch das gleiche Argument wird oft gegen die Veränderung verwendet. „Leider richtet sich die Umwelt nicht nach uns, wir müssen uns nach ihr richten", ergänzen Manager in großen Organisationen dann gerne. Das ist mir zu einfach. Damit geben diese Manager *ihre* Verantwortung nach außen ab. Ja klar, natürlich, sie selbst würden ja anders agieren, aber der Kunde, der Dienstleister, die Behörden, der eigene Chef mit den starren Sichtweisen seien das Problem.

Mag sein. Sie wissen möglicherweise nicht, dass man auch anders miteinander arbeiten kann. Sie wissen vielleicht nicht, dass eine fraktal skalierte Organisation ihre Bedürfnisse viel besser erfüllen kann, als es die klassischen Modelle können. Sie wissen auch nichts davon, dass wir sie auf diese Reise mitnehmen könnten. Deshalb laden wir sie ein. Wir laden sie zu Reviews ein und wir laden sie sogar dazu ein, Produkte mit uns zu entwickeln. Wir laden die Regulierungsbehörden dazu ein, sich anzusehen, wie in einem agilen Projekt gearbeitet wird, damit sie mit uns gemeinsam die notwendigen Rahmenbedingungen schaffen können. Was hindert uns daran, diese einfachen Einladungen auszusprechen?

Wie sieht das in der Praxis aus? In der Regel fanden die größten Projekte, in die ich in der Vergangenheit involviert war, immer in einem „feindlichen Umfeld" statt, wie ich es gerne nenne. Die anderen Beteiligten wussten nichts von Agilität und konnten sich nicht vorstellen, was das sein sollte. Die Prozesse der Qualitätsabteilungen waren nicht auf Agilität ausgerichtet und die Mitarbeiter dort wollten einfach nur ihren Job machen. Sie glaubten an das, was sie uns zu erfüllen auftrugen, denn sie kannten es nicht anders. Waren sie darin geübt, vom Management andere Prozesse einzufordern? Nein! Wie auch, sie hatten selbst doch noch nicht verstanden, worum es ging. Solche Ausgangssituationen lassen sich aber nicht ändern, indem man gegen diese Abteilungen in den Krieg zieht und die bestehenden Regeln als böse verdammt. Nur wenn man sie ins Boot holt, kann man sie auch überzeugen. Wir müssen die Komplexität ins eigene System einladen, statt sie draußen zu lassen. Das bedeutet mitunter, dass Projekte am Anfang chaotisch wirken. Es kann zu Konflikten kommen und manches ist zunächst undurchsichtig. Die neuen Prozesse, die vielleicht noch gar nicht existieren, sind unklar. Man versteht nicht, wie die Zusammenarbeit geregelt werden soll, und überhaupt: Wie wird jetzt die Qualität sichergestellt? Eine ganze Reihe alter Weisheiten wird plötzlich über Bord geworfen. Die unbequemen Regeln dieser Abteilungen einfach unter den Deckmantel des Agile Manifesto zu schieben und für ungültig zu erklären, hilft da nicht. So werden diese Abteilungen, oder besser gesagt die Menschen darin, von der agilen Community oder in unserem Fall von der fraktal skalierten Organisation ausgegrenzt, statt darin integriert.

Integration des Umfelds – so gut wie möglich, so eng wie möglich und so eng wie nötig. Das ist der Schlüssel, um die komplexen Probleme großer Projekte zu lösen. Sie kleinzureden, ist der schlechteste Weg.

Schlussendlich: Es fängt mit Ihnen an!

Ich stelle mir gerade vor, wie Einsätze verlaufen wären, wenn General Stanley McChrystal, von 2003 bis 2008 Kommandeur des Joint Special Operations Command (JSOC) im Irak und in Afghanistan (vgl. McChrystal et al. 2015), für die Organisation der rund 7000 Mann starken Truppen eine Blaupause wie SAFe® verwendet hätte. Oder ob Alan Mulally mit einem agilen Framework wie Scrum oder Kanban als CEO die Neuausrichtung der Ford Motor Company geschafft hätte (vgl. Hoffman 2013). Jeden, der ihnen etwas von Relasetrains oder Backlogs erzählt hätte, hätten sie kopfschüttelnd weggeschickt. Ich stelle mir vor, Alan Mulally hätte mich gefragt: „Du Boris, kann dieses agile Management einem Unternehmen wie Ford dabei helfen, wieder auf die Beine zu kommen?" Alan Mulally hat nämlich genau das getan: Er hat die Ford Motor Company aus der Krise 2008 heraus zum profitabelsten Automobilhersteller der Welt gemacht.

Ich gebe zu, dass ich vor zehn Jahren keinem der beiden eine Antwort hätte geben können. Ich hätte nicht gewusst, wie man große Organisationen agil führen kann. Heute werde ich beinahe wöchentlich gefragt: „Wie führt man eine Organisation mit 3000 Leuten oder mehr nach agilen Prinzipien? Es geht gut mit kleinen Teams und vielleicht mit etwas größeren Teams – aber wie geht das mit großen Organisationen, wie kann man das skalieren?"

Oft erlebe ich, dass die Manager in diesen Organisationen im Grunde wenig ändern wollen. Wieder suchen sie die Lösung in der Struktur, denn das haben sie bis jetzt gemacht: restrukturieren, Organigramme malen, Positionen verschieben. In alter Manier verwechseln sie die agile Transformation mit der Einführung eines neuen Modells. Wer in diesem Paradigma agiert, kauft sich die nächste Blaupause ein, den nächsten Quick Fix. Als gäbe es das *eine* Schema, das zu allen großen Organisationen dieser Welt passt.

McChrystal und Mulally hingegen haben – wie auch immer sie darauf gekommen sind – das gemacht, was ich auf den letzten 200 Seiten beschrieben habe. Sie haben keine Blaupausen verwendet, sondern in entscheidenden Punkten instinktiv gehandelt und die Zusammenarbeit im großen Stil auf ein Ziel hin ausgerichtet. Im Falle von McChrystal konnte die Zahl der Einsätze pro Monat um ein Vielfaches gesteigert werden. Alan Mulally hat auf diese Weise Ford mit seinen mehr als 200 000 Mitarbeitern aus den internen politischen Verstrickungen befreit. Wie hat er das gemacht? Er hat an der Spitze dafür gesorgt, dass die Führungskräfte in wöchentlichen Meetings ihre Bereiche vorstellen mussten und zwar so, dass die vorhandenen Probleme deutlich wurden. Dann waren alle dazu angehalten, *miteinander* für jeden Bereich Lösungen zu finden – Mulally brach die Silos auf und formte crossfunktionale Einheiten. General Stanley McChrystal ging gleich aufs Ganze: Er führte tägliche, rund zweistündige Videokonferenzen – quasi Daily Scrums – für alle rund 7000 Mitglieder der JSOC ein, an denen jeder und jede teilnehmen *musste*. Alle 7000 Mitglieder konnten so die täglichen Lageanalysen selbst mitbekommen und besser verstehen, warum gerade dieses eine Haus in der einen Straße an diesem einen Tag besonders zu beobachten war und dass vielleicht schon mal die Drohnen starten und die Helikopter warmlaufen sollten. Mit dieser Methode waren die einzelnen Einheiten schließlich in der Lage, rund 300 koordinierte Einsätze pro Monat durchzuführen.

In beiden Fällen war zunächst eines nötig: Transparenz und Offenheit – die Möglichkeit, Informationen auszutauschen. Das braucht eine Infrastruktur, in der das überhaupt geht. McChrystal sagt in seinem Buch dazu lapidar, dass es durchaus aufwendig gewesen sei, das Videokonferenzsystem aufzubauen, aber er hat es einfach gemacht. „Shared consciousness“ nennt es McChrystal und meint damit, dass selbst im Falle höchster Spezialisierung wie bei den Navy Seals oder den Army Rangers jede Einheit über die Arbeit der anderen Bescheid wissen muss. Ich konnte es kaum glauben, aber er beschreibt es selbst: Es war früher üblich, dass diese Einheiten an ein und demselben Schauplatz eingesetzt wurden und darüber gar nicht informiert waren! Dieses klare Bewusstsein über die gesamte Organisation war auch der Gedanke hinter den wöchentlichen lösungsorientierten Meetings für die Führungskräfte von Ford. Das ist ein entscheidender Punkt, den ich selbst immer wieder erlebe: Wenn Manager zunächst für sich selbst zum Beispiel mit Taskboards Transparenz schaffen oder sich crossfunktional organisieren, tröpfelt dieses Verhalten weiter in die einzelnen Abteilungen und die Mitarbeiterinnen und Mitarbeiter folgen dem Vorbild. Das beschränkt sich mittlerweile nicht mehr nur auf Bereiche wie die Softwareentwicklung, aus der die agilen Ideen hervorgegangen sind, sondern wird genauso in Rechtsabteilungen, Finance-Abteilungen oder sogar in der Verwaltung von Altenheimen praktiziert. Sichtbarkeit durch Infrastruktur und ein neues Organisationsdesign, damit skaliert gearbeitet werden kann – das sind die grundlegenden Erfolgskriterien für Agilität im großen Rahmen.

Aber es geht noch weiter mit McChrystal und Mulally: Beiden war klar, dass ihre jeweiligen Organisationen neue Skills brauchten, um die anstehenden Aufgaben bewältigen zu können. Ford musste erst Geld lockermachen, damit die Entwicklungsabteilung endlich ihre Ideen für neue Motoren umsetzen konnte und neue Qualitätssicherungssysteme implementiert werden konnten. Das klare Ziel dahinter lautete: besser werden als Toyota. Und wer amerikanische Autos kennt, der weiß, dass es sich dabei um kein triviales Ziel gehandelt haben kann. Dazu mussten erst Kompetenzen entwickelt und neue Fabriken gebaut werden – man musste lernen: als Individuum und als Organisation. Die Einheiten von McChrystal brauchten ebenfalls – trotz oder gerade wegen ihrer hohen Spezialisierung – viel Zeit, um miteinander arbeiten zu können. Für ihn selbst sei es eine Lernerfahrung als Führungskraft gewesen, in diesem Prozess nicht ständig einzugreifen und sich über seine eigenen Reaktionen im Klaren zu sein, beschreibt der General. Er habe es ermöglichen wollen, dass seine Leute auf den untersten Ebenen der Pyramide eigene Entscheidungen treffen konnten.

Was die Produktentwicklung betrifft, so wusste Alan Mulally, dass es darauf ankommt, was die Kunden wollen. Wenn er davon sprach, die besten Autos bauen zu wollen, dann meinte er damit: aus der Sicht der Kunden, nicht aus der Sicht von Ford. Von „Produkten“ kann man bei der Kriegsführung nicht sprechen, aber von dem Ziel der effektiven Verteidigung bzw. von Präventivschlägen. Hier setzte McChrystal darauf, sich auf die vollkommen neuen

Organisationsformen der Gegner einzulassen und zu lernen, wie diese in Netzwerken zu denken und zu agieren. Selbst in der Terrorbekämpfung ist die Idee also die gleiche: Man muss wissen, mit wem man es zu tun hat, und sich anpassen. Wer glaubt, er sei überlegen, hat schon verloren.

Auf diesem Wissen basierend haben Mulally und McChrystal die in ihrem Kontext passenden Management-Frameworks entwickelt, und nein, man kann diese Frameworks nicht als agil bezeichnen und auch nicht mit Scrum vergleichen – vielleicht sollten wir uns überhaupt von diesen Schubladen trennen. Völlig unabhängig von irgendwelchen Konzepten kamen beide zu dem Schluss, dass es immer darum geht, etwas auszuprobieren, daraus zu lernen und es beim nächsten Mal besser zu machen. Und sowohl bei Ford als auch unter dem Kommando von McChrystal gab es natürlich immer einen Plan, allerdings durfte sich der Weg zum Ziel ändern, wenn es die Umstände taten. Das Ziel geriet dadurch nicht aus dem Blickfeld.

Ich lege Ihnen die beiden Bücher „American Icon" und „Team of Teams" wirklich ans Herz. Sie werden beim Lesen erkennen: Diese Organisationen wurden so umgebaut, dass wieder Entscheidungen getroffen werden konnten – von den Mitarbeitern vor Ort, die Produkte entwickeln oder Präventivschläge ausüben sollten. Auf diesem Weg waren beide Organisationen von Unvorhersehbarem begleitet: Ford von der Finanzkrise und das JSOC vom Erstarken global vernetzter Terrororganisationen. Das verlangt die Fähigkeit der schnellen Neustrukturierung.

Hier kommt die Führungskraft ins Spiel: Sowohl Alan Mulally als auch Stanley McChrystal war klar, dass ihre Organisationen nur durch einen neuen Führungsstil adaptionsfähig bleiben konnten. Dazu gehörte für Mulally, auf Fehler nicht wie ein tollwütiger Chef zu reagieren, der auf seine Mitarbeiter losgeht, sondern wie ein Ingenieur: „Da ist ein Fehler passiert – beheben wir ihn!" Stanley McChrystal ging sogar so weit, sich als General völlig neu zu definieren. Er sah es nicht als seine Aufgabe, seinen Soldatinnen und Soldaten zu sagen, was sie zu tun hatten. Seine Aufgabe sah er im Schaffen eines Umfelds, in dem seine Leute selbstständig Entscheidungen – bis hin zu Bombardierungen – treffen und im Sinne des übergeordneten Ziels reagieren konnten. Die Voraussetzung dafür war, dass alle Involvierten die gleichen Informationen hatten und daher nachvollziehen konnten, warum jemand eine Entscheidung gerade so traf, wie er sie eben traf.

Das Skalieren einer Organisation passiert am effizientesten über vernetzte Fraktale. Es setzt aber voraus, dass die Menschen an der Spitze die Kultur der Organisation nicht durch Phrasen und Sprüche zu verändern versuchen, sondern durch ihr eigenes Verhalten. Dieses andere Verhalten (Leading by Example) wirkt sich auf die gesamte Organisation aus. Um die Aufgaben herum werden Teams in Stellung gebracht, sie dürfen jedoch selbst entscheiden, wie sie die Aufgabe lösen. Diese Kultur entsteht nicht durch Blaupausen und „agile" Organigramme. Sie entsteht, sobald Führungskräfte verstanden haben, dass sie heute nicht mehr den Überblick haben, um alle Entscheidungen selbst treffen zu können. Dann wird aus einer fraktal skalierten Organisation eine tatsächlich agile Organisation oder wie Frederic Laloux sie nennt: die Teal Organization.

Möglich ist es – das zeigen meine eigene Praxis und jene meiner Kollegen sowie viele andere Beispiele, über die man liest und hört. Vielleicht ist die Botschaft, die ich für Sie am Ende dieses Buchs habe, die bedrohlichste: Es fängt mit Ihnen an. Mechanisches Skalieren mit einem Framework können Sie delegieren – ob es nun Scrum oder nicht Scrum ist, die

Resultate werden sich nicht besonders unterscheiden. Nur wenn Sie bei sich selbst anfangen, wenn Sie es schaffen, in Ihrem eigenen Einflussbereich transparent zu werden und neue Werte und Prinzipien zu leben, können Ihnen die Ideen aus diesem Buch gute Dienste leisten. Probieren Sie es aus! Skalieren Sie fraktal, entwickeln Sie eine Kultur des Gelingens, dann klappt es auch mit dem großen Projekt.

Literatur

Ambler, Scott W.: Agility at Scale Survey. Results from the Summer 2012 DDJ State of the IT Union Survey. *http://bit.ly/2eDEfm9* (8.10.2016)

Association for the Advancement of Medical Instrumentation (AAMI): Guidance on the use of AGILE practices in the development of medical device software. AAMI TIR45:2012.

Böhmann, Tilo; Drews, Paul; Meyer-Blankart, Corvin: Digitale Exzellenz. Eine Bestandsaufnahme zur Digitalisierung deutscher Unternehmen und Behörden. Studie von Sopra Steria Consulting, Universität Hamburg und HITeC e.V. Juli 2015. *http://bit.ly/2a9ZgmK* (3.10.2016)

Beck, Kent: Extreme Programming Explained. Embrace Change. 2nd edition. Addison Wesley 2004.

Bromiley, Philip; Cummings, Larry L.: Transactions Costs in Organizations with Trust. In: Research on Negotiation in Organizations, Volume 5 (1995), S. 219 – 247.

Christensen, Clayton M.: The Innovator's Dilemma. The Revolutionary Book That Will Change the Way You Do Business. HarperBusiness 2011.

Cockburn, Alistair: Rediscovering the Heart of Agile. Blogbeitrag vom 5.6.2015. *http://bit.ly/2e0zm7C* (25.10.2016)

Conway, Melvin: How Do Committees Invent? In: Datamation, April 1968, S. 28 – 31.

Davis, Jennifer; Daniels, Katherine: Effective DevOps. Building a Culture of Collaboration, Affinity, and Tooling at Scale. O'Reilly 2016.

Decker, Hanna: Großprojekte sind zum Scheitern verurteilt. Artikel auf FAZ online vom 29.9.2015. *http://bit.ly/1LZCYye* (25.10.2016)

Denner, Volkmar: Agility at Bosch: mission possible? Blogbeitrag vom 16.6.2015 *http://bit.ly/1Fm4vpr* (25.10.2016)

Dilts, Robert B.: A Brief History of Logical Levels. *http://www.nlpu.com/Articles/LevelsSummary.htm* (26.9.2016)

Ferris, Timothy: The 4-Hour Workweek, Expanded and Updated. Harmony 2009.

Flyvbjerg, Bent: What You Should Know About Megaprojects and Why. An Overview. In: Project Management Journal, April/May 2014, S. 6 – 19.

Flyvbjerg, Bent; Budzier, Alexander: Why Your IT Project May Be Riskier Than You Think. In: Harvard Business Review, September 2011, 89 (9), S. 601 – 603. *http://bit.ly/29W1eY9* (25.10.2016)

Fowler, Martin: DeploymentPipeline. Blogeintrag vom 30.5.2013. *http://martinfowler.com/bliki/DeploymentPipeline.html* (21.9.2016)

Fowler, Martin: Microservices – a definition of this new architectural term. Blogeintrag vom 25.3.2014 *http://martinfowler.com/articles/microservices.html* (5.10.2016)

Gareis, Roland: Happy Projects! Projekt- und Programmmanagement. Projektportfolio-Management. Management der projektorientierten Organisation. Manz 2006.

Gloger, Boris; Häusling, André: Erfolgreich mit Scrum – Einflussfaktor Personalmanagement. Finden und Binden von Mitarbeitern in agilen Unternehmen. Hanser 2011.

Gloger, Boris; Margetich, Jürgen: Das Scrum-Prinzip. Agile Organisationen aufbauen und gestalten. Schäffer-Poeschel 2014.

Gloger, Boris; Rösner, Dieter: Selbstorganisation braucht Führung. Die einfachen Geheimnisse agilen Managements. Hanser 2014.

Gloger, Boris: Die agilen Anwälte. Case Study 2015. *http://bit.ly/2b7OuxN* (25.10.2016)

Gloger, Boris: Scrum. Produkte zuverlässig und schnell entwickeln. 5. Aufl. Hanser 2016.

Goldratt, Eliyahu M.: The Goal. A Process of Ongoing Improvement. North River 2012.

Green, Paul; Rufer, Chris: Supporting Self-Management: Systems & Tools That Support a Self-Managed Enterprise. Morning Star Self-Management Institute, Whitepaper Series, May 9, 2011. *http://bit.ly/2diiWur* (2.10.2016)

Greenfield, Rebecca: Zappos CEO Tony Hsieh: Adopt Holacracy or leave. Artikel auf FastCompany, 30.3.2015. *http://bit.ly/1xCKzSr* (20.10.2016)

Hamel, Gary: First, Let's Fire All the Managers. In: Harvard Business Review, December 2011, 89 (12), S. 48 – 60.

Hastie, Shane; Wojewoda, Stéphane: Standish Group 2015 Chaos Report – Q&A with Jennifer Lynch. Artikel von 4.10.2015 auf InfoQ *https://www.infoq.com/articles/standish-chaos-2015* (11.10.2016)

Hoffmann, Bryce G.: American Icon. Alan Mulally and the Fight to Save Ford Motor Company. Crown Business 2013.

Hogan, Kevin: The Surprising Persuasiveness of a Sticky Note. Harvard Business Review. *http://bit.ly/1LD7HSN* (11.9.2016)

Hüther, Gerald: Etwas mehr Hirn, bitte. Eine Einladung zur Wiederentdeckung der Freude am eigenen Denken und der Lust am gemeinsamen Gestalten. Vandenhoeck & Ruprecht 2015.

Janssen, Bodo: Die stille Revolution. Führen mit Sinn und Menschlichkeit. Ariston 2016.

Keller, Gary: The One Thing. The Surprisingly Simple Truth Behind Extraordinary Results. John Murray General Publishing Division 2014.

Kuhn, Thomas: Die Struktur wissenschaftlicher Revolutionen. Suhrkamp 1996.

Kirkpatrick, David: Now Every Company is a Software Company. Forbes Online 30.11.2011. *http://bit.ly/1hqhnEH* (3.10.2016)

Larman, Craig; Basili, Victor R.: Iterative and Incremental Development: A Brief History. IN: IEEE Software, June 2003, S. 2 – 11.

Malone, Thomas W.; Laubacher, Robert; Johns, Tammy: The Big Idea. The Age of Hyperspecialisation. In: Harvard Business Review, 89 (2011) 7/8, S. 56 – 65. *http://bit.ly/2cO1pUO* (3.10.2016)

deMarco, Tom: Slack. Getting Past Burnout, Busywork and the Myth of Total Efficiency. Crown Business 2002.

Marquet, L. David: Turn the Ship Around! A True Story of Building Leaders by Breaking the Rules. Portfolio Penguin 2015.

McChrystal, Stanley; Silverman, David; Collins, Tantum; Fussel, Chris: Team of Teams. New Rules of Engagement for a Complex World. Portfolio Penguin 2015.

Microsoft: Manifest für ein neues Arbeiten. *http://bit.ly/1Oei5oX* (3.10.2016)

Mintzberg, Henry: The Manager's Job. Folklore and Fact. Ursprünglich veröffentlicht 1975 in der Harvard Business Review. Reprint: Harvard Business Review, March/April 1990, S. 163 – 176.

Mundt, Yvonne: Retention Management von Projekt- und Wissensarbeit. Masterthese an der Donau-Universität Krems 2016.

Nonaka, Ikujiro; Takeuchi, Hirotaka: The New New Product Development Game. In: Harvard Business Review, 64/1, Jan-Feb 1986, S. 137 – 146.

Nutz, Daniel: Wider die Wegwerfgesellschaft. Die Wirtschaft online, 17.12.2015. *http://bit.ly/2ame5lg* (29.7.2016)

Opelt, Andreas; Gloger, Boris; Mittermayr, Ralf; Pfarl, Wolfgang: Der agile Festpreis. Leitfaden für wirklich erfolgreiche IT-Projekt-Verträge. 2. Aufl. Hanser 2014.

Owen, Harrison (2008a): Open Space Technology. Ein Leitfaden für die Praxis. Klett-Cotta 2008.

Owen, Harrison (2008b): Wave Rider. Leadership for High Performance in a Self-Organizing World. Berrett-Koehler Publishers 2008.

Peters, Tom: Re-Imagine. Spitzenleistung in dramatischen Zeiten. 2. Aufl. Gabal 2012.

Pink, Daniel: Drive. The Surprising Truth About What Motivates Us. Canongate Books Ltd. 2011.

Preuss, Susanne: Lidl duzt sich. FAZ online vom 4.6.2016 *http://bit.ly/2cNMdI5* (25.9.2016)

Price, Dan: How to Make a Journal of Your Life. Ten Speed Press 1999.

Ries, Eric: The Lean Startup. How Constant Innovation Creates Radically Successful Businesses. Portfolio Penguin 2011.

Rigby, Darrell K; Sutherland, Jeff; Takeuchi, Hirotaka: Embracing Agile. How to Master the Process That's Transforming Management. In: Harvard Business Review, 5 (2016) 94, S. 40 – 50. *https://hbr.org/2016/05/embracing-agile* (27.9.2016)

Rock, David: Brain at Work. Intelligenter arbeiten, mehr erreichen. Campus Verlag 2011.

Royce, Winston W.: Managing the development of large software systems. In: Proceedings, IEEE WESCON, August 1970, S. 1 – 9.

Schmidt, Robert: Praktiken des Programmierens. Zur Morphologie von Wissensarbeit in der Software-Entwicklung. In: Zeitschrift für Soziologie, 27 (4) 2008, S. 282 – 300.

Schranner, Matthias: Verhandeln im Grenzbereich. Strategien und Taktiken für schwierige Fälle. Econ 2001.

Schwaber, Ken: Agile Project Management with Scrum. Microsoft Professional 2004.

Sheridan, Richard: Joy, Inc. How we built a workplace people love. Portfolio 2015.

Sinek, Simon: Start with Why. How Great Leaders Inspire Everyone to Take Action. Portfolio 2011.

Sinek, Simon: Leaders Eat Last. Why Some Teams Pull Together and Others Don't. Portfolio 2014.

Sinek, Simon: First Why Then Trust. Talk bei TEDx Maastricht 2011. *https://www.youtube.com/watch?v=4VdO7LuoBzM* (25.10.2016)

Sullivan, Louis H.: The tall office building artistically considered. In: Lippincott's Magazine, March 1896. *http://bit.ly/2d6HmSx* (2.10.2016)

Sveiby, Karl-Erik: The New Organizational Wealth. Managing and Measuring Intangible Assets. Berret-Koehler 1997.

Telesford, Qawi K.; Joyce, Karen E.; Hayasaka, Satoru; Burdette, Jonathan H.; Laurienti, Paul J.: The Ubiquity of Small World Networks. In: Brain Connect, 1 (5) 2011, S. 367 – 375.

Vance, Ashlee: Elon Musk. Tesla, SpaceX, and the Quest for a Fantastic Future. Ecco 2016.

Verheyen, Gunther: ING – Capturing Agility via Scrum at a large Dutch Bank. Scrum.org Whitepapers. *http://bit.ly/2bJLg6S* (20.8.2016)

Ward, Dan: FIRE. How Fast, Inexpensive, Restrained, and Elegant Methods Ignite Innovation. HarperBusiness 2014.

Wolff, Eberhard: Microservices. Grundlagen flexibler Softwarearchitekturen. dpunkt.verlag 2015.

Index

E

F

G

H

I

J

K

L

M

N

O

P